es 1648

edition suhrkamp

Neue Folge Band 648

Am 22. Dezember 1984 schießt Bernhard Goetz in der New Yorker U-Bahn vier schwarze Jugendliche an. Der Fall machte Schlagzeilen, nicht nur in den USA, sondern auch in Europa und in der Bundesrepublik. Goetz berief sich zu seiner Verteidigung auf das Recht auf Notwehr. G. P. Fletcher hat diesen Fall in einer Weise analysiert, die drei Genres vereint: den Kriminalroman, die sozialwissenschaftliche Studie und das Lehrstück über ein Strafverfahren. Um einen Kriminalroman handelt es sich, weil er in prägnanter und spannender Weise den Ablauf des Geschehens vor dem Prozeß und den Prozeß selbst schildert. Durch die detaillierte Nachzeichnung der gesellschaftlichen Hintergründe aller Akteure wird das Sozialtypische dieses Falles in allen seinen Aspekten beleuchtet. Zum auch für den Nichtfachmann verständlichen Lehrstück in Kriminalistik wird Fletchers Analyse, da er als teilnehmender Beobachter des Prozesses gegen Goetz Motive und Strategien aller Parteien im einzelnen verfolgt und sie darüber hinaus innerhalb des Rahmens allgemeiner rechtsphilosophischer, rechtstheoretischer und prozessualer Taktiken situiert. Auf diese Weise ist eine ebenso spannende wie analytisch durchdringende und theoretisch weitreichende journalistisch-kriminalistische Beschreibung eines aufsehenerregenden »Falles« entstanden.

George P. Fletcher lehrt an der School of Law der Columbia University in New York.

George P. Fletcher
Notwehr als Verbrechen
Der U-Bahn-Fall Goetz

Aus dem Amerikanischen von
Cornelius Nestler-Tremel

Mit einem Nachwort von
Klaus Lüderssen

Suhrkamp

Titel der Originalausgabe:
A Crime of Self-Defense.
Bernhard Goetz and the
Law on Trial

edition suhrkamp 1648
Neue Folge Band 648
Erste Auflage 1993

Deutsche Erstausgabe

Satz: IBV, Berlin
Druck: Nomos Verlagsgesellschaft, Baden-Baden
Umschlagentwurf: Willy Fleckhaus
Printed in Germany

1 2 3 4 5 6 – 98 97 96 95 94 93

Inhalt

Vorwort

Große Teile dieses Buches habe ich an Orten geschrieben, an denen Menschen einen Blick über meine Schulter auf das Manuskript werfen konnten. Wann immer jemand bemerkt hat, daß es um den Fall von Goetz ging, konnte ich mit einer pointierten und häufig emotionsgeladenen Bemerkung rechnen. Ob es ein Fremder im Flugzeug war oder jemand, der im Café vorbeiging – jeder hatte eine Meinung darüber, was an den Schüssen von Goetz richtig und was falsch war. Portiers und Taxifahrer wurden augenblicklich zu Sozialphilosophen. Krankenschwestern, Zahnärzte, Ladenbesitzer und Kellner – keiner war um eine Meinung verlegen, was in einem Fall getan werden sollte, der unsere Überlebensinstinkte in dem von Gewalt und Armut heimgesuchten Amerika angesprochen hat.

Während die Tatsachen des Falls Goetz in ihren Grundzügen klar sind, laden die sozialen und moralischen Implikationen seiner Schüsse zur Auseinandersetzung ein. Die Fragen von Verbrechen und rassischer Selbstgerechtigkeit standen im Vordergrund, aber wenn man tiefer in die Diskussion eindringt, dann treten diese urbanen Probleme zurück, und schwierige Fragen nach der moralischen und rechtlichen Verantwortlichkeit drängen sich auf. Wann und unter welchen Umständen sollen Individuen das Recht haben, sich selbst zu verteidigen? Soll die Rasse derer, von denen sie einen Angriff befürchten, relevant sein? Aus welcher Position soll man beurteilen, ob eine Handlung in Selbstverteidigung als Verbrechen bestraft werden soll?

Diese Fragen sind für Strafrechtslehrer, die sich mit Studenten und Kollegen in komfortablen Räumen der Universität zusammenfinden und über die Grundlagen des Rechtssystems nachsinnen, nicht neu. Ich habe vielfach für eine Leserschaft aus akademischen Juristen und Philosophen über diese Fragen geschrieben. Selten jedoch haben die philosophischen Untersuchungen innerhalb der akademischen Welt einen so starken und direkten Bezug zu den moralischen Fragen einer Interaktion innerhalb der bedrückenden Welt eines schmutzigen, mit Graffiti verschandelten U-Bahn-Wagens. Als die Anklage gegen Bernhard Goetz Gestalt annahm, wurde mir klar, daß dies ein Fall war, zu dessen Verständnis eine Theorie des Strafrechts unentbehrlich war. Vielen erschien das bevorstehende Verfahren gegen Bernhard Goetz vor allem als Kampf zwischen Schwarz und Weiß, zwischen den Opfern des Verbrechens und dem Strafverfolgungsapparat. Für mich stellte sich das Verfahren eher als eine packende Vergegenwärtigung von moralischen und theoretischen Fragen dar, mit denen ich mich schon seit langem beschäftigen wollte.

Als im Dezember 1986 die Vorauswahl der Geschworenen begann, stellte mich der zuständige Richter Stephen G. Crane wohlwollend einer kleinen Gruppe von Leuten, die um einen Seminartisch herumsaßen und in vertraulicher Atmosphäre mit potentiellen Geschworenen über deren Kenntnisse von dem Fall und mögliche Vorurteile sprachen, als akademischen Beobachter vor. Gregory Waples für die Staatsanwaltschaft und Barry Slotnick und Mark Baker für die Verteidigung stimmten ebenfalls freundlicherweise meiner Teilnahme an diesen häufig persönlichen Unterhaltungen mit den Kandidaten für die Jury zu. Mit dem Voranschreiten der Auswahl der Jury und dem Beginn der Verhandlung hegte ich immer größere Bewunderung für diese Männer, die innerhalb des Rituals der juristischen Debatte den Versuch unternahmen, die urbanen Konflikte in den Grenzen eines zivilisierten Diskurses zu bewältigen. Selbstverständlich hat jeder von ihnen taktische und juristische Fehler begangen, die ich in diesem Buch aufzeige. Aber angesichts des Drucks, unter dem sie handelten, angesichts der Unzahl von quälenden Entscheidungen, die an jedem Verhandlungstag getroffen werden mußten, waren die Leistungen von Crane, Waples, Slotnick und Baker von historischer Bedeutung. Was auch immer ihre Aufgabe war – Entscheiden, Anklagen oder Verteidigen –, sie zeigten, welchen Beitrag die Juristen zu dem Bemühen der Öffentlichkeit um eine friedliche Lösung fundamentaler Konflikte leisten können.

Ich habe bei meinen Beobachtungen und bei der Herstellung des Buches Hilfe von Mitarbeitern erhalten, deren leidenschaftliches Interesse an dem Fall genauso groß war wie das meine. Charles C. Hwang beobachtete Teile der Vorauswahl und gab nützliche Hinweise. Suzanne D. Malmgreen war während der öffentlichen Auswahl der Geschworenen jeden Tag im Gericht. Ihre von juristischen Kenntnissen unbelastete Klugheit und Sensibilität erwiesen sich als von unschätzbarem Wert. Ich schulde ihr ebenso Dank für ihre Tätigkeit als meine Sekretärin während verschiedener Phasen des Manuskripts. Adam R. Kasanof kam zu dem Projekt hinzu, als das Verfahren vorüber war, aber aufgrund seiner Tätigkeit als Polizeibeamter der Stadt New York vor Beginn des Jurastudiums war er in der Lage, meine theoretische Arbeit mit Einblicken in das Recht der Straße zu ergänzen.

Bruce Ackermann und H. Richard Uviller, zwei meiner Kollegen, lasen Teile des Manuskripts und ermutigten und kritisierten mich. Ein anderer Kollege, Gerard E. Lynch, las das ganze Manuskript und reagierte mit detaillierten Bemerkungen, die für sich selbst eine Publikation wert wären.

Mein Herausgeber, Joyce Seltzer, unterstützte meine Anstrengungen immer im richtigen Moment mit Zuspruch und lehrte mich zu würdigen, wie schön sich das Recht im Verständnis der Laien ausnimmt.

Genauso, wie ich unmöglich alle berücksichtigen konnte, die sich in der ganzen Zeit an der Diskussion beteiligt haben, bin ich mir sicher, daß diese gedruckte Fassung meiner Überlegungen Ablehnung provozieren wird. Der Goetz-Fall ist genau deswegen zu einem kulturellen Ereignis geworden, weil es so schwierig ist, die Bedeutung dieses Falles auf ein paar wenige Worte zu reduzieren und definitiv zu entscheiden, ob die Gerechtigkeit gesiegt hat.

New York City *Januar 1988*

1.
Schüsse in der U-Bahn

Am 22. Dezember 1984, dem Samstag vor Weihnachten, ungefähr ein Uhr mittags verläßt Bernhard Goetz sein Apartment in der 14. Straße, 55 West, und geht zu der U-Bahn-Station an der Ecke von Seventh Avenue und 14. Straße. Er steigt in einen Wagen der Linie 2 des IRT Express in Richtung Downtown und setzt sich in die Nähe von vier schwarzen Jugendlichen. Die Jugendlichen, die sich offenbar ziellos in der Stadt herumtreiben, sind laut und aufdringlich, und die 15 bis 20 weiteren Passagiere haben sich an das andere Ende des U-Bahn-Wagens zurückgezogen. Goetz, ein Weißer, 37 Jahre alt, hat eine schmächtige Figur und trägt Arbeitskleidung sowie eine Windjacke. Irgend etwas an seiner Erscheinung erregt Aufmerksamkeit. Als Goetz einsteigt, fragt ihn einer der vier, Troy Canty, der sich halb auf dem Bauch liegend quer über dic lange Bank direkt neben der Tür räkelt, »Na, wie geht's?«. Canty und wahrscheinlich noch ein zweiter, nämlich Barry Allen, nähern sich dann Goetz, und Canty bittet ihn um fünf Dollar. Goetz fragt zurück, was er will. Canty wiederholt: »Gib mir fünf Dollar.«[1] Plötzlich ist die fahrende U-Bahn voll vom Lärm der Pistolenschüsse, jeweils einer für jeden jungen Schwarzen.

Von hier ab wird die Geschichte unklar. Glaubt man Goetz' späterem Geständnis, dann macht er eine kurze Pause, geht dann hinüber zu einem der Jugendlichen, der auf der Bank bei der Kabine für den Schaffner am Ende des Wagens sitzt, schaut ihn an, sagt: »Dir scheint's ja ganz gut zu gehen, hier ist noch einer«[2], und feuert einen fünften Schuß ab, den letzten aus seiner fünfschüssigen 38er Smith & Wesson. Die Kugel tritt von der linken Seite in den Körper Darrell Cabeys ein, durchquert seinen Rücken und durchtrennt sein Rückgrat. Es gibt auch andere Interpretationen dieser Vorfälle, etwa jene, Goetz habe Cabey eher mit dem vierten als mit dem fünften Schuß getroffen, aber in den ersten Tagen nach den Schüssen waren diese anderslautenden Berichte von den Ereignissen nicht weit verbreitet.

Irgend jemand zieht die Notbremse, und kreischend kommt der Zug zum Stehen. Die Passagiere flüchten aus dem Wagen, aber zwei Frauen, gelähmt vor Angst, bleiben sitzen. Goetz sagt einige beschwichtigende Worte zu den verschreckten Frauen, und dann kommt schon ein Schaffner und fragt ihn, ob er ein Polizist ist. Der Gunman erwidert: »Die haben versucht, mich auszunehmen.« Er weigert sich, die Pistole herzugeben, geht in aller Ruhe zum anderen Ende des Wagens, steigt auf die Plattform zwischen den Wagen, öffnet geduldig die Sicherheitskette, springt hinunter auf die Gleise und verschwindet in der Dunkelheit des U-Bahn-Schachts. Drei schwarze Jungen liegen blutend am Boden der U-Bahn; Darrell Cabey sitzt verwundet und gelähmt in der hintersten Reihe.

Eine mythische Gestalt ist geboren – ein unerwarteter Rächer der Angst, die auf allen Städtern in den Vereinigten Staaten lastet und sie eint. Hätten die vier Jungen einen Passagier ausgeraubt, die Zeitungsreporter hätten vor Langeweile gegähnt. Im Durchschnitt werden an einem Tag in den U-Bahnen von New York 38 Verbrechen begangen. Hätte sich ein Polizeibeamter eingemischt und auf vier Jungen geschossen, die einen Passagier anmachen, um Geld zu bekommen, wären Proteste wegen Rassismus und Polizeibrutalität an der Tagesordnung gewesen. Das hier war etwas anderes. Ein gewöhnlicher Mann war aus dem Schatten der Angst herausgetreten. Er hatte zurückgeschossen, während die anderen sich nur ihren Phantasien darüber hingeben, wie sie sich gegen die Ausplünderungen in New Yorks U-Bahnen wehren könnten.

Wie der Lonesome Ranger überwältigt der mysteriöse Gunman die Kriminellen und verschwindet in der Nacht. Hätte man ihn sofort festgenommen, hätten die Narben und Risse in seiner Persönlichkeit vielleicht die Tendenz in der Öffentlichkeit zur Romantisierung gebremst. Der Vergleich mit Charles Bronsons Rachefeldzug gegen das Verbrechen in *Death Wish** ist in aller Munde. Die *New York Times* verhält sich vorsichtig, aber die *Washington Post* belegt den unbekannten Gunman von Anfang an mit dem Titel des »U-Bahn-Vigilanten«. Die Polizei trägt ihren Teil zu dieser Darstellung des Falles bei, indem sie eine »Rächer-Hotline« einrichtet. Sie rechnet mit Hinweisen, die zu einer Festnahme führen, und bekommt schließlich auch einen, aber zunächst wird sie mit Anrufen überflutet, die sich für den »Rächer« stark machen. Obwohl Bürgermeister Ed Koch die Gewalt verurteilt, bläht auch er den Vor-

* Anm. d. Ü.: Wörtlich: der Todeswunsch. In der Bundesrepublik lief dieser Film, in dem ein New Yorker Familienvater in Selbstjustiz einen Rachefeldzug durchführt, unter dem Titel *Ein Mann sieht rot.*

fall auf, indem er ihn als einen Akt des Selbstschutzes beschreibt. Diesmal kein gewöhnlicher Krimineller – ein Jedermann ist aus der Masse herausgetreten und hat seine Taten – egal, ob diese nun richtig oder falsch sind – den Phantasien der Öffentlichkeit eingeprägt.

Da die Presse keinen Straftäter hat, auf den sie sich stürzen kann, bleibt ihr nichts anderes, als die vier schwarzen Kids zu porträtieren. Das Bild, das entsteht, ist nicht vorteilhaft. Ohne Ausbildung, vorbestraft, Herumtreiber auf der Suche nach ein paar Dollar – so sind sie repräsentativ für kriminelle Teenager der Unterschicht, vor denen sich Schwarze und Weiße gleichermaßen fürchten. Im Oktober desselben Jahres ist Darrell Cabey, 19 Jahre alt, in der Bronx unter dem Verdacht des bewaffneten Überfalls verhaftet worden. 1983 haben James Ramseur, 18 Jahre alt, und Troy Canty, 19 Jahre alt, kurze Strafen wegen kleineren Diebstahls abgesessen. Barry Allen, 18 Jahre alt, hat sich zweimal bei Anklagen wegen ungebührlichen Verhaltens für schuldig bekannt. In den Taschen von James Ramseur und Darrell Cabey findet man insgesamt drei Schraubenzieher – das Werkzeug für ihre kleinen Diebstähle. Die wenigen Zeugen, die sich melden, beschreiben das Verhalten der vier Jugendlichen, bevor Goetz in den Wagen kam, als »abstoßend«.

Die bekannt werdenden Informationen passen in das Bild, an das frustrierte New Yorker glauben wollen. Vier stereotype Mugger*, die einen schwächlich aussehenden »whitey«** aus der Mittelklasse belästigen und fertigmachen wollen. Wenn sich dann entgegen allen Annahmen herausstellt, daß er bewaffnet ist, bestätigt dies nur den außergewöhnlichen Charakter von wahrer und spontaner Gerechtigkeit. Es passiert nicht oft, daß die Dinge ihren richtigen Lauf nehmen, und hier, mitten in der Jahreszeit der religiösen Wunder, kommt es zu einem Ereignis, bei dem das Gute über das Böse siegt.

Die Bereitschaft, mit der ein Gerücht von den »angespitzten Schraubenziehern« akzeptiert wird, zeigt, wie verbreitet die Vorurteile zugunsten des romantisierten Gunman sind. Die *New York Times* berichtete am Tag nach den Schüssen, daß in den Jacken von zwei der Opfer Schraubenzieher gefunden wurden. Es fehlte jeg-

* Anm. d. Ü.: Bezeichnung für jemanden, der auf der Straße (oder in der U-Bahn) andere bedroht oder schlägt, damit sie ihm ihr Geld überlassen.

** Anm. d. Ü.: Abschätzige Bezeichnung für einen Weißen.

licher Hinweis, daß sie »angespitzt« waren. Dennoch hat dann die Geschichte ihren Lauf genommen, wonach die Schraubenzieher spitze Waffen waren und nicht nur Werkzeuge, mit denen man verschlossene Metallkisten öffnen kann. In der »Donahue«-Show* drehte sich die Diskussion eine Woche nach den Ereignissen um »angespitzte« Schraubenzieher. In einem Artikel in der *New York Times,* der das Geschehen der ersten Woche behandelt, berichtet der Autor als angebliche Tatsache: »Bei dreien der Jugendlichen wurde festgestellt, daß sie angespitzte Schraubenzieher mit sich trugen.«[3] Einige Journalisten widersprechen dem populären Gerücht, daß die Schraubenzieher speziell präparierte Angriffswaffen waren.[4] Insgesamt gesehen kann man aber sagen, daß die Presse und die Öffentlichkeit von den Opfern in der U-Bahn das Schlimmste glauben wollten.

Goetz unternimmt einige Anstrengungen, um abzutauchen. Noch am Tag der Schüsse mietet er sich einen Wagen und fährt in Richtung Norden nach Vermont und New Hampshire. Später beschreibt er das so: »Sich nach Norden halten, das ist der Weg, den man nehmen muß, wenn es ein Problem gibt.«[5] Vielleicht soll ihn die Landschaft in New England an die Jahre erinnern, die er früher im ländlichen Teil des Staates New York verbracht hat, und ihm das Gefühl von Sicherheit geben.[6] Er denkt, »die da oben würden es als ein weiteres Verbrechen interpretieren. Ich hab' mir gedacht, ich würde für ein paar Tage weggehen, ich wollte zurückkommen.«[7] Als er dann ein paar Tage später tatsächlich nach New York zurückkommt, muß er feststellen, daß die Polizei aufgrund eines Hinweises, die Beschreibung des schmächtigen blonden Gunman passe auf Goetz, eine Nachricht in seinem Briefkasten und an seiner Tür hinterlassen hat. Die Polizei will mit ihm sprechen, zieht ihn aber keineswegs als ernsthaft Verdächtigen in Betracht. Trotzdem fürchtet er den Kontakt mit der Polizei und geht nach Vermont und New Hampshire zurück. Dort verbringt er fast zwei selbstquälerische Tage und betritt dann am 31. Dezember 1984 kurz nach 12 Uhr mittags die Polizeistation in Concord, New Hampshire.

Er liefert mehrere längere Geständnisse. Eine zweistündige Vernehmung durch die Polizei von New Hampshire ist auf Tonband aufgenommen worden; eine weitere von gleicher Länge durch die

* Anm. d. Ü.: Eine Fernseh-Talkshow.

Behörden von New York ist auf Video dokumentiert. Bis das Strafverfahren beginnt, wird keine der beiden Aufnahmen der Öffentlichkeit in vollem Umfang zugänglich gemacht. Goetz wird am 3. Januar 1985 den Behörden von New York übergeben und verbringt ein paar Tage im Gefängnis von Rikers Island. Als er am 7. Januar gegen eine Kaution von 50000 Dollar entlassen wird, hat seine Unterstützung durch die Öffentlichkeit ihren Höhepunkt erreicht.

Von Beginn an ist das Verfahren gegen Goetz eingebettet in die politische Dialektik zwischen der stürmischen öffentlichen Unterstützung für den »U-Bahn-Vigilanten« und der empörten offiziellen Reaktion, daß irgend einer es wagen kann, sich die staatliche Aufgabe anzumaßen, für Recht und Ordnung zu sorgen. Während sich die Öffentlichkeit auf der von der Polizei neu installierten Hotline zu Wort meldet, um ihrer Unterstützung für den gesuchten Mann Ausdruck zu verleihen, äußern sich die Politiker von Präsident Reagan über Sprecher von Organisationen der Schwarzen bis hin zu Bürgermeister Koch empört gegen den »Vigilantismus« auf den Straßen. Die allgemeine Öffentlichkeit mag applaudieren, wenn der kleine Mann gegen die unkontrollierte Gewalt zurückschlägt, aber der Präsident spricht von einem »Zusammenbruch der Zivilisation«, wenn Leute wie Bernhard Goetz »das Recht in ihre eigenen Hände nehmen«. Hazel Dukes von der NAACP* nennt Goetz einen »Nightrider« des Ku-Klux-Klan aus dem 21. Jahrhundert.

Diese miteinander um Einfluß ringenden politischen Kräfte finden schließlich auch Eingang in die wohlpräparierten Kanäle rechtlicher Argumentation und die gebräuchlichen Muster juristischer Manöver. Das Rechtssystem verwandelt unsere leicht falsch verstandene Leidenschaftlichkeit zu einer stilisierten Debatte über die grundsätzlichen Fragen der strafrechtlichen Verantwortung und des fairen Verfahrens. Der »Zusammenbruch der Zivilisation« wird nicht eintreten – und zwar genau deswegen, weil das Problem, daß sich jemand gegen eine Bedrohung in der U-Bahn wehrt, als eine Frage formuliert werden kann, bei der die Gefühle und instinktbestimmten Konflikte keine Rolle mehr spielen.

Die Spannung zwischen diesen im Hintergrund wirkenden Kräften führt dazu, daß sich das Ansehen von Goetz in der Öffent-

* Anm. d. Ü.: Abkürzung für National Association for the Advancement of Coloured People, eine Bürgerrechtsorganisation für Schwarze.

lichkeit und seine Rechtsposition ständig verändern. Am 25. Januar 1985 tritt eine erste Grand Jury* zusammen und hört die auf Band und Video aufgenommenen Geständnisse sowie die wenigen Zeugen an, die sich gemeldet haben. Keines der Opfer sagt gegen Goetz aus. Die Grand Jury lehnt es ab, Goetz wegen schwerwiegenderer Taten als drei Fällen von unrechtmäßigem Besitz einer Schußwaffe anzuklagen.[8] Offensichtlich gehen die dreiundzwanzig Geschworenen der Grand Jury davon aus, daß Goetz sich in so überzeugender Weise auf Notwehr berufen kann, daß es keinen Sinn hat, ihn wegen Körperverletzung, versuchtem Mord oder auch nur rücksichtsloser Gefährdung anzuklagen.

Die Verteidigung von Goetz zelebriert den Erfolg. Der Bürgermeister bezeichnet die Entscheidung als »salomonisch« (wobei er vermutlich vergißt, daß Salomon tatsächlich gar keinen Kompromiß eingegangen ist und das Baby nicht in zwei Teile getrennt hat). Aber die Erleichterung erweist sich als verfrüht. Goetz erlangt Medienberühmtheit, und jeder Auftritt scheint zunehmend mehr Zweifel an New Yorks »Volksheld« zu schüren. Er fordert die Verbreitung von zusätzlichen 25000 Schußwaffen an entsprechend ausgebildete Bürger. Sein Anwalt sagt in der Sendung »Face the Nation«, daß der Gunman aus der U-Bahn keine Gewissensbisse wegen der Beinahe-Tötungen hat.

Im Februar 1985 beginnt sich Goetz' Stern zu wenden. Seine Nachbarin Myra Friedman veröffentlicht einen Artikel in der Zeitschrift *New York,* in dem ihm eindeutig rassistische Ansichten nachgesagt werden, etwa man sollte die 14. Straße von den »spics and niggers«** reinigen. Zwei der Opfer, Troy Canty und Darrell Cabey, verklagen ihn wegen ihrer Verletzungen vor einem Zivilgericht. Unterstützt vom Bürgerrechtsanwalt William Kunstler verlangt Cabey 50 Millionen Dollar Schadensersatz. Der Distrikts-Staatsanwalt von New York, Robert Morgenthau, gerät unter zunehmende Kritik, daß er der Grand Jury keine fundiertere Anklage präsentiert hat. Er hätte den vier Jugendlichen immerhin Immunität vor Strafverfolgung anbieten und dadurch die Aussage sicherstellen können, es sei nur ihre Absicht gewesen zu schnorren, aber nicht, jemanden zu belästigen oder auszurauben.

Am 26. Februar stellt Rudolph W. Giuliani, der U.S. Staatsan-

* Anm. d. Ü.: Die Grand Jury entscheidet über die Zulassung der Anklage.

** Anm. d. Ü.: Rassistische Schimpfworte für Spanisch sprechende Menschen und Schwarze.

walt in Manhattan, klar, daß er den zuständigen Staatsanwälten nicht den auf ihnen lastenden Druck nehmen wird. Es wird also keine Anklage des Bundes gegen Goetz geben, weil er die vier Jugendlichen ihrer bürgerlichen Rechte beraubt hat (das wäre die einzige Basis für eine Anklage nach Bundesrecht*); offensichtlich existieren keine ausreichenden Beweise dafür, daß den Schüssen rassische Motive zugrunde lagen. Bedeutsam ist in diesem Zusammenhang, daß eine der zwei Frauen, die Goetz mit seinen Bemerkungen im Anschluß an die Schüsse zu beruhigen versuchte, schwarz war.

Am folgenden Tag gibt Morgenthaus Büro einen Bericht der Polizei von New Hampshire frei, der ein neues und weit belastenderes Bild von dem fünften Schuß entstehen läßt, der Darrell Cabey gelähmt hat. Zum ersten Mal erfährt die Öffentlichkeit den Satz, der während des ganzen Verfahrens mitschwingen würde: »Dir scheint's ja gut zu gehen, hier ist noch einer.«[9] Die Verteidigung protestiert gegen die Veröffentlichung, weil sie ihren Klienten als den Angreifer erscheinen läßt, aber der Richter, der den Prozeß leiten wird, Stephen Crane, erklärt den Polizeibericht zum Bestandteil der öffentlichen Akten.

Eine Woche später beantragt der Distriktsstaatsanwalt beim Richter die Erlaubnis, die Anklagen wegen Körperverletzung und versuchtem Mord ein weiteres Mal einer zweiten Grand Jury zu präsentieren. Crane stimmt zu.[10] Als die Grand Jury zusammentritt, unternimmt Morgenthau alles, was er nur kann. Er beauftragt einen der besten Mitarbeiter, Gregory Waples, den Fall zu vertreten. Er garantiert zweien der vier Opfer, Troy Canty und James Ramseur, Immunität vor aller Strafverfolgung. Keiner von beiden konnte wegen irgendwelcher Straftaten angeklagt werden, die er bei seinem Bericht, wie sein Verhalten zu den Schüssen geführt hatte, zugeben würde. Beide, so wird berichtet, sagen aus, Goetz habe den Kampf gesucht. Dieses Mal sind die 23 Laienrichter weniger überzeugt von Goetz' Behauptung, er habe in Notwehr gehandelt. Am 27. März 1985 erheben sie gegen ihn die Anklage und lassen jede Anklage zu, die unter dem Gesichtspunkt aggressiver Gewalttätigkeit wegen der fünf Schüsse geltend gemacht werden kann.[11] Die 10 neuen Anklagepunkte kommen zu den drei Fällen wegen Besitzes einer Schußwaffe aus der ersten Anklage-

* Anm. d. Ü.: In den Vereinigten Staaten gibt es sowohl ein Strafrecht der jeweiligen Staaten als auch ein Bundesstrafrecht.

erhebung hinzu, so daß die Gesamtanklage aus 13 Tatvorwürfen besteht.

In den nächsten anderthalb Jahren stehen die Chancen für Goetz mal besser und mal schlechter. Waples' Erläuterung des Notwehrrechts gegenüber der zweiten Grand Jury veranlaßt Richter Crane, im April 1985 relevante Teile der ansonsten geheimen Protokolle der Grand Jury der Verteidigung zu übergeben, die daraufhin bei Crane beantragt, alle Anklagepunkte fallenzulassen, die von der angeblich unrichtigen Darstellung der Theorie des Notwehrrechts beeinflußt sind. Am 16. Januar 1986 scheidet Crane neun der Anklagepunkte aus, so daß nur die Vorwürfe wegen Besitzes einer Schußwaffe und rücksichtsloser Gefährdung der anderen Fahrgäste in der U-Bahn übrigbleiben. Eine Rechtsmittelschlacht ist die Folge, die schließlich im Juli zu einer Entscheidung des Court of Appeals* führt, der zufolge Waples' Theorie vom Notwehrrecht letztlich korrekt war.** Die herausgefallenen neun Anklagepunkte werden wieder in die Anklage hineingenommen, und damit ist der Weg frei für den langerwarteten Prozeß darüber, was an den Schüssen in der U-Bahn richtig und was daran falsch war.

Nach diesen Höhen und Tiefen von 1985 und 1986 kann man sich die Erleichterung von Goetz und seinen Anwälten vorstellen, als Richter Crane das Verfahren am 12. Dezember 1986 offiziell für eröffnet erklärt. Aber es stellt sich heraus, daß es nur dem Wort nach ein Beginn war. Die ersten Monate sind einer »Vorauswahl« der Geschworenen gewidmet, die potentielle Geschworene heraussieben soll, die ihrer Pflicht nachkommen können und die nicht offensichtlich mit Vorurteilen für oder gegen Goetz behaftet sind. Nachdem mehr als 300 Einwohner von Manhattan geprüft worden sind, beginnt am 23. März 1987 das öffentliche *voir dire* (der formelle Verfahrensabschnitt für die Auswahl der Geschworenen). Nachdem sich beide Seiten auf die zwölf geeinigt haben, die als Jurymitglieder fungieren, wird am 6. April die Jury eingeschworen, und schließlich ist am 27. April, nach einer zweiwöchigen Unterbrechung wegen der Ostertage und des Passahfests, in einem vollgepackten Gerichtssaal in der Centre Street 111 der Augenblick gekommen. Gregory Waples wendet sich zur Geschworenenbank und beginnt – zitternd vor Nervosität nach über zwei

* Anm. d. Ü.: Das ist das höchste ordentliche Gericht im Staat New York, das die letzte Entscheidung über alle Rechtsmittel hat.

** Diese Auseinandersetzung wird im Detail im dritten Kapitel behandelt.

Jahren der Vorbereitung – mit seinem Eröffnungsplädoyer im Fall der Bürger des Staates von New York gegen Bernhard Hugo Goetz.*

Das Adversary-System**, das manchmal auch als Annäherung an die Wahrheit durch einen Wettkampf bezeichnet wird, ruft uns in Erinnerung, daß wir uns der Demokratie als der am wenigsten korrumpierbaren Regierungsform verpflichtet haben. Das System verlangt, daß zwei Anwälte von gleicher Qualität, ein Ankläger und ein Verteidiger, in offener Verhandlung miteinander wettstreiten. Jeder der beiden Anwälte konstruiert für seinen Klienten den besten Fall und kämpft für ihn, so gut er kann, unabhängig davon, ob sein Klient seiner Meinung nach moralisch im Recht ist oder nicht. Der Kampf, den die Anwälte austragen, umfaßt nicht nur die Fragen von Schuld und Unschuld, sondern auch den Umfang der Beweismittel, die der Jury präsentiert werden dürfen. Das Adversary-System unterscheidet sich radikal von den neutralen und objektiven Untersuchungen der Naturwissenschaftler und Historiker, die alle Belege abwägen und nur dann zu einer Entscheidung kommen, wenn sie davon überzeugt sind, daß die Belege ihre Hypothese bestätigen.

In einem Strafverfahren werden zwei Advokaten aufgestellt und führen zwei ganz gegensätzliche Perspektiven der Wahrheit vor, ein neutraler Richter präsidiert diesem Duell, und die 12 Mitglieder der Jury müssen zu einem Urteil kommen, so oder so. Im Unterschied zu Wissenschaftlern kann die Jury ihre Entscheidung nicht aufschieben und zusätzliche Forschungen verlangen, um offene Tatsachenfragen zu klären. Ein Strafverfahren steuert unweigerlich auf eine Stunde der Entscheidung zu. Der Angeklagte muß für schuldig oder für unschuldig befunden werden – für alle Zeiten. Dieser Zwang, zu einer Entscheidung zu kommen, führt dazu, daß sich die Waagschalen der Gerechtigkeit ein wenig zugunsten der Verteidigung neigen; wenn es der Anklage nicht gelingt, die Schuld über jeden vernünftigen Zweifel hinaus zu beweisen, dann ist die Jury dazu aufgefordert – das gilt jedenfalls für die meisten Fra-

* Anm. d. Ü.: Im angloamerikanischen Rechtssystem bezeichnet man ein Strafverfahren als »case« nach dem Namen des Angeklagten – das Verfahren gegen Goetz ist daher der »Goetzcase«.

** Anm. d. Ü.: Das angloamerikanische Strafverfahrenssystem der widerstreitenden Parteien.

gen[12] –, zugunsten der Verteidigung zu entscheiden.

Dieser leichte Vorteil für die Verteidigung drückt sich in der Maxime aus, daß es weit besser ist, wenn zehn (einige sagen: hundert) schuldige Angeklagte freikommen, als wenn eine einzige unschuldige Person verurteilt wird. Wenn Goetz fälschlicherweise verurteilt werden würde, würde sein Fall wahrscheinlich in der Sekunde in Vergessenheit geraten, in der er hinter den Gitterstäben verschwinden würde. Es würde dann keine Nachforschung über seine Schuld in Gang kommen, wie es ihn über die Tragfähigkeit einer wissenschaftlichen Behauptung geben würde. Und selbst dann, wenn der Irrtum später doch entdeckt werden würde, gäbe es keine Möglichkeit, die verlorenen Jahre im Gefängnis zu ersetzen und die Beschämung zu korrigieren, daß er als Krimineller behandelt wurde. Das Verfahren von Trial and error mag eine befriedigende Methode sein, wenn es darum geht, unsere Wahrnehmung davon zu überprüfen, wie die Dinge um uns herum funktionieren, aber wenn es darum geht, wie wir auf den Vorwurf reagieren, daß ein Verbrechen begangen wurde, ist es unsere größte Sorge, daß ein Strafverfahren mit einem Irrtum enden könnte.

Das Adversary-System mag kein ideales Verfahren sein, aber unsere Erfahrung lehrt uns, daß es das Verfahren mit dem geringsten Risiko eines Irrtums ist. Der Gegensatz zwischen Ankläger und Verteidiger sorgt dafür, daß beide Seiten der Geschichte zum Vorschein gelangen. Ein anderes Kennzeichen des Systems besteht darin, daß die Funktion der Jury, über die Tatsachen zu entscheiden, von der Rolle des Richters getrennt ist, der die Rechtsfragen zu lösen hat. Diese Trennung minimiert die Vorurteile sowohl im Zimmer der Jury als auch auf der Bank des Gerichts. Versieht man die Laien, deren Karriere nicht davon tangiert wird, wenn sie sich der Position des Staates widersetzen, mit der Entscheidungsmacht, dann trägt das zu einer unabhängigen Entscheidung über Schuld und Unschuld bei.

Wenn darüber hinaus die Jury und nicht der Richter über Schuld oder Unschuld entscheidet, dann haben die Anwälte den Raum, um mit dem Richter die Rechtsfragen so hitzig zu diskutieren, wie sie wollen, ohne befürchten zu müssen, daß sie, wenn sie den Richter vor den Kopf stoßen, gleichzeitig auch die endgültige Entscheidung über Schuld oder Unschuld beeinflussen. Für das Adversary-System ist daher eine Art von Strafverteidigung charakteristisch, bei der man erheblich energischer vorgeht, als es unter den Anwälten innerhalb der europäischen Rechtssysteme üblich ist, die die letzte Entscheidungsgewalt nicht an eine Jury von Laien übertragen haben. Niemandem behagt der Gedanke, daß das Recht für die Bürger oder für den Beschuldigten zum Teil auf den Fähigkeiten von streitbaren Anwälten beruht. Aber die Verzerrungen, die der Wettstreit mit sich bringt, sind geringer zu veranschlagen als die möglichen Verfälschungen, die entstehen, wenn die Entscheidungsmacht bei einem Richter konzentriert ist, der wie der Inquisitionsrichter des Mittelalters[13] das letzte Wort über die Anklage, die Tatsachen und das Recht spricht. Wenn Macht korrumpiert und absolute Macht absolut korrumpiert, wie es Lord Acron formuliert hat, dann besteht der sicherste Weg für ein Strafverfahren darin, die Macht zur Präsentation der Beweismittel zwischen der Anklage und der Verteidigung und die Macht zur Entscheidung zwischen dem Richter und der Jury aufzuteilen.

Wie das Adversary-System funktioniert, hängt ganz offensichtlich davon ab, welche Leute diese verschiedenen Teile der Macht innehaben. Jeder Anwalt würde Goetz auf andere Weise anklagen und verteidigen. Distriktsstaatsanwalt Morgenthau ersetzte Susan Braver durch Gregory Waples, weil er sich von Waples versprach, dieser würde den Fall auf demselben hohen Niveau an Kompetenz angehen, das er bei der Herbeiführung der Verurteilung in dem komplizierten CBS-Mordfall an den Tag gelegt hatte. Goetz ersetzte seinen ersten Anwalt, Frank Brenner, der vom Gericht ernannt worden war, um seine Vertretung in den frühen Phasen des Falles sicherzustellen, durch Barry Slotnick, denn Goetz sagte augenscheinlich Slotnicks Entschluß zu, den Fall vor allem unter dem Gesichtspunkt der Notwehr zu führen. Die sich im Verfahren gegen Goetz herausschälenden Auffassungen über die Wahrheit hingen zu einem großen Teil sowohl vom Stil als auch von den Stärken und Schwächen von Waples und Slotnick ab.

Man kann sich kaum zwei talentierte Anwälte vorstellen, bei denen der persönliche und rhetorische Stil weiter auseinanderklafft als bei diesen beiden Gegnern. Ihr persönlicher Stil würde mit Sicherheit auf die Jury Eindruck machen. Waples führte seine Bescheidenheit bei der Kleiderwahl und eine unbekümmerte Gleichgültigkeit gegenüber den Förmlichkeiten vor. Er legte es fast darauf an, seinen orangefarbenen Rucksack vorzuzeigen, in dem er seine Bücher und Unterlagen transportierte, wenn er von der Upper West Side in Manhattan bis zum Gerichtsgebäude Downtown im Foley Square joggte. Slotnick präsentierte sich in einwandfrei geschneiderten teuren Anzügen, und selbst an den warmen Tagen des Frühsommers sollte die Jury ihn nie ohne zugeknöpfte Weste unter dem dunkelblauen Wolljackett sehen.

Slotnick kam jeden Morgen in seiner langen, schwarzen, von einem Chauffeur gesteuerten Limousine vom exklusiven Vorort Westchester zum Gericht. Während sich die Presse schon an der Eingangstür für die Richter versammelt hatte, entstieg er mit Goetz und der übrigen Verteidigung[14] seiner Privatkarosse, stellte sich dem Meer von auf Live-Sendung geschalteten Mikrophonen und den klickenden Kameras und kommentierte den Fortgang der Verteidigung. Während Slotnick nie eine Gelegenheit ausließ, um die Position der Verteidigung der Presse gegenüber zu erklären und zu rechtfertigen, war Waples strikt darauf bedacht, die Öffentlichkeit zu meiden. Vor allem lag es wohl an seinem persönlichen Stil, daß er die heutzutage übliche Praxis ablehnte, das Verfahren im Gerichtssaal und zugleich in den Medien zu führen.

Waples' Argumentationsstil speiste sich aus knappen und treffenden Bemerkungen, und für kleine einschmeichelnde Gesten schien er keine Zeit oder Geduld zu haben. Er blieb sitzen, während der gesamte Block der Verteidigung jedesmal aufstand, wenn die Jury den Raum betrat. Er sprach entschieden und direkt mit dem Richter. Bei Slotnick und seinem Assistenten für Rechtsfragen, Mark Baker, gab es nahezu keine noch so belanglose Äußerung gegenüber dem Gericht, bei der nicht an jeder grammatikalisch möglichen Stelle ein »respectfully« hinzugesetzt wurde.[15] Für Waples war Richter Crane einfach »Judge«. Für Slotnick und Baker war er fast immer »Your Honor«.

Waples saß allein am Tisch der Staatsanwaltschaft, seine Assistenten befanden sich inkognito unter den Zuhörern im Gerichtssaal. Slotnick saß mit seinem Team von drei oder vier Assistenten sowie mit seinem Klienten Goetz zusammen.[16] Waples kam es darauf an, den Eindruck einer übermächtigen Staatsmacht zu vermeiden, den eine ganze Batterie von Staatsanwälten hervorruft, die sich auf den Angeklagten stürzt. Es war durchaus sinnvoll, nicht dadurch Sympathie für einen Angeklagten auszulösen, daß man ihn als Underdog präsentierte, gegen den die ganze Mannschaft aus dem Büro des Distriktsstaatsanwaltes aufgefahren wird. Aber Waples schien seine Isolation inmitten des Gerichtssaals auch zu genießen. Er war hier, um der Stadt New York Gerechtigkeit widerfahren zu lassen, und mit seinem bescheidenen wortkargen Stil und seinem hageren guten Aussehen drängte sich geradezu die Erinnerung an James Stewart auf, wie er als ganz auf sich allein gestellter Anwalt in *Anatomy of a Murder* für die Wahrheit kämpft.

Waples ist ein Einzelgänger – merkwürdigerweise genauso wie seine Beute, der angestrengt wirkende, dünne, wortkarge Mann, der am Tisch der Verteidigung saß. Weder Goetz noch sein Staatsanwalt unterhielten sich während des Verfahrens viel mit anderen; keiner von beiden hatte Frau oder Kinder, die zum Gericht kamen und ihnen alles Gute wünschten.[17] Beide verbrachten die Wartezeiten mit Privatvergnügen, etwa dem Lesen. Goetz muß seine Ähnlichkeit mit Waples selbst gespürt haben, denn in den ersten Tagen der Auswahl der Geschworenen wandte er sich an mich, als ich gerade neben ihm saß, und sagte – was wirklich eine besondere Ironie hatte: »Finden Sie nicht, daß Gregory Waples ein sehr angespannt wirkender junger Mann ist?«

Den bärtigen, imposanten, streng religiösen[18] Slotnick umgab die Aura eines alttestamentarischen Propheten. Aber er war mit Sicherheit kein Prophet, der in seinem eigenen Land ignoriert wird. Er war ununterbrochen von seinen Anhängern umgeben, von der Presse, von seinen Kollegen in der Verteidigung, von seiner Frau und seinen Kindern, die oft zum Gericht kamen.

Ungefähr ein Dutzend Zeichner nahmen am Prozeß teil. Es fiel ihnen leicht, das demütige und passive Aussehen von Goetz, Waples' offenes und geradliniges Auftreten und Slotnicks elegante und nachdrückliche Erscheinung zu erfassen. Die Persönlichkeit, die sie anscheinend nie richtig hinbekamen, war Stephen Crane, der Richter im Zentrum des Sturms. Er ist ein gelehrter und geduldiger Mann, immer korrekt im Umgang mit seinen Angestellten und den Prozeßparteien, und so wurde er zum professionellen Sprecher des Rechts. Wenn er in seinem Gerichtssaal agiert, treten seine eigenen Bedürfnisse und seine eigene Persönlichkeit in den Hintergrund. Seinen liebenswürdigen Stil und die sanft geschwungenen Linien in seinem Gesicht konnten die Zeichner nie richtig erfassen.

Als Vorsitzender Richter im Verfahren war Richter Crane die einzige wichtige Figur in dem Drama, von der keine eigene Auffassung über die Wahrheit erwartet wurde. Waples durfte daran glauben, daß Cantys Aufforderung, das Geld herauszugeben, keine nur verschleierte Drohung war und daß Goetz mit seinen Schüssen überreagierte. Slotnick und Baker durften fest sowohl an die Moral ihres Klienten als auch an seine rechtliche Unschuld glauben. Und ihr Klient durfte selbstverständlich stillschweigend bei seiner Überzeugung bleiben, daß er über seine Angreifer triumphiert hatte. Und auch die Jury würde sich schließlich ihre über das Verfahren entscheidende Vorstellung davon bilden, was in Wahrheit passiert war. Richter Crane aber hatte über diesem Streit zu stehen. Seine Aufgabe war es, den Prozeß voranzubringen und die Rechtsdebatten zu entscheiden, bei denen es darum ging, welche Beweismittel zulässig waren. Er war zur gleichen Zeit Verkehrspolizist und Orakel des Rechts.

Der Mann, der im Zentrum der Aufmerksamkeit stand, Bernhard Goetz, blieb für die Prozeßbeobachter ein Rätsel. Als Sohn einer jüdischen Mutter und eines deutschen Vaters, als Mitglied einer lutherischen Gemeinde, der von den Freunden in seiner Kindheit für jüdisch gehalten wurde[19], aufgewachsen in dem kleinen Ort Rhinebeck im nördlichen Teil des Staates New York, nun aber lebend in dem dichten urbanen Mosaik der 14. Straße in Manhattan, entzog Goetz sich den konventionellen Kategorien. Er war in der Tat immer darum bemüht, seine Unabhängigkeit zu bewahren, und wandte sich gegen die Vorgesetzten, wo andere geschwiegen haben. Als Atomingenieur für U-Boote hat er die Navy auf Fehler im Design und in der Herstellung hingewiesen, die seine Vorgesetzten aus der Privatindustrie offensichtlich lieber vertuschten. Er ist ein Individualist, der sich nicht einfach der Macht einer Firma ergibt, und so entschloß sich Goetz schließlich, von seinem Apartment in der 14. Straße aus einen eigenen Reparaturservice für Elektronik zu betreiben.

Wenn wir nach einer psychologischen Erklärung für Goetz' Schüsse suchen, dann können wir uns auf die turbulente Beziehung zu seinem Vater konzentrieren. Daß er am 4. September 1984, in der Woche, in der das Begräbnis seines Vaters stattfand, eine Schußwaffe von höchster Leistung, eine halbautomatische 9-mm-Pistole kauft, sollte uns die Aufmerksamkeit auf diese Beziehung richten lassen. Daß der Vater von Goetz für seine autoritären Tendenzen bekannt war und daß Goetz eine klare Abneigung gegenüber Autorität zeigt, sollte ebenso zu weiteren Nachforschungen einladen wie der Umstand, daß gegen den Vater Goetz' ein Strafverfahren durchgeführt wurde, weil er angeblich zwei Knaben mißbraucht hatte, als Bernie 13 Jahre alt war.[20] Angesichts des ungebrochenen Glaubens der Familie an die Unschuld des älteren Goetz dürfte die Qual, die Anklage und den Prozeß gegen den Vater miterleben zu müssen, bei dem jüngeren Goetz zu der späteren Verachtung des Rechtssystems beigetragen haben. Diese komplexen Tatsachen sind wichtig, wenn man den Menschen Bernhard Goetz verstehen will.[21]

Goetz widersetzt sich Vernehmungen, die die Hintergründe seiner Handlungen am 22. Dezember 1984 erforschen sollen, aber sein vierstündiges aufgezeichnetes Geständnis vermittelt einen aufschlußreichen Einblick in die Art und Weise, wie er, neun Tage nach dem Vorfall, die Ereignisse sich selbst erklärt. Wie seine spontanen Assoziationen zeigen, war Goetz zu der Ansicht gekommen, daß das Mugging auf den Straßen von New York ein Spiel mit festgelegten Regeln und wechselseitiger Erwartungshaltung war. So sagt er: »Die kennen die Regeln des Spiels und die nehmen die Regeln ernst.«[22] Zu den grundlegendsten Regeln gehören diese: »Man darf keine Schußwaffe dabeihaben und man darf niemanden umbringen.«[23] Bevor dieses Ritual durch Gewaltanwendung zusammenbrach, versuchte Ramseur, Goetz auf eine Ausbeulung in seiner Jacke aufmerksam zu machen. Goetz hatte keinen Zweifel daran, daß Ramseur bluffte. Zweifellos gibt es einige Mugger, die Schußwaffen tragen, aber in diesem Fall erwies sich das sorglose Vertrauen von Goetz darauf, daß die Ausbeulung nur »bullshit« war, als vollkommen berechtigt.

Goetz' Beurteilung von Cantys Eröffnung »Na, wie geht's?« zeigt auch seinen Sinn für das Ritual des Mugging. Das war ein zweideutiger Schritt von Canty. Offensichtlich hatte es nicht die forsche und knallharte Schärfe eines: »Okay, motherfucker, give it up.«* Das war die Standarderöffnung eines Ex-Muggers, eines Bekannten von Goetz, der ihm, wie er sagt, »ein bißchen beigebracht hat, auf mich aufzupassen«.[24] Canty hat diese Codesprache nicht benutzt, und daher hielt Goetz diese Eröffnung nicht für eine »Drohung«, obwohl »dieser Spruch unter bestimmten Umständen eine echte Bedrohung sein kann«.[25]

Das unschuldig klingende »Na, wie geht's?« führt bei Goetz zu einer Reihe von Assoziationen: »Und eine Frage wie die, ›Na, wie geht's?‹, bedeutet normalerweise gar nichts. Aber wenn es in einem ganz bestimmten Zusammenhang kommt, dann steckt da eine An-

* Okay, du Arschloch, mach keinen Scheiß.

deutung drin.«[26] Und er wird an das brutale Mugging von Al erinnert, dem Portier des Courtney-Hauses in der 14. Straße West, dessen Leiden mit einem unschuldig klingenden »Na, wie geht's?« begann.[27] Auf dem Videotape beschreibt er den Einleitungssatz eines potentiellen Muggers mit »Wie geht's?« oder »Na, wie geht's?« als eine »rechtlich ... vollkommen nichtssagende Äußerung ... eine Alltagsäußerung«.[28] Der in diesem Zusammenhang erstaunliche Gebrauch des Worts »rechtlich« spiegelt Goetz' Verständnis der Spielregeln wider: Damit eine eröffnende Bemerkung »rechtlich« etwas bedeutet, muß sie die unzweideutige Erklärung enthalten, daß das Spiel im Gang ist.

An dem Punkt, als Canty direkt neben ihm stand und nach dem Geld fragte und als Goetz ihn grinsen sah – »seine Augen glänzten, und es machte ihm Spaß ... er zeigte ein breites Grinsen«[29] –, überkam ihn die Angst, und er bereitete sich schnell darauf vor, handeln zu können. Er schob den Sicherungshebel von links nach rechts und entsicherte seine Waffe. Aber entsprechend der Logik von Zug und Gegenzug brauchte er eine »Bestätigung«, daß das Spiel den Punkt erreicht hatte, an dem es keinen Ausstieg mehr gibt. Daher fragte er Canty noch einmal, »Was hast du gesagt?«. Als Canty mit einer weiteren Forderung nach Geld reagierte[30], riß Goetz die Initiative an sich, und das Spiel endete mit Blut.

In der Reflexion über das, was er getan hat, ist für Goetz die Spiel-Metapher ausschlaggebend für das Gefühl, rechtschaffen gehandelt zu haben. Er wurde angegriffen, er hat auf eine Bestätigung gewartet und dann die Oberhand gewonnen. Das sind die entscheidenden Fakten. So gibt er es als »korrekte« Regel des Rechts aus – eine Regel, die er unkorrekterweise dem englischen Recht von vor mehreren Jahrzehnten zuordnet: »Wenn eine Person angegriffen wird und dann die Oberhand gewinnt, dann sollte sie nicht zur Rechenschaft gezogen werden.«[31]

Goetz spielte daher nach den Regeln, so wie er sie verstand, aber er erwartete nicht, daß die Strafjustiz von New York ihn verstehen und Sympathie für ihn haben würde. Seine zwei vorangegangenen Begegnungen mit der Strafjustiz hatten bei ihm Wunden hinterlassen und ihn zynisch gemacht. 1981 stürzten sich drei Jugendliche auf ihn, als er in der U-Bahn elektrische Ausrüstungsgegenstände mit sich trug. Sie warfen ihn auf den Boden und verletzten ihn am Knie; er stürzte gegen eine Glastür, und der Griff bohrte sich in seine Brust. Ein Sanitätsbeamter, der nicht mehr im Dienst war, half Goetz, Fred Clark, den Anführer der Gruppe, festzunehmen. Für Goetz schien es eine fundamentale Ungerechtigkeit zu sein, daß er zum Verhör über sechs Stunden auf der Wache festgehalten wurde und daß die Polizei Clark in – wie Goetz annimmt – der Hälfte dieser Zeit gehen ließ. Und es kam noch schlimmer, als die Staatsanwältin[32], die den Fall übernahm, nicht wegen Raub Anklage erhob, sondern wegen – wie es Goetz genannt hat – »grobem Unfug«.[33] Anscheinend gab es keine Beweise dafür, daß sie es auf sein Geld oder seinen Besitz abgesehen hatten, eine Voraussetzung dafür, daß bei einem körperlichen Angriff das schwerwiegendere Delikt des Raubes angenommen werden kann. So wie es Goetz darstellt, war nach Ansicht der Beamten nur die Tatsache bedeutsam, daß die Mugger seine Jacke zerrissen hatten (daher die Anklage wegen strafbarer Sachbeschädigung).[34] Es ist nicht klar, warum die Polizei und der Staatsanwalt sich für diese Anklage anstelle einer Anklage wegen Körperverletzung entschieden, aber auf jeden Fall fand Goetz die legalistischen Erwägungen zu den Details einer Sache unerträglich, die für ihn ein ganz offensichtlich schwerwiegendes Verbrechen zu sein schien.

Er paßte sich schnell an das an, was er für ein anderes Spiel hielt. Er war so verärgert darüber, daß die Polizei keine Anzeige wegen versuchtem Raub erstattete, daß er bei einem Telefongespräch, das offenbar eine weitere telefonische Befragung durch die Polizei von Manhattan war, folgendes angab:

Sehen Sie, was ich auch immer sagen soll, das werde ich sagen; wenn Sie wollen, daß ich lüge, dann werde ich lügen... Ich werde sagen, was auch immer man braucht; Sie wissen, wie man diese Kerle festnimmt oder wie man diese Kerle kriegt oder was auch immer man macht.[35]

Er war überrascht, daß die Polizei ihn wegen seiner Bereitschaft, eine falsche Aussage zu machen, zurechtwies.

Sofort danach hatte er seine zweite Begegnung mit der Polizei. Obwohl er, wie er selbst zugibt, nach diesem Mugging begann, eine Schußwaffe mit sich zu führen, versuchte er auf dem dafür gesetzlich vorgesehenen Weg die Schußwaffenerlaubnis zu erhalten. Er behauptet, 2000,– Dollar dafür ausgegeben zu haben, um die Formulare vorzubereiten und einen Antrag für eine Lizenz auszufüllen. Die Abteilung der Stadtpolizei, die eine solche Lizenz vergibt, wies ihn mit der nichtssagenden Erklärung ab, sie könnten nicht an jeden eine Lizenz vergeben, der eine beantragt. Diese zwei

Erfahrungen mit der Polizei der Stadt New York bewirkten bei Goetz eine tiefsitzende Verärgerung darüber, daß die Stadt sich nur um die »technischen Einzelheiten« kümmert.

Die Ängste von Goetz, zusammengeschlagen und zum Krüppel gemacht zu werden, werden in seinem Geständnis wiederholt deutlich. In der Tonbandaufnahme gibt er nur höchst widerwillig zu, daß er Angst hatte. Er rationalisiert seine Angst als eine der notwendigen Voraussetzungen für den »Kampf«. Angst »bewirkt, daß du denkst und analysierst... und beschleunigt dein Denken. ...Sie erhöht deinen Adrenalinspiegel...«[36] Er nimmt die Aussage eines Sachverständigen, von Dr. Bernard Yudwitz, den die Verteidigung zu seinen Gunsten benannt hat, vorweg, indem er sagt, daß dann, wenn dich die Angst überkommt, »die obere Hälfte von deinem Verstand... einfach abschaltet... und du reagierst«.[37] Auf der Videoaufnahme, wo er sichtlich auf Grund der Nachfragen der assistierenden Distriktsstaatsanwältin Susan Baver erregter ist, gibt er seine schreckliche Angst zu, ohne sie mit seiner Fähigkeit zum Kämpfen in Verbindung zu setzen: Er habe gefühlt, daß »er kurz davor war, zu Brei geschlagen zu werden«.[38] Und er entwickelt eine ausgedehnte Metapher, in der er sich mit einer in die Enge getriebenen »Ratte« vergleicht:

> Wenn du anfängst, sie mit rotglühenden Nadeln zu piksen... und wenn du dich hineinsteigerst und es noch mal machst... und wenn die Ratte sich dann bösartig auf dich stürzt und dann auf einmal zu einem bösartigen Killer wird, das ist es..., was ich tatsächlich war, dann hör' damit auf, moralische Bemerkungen von dir zu geben...[39]

Entwirft man ein umfassenderes Bild von Bernhard Goetz, dann kommt eine andere Perspektive seiner schicksalsreichen Konfrontation mit den vier schwarzen Jugendlichen an jenem Samstagnachmittag zum Vorschein. Die persönliche Geschichte von Goetz vermittelt durchweg den Eindruck, daß er bewußt nach Gefahren sucht. Sein Verhalten bei verschiedenen Gelegenheiten erweckt den Eindruck, daß er sich eher einem Risiko aussetzen, als nach Sicherheit suchen würde, wenn er die Wahl hat. Als er einmal aus Versehen eine U-Bahn an den Rand von Harlem nahm, stieg er nicht einfach um und nahm die erste Bahn in die entgegengesetzte Richtung. Statt dessen machte er einen Spaziergang entlang des nördlichen Teils des Central Park. Dabei versuchte man, ihn zu überfallen, was er verhinderte, indem er seine Pistole zog. Beim

Überfall auf ihn im Jahre 1981 benutzte er die U-Bahn und transportierte elektronische Geräte (darunter ein Oszilloskop, das wie ein Fernseher aussah), die potentielle Mugger fast schon anziehen mußten. An dem Tag, als es zu den Schüssen kam, bestieg er den U-Bahnwagen und setzte sich direkt neben die vier Jugendlichen, die auf Grund ihrer Kleidung und ihres aufsässigen Verhaltens leicht mit »Auseinandersetzung« zu identifizieren waren. Dies alles läßt auf ein Verhaltensmuster schließen, das Soziologen als die Neigung bezeichnen würden, sich als Opfer anzubieten. Er hatte einen Hang zum Risiko. Er entschied sich nicht dafür, Gefahren zu vermeiden, sondern dafür, sich ihnen auszusetzen.

Die wichtigste psychologische Frage in diesem Zusammenhang lautet, warum Goetz insbesondere nach dem Überfall auf ihn von 1981 in New York blieb. Er haßte die Stadt. Sein Geständnis ist eine lange Tirade auf das Unglück, das die New Yorker zu ertragen haben. Sein Geschäft erforderte nicht, daß er sich in einer städtischen Umgebung aufhielt. Er hätte seinen Reparaturservice für Elektronik leicht von irgendeinem anderen Ort betreiben können, der etwa in New Hampshire lag, wo er sich unter »anständigen Leuten«[40] sicher fühlte.

Es mag klug sein, Gefahren zu vermeiden, aber das war nicht die Einstellung von Goetz. Er besaß das Recht, in der 14. Straße zu leben, nachts im nördlichen Teil des Central Park spazierenzugehen und sich an jenem Samstagnachmittag in der U-Bahn mitten unter lärmende Teens zu setzen. Seine psychische Disposition und sein Mangel an Wachsamkeit können kaum seine grundlegenden Rechte als Bürger der Stadt beschneiden. Eine psychologische Analyse dessen, was die Schüsse ausgelöst hat, mag unter bestimmten Aspekten wichtig sein, aber sie ist kaum maßgebend für die rechtliche oder moralische Analyse, ob Goetz das Recht hatte, sich selbst zu verteidigen.

Bei einem Strafverfahren geht es nicht darum, eine Handlung zu erklären oder zu diagnostizieren, sondern darum, sie als richtig oder falsch zu beurteilen; es geht darum festzulegen, ob Goetz selbst persönlich für das verantwortlich zu machen ist, was er getan hat. Welch einzigartiges Individuum Goetz auch sein mag, das Recht geht von der hochtrabenden Annahme aus, daß wir alle – abgesehen von offensichtlicher Unzurechnungsfähigkeit – letztlich gleich sind. Als Goetz am 22. Dezember 1984 in die U-Bahn herabstieg, war er ein Jedermann. Er wurde zum Helden, weil sich die Öffentlichkeit mit ihm identifizierte, und das Urteil über ihn hatte von der Annahme auszugehen, daß er, als er diese schadensträchtigen Schüsse abgab, dieselbe Fähigkeit wie wir alle hatte, um beurteilen zu können, ob es richtig oder falsch war, vernünftig oder unvernünftig, so auf die augenscheinliche Bedrohung zu antworten, wie er es tat.

Goetz sagt: »Gib keine moralischen (Beurteilungen) ab...«. Aber das Recht kann moralische Urteile nicht vermeiden. Goetz hatte seinen Anwälten Material geliefert, auf dem sie eine Notwehr-Theorie aufbauen konnten, die auf der Notwendigkeit für ihn beruhte, mit tödlicher Gewalt zurückzuschlagen, um sich selbst zu retten. Wenn die Jury mit ihm darin übereinstimmen würde, daß seine Angst ausreichte, um ihn zu entschuldigen, dann würde das ein moralisches Urteil sein; wenn die Jury einen rigorosen Maßstab an die Billigung seines Handelns anlegen und zu dem Schluß kommen würde, daß er bei den Schüssen überreagiert hatte, dann würde das ein anderes moralisches Urteil sein. In jedem Fall war ein moralisches Urteil unausweichlich.

Das charakteristische Merkmal des Rechts sind nicht seine Regeln und seine Befehle, sondern die in der juristischen Debatte und dem Strafverfahren sich bietenden Möglichkeiten, unsere Ansichten zu den Fragen, die uns trennen, weiterzuentwickeln. Es ist nicht einfach, unsere Gefühle über Goetz' Schüsse auf vier schwarze Jugendliche in der U-Bahn zu ordnen und zu artikulieren. Es ist nicht einmal einfach, den Konflikt zwischen denen zu formulieren, die auf der Seite der Opfer stehen, und denen, die auf der Seite des Gunman stehen, der sich in Gefahr glaubte. Wir wissen, daß es ein tiefer gehender Konflikt sein muß als der Konflikt zwischen schwarz und weiß, zwischen kriminellen und anständigen Leuten, zwischen der arbeitslosen Unterschicht und der etablierten Arbeiterschicht und der Mittelklasse. Das Recht hilft uns bei der Erkenntnis dessen, was auf dem Spiel steht, wenn eine Konfrontation plötzlich in Gewalt ausartet. Es stellt uns die Begriffe und Konzepte zur Verfügung, mit denen wir unsere Reaktionen weiterentwickeln, unsere Urteile äußern und uns auf Auseinandersetzungen mit denen einlassen, die anderer Meinung sind.

Das Recht sollte daher als eine stilisierte Form des Diskurses verstanden werden. Die Grenzen für diesen Diskurs sind von Generationen gelehrter Anwälte »gefunden und neu gefunden worden«, wie Thomas Hobbes geschrieben hat.[41] Nach dem üblichen tradierten Verständnis sprechen Anwälte nicht von Liebe und Freundschaft, von Gott und den Engeln, von der Erlösung oder dem Leben danach, von Schönheit und dem höchsten moralischen Wert. Das sind die Sorgen, die unser Leben bestimmen, aber es wäre unpassend für einen Anwalt, wenn er sich zugunsten seines Klienten darauf beruft. Juristen haben sich darauf verständigt, daß sie sich nicht darüber streiten, was die Leute sind, sondern darüber, was sie tun. Der Schwerpunkt liegt nicht auf der Frage, warum wir das tun, was wir tun, sondern auf der moralischen Qualität unserer Handlungen.

So wie die Dichter unsere Empfänglichkeit für die menschlichen Sehnsüchte weiterentwickelt haben, so haben die Anwälte unsere Einsicht geschärft, auf welche Weise menschliche Handlungen die soziale Ordnung stören. In ihrer Sprache geht es um Schaden und Kausalität, Verpflichtung und Verantwortlichkeit, Fehler und Verschulden. Diese und ähnliche Konzepte sind die Filter, die uns in den Stand versetzen, zu erkennen, was passiert ist, als Goetz seine Waffe zog und auf Canty, Allen, Ramseur und Cabey geschossen hat. Selbstverständlich kommt es vor, daß wir uns nicht darauf einigen können, was wir sehen. Einige werden das Rot des Angriffs sehen; einige das Blau der Angst; wiederum andere das Gelb einer irrationalen Überreaktion. Aber wenn wir über diese Farbtöne und Färbungen argumentieren, dann können wir wenigstens sicher sein, daß das Bild nicht einfach schwarz und weiß ist.

Die rechtliche Argumentation wurzelt in einem gemeinsamen Glauben an die Vernunft. Das Recht schreitet voran, indem ein Fall mit dem anderen verglichen wird, indem geurteilt wird, ob sie gleich oder unterschiedlich sind, ob die Lösung für den einen ebenso gut auch für den nächsten paßt. Keine dieser Beurteilungen wäre möglich ohne die Vernunft als Richtschnur. Unsere Leidenschaften trennen uns, aber die Vernunft vereint uns in dem Streben nach Antworten, die alle akzeptieren können. Der deutlichste Beleg für die Rolle der Vernunft in der rechtlichen Argumentation ist die Tatsache, daß argumentiert wird. Wir wissen, daß es einen Unterschied macht, ob wir uns auf die Vernunft eines anderen berufen oder auf seine oder ihre Vorurteile oder Eigeninteressen. Wenn man sich auf die Vernunft beruft, dann ist das ein Beweis für den Respekt gegenüber der Person, die man überzeugen will. Wenn man ein Vorurteil oder ein Gefühl anspricht, dann zeugt dies von Verachtung; es degradiert den anderen von einer Person, die man durch ein Argument überzeugen kann, zu einem Objekt, das man manipulieren kann, indem man mit seinen emotionalen Kräften spielt.

Wie es schon Maimonides von Gott gesagt hat, ist es dennoch leichter festzulegen, was nicht vernünftig ist, als festzustellen, was vernünftig ist. Vernunft ist nicht Gefühl, nicht Vorurteil, nicht Drang nach Lust. So wie Gott über unserer Welt steht, so ist die Vernunft den Trieben der Menschen überlegen. Die Analogie zum Göttlichen ehrt die menschliche Vernunft, aber genauso, wie wir nie sicher sein können, ob und in welcher Gestalt Gott existiert, können wir leicht in Skeptizismus sowohl über die Existenz als auch über die Gebote unserer Vernunft verfallen.

Die Zweifel daran, was der eindeutige Ruf der Vernunft ist, veranlassen die Juristen dazu, bei den Wegweisern Zuflucht zu nehmen, die nach den Konventionen der Profession für Entscheidungen im Recht gelten. Anwälte diskutieren nicht ihre privaten Ansichten davon, was richtig und gut ist, sondern gehen so vor, daß sie diejenigen maßgeblichen Rechtsmaterialien für ihre Seite des Falles zusammentragen, die zu dem Ergebnis führen, für das sie sich einsetzen. In einem Strafverfahren zählen zu diesen Materialien unsere Verfassungen des Bundes und der Einzelstaaten, das Strafgesetz und die Strafprozeßordnung und der voluminöse Korpus richterlicher Begründungen, mit denen versucht wird, die Entscheidung bestimmter Fälle, die in die Rechtsmittelinstanz gegangen sind, zu rechtfertigen. Diese Bibliothek niedergeschriebener Materialien reicht normalerweise dazu aus, um eine Antwort auf rechtliche Routineprobleme zu finden. Aber in einem ungewöhnlichen Fall wie dem Verfahren gegen Bernhard Goetz ist das geschriebene Recht nur der Ausgangspunkt für die Argumentation.

Anwälte beginnen ihre Ausführungen, indem sie Gesetze und Fälle zitieren, um sich dann – jedenfalls wenn sie echte Advokaten sind – schnell von diesen Ankern der Autorität weg und hin zu ihrer eigenen begründeten Ansicht von der Gerechtigkeit in dem bestimmten Fall zu bewegen. Für Anwälte, die in der Tradition des angloamerikanischen Rechtssystems stehen, ist es bezeichnend, daß sie sich lieber auf Fälle berufen, als sich direkt auf den Gesetzestext zu beziehen. Das Fallrecht entspricht eher dem Vernunftrecht. Wenn eine Entscheidung von den anerkannten Prinzipien der Tradition abweicht, dann neigen Anwälte und Richter dazu, sie abzulehnen. Fälle werden nur dann zu einflußreichen Präzedenzfällen, wenn sie den weiterentwickelten Prinzipien der Gerechtigkeit Rechnung tragen, die sich in unserer Tradition herauskristallisiert haben.

Die Verzweiflung von Bernhard Goetz illustriert an einem einzigen durcheinandergebrachten Leben sowohl die Versprechungen als auch die Ausweglosigkeit des Rechtssystems. Anders als moderne Skeptiker hat Goetz eine klare Ansicht davon, was richtig und was falsch ist. In seinem vierstündigen Geständnis, das in New Hampshire aufgenommen wurde, sagt er wiederholt, daß es Sache der anderen sei, darüber zu entscheiden, ob er richtig oder falsch gehandelt habe. Er will nicht wegen Unzurechnungsfähigkeit aus der Sache rauskommen. So sagt er:[42]

> Ihr entscheidet. Ich wurde zu einem bösartigen Tier, und wenn ihr denkt, daß das so furchtbar ist, dann wünsche ich mir nur, daß irgendein anderer an meiner Stelle gewesen wäre. Jeder, der dann über mich urteilen wird – gut, ich war bösartig. Es war meine Absicht, sie zu töten, und, und ihr entscheidet nun, was Recht und was Unrecht ist.

Nach seinen eigenen moralischen Maßstäben hatte er richtigerweise alles getan, was ihm möglich war, um dem Recht zu entsprechen, aber es war klar für ihn, daß das Recht für seine Ängste, ein weiteres Mal ausgeraubt zu werden, fälschlicherweise nicht empfänglich war. Seine Verachtung für das Rechtssystem erzeugte in ihm das Gefühl gerechtfertigter Selbstsicherheit beim Tragen einer geladenen Schußwaffe in der Öffentlichkeit – ob er nun eine bürokratische Erlaubnis dazu hatte oder nicht. Aber seine Rebellion gegen das System ging über die Sicherstellung seiner unmittelbarsten Bedürfnisse hinaus. Obwohl ihm nie der Vorwurf gemacht wurde, er habe illegal mit Waffen gehandelt, gibt er in seinen Geständnissen mehrmals an, er habe Schußwaffen gekauft und sie zum selben Preis an Freunde weiterverkauft.

Selbstverständlich ist Goetz' Verärgerung über das Rechtssystem nicht maßgeblich für unsere Beurteilung dessen, was er getan hat. Seine Vorstellung von Recht und Unrecht kann nicht die Notwendigkeit eines Urteils der Gemeinschaft darüber ersetzen, was daran Recht und Unrecht ist, wenn man ohne Erlaubnis Waffen bei sich trägt und auf vier Jugendliche in der U-Bahn schießt. Unser Problem, wie wir über Goetz urteilen, findet sich in aller Schärfe in dem Gewirr aus emotionalen und rationalen Argumenten wieder, die das Recht der Notwehr durchdringen. Wenn er eines »Verbrechens der Selbstverteidigung« schuldig ist, dann würden seine Ansichten kraft unseres Urteils nicht über die Regeln der Vernunft im Recht obsiegen. Aber um Vertrauen zu unserem Urteil darüber zu haben, ob Goetz kriminell gehandelt hat – wenn auch im Glauben, es sei eine Notwehrsituation gegeben –, müssen wir die komplizierten moralischen Empfindungen verstehen, die ausgelöst werden, wenn sich jemand auf Notwehr beruft.

Anmerkungen

1 In der ersten Woche nach den Schüssen wurde die Geschichte meist so wiedergegeben, daß der Gunman [Anm. d. Ü.: nicht ins Deutsche übersetzbarer Ausdruck für einen, dessen Beruf die Arbeit mit dem Schießeisen ist, sei es im Wilden Westen, als Killer oder als Wachmann] unmittelbar vor den Schüssen gesagt habe, »Ich habe fünf Dollar für jeden von euch«, vgl. *New York Times* vom 24. Dezember 1984, S. 1. In einem seiner Geständnisse, das am 30. Dezember aufgenommen wurde, bestand Goetz aber darauf, daß er gesagt habe, »ich habe fünf Dollar für dich«, vgl. die Abschrift des Geständnisses, das auf Video aufgenommen wurde (im folgenden zitiert als Video-Abschrift), S. 38.

2 Es gibt zwei Geständnisse. In dem Geständnis, das er gegenüber der Polizei von New Hampshire am frühen Abend des 31. Dezember abgelegt hat, die es auf Tonband aufnahm, sagt er: »You seem to be *doing* all right; here's another.« In dem Geständnis, das er noch am selben Abend gegenüber den Behörden von New York abgelegt hat und das auf Video aufgenommen wurde, sagt er: »You seem to be all right; here's another.« [Anm. des Ü.: Der Unterschied zwischen diesen beiden Versionen wird im Original beibehalten, indem das Wort »doing« im ganzen Text in Klammern gesetzt ist. Im Deutschen ist der Unterschied nur durch Umschreibung wiederzugeben. Beide Male heißt es: »Dir scheint's ja ganz gut zu gehen.« Das zusätzliche »doing« kann darüber hinaus pointiert etwa so interpretiert werden: »Du scheinst ja noch ganz gut dabei zu sein (wenn es darum geht, was zu machen)«.]

3 Artikel von David Sanger, *New York Times* vom 30. Dezember 1984, Teil IV, S. 6. Eine Bezugnahme auf »angespitzte Schraubenzieher« erscheint ebenfalls am Tag davor, dem 29. Dezember 1984, in einem Herausgeberkommentar von Schanberg, *A New Morality Play* (Ein neues Stück über die Moral).

4 Zu einer Berichterstattung der Geschichte aus der Perspektive der Opfer vgl. die Artikel von Margot Hornblower in der *Washington Post*

vom 11. Januar 1985, S. A3, und von Jimmy Breslin in den *New York Daily News* vom 30. Dezember 1984, S. 6.

5 Abschrift des auf Tonband aufgenommenen Geständnisses (im folgenden zitiert als Tonbandabschrift), S. 38.

6 Die beste Zusammenfassung von Goetz' Leben, bevor er nach New York kam, findet sich bei Carol Agus, *Wimp or Wolf* (Schwächling oder Wolf), *New York Tuesday* vom 15. Dezember 1985, S. 12-51.

7 Tonbandabschrift, S. 38.

8 Die erste Anklage enthielt zwei Fälle von unrechtmäßigen Besitzes vierten Grades nach dem Strafrecht von New York (im folgenden abgekürzt als NYPL), § 265.01(1) und einen Fall unrechtmäßigen Besitzes dritten Grades, NYPL § 265.02(4).

9 Vgl. bei Anm. 2.

10 Die Entscheidung, ob eine Anklage erneut vor eine Grand Jury gebracht werden darf, steht im Ermessen des Gerichts. Vgl. § 190.75(3) des Strafverfahrensgesetzes von New York. Die Verteidigung hat versucht, gegen Cranes Entscheidung ein Rechtsmittel einzulegen, ist aber mit dem Argument abgewiesen worden, die Entscheidung könne nur im Zusammenhang eines Rechtsmittels gegen das Urteil überprüft werden. Vgl. In the Matter of Application of Bernhard Goetz, 111 AD2d 729 (1985), bestätigt in 65 NY2d 609 (1985).

11 Die zehn neuen Anklagepunkte bestehen nach den Vorschriften des Strafgesetzes von New York aus vier Fällen versuchten Mordes zweiten Grades (§ 110, § 125.40), vier Fällen von Körperverletzung ersten Grades (§ 120.10), einem Fall rücksichtsloser Gefährdung ersten Grades und einem Fall ungesetzlichen Besitzes einer Waffe zweiten Grades (§ 265.03).

12 Bei sogenannten »affirmative defenses«, d. h. den Einwänden der Verteidigung, die sie glaubhaft zu machen hat, wie dem entschuldigenden Notstand und der extremen emotionalen Gestörtheit, muß die Verteidigung ihr Vorbringen durch einen sog. überzeugenden Beweis belegen. Vgl. NYPL § 40.00 (entschuldigender Notstand) und § 125.20(2) (extreme emotionale Gestörtheit).

13 Die heutigen europäischen Strafrechtssysteme werden zwar oft als inquisitorisch bezeichnet, aber angemessener ist es, sie als Anklageverfahren zu bezeichnen, denn die Erhebung der Anklage und ihre Vertretung im Verfahren werden von einem besonderen Zweig der Exekutive wahrgenommen, dem Staatsanwalt. In den klassischen inquisitorischen Systemen agierten die Richter sowohl als Ankläger als auch Ermittler der Tatsachen. Auch kennen viele gegenwärtige europäische Systeme Laien (die als Schöffen bezeichnet werden), die mit auf der Richterbank sitzen und zusammen mit dem Richter über die Rechtsfragen und Beweisfragen entscheiden.

14 Zum Gefolge gehörten üblicherweise Mark Baker, der als der Junior im

Team für die Rechtsfragen verantwortlich war, Frank King, Slotnicks Ermittler, und oft Gillian Coulter, ein wissenschaftlicher Mitarbeiter aus Slotnicks Büro.

15 Diese Beschreibung trifft offensichtlich nicht für diejenigen Auseinandersetzungen ohne Präsenz der Jury zu, bei denen Slotnick verärgert war oder Verärgerung vortäuschte. Ich kann mich aber nicht daran erinnern, daß Baker jemals aufgeregt gesprochen oder seine übliche Haltung höflicher Ehrerbietung aufgegeben hätte.

16 Üblicherweise saß Slotnick außen links am Tisch, also am nächsten zur Mitte des Gerichtssaals, daneben dann King, Goetz, manchmal Coulter und dann Baker. Während des normalen Ablaufs der Verhandlung schien sich Slotnick viel öfter mit King zu besprechen als mit Baker oder Goetz.

17 Die Eltern von Waples kamen ein paarmal, um ihn zu hören; offenbar kam niemals jemand zur Verhandlung, der Goetz nahestand.

18 Slotnick wie Baker befolgen das jüdische Gesetz nach orthodoxen oder nahezu orthodoxen Regeln. Beide forderten eine Aussetzung des Verfahrens während des Schawu'oth, das 1987 auf den 3. und 4. Juni fiel, die sie auch erhielten.

19 So die Schilderung bei Agus (o. Anm. 6), S. 23-25.

20 Vgl. *People v. Bernard W. Goetz*, 12 NY2d 689 (1962) (wo die Verurteilung wegen der »Gefährdung von Leben oder Gesundheit eines Kindes« aufgehoben wird).

21 Lilian Rubin versucht uns in ihrem Buch *Quiet Rage: Bernie Goetz in a Time of Madness* (Stille Wut: Bernie Goetz in einer Zeit des Wahnsinns) (Farrar, Straus & Giroux, 1986) eine Psychogeschichte von Goetz und seinen Schüssen zu geben. Zu meiner Kritik an diesem Ansatz und zu seiner Irrelevanz für das Recht vgl. Fletcher, *Goetz on Trial*, *New York Review of Books*, Vol. 34, Nr. 7, S. 22 (vom 23. April 1987).

22 Tonbandaufnahme, S. 10.

23 A.a.O.

24 A.a.O., S. 12.

25 A.a.O., S. 8.

26 A.a.O., S. 44.

27 Vgl. die Video-Abschrift, S. 24-25.

28 Video-Abschrift, S. 24.

29 Tonbandabschrift, S. 10-11.

30 Es gibt zwei unterschiedliche Versionen der Äußerung, die ihm die erwünschte Bestätigung gab. Vgl. die Tonbandabschrift, S. 18 (»er sagte, ›Gib' mir dein Geld.‹«), mit der Videoabschrift, S. 38 (»aber ich brauchte eine Bestätigung, und er sagte, ›Gib mir fünf Dollar.‹«).

31 Goetz hat diese Regel mir gegenüber unzählige Male in persönlichen Gesprächen wiederholt.

32 Daß der Staatsanwalt in dem Fall von 1981 eine Frau war, mag zu der außerordentlichen Verärgerung und Feindseligkeit beigetragen haben, die Goetz gegenüber der assistierenden Distriktsstaatsanwältin Susan Braver an den Tag legte, die bei der Aufnahme seines Geständnisses auf Videotape zuständig war.

33 Goetz' Klagen darüber, wie das System arbeitet, scheinen der Grundlage zu entbehren – jedenfalls in seinem Fall. Fred Clark war der einzige der drei Verdächtigen, der gefaßt wurde. Er wurde wegen strafbarer Sachbeschädigung vierten Grades, NYPL § 145.00, und Belästigung, § 240.25, angeklagt. Er wurde wegen Körperverletzung dritten Grades, NYPL § 120.00, für schuldig befunden und zu sechs Monaten Haft verurteilt. Soweit ich weiß, hat er die volle Zeit im Gefängnis verbracht.

34 Mit diesem Detail beschäftigt er sich in der Videoabschrift auf S. 21.

35 Tonbandabschrift, S. 34.

36 A.a.O., S. 17.

37 A.a.O., S. 18.

38 Videoabschrift, S. 39 (Antwort auf die Frage, ob er dachte, daß man »dabei war, ihn auszurauben«).

39 A.a.O., S. 11.

40 A.a.O., S. 46 (»Aber wissen Sie, wie nett die Leute hier oben [New Hampshire] sind, wie nett die Kinder sind? Wie sicher es hier oben ist?«).

41 Hobbes legt diese Worte einem Vertreter von Sir Edward Coke in seinem *Dialogue between a Philosopher and a Student of the Common Law* in den Mund (Hg. J. Crespy, 1971, S. 55).

42 Videoabschrift, S. 22.

2. Vernunft und Gefühl bei der Notwehr

Die Notwehr war immer das zentrale Problem im Fall Goetz – von der Entscheidung der ersten Grand Jury, keine Anklage wegen der Vorwürfe zu erheben, die mit den Schüssen zusammenhingen, bis zum Urteil im Juni 1987. Ein Rechtssystem setzt voraus, daß der Staat das Gewaltmonopol hat. Wenn Private sich das Recht des Stärkeren herausnehmen und entscheiden, wer das Recht auf »Leben, Freiheit und Streben nach Glück«* hat, dann kann nicht einmal der Schein der Rechtsstaatlichkeit aufrechterhalten werden. Aber dieses Monopol des Staates beinhaltet auch eine Verpflichtung gegenüber den Bürgern, sie vor Gewalt zu schützen. Wenn die Individuen von einem unmittelbaren Angriff bedroht werden und wenn die Polizei sie nicht beschützen kann, dann tritt das Monopol des Staates zurück. Das individuelle Recht auf Überleben kommt wieder zur Geltung. Für den Fall Goetz besteht die wichtigste Untersuchung im Überprüfen dieser Grenze zwischen der Verpflichtung des Staates, uns zu schützen, und dem Recht des Individuums, Gewalt und selbst tödliche Gewalt zu gebrauchen, um einen Angreifer abzuwehren und zu entwaffnen. Es gibt keine einfache Regel, die diese Grenze zwischen der Autorität des Staates und dem Recht der Individuen, sich zu schützen, festlegt. Diese Untersuchung führt ihrerseits zu einer Beschäftigung mit den grundlegenden Werten, auf denen das Rechtssystem aufbaut.

Während der Fall Goetz seinen Weg durch die Gerichte nahm, arbeiteten die Anwälte und Richter mit einer Reihe von generellen Auffassungen über die Konturen der Notwehr. Eine Prüfung nur dieser allgemeinen rechtlichen Gesichtspunkte reicht jedoch nicht aus, um die hitzige Debatte über die Legitimität von Goetz' Schüssen auf Troy Canty, Barry Allen, James Ramseur und Darrell Cabey zu verstehen. Jenseits der allgemeinen Prinzipien der Notwehr wimmelt es von sich widerstreitenden moralischen und ideologischen Theorien zu der Frage, wann und warum Notwehr legitim ist. Einige dieser Theorien beziehen sich auf unsere Gefühle, an-

* Anm. d. Ü.: Dieses Zitat entstammt der Präambel der Verfassung der Vereinigten Staaten.

dere auf unsere Vernunft. Unsere Gefühle drängen uns dahin, den Akt der Verteidigung für etwas Bestrafendes zu halten, für die rächende Reaktion eines Bürgers gegenüber denjenigen, die es verdienen zu leiden. Die gefühlsmäßige Antwort findet sich in dem Refrain wieder, den man während des gesamten Verfahrens gegen Goetz hören konnte: »Diese Kids haben bekommen, was sie verdient haben.« Unsere Vernunft drängt uns dazu, die Notwehr nicht für einen Akt der strafenden Gerechtigkeit, sondern für ein notwendiges Mittel zur Aufrechterhaltung einer stabilen Gesellschaftsordnung zu halten. Wenn wir diese widerstreitenden Theorien untersuchen, dann fangen wir an zu verstehen, warum sich gleich von Beginn an Schwarze und Weiße und Liberale und Konservative so leidenschaftlich über den Fall Goetz gestritten haben.

Nach dem Strafgesetzbuch von New York (New York Penal Law, NYPL), das Grundlage der Anklage gegen Goetz war, ist die Notwehr einer von verschiedenen Rechtfertigungsgründen für Gewaltdelikte.[1] Andere Beispiele für Rechtfertigungsgründe sind die Vorschriften über den rechtfertigenden Notstand (wenn man sich zwischen zwei Möglichkeiten für die nach den Umständen weniger schlimme entscheidet)[2] und die notwendige Gewaltanwendung durch die Polizei.[3] Einwilligung ist auch eine Rechtfertigung für körperliche Eingriffe wie für die Wegnahme von Eigentum, obwohl das Gesetz von New York die Einwilligung nicht ausdrücklich als Einwand der Verteidigung* benennt. Bei einem *Recht*fertigungsgrund geht es darum, daß eine als Verletzung des Rechts definierte Handlung dennoch für rechtmäßig erklärt wird – in Einklang mit dem geschriebenen *Recht* oder sogar mit den ungeschriebenen Regeln eines legitimen Verhaltens.

Rechtfertigungsgründe unterscheiden sich von anderen Gründen, die eine Verurteilung wegen eines Verbrechens ausschließen, wie etwa die Nötigung (»Jemand hat mich dazu gezwungen, es zu tun«) oder Unzurechnungsfähigkeit (»Meine Krankheit war der

* Anm. d. Ü.: Aus der Struktur des Adversary-Systems ergibt es sich, daß die Rechtfertigungsgründe von der Verteidigung als Einwand gegen den Anklagevorwurf, als »Defense«, erhoben werden müssen. Unterläßt es also die Verteidigung zu behaupten, der Angeklagte habe in Selbstverteidigung gehandelt, dann wird die Frage, ob Notwehr vorlag, im Verfahren nicht thematisiert. Das ist im deutschen Strafprozeß anders, wo das Gericht von sich aus zu prüfen hat, ob Notwehr vorliegt. Dieser Unterschied wird in der Übersetzung nur dann kenntlich gemacht, wo es zum Verständnis erforderlich ist; ansonsten wird nicht jedesmal von dem »Verteidigungseinwand der Selbstverteidigung« gesprochen, sondern schlicht von der Notwehr.

Grund dafür, daß ich es getan habe«).[4] Diese Strafausschließungsgründe erklären ein Verhalten nicht für rechtmäßig oder angemessen. Niemand würde behaupten, daß eine unzurechnungsfähige Person das Recht hat, zu töten oder daß ihr Totschlag höheren Rechtsprinzipien entspricht. Diese anderen Strafausschließungsgründe, auf die die Verteidigung sich berufen kann, werden oft Entschuldigungsgründe genannt, und sie schließen allein die persönliche Verantwortlichkeit des Täters für seine Handlungen aus. Es ist unbestreitbar auch bei einem unzurechnungsfähigen Menschen Unrecht, wenn er tötet, aber seine geistige Verfassung unterhöhlt seine Verantwortlichkeit für seine verruchte Tat.

Das Ringen zwischen Gefühl und Vernunft im Recht der Notwehr findet vor einem Hintergrund von unbestrittenen, wenn auch vagen Auffassungen über die Konturen der Notwehr statt. Zuerst muß ein Angriff *unmittelbar bevorstehen*, damit man sich wehren darf. Weiterhin muß die Abwehr des Angegriffenen sowohl *erforderlich* als auch *verhältnismäßig* gegenüber dem befürchteten Angriff sein. Und schließlich muß der Angegriffene mit dem *Willen* handeln, den Angriff zu vereiteln und nicht nur das Opfer überhaupt zu verletzen. Es gibt kein Gesetz oder eine anerkannte Rechtsquelle, die diesen Konsens ausdrückt, aber Juristen auf der ganzen Welt würden sofort zustimmen, daß dies die grundlegenden Strukturelemente einer begründeten Rechtfertigung aus Notwehr sind.

Mit der Voraussetzung der *unmittelbaren Bedrohung* ist gemeint, daß die Verteidigung auf der Stelle notwendig ist. Der Angegriffene kann nicht länger warten. Diese Voraussetzung führt auf der Zeitebene zu einer zweifachen Unterscheidung zwischen Notwehr und dem illegalen Gebrauch von Gewalt. Ein Präventivschlag gegenüber jemandem, von dem man einen Angriff befürchtet, ist unrechtmäßige, weil zu frühe Gewaltanwendung; und Vergeltung gegenüber einem erfolgreichen Angreifer ist unrechtmäßige, weil zu späte Gewaltanwendung. Legitime Notwehr darf weder zu früh noch zu spät erfolgen.

Im Fall des Präventivschlags kalkuliert der Verteidiger damit, daß der Feind einen Angriff plant oder daß damit in der Zukunft mit Sicherheit zu rechnen ist und daß es deswegen klüger ist, als erster zuzuschlagen, anstatt zu warten, bis der Angriff tatsächlich stattfindet. Präventivschläge sind nach Internationalem Recht nicht erlaubt, und sie sind ebenfalls innerhalb eines jeden Rechtssystems auf der ganzen Welt verboten. Sie sind illegal, weil sie nicht auf einer erkennbaren Manifestation des Angriffs beruhen; sie stützen sich auf eine Voraussage, wie sich der gefürchtete Feind vermutlich in der Zukunft verhalten wird.

Die Grenze zwischen rechtmäßiger Notwehr und einem unrechtmäßigen Präventivschlag ist nicht so einfach zu ziehen, aber es gibt einige eindeutige Beispiele für beide Kategorien. Da die grundlegenden Prinzipien des Internationalen Rechts dieselben sind wie die der innerstaatlichen Rechtssysteme, können wir sie anhand einiger dramatischer Beispiele internationaler Ereignisse diskutieren.

Nehmen wir die verschiedenen militärischen Schritte, die Israel in den letzten 20 Jahren gegenüber den arabischen Mächten unternommen hat. Der Schlag gegen den Atomreaktor im Irak von 1981 war eindeutig präventiv, denn die Vermutung, daß die Iraker den Reaktor für militärische Zwecke nutzen würden, beruhte auf einer Schlußfolgerung des israelischen militärischen Nachrichtendienstes. Selbst wenn es wahr ist, daß die Iraker beabsichtigten, eine Atombombe herzustellen, dann stellt diese Aktivität kaum einen Angriff auf Israel dar. Israel hat selbst Atomwaffen, und seine Regierung würde mit Schärfe der Schlußfolgerung widersprechen, daß allein diese Tatsache ihre Absicht begründe, arabisches Territorium zu bombardieren.

Präventivschläge beruhen immer auf mehr oder weniger rationalen Annahmen, daß der Feind wahrscheinlich ein feindseliges Verhalten an den Tag legen wird. Israel konnte gewiß damit argumentieren, es habe nicht das Risiko eingehen wollen, daß der Irak Nuklearwaffen gegen den jüdischen Staat und genauso gegen den Iran oder andere Gegner des Regimes in Bagdad einsetzen würde. Aber wie das auch sei, der Luftangriff auf den Reaktor war zweifellos ein Präventivschlag. Der mögliche Angriff des Irak drohte nicht so unmittelbar, daß eine Erwiderung durch Notwehr gerechtfertigt sein konnte.

Umstrittener ist schon der Angriff Israels auf Ägypten im Juni 1967, mit dem der spektakuläre israelische Sieg im Sechstagekrieg seinen Anfang nahm. Ägypten hatte die Straße von Tiran für israelische Schiffe geschlossen, seine Truppen an der Grenze zu Israel zusammengezogen und sich des Kommandos über die Armeen des Jordan und des Irak versichert. In den zwei Wochen vor der Reaktion der Israelis am 5. Juni hatte Nasser wiederholt kriegerische

Drohungen verkündet, die die totale Zerstörung Israels umfaßten. Die Frage ist, ob das Verhalten, mit dem Ägypten gedroht hatte, so unmittelbar bevorstand, daß Israels Reaktion nach Internationalem Recht gerechtfertigt ist. Vielleicht bluffte die ägyptische Seite nur; vielleicht wußten seine Führer nicht, ob sie einen Angriff beabsichtigten oder nicht. Es besteht aber kein Zweifel, daß Ägypten den Versuch unternahm, Israel einzuschüchtern, indem es sich so benahm, als stünde es kurz vor einem Angriff (anders als der Irak in der Auseinandersetzung um den Reaktor). Israel nahm die Ägypter beim Wort; es reagierte auf etwas, das so aussah, als stehe ein Angriff bevor. Hätte Israel länger warten können? Selbstverständlich hätte es das tun können. Aber die unmittelbare Bedrohung setzt nicht voraus, daß die Kanonen tatsächlich feuern oder daß die Bomben schon abgeschossen sind. Und wenn ein Ereignis kurz vor dem Abschuß der Raketen einen unmittelbar drohenden Angriff konstituiert, dann war diese Voraussetzung im Konflikt zwischen Ägypten und Israel im Juni 1967 erfüllt.

Die Unterscheidung zwischen einem Präventivschlag und einer Erwiderung auf einen unmittelbar drohenden Angriff ist für die Untersuchung des Falles Goetz eminent wichtig. Wir wissen, daß Canty Goetz nach fünf Dollar fragte. Aber wir kennen weder den Ton seiner Stimme noch seine Körpersprache. Die Forderung nach 5 Dollar konnte als Schnorrerei, als Belästigung, als Bedrohung (gib es her oder es passiert etwas) oder als Vorspiel zu einem gewalttätigen Angriff verstanden werden, der unabhängig von Goetzens Reaktion kommen würde. Wenn Canty nur gebettelt hatte, ohne daß seiner Forderung eine implizite Drohung zugrunde lag, dann war das kein unmittelbar drohender Angriff. Wenn die Aufforderung eine verschleierte Drohung mit Gewalt war, dann gleichen die Umstände viel eher denen eines unmittelbar bevorstehenden Angriffes.

Gewalt kann aber auch weder defensiv noch präventiv sein – das zeigen die Fälle aus dem zwischenmenschlichen wie die aus dem internationalen Bereich. Sie kann auch schlichtweg ein emotionaler Akt der Vergeltung für vergangenes Übel sein, das der Person zugefügt wurde, die Gewalt anwendet. Vergeltungsmaßnahmen haben das Ziel, eine Rechnung zu begleichen – Leid wird zugefügt, weil man in der Vergangenheit Leid erlitten hat.

Die Abgrenzung von Vergeltung und Verteidigung ist in den Fällen von Gewalt in der Familie und wenn Frauen von ihren Männern geschlagen werden, ein bekanntes Problem. Die verletzte Ehefrau wartet auf die beste Gelegenheit, um den abgelenkten oder unbewaffneten Ehemann anzugreifen.[5] Der Mann schläft mitunter sogar, wenn die Frau schließlich reagiert. Goetz' Reaktion auf die vier schwarzen Jugendlichen war insofern ein Akt der Vergeltung, als er sie als »vier junge Mugger« wahrnahm und nicht als Individuen; er hat zurückgeschlagen, weil er 1981 von »derselben Sorte von Typen« überfallen worden war und dabei bleibende Verletzungen an Knie und Brust davongetragen hatte.

Vergeltung ist der Standardfall dafür, daß »jemand das Recht in seine eigenen Hände nimmt«. Nach dem geltenden Recht gibt es keinerlei Rechtfertigung dafür, einen Vergewaltiger oder einen Mann, der seine Frau geschlagen hat, aus Vergeltung und Rache zu töten – auch wenn es viel Sympathie für eine Frau geben mag, die aus Vergeltung Rache übt. Die Bürger können sich nicht gegenseitig als Richter und als Jury gegenübertreten. Sie haben kein Recht dazu, Urteile zu fällen und sich gegenseitig für vergangene Untaten zu bestrafen.

Jene, die die Anwendung von Gewalt rechtfertigen, geben nur selten zu, daß es ihnen eigentlich um die Vergeltung für zurückliegendes Unrecht geht. Üblicherweise wird argumentiert, der Täter habe befürchtet, es werde zu einer Wiederholung von Gewalttätigkeiten kommen, die er schon aus der Vergangenheit kannte, und so verschiebt sich der Schwerpunkt der Argumentation von der zurückliegenden zur zukünftigen Gewalt, von der Vergeltung zu dem Argument, man habe auf einen unmittelbar drohenden Angriff in Notwehr reagiert. So lautet in den Fällen, wo Frauen wiederholt von ihren Männern geschlagen worden sind, das Standardargument. Angesichts der Mißhandlungen, denen sie immer wieder ausgesetzt war, hat die Frau gute Gründe, erneute Gewalttätigkeiten zu befürchten. Die Tötung des schlafenden Ehemannes erscheint dann eher als eine möglicherweise erlaubte Notwehrhandlung als ein Akt der Rache für zurückliegendes Unrecht.

Das Gesetz des Staates New York kennt in seinen Regelungen zur Notwehr zwei unterschiedliche Formen des unmittelbar drohenden Angriffs, auf die Goetz sein Recht auf Notwehr stützen konnte und dies auch tat. Die erste besteht darin, daß jemand »der unmittelbar drohenden Anwendung von tödlicher, körperlicher Gewalt« ausgesetzt ist; die zweite, die die Berufung auf das Recht der Notwehr im Staat New York leichter macht als in vielen anderen Staaten, ist dann gegeben, wenn ein Raub unmittelbar bevorsteht.* Falls auch die übrigen Voraussetzungen der Notwehr gegeben sein würden, würde Goetz in beiden Fällen das Recht zugesprochen werden, mit tödlicher Gewalt zu reagieren.

In dem zweiten Fall des Raubüberfalls läuft der vorausgesetzte unmittelbar drohende Angriff auf die Frage hinaus, ob der Angreifer unmittelbar davor ist, einen Raubüberfall zu begehen oder jedenfalls zu versuchen. Woher sollen wir wissen und wie soll Goetz gewußt haben, ob das Verhalten von Canty auf einen versuchten Raub hinauslief? In einem Fall von Notwehr hat man offensichtlich keine Zeit mehr, um noch mit einem Rechtsanwalt zu konferieren.

Ob Canty tatsächlich dabei war, einen versuchten Raub zu begehen, ist von den Tatsachen her wie auch als Rechtsfrage alles andere als eindeutig. Wenn es allein seine Absicht war, fünf Dollar zu erbetteln, dann war das selbstverständlich kein Versuch eines Raubes. Aber nehmen wir mal an, daß Canty darauf aus war, Goetz übel mitzuspielen. Wenn Goetz ihm die fünf Dollar nicht gegeben hätte, dann hätte er vielleicht die ganze Brieftasche verlangt. Wenn Goetz sich geweigert hätte, dann hätten Canty und seine drei Begleiter vielleicht damit begonnen, ihn zu mißhandeln, und das hätte wiederum leicht zu einem Handgemenge und zu einer Schlägerei auf dem Boden des U-Bahn-Wagens führen können. Aber macht die implizite Drohung mit körperlicher Gewalt Cantys Forderung nach Geld zu einem versuchten Raub?

Raub ist im Common Law** und nach dem Gesetz des Staates New York als »gewaltsamer Diebstahl«[6] definiert. Einfacher Diebstahl, wie etwa Taschendiebstahl, ist kein Raub, und daher gibt es eindeutig kein Recht, tödliche Gewalt anzuwenden, um einen Dieb daran zu hindern, sich mit einer geklauten Brieftasche davonzumachen. Als zusätzliches Merkmal für einen Raub muß der Dieb damit drohen, »gegenüber einer Person« Gewalt anzuwenden, um entweder ihren Widerstand zu überwinden oder den Eigentümer dazu zu nötigen, den Besitz »aufzugeben«. Die Drohung muß beinhalten, daß die Gewalt sofort und gegenüber einer Person ausgeübt werden wird. Wenn Canty gesagt hätte: »Gib mir

* Die Voraussetzung der »unmittelbaren Bedrohung« wird im Gesetzestext dadurch ausgedrückt, daß der Raubüberfall »unmittelbar« bevorstehen muß.

** Anm. d. Ü.: Common Law ist das über Jahrhunderte in Gerichtsentscheidungen aus dem angloamerikanischen Rechtskreis tradierte (Fall-)Recht.

fünf Dollar, oder ich schlage dich zusammen, wenn ich dich das nächste Mal sehe«, dann hätte dieses Verhalten eine Verurteilung wegen Diebstahls durch Erpressung[7] begründet, aber nicht wegen Raub.

Wenn man daher davon ausgeht, daß Cantys Verhalten ein Raub im Anfangsstadium war, muß man in seine Forderung die implizite Drohung hineininterpretieren, daß er gegenüber Goetz Gewalt anwenden würde und daß er sie sofort gebrauchen würde, falls Goetz sich weigern sollte zu kooperieren. Das ist exakt das Bild von dem Vorfall in der U-Bahn, das die Verteidigung zu zeichnen versuchte.

Wenn wir davon ausgehen, daß die Voraussetzung eines unmittelbar drohenden Angriffes erfüllt ist, dann bleibt immer noch die Frage, ob die anderen Merkmale einer gerechtfertigten Notwehr für die Schüsse in der U-Bahn gegeben sind. Jeder der fünf Schüsse, die Goetz abgefeuert hat, muß nach den gegebenen Umständen *erforderlich* gewesen sein.[8] Gab es eine weniger drastische, effektive Abwehr, als die Pistole auf die vier abzufeuern, von denen er einen Angriff befürchtete? War es erforderlich zu schießen? Hätte es nicht schon ausgereicht, nur die Pistole im Halfter zu zeigen? Oder sie zu ziehen und auf die vier zu richten, ohne sie abzufeuern? Goetz hatte schon zweimal Mugger auf der Straße abgeschreckt, indem er einfach seine Pistole gezogen hatte.

Aber das Rütteln des Zugs, der gerade beschleunigte, machte den Stand von Goetz unsicher. Während seines ersten Wortwechsels mit Canty erhob er sich von seinem Sitz und stand dicht zusammen mit den vieren, von denen er einen Angriff befürchtete. Wenn er das Halfter mit der Pistole gezeigt oder die Waffe nur gezogen hätte, dann wäre er das Risiko eingegangen, daß einer der vier jungen Männer ihm die Pistole weggenommen und damit auf ihn geschossen hätte. Versucht man die Erforderlichkeit unter den gegebenen Bedingungen abzuschätzen, gelangt man am Ende zu einer schwer bestimmbaren Voraussage, was passiert wäre, wenn Goetz dieses oder jenes Manöver versucht hätte, das sich vor den Schüssen anbot. Es gibt keinen objektiven Maßstab, um sicher festzustellen, was unter den gegebenen Umständen tatsächlich erforderlich war.*

Die Voraussetzung der *Verhältnismäßigkeit* ist ein weiteres

* Zu dem Problem, ob Goetz »vernünftigerweise davon ausging«, daß es erforderlich war zu schießen, vgl. die Diskussion unten S. 49f.

Problem neben der Erforderlichkeit der Verteidigungshandlung. Um den Unterschied zwischen Verhältnismäßigkeit und Erforderlichkeit zu verstehen, muß man über das Verhältnis zwischen den Mitteln des Widerstands und der Schwere des Angriffs nachdenken. Die Erforderlichkeit bezieht sich auf die Frage, ob weniger gefährliche Mittel der Verteidigung wie etwa das alleinige Zeigen der Pistole oder das Abfeuern eines Warnschusses in die Luft ausreichen würden, um den Angriff abzuwehren. Die Verhältnismäßigkeit bezieht sich auf die Relation zwischen den Schäden, die einerseits aus dem Angriff und andererseits aus der Verteidigung resultieren. Der durch die Unschädlichmachung des Angreifers zugefügte Schaden darf nicht unmäßig oder disproportional zu dem drohenden und aller Wahrscheinlichkeit aus dem Angriff resultierenden Schaden sein.

Der Unterschied läßt sich an einigen Beispielen erläutern. Man stelle sich den Fall vor, daß der Besitzer eines Getränkeladens keine andere Möglichkeit hat, den Dieb davon abzuhalten, mit ein paar Flaschen Scotch abzuhauen, als auf ihn zu schießen. Die meisten Menschen würden vor der Auffassung zurückschrecken, daß der Schutz des Besitzes die Schüsse auf flüchtende Diebe und die Inkaufnahme ihres Todes rechtfertigt. Von einem sozialen Standpunkt aus ist es besser, den Verlust von einigen Flaschen Schnaps zu ertragen, als einem Mitbürger ernsthafte körperliche Schäden zuzufügen.

Es geht aber nicht einfach nur darum, daß Besitzrechte manchmal gegenüber der Rücksichtnahme auf das Leben und selbst die Gesundheit der Angreifer zurücktreten müssen. Man stelle sich den Fall vor, daß der einzige Weg für eine Frau, die von einem Mann, der sie belästigt, nicht berührt werden will, darin besteht, mit tödlicher Gewalt zu reagieren – indem sie, sagen wir mal, ihn mit einem Rasiermesser schneidet. Soll sie eher diese für ihre Verteidigung erforderliche Handlung durchführen oder die persönliche Demütigung erleiden, von ihm berührt zu werden? Das ist nicht eindeutig. Selbstverständlich könnte sie, wenn sie von einer Vergewaltigung bedroht wäre, jedes ihr zur Verfügung stehende, erforderliche Mittel benutzen, um sich zu schützen. Kein Rechtssystem der westlichen Welt würde von einer Frau erwarten, daß sie eine Vergewaltigung über sich ergehen läßt, selbst wenn sie mit dem einzigen für ihre Verteidigung verfügbaren Mittel den Tod ihres Angreifers riskieren würde.

Die Verhältnismäßigkeit bei der Notwehr verlangt, daß man zwei miteinander im Widerstreit liegende Interessen ausgleicht, die Interessen des Verteidigers und die des Angreifers. Die Frau, die sich gegen eine Vergewaltigung verteidigt, hat als die unschuldige Partei in der Auseinandersetzung schwerwiegendere Interessen als der Angreifer. Sie darf töten, um eine Bedrohung ihrer sexuellen Autonomie abzuwehren, aber sie hat nicht die Erlaubnis, über ein Leben zu entscheiden, um jede geringfügige Beeinträchtigung ihrer Autonomie zu vermeiden. Wenn sie nur durch eine Tötung vermeiden kann, berührt zu werden, dann erscheint diese Abwehr im Verhältnis zu den Interessen, die betroffen sind, eindeutig als unangemessen. Selbst wenn wir eindeutig auf der Seite des Angegriffenen stehen, kommt es irgendwann zu einem Punkt, ab dem die grundlegenden menschlichen Interessen des Angreifers auch die eines unschuldigen Opfers überwiegen – egal, auf welcher Seite wir stehen. Offensichtlich gibt es keine Möglichkeit, diesen Punkt, an dem die Bewertung umkippt, auch nur theoretisch festzulegen. Ab einem bestimmten Punkt meldet sich unsere Sensibilität, unser Mitgefühl für das menschliche Wesen, das sich hinter der Maske des bösartigen Angreifers verbirgt, setzt sich durch, und wir müssen einfach sagen: »Halt! Das ist genug.«

Das Strafrecht von New York enthält ein grobes Prinzip der Verhältnismäßigkeit. Die Vorschrift über die Notwehr unterscheidet zwischen zwei Ebenen von Verteidigungsverhalten: dem Gebrauch von »körperlicher Gewalt« und dem Gebrauch von »tödlicher körperlicher Gewalt«. Die erstere ist erlaubt, um die »unmittelbar drohende Anwendung von körperlicher Gewalt« von sich oder von einer dritten Person abzuwehren;[9] die schwerwiegendere Verteidigung, der Gebrauch von tödlicher Gewalt, ist nur in spezifischen Fällen erlaubt, bei denen die drohende Gewalt ebenfalls schwerwiegender ist. Unter den Fällen, die in der Vorschrift über die Notwehr aufgezählt sind, gibt es zwei Bedrohungen, die für die Rechtfertigung des Verhaltens von Goetz relevant sind. Erstens die Drohung »mit dem Einsatz von tödlicher körperlicher Gewalt« und zweitens der Versuch, einen Raub zu begehen.[10]

Die Vorschrift über den versuchten Raub ist zugegebenermaßen eine Besonderheit des Rechts von New York. Es scheint paradox zu sein, wenn das Gesetz in seinem ersten Teil verlangt, daß der Angegriffene der unmittelbar bevorstehenden Anwendung von »tödlicher körperlicher Gewalt« ausgesetzt sein muß und daß dann im zweiten Teil beim Selbstschutz vor einem Raub die Schwelle zum Einsatz von tödlicher Gewalt auf ein Niveau herabgesetzt wird, wonach auch eine minimale Bedrohung durch einen Angriff ausreicht. Und es ist noch verwunderlicher, daß die tödliche Gewaltanwendung gegenüber einem unmittelbar drohenden Angriff mit tödlicher körperlicher Gewaltanwendung nur dann erlaubt ist, wenn der Angegriffene, der weiß, daß er das gefahrlos tun kann[11], zunächst zurückweicht, er sich aber mit tödlicher Gewaltanwendung gegen einen unmittelbar drohenden Raub verteidigen darf, ohne zuerst zurückweichen zu müssen. Ob das nun paradox ist oder nicht, sei dahingestellt[12] – denn so lautet nun einmal das Gesetz von New York, und Richter Crane und Goetz' Jury hatten es so anzuwenden, wie es ist.[13]

Die drei bislang genannten Charakteristika der Notwehr – die unmittelbare Bedrohung, die Erforderlichkeit und die Verhältnismäßigkeit – beziehen sich auf die objektiven Merkmale des Angriffs und der darauf reagierenden Verteidigung. Wenn wir feststellen wollen, ob diese Voraussetzungen erfüllt sind, brauchen wir keinerlei Fragen danach zu stellen, was Goetz selbst wußte und was er dachte, als er die Schüsse auf die vier Jugendlichen abgab. Aber unterstellen wir, daß er gar nicht davon ausging, angegriffen zu werden, und zu schießen begann, weil er den vier schwarzen Jugendlichen Leid zufügen wollte. Könnte er sich in dieser hypothetischen Situation auf Notwehr berufen, weil sein Verhalten tatsächlich den Angriff vereitelt hat? Das wäre objektiv gesehen ein Akt der Notwehr, selbst wenn Goetz seine eigenen Gründe für die Schüsse hatte.

Innerhalb der westlichen Rechtssysteme besteht ein Konsens darüber, daß nur dann von einer echten Notwehr ausgegangen werden kann, wenn der Angegriffene weiß, daß ein Angriff vorliegt, und mit dem *Willen* handelt, ihn zurückzuschlagen. Warum sollte Goetz in den Genuß einer Rechtfertigung kommen, wenn er gar keinen Angriff befürchtete und böswillig handelte? Erstaunlicherweise gehen einige der führenden Wissenschaftler davon aus, daß der Angeklagte sich in den Fällen eines Totschlages selbst dann auf Notwehr berufen kann, wenn er gar nicht weiß, daß er angegriffen wird.[14] Ihr Argument: Wenn man nicht wegen Totschlags schuldig gesprochen werden kann in dem Fall, daß man jemanden tötet, der schon tot war (egal, was die Absicht dabei war), so kann man auch nicht wegen Totschlags schuldig gesprochen werden in dem Fall, daß man einen Angreifer tötet (egal, was die Absicht dabei war). Kein Schaden, kein Verbrechen. Und man kann durchaus die Auffassung vertreten, daß kein strafrechtlicher Schaden vorliegt, wenn man einen Angreifer tötet.

Aber es besteht ein wichtiger moralischer Unterschied, ob man Blei in einen toten Körper pumpt oder einen Angreifer in Notwehr tötet. Wir können guten Gewissens sagen, daß in dem ersten Fall kein Schaden vorliegt (wenn man den Eingriff in einen toten Körper beiseite läßt), aber die Verletzung oder der Tod eines menschlichen Wesens bleibt selbst dann ein Schaden, wenn der Schaden in Notwehr zugefügt wurde. Troy Canty, Barry Allen, James Ramseur und Darrell Cabey sind auch dann Opfer, wenn sich herausstellt, daß Goetz' Schüsse auf sie gerechtfertigt sind. Wenn sie Opfer einer Notwehr sind (im Unterschied zu den toten Körpern, denen kein Schaden zugefügt wurde), dann ist es das Geringste, was das Recht verlangen kann, daß der Angegriffene den Schaden nur zufügt, wenn er einen triftigen Grund dazu hat, so zu handeln. Wenn er nicht weiß, daß er angegriffen wird, dann kann er keinen triftigen Grund dafür haben, vier Menschen zu seinen Opfern zu machen.

Erinnern wir uns an die Schraubenzieher, die Ramseur und Cabey bei sich hatten, als auf sie geschossen wurde. In den ersten Wochen nach den Schüssen berichteten einige Pressekreise, unter eklatanter Mißachtung der verfügbaren Fakten, daß die Schraubenzieher angespitzt waren. Die Schraubenzieher bestätigten – ob sie nun angespitzt waren oder nicht –, was viele Leute glauben wollten: daß diese vier Jugendlichen dabei waren, Goetz zu überfallen, und daß seine Reaktion daher als Notwehr gerechtfertigt war. Allerdings gab es keinen Hinweis darauf, daß Goetz von den Schraubenziehern etwas wußte. Keines der vier Opfer zog einen Schraubenzieher aus der Tasche, weder vor noch während der Schüsse. Wenn Goetz von den Schraubenziehern nichts wußte, dann konnten sie jedenfalls nichts zu seiner Rechtfertigung beitragen. Sie hatten keine größere rechtliche Relevanz als ein geheimer, unaufgedeckter Plan, dem zufolge Goetz getötet werden sollte, weil er ein Weißer war.

Diese vier Elemente – die unmittelbare Bedrohung, die Erforderlichkeit, die Verhältnismäßigkeit und der Verteidigungswille – konstituieren den Rahmen des Notwehrrechts. Die ersten drei Elemente beziehen sich auf die objektive Realität der Umstände der Gewaltanwendung; das vierte Element, der Verteidigungswillen, bezieht sich darauf, was der Angegriffene weiß und welches die Gründe für seine Handlung waren. Die subjektive Wahrnehmung der tatsächlichen Gegebenheiten durch den Angegriffenen bringt ein zusätzliches Element in die Analyse, das weiter reicht als seine Absicht, den Angriff zurückzuschlagen. Wenn Goetz sich in seiner Einschätzung geirrt hat, ob ein Angriff unmittelbar drohte und ob seine Verteidigung erforderlich und verhältnismäßig war, dann könnte er dennoch entschuldigt sein, obwohl er unter Bedingungen gehandelt hat, die den objektiven Voraussetzungen der Notwehr nicht entsprechen. In den meisten Rechtssystemen der Welt wird der Fall der irrtümlich angenommenen oder sogenannten Putativnotwehr sowohl nach der Terminologie als auch nach den rechtlichen Konsequenzen deutlich von der tatsächlichen Notwehrsituation unterschieden, die auf den Kriterien von unmittelbarer Bedrohung, Erforderlichkeit und Verhältnismäßigkeit beruht. Der grundlegende Unterschied besteht darin, daß die objektiv gegebene Notwehr die Gewaltanwendung rechtfertigt, während die irrtümlich angenommene Notwehr sie nur entschuldigt.[15]

Nach dem amerikanischen und insbesondere nach dem Recht des Staates New York gibt es keinen Unterschied zwischen irrtümlich angenommener und tatsächlicher Notwehr. Das Recht orientiert sich sogar am Fall der irrtümlich angenommenen Notwehr, weil man davon ausgeht, daß all das, was für den Fall einer subjektiven, aber irrtümlichen Wahrnehmung der Realität zutrifft, auch für eine korrekte Wahrnehmung der Voraussetzungen der unmittelbaren Bedrohung, der Erforderlichkeit und der Verhältnismäßigkeit gilt. Das Gesetz von New York kommt daher zur Anwendung, wann immer der Beschuldigte »vernünftigerweise glaubt«, daß die Bedingungen der Notwehr gegeben sind. Auf diese Wendung und ihre problematische Bedeutung wird später noch zurückzukommen sein.[16]

Die unmittelbare Bedrohung, die Erforderlichkeit und die Verhältnismäßigkeit wird man, wenn auch mit unterschiedlichen Begriffen und in verschiedenen Sprachen, praktisch in jedem Rechtssystem der Welt als Voraussetzungen der Notwehr vorfinden. Dennoch bilden diese grundlegenden Strukturelemente nur die Oberfläche des Rechts ab. Unter dieser Oberfläche prallen ganz gegensätzliche moralische und ideologische Kräfte aufeinander und lenken die Auslegung des Rechts in spezifische Richtungen. Wir können durchaus über die Begriffe einig sein, unter denen wir die Notwehr diskutieren, aber aufgrund unausgesprochener Theorien, die uns das Recht bereitwillig in dem einen Fall ganz weit und in einem anderen ganz eng auslegen lassen, trennen sich unsere Wege. Diese tieferliegenden Kräfte, die unsere Auslegung des Rechts beeinflussen, reflektieren die Konfrontation zwischen Gefühl und Vernunft im Recht.

An der Oberfläche erweckt die Doktrin von der Notwehr den Eindruck eines einheitlichen Ganzen. In New York gibt es nur eine gesetzliche Vorschrift dazu, und Richter Crane versuchte, der Jury eine einzige Instruktion zur Notwehr zu geben.[17] Unterhalb der Oberfläche existieren aber wenigstens vier Theorien, vier Modelle von Notwehr, die sich durch das Recht von New York hindurchziehen und in der Debatte über die Schüsse von Goetz miteinander verwoben sind und die unsere Empfindungen in mindestens vier verschiedene Richtungen lenken. Begriffe wie unmittelbare Bedrohung, Erforderlichkeit und Verhältnismäßigkeit erhalten im Zusammenhang mit der Theorie, in der sie verankert sind, eine unterschiedliche Bedeutung. Als sie die Beweismittel präsentierten, die Zeugen ins Kreuzverhör nahmen und ihre Argumente der Jury vortrugen, versuchten Waples und Slotnick die ungeklärten Gefühle, die der Auffassung der Jury von der Notwehr zugrunde lagen, anzugehen. Wenn wir diese widerstreitenden Wertsysteme verdeutlichen, dann gelangen wir zu einem Verständnis der gewichtigeren Fragen, um die es in den rhetorischen Schlachten des Falls Goetz geht.

Unser Gefühl für Gerechtigkeit und die symbolische Sühne des Bösen verleitet uns dazu, die Notwehr als eine Form gerechter Strafe zu betrachten. Das Individuum handelt anstelle des Staates, wenn es den Missetätern das zufügt, was ihnen zukommt. Wenn Troy Canty, Barry Allen, James Ramseur und Darrell Cabey tatsächlich Mugger waren, dann besagt dieses grobe Prinzip von Gerechtigkeit, daß »sie bekamen, was sie verdient haben«. Dies sind exakt die Worte einer schwarzen Zeugin, von Andrea Reid. Sie, die mit ihrem Baby in dem U-Bahn-Wagen war, als die Schüsse fielen, fürchtete sich vor den vier »Punks, die den Weißen belästigten«. Unzählige Male bezog sich Barry Slotnick während des Verfahrens auf ihre Worte: »Sie bekamen, was sie verdient haben«. Manchmal umschrieb er die Bemerkung in einer Begrifflichkeit, die vom

Recht eher respektiert wird: »Sie bekamen, was das Recht erlaubt hat.«

Goetz wurde zum Volkshelden, weil seine Schüsse in den Augen des Volkes diese arroganten raublüsternen Typen in die Knie zwangen. Aber selbst dann, wenn man einer punitiven, bestrafenden Theorie folgt, wonach die Kriminellen das bekommen sollen, was sie verdienen, bleibt eine Reihe von Fakten ungeklärt. Reichte die Länge der Vorstrafenliste dieser Jugendlichen hin, um sie als kriminelle oder raublüsterne Typen zu bezeichnen? Oder sind nicht vor allem ihre Rasse und ihre Jugend der Grund dafür, daß Canty, Cabey, Ramseur und Allen in der Öffentlichkeit als kriminelle Typen wahrgenommen werden? Wenn unsere Gefühle nach Genugtuung verlangen, wenn unsere Lust, das Böse zu rächen, die Oberhand gewinnt, dann gehen wir mit den Fakten nicht mehr sorgfältig um und kümmern uns nicht mehr so sehr um die genaue Gewichtung des Bösen und der ihm entsprechenden Strafe.

Daß Menschen auf der Grundlage ihres Charakters und des Verhaltens, das sie in ihrem bisherigen Leben gezeigt haben, bestraft werden sollten, entspricht durchaus einem Prinzip von Gerechtigkeit, aber das ist ein Prinzip, das eher einer unfehlbaren göttlichen Bestrafung angemessen ist als den unvollkommenen Institutionen des Rechts. Im Märchen kann die Hexe am Ende ihre wohlverdiente Strafe durchaus erhalten. Aber mit Sicherheit ist es nicht die Aufgabe menschlicher Institutionen – ganz zu schweigen von einem Einzelgänger in der U-Bahn – festzulegen, wer eine Hexe, eine gemeine Person oder ein Gewohnheitsverbrecher ist.

Wohlweislich beschränkt sich das Recht auf die Frage, ob eine bestimmte Handlung ein Verbrechen darstellt und ob sie Bestrafung verdient, und – im Zusammenhang mit der Notwehr – welche Verteidigungshandlung ein bestimmter Angriff zuläßt. Der Charakter eines Verdächtigen ist weder für die Bestrafung von Menschen noch für die Beurteilung wichtig, ob in einer bestimmten Situation die Anwendung von Gewalt zur Selbstverteidigung erlaubt war. Einige Leute, die sich leidenschaftlich auf die Seite von Goetz' Opfern geschlagen haben, mögen die Meinung vertreten, daß auch Slotnick, der Verteidiger von Goetz, bekommen hat, was er verdiente, als er einige Wochen nach Abschluß des Strafverfahrens überfallen und verletzt wurde. Man kann ihnen nicht verbieten, diese Meinung zu haben. Aber ihre Leidenschaft für die Justiz der Straße sollte vor Gericht kein Gehör finden. Genausowenig sollte Slotnicks ständige Wiederholung der Worte von Andrea Reid: »Sie bekamen, was sie verdient haben« von der Jury als ein überzeugendes Argument für den richtigen Anwendungsbereich der Notwehr aufgenommen worden sein.

Aber dennoch mag es tatsächlich ein überzeugendes Argument gewesen sein. Und deswegen müssen wir uns die Frage stellen: Wenn ein Geschworener die Notwehr für eine Form der Bestrafung hält, in welcher Weise würde er die Voraussetzungen der unmittelbaren Bedrohung, der Erforderlichkeit und der Verhältnismäßigkeit interpretieren? Zuerst würde er wahrscheinlich sowohl die Voraussetzungen der unmittelbaren Bedrohung als auch die der Erforderlichkeit abschwächen; weiterhin würde er die Grenze zwischen einer zulässigen Verteidigung und einem präventiven Angriff verwischen. Wahrscheinlich würde er davon ausgehen, daß Cantys Forderung nach fünf Dollar so unmittelbar einem tatsächlichen Angriff verwandt ist, daß er eine Verteidigungshandlung anerkennen würde. Ob tatsächlich ein unvermeidbarer Angriff vorliegt, ist schlichtweg nicht wichtig für jemanden, dessen Denken einer punitiven Theorie folgt. Was zählt, ist die Gerechtigkeit der Reaktion, wenn der Angreifer generell einen schlechten Charakter hat.

In bezug auf die Verhältnismäßigkeit von Goetz' strafender Reaktion müssen wir zwischen einer Bestrafung der vier Jugendlichen für das, was sie darstellten, und einer Bestrafung für ihre konkreten Handlungen vom 22. Dezember 1984 unterscheiden. Wenn sie für das bestraft wurden, was sie darstellten, und man glauben würde, daß sie die Verkörperung der Auswüchse unserer Großstädte darstellten, dann könnte man vielleicht – mit der Irrationalität des Hasses – denken, daß sie bekamen, was sie verdient haben. Aber es ist ausgeschlossen, daß man die Schüsse von Goetz in der U-Bahn als eine faire Bestrafung für ihre konkreten Taten in der U-Bahn hält.

Die Verhältnismäßigkeit bei der Bestrafung – bei der die Strafe dem Verbrechen entsprechen soll – ist viel strikter als die Verhältnismäßigkeit bei der Notwehr. Wenn man zum Beispiel die Todesstrafe für eine Vergewaltigung anwendet, dann verletzt dies die Prinzipien einer verhältnismäßigen Bestrafung, wie sie im achten Zusatz zur Verfassung festgelegt sind, der eine grausame und ungewöhnliche Strafe verbietet.[18] Wenn aber eine Frau von einer Vergewaltigung bedroht ist, dann kann sie rechtmäßig Widerstand leisten, indem sie den Angreifer tötet. Selbst Rechtssysteme, die die Todesstrafe abgeschafft haben, erlauben die Anwendung tödlicher Gewalt bei der Verteidigung vitaler Interessen. Während die Verhältnismäßigkeit bei der Bestrafung voraussetzt, daß die Strafe dem Verbrechen entspricht, ist bei der Notwehr eindeutig mehr erlaubt.

Daher sollte es eigentlich die Anforderungen an die Verhältnismäßigkeit erhöhen, wenn man die Notwehr für eine Form von Bestrafung hält. Die Verteidigungshandlung müßte dann dem »Verbrechen« entsprechen, das von Goetz' vier Widersachern begangen wurde. Steht ihr Verbrechen von jenem Tag zur Debatte, dann können wir uns nur wundern, was die Leute wohl meinen, wenn sie sagen, daß diese »Punks« – Troy Canty, Barry Allen, James Ramseur und Darrell Cabey – bekamen, was sie verdient haben. Worin bestand denn eigentlich ihr Verbrechen? Selbst wenn sie kurz davor waren, Goetz in eine wüste Schlägerei zu verwickeln, dann würden sie es kaum als Strafe verdienen, daß auf sie geschossen wurde, sie gelähmt und bis an den Rand des Todes gebracht wurden. Kein modernes Rechtssystem würde die Verstümmelung oder die Todesstrafe für das Verbrechen des Mugging gutheißen.

Es gibt einen anderen wichtigen Zugang zu den Problemen der Notwehr, bei dem unser Augenmerk nicht mehr so sehr dem Angreifer und unserem Verlangen nach Bestrafung gilt, sondern bei dem sich unsere Aufmerksamkeit auf die persönliche Notlage des Verteidigers richtet. In den abschließenden Passagen seines Schlußplädoyers vor der Jury hat sich Barry Slotnick vor allem mit diesem Aspekt beschäftigt. Er hat die Angst von Goetz betont, der mit dem Rücken an der stählernen Wand des U-Bahn-Wagens stand und keine andere Wahl hatte, als zurückzuschlagen.

Der Aspekt der Angst und Furcht appelliert an die ursprüngliche Ausprägung der Notwehr im englischen Recht. Etwa vom 13. bis zum 16. Jahrhundert kam eine Verteidigung wegen Notwehr, die man *se defendendo* nannte, immer dann in Betracht, wenn bei einem Kampf die eine Partei so weit zurückgewichen war, wie sie nur irgend konnte, bevor sie auf Gewalt als Mittel zur Verteidigung zurückgriff. Sie hatte buchstäblich mit dem Rücken an der Wand zu stehen.

Wenn sie dann den Angreifer tötete, dann hatte *se defendendo* zur Folge, daß der sich Verteidigende zwar von der Exekution verschont wurde, die anderen stigmatisierenden Folgen des Strafrechts jedoch davon unberührt waren. Als Buße dafür, daß er ein menschliches Leben beendet hatte, wurden seine Besitztümer eingezogen. Die mörderische Waffe wurde außerdem als »Deodand«, als ein besudelter Gegenstand, der Krone übergeben. Wenn man jemanden *se defendendo* tötete, dann wurde das als entschuldigter Totschlag bezeichnet, weil sich zwar das Unrecht einer Tötung ereignet hatte, aber die Umstände eine persönliche Entschuldigung herbeigeführt hatten, die den Totschläger vor der Exekution bewahrte. Das *se defendendo* als Einwand der Verteidigung beruht eher auf dem Mitgefühl für die mißliche Lage, in der sich der wie in einer Falle eingeschlossene Angegriffene befindet, und nicht so sehr auf einem Streben nach Gerechtigkeit oder den Geboten der Vernunft. Wenn wir uns alle unter denselben Umständen genauso verhalten würden, können wir kaum den Totschläger verdammen und exekutieren, der keine andere Wahl hatte.

Versteht man die Notwehr als eine Entschuldigung, die aus vom Angegriffenen angesichts des Todes nicht kontrollierbarer Reaktion resultiert, führt das allem Anschein nach dazu, die Grenzen für die unmittelbare Bedrohung und die Erforderlichkeit enger zu ziehen, die der Verhältnismäßigkeit jedoch zu erweitern. Das Vorliegen der beiden ersten Kriterien müßte nach ganz strengen Maßstäben geprüft werden, damit die Verteidigung tatsächlich eine unfreiwillige Reaktion auf die Schreckenssituation darstellt. Aber wenn die Reaktion in der Tat unfreiwillig ist, sollte man auch größere Toleranz gegenüber der Überreaktion des Verteidigers und dem von ihm zugefügten unverhältnismäßigen Leid haben.

Die punitive Theorie der Notwehr lockert die Anforderungen an die unmittelbare Bedrohung und die Erforderlichkeit und müßte auf die Verhältnismäßigkeit einen größeren Nachdruck legen. Die Notwehr als eine Entschuldigung zu begreifen, die in der Furcht des Verteidigers begründet ist, hat in allen drei Dimensionen den gegenteiligen Effekt. Raffinierterweise hat es die Verteidigung verstanden, beide Theorien zur Rechtfertigung von Goetz' Schüssen auf die vier Jugendlichen anzuführen.

Die meisten Rechtssysteme in unserer Zeit verstehen die Notwehr weder als eine Art von Bestrafung noch als eine Entschuldigung, die in der unfreiwilligen Reaktion des Verteidigers begründet ist, der sich einer übermächtigen Bedrohung gegenübersieht. Wir sind dazu übergegangen, die Abwehr eines Angriffs als die Ausübung eines grundlegenden Rechtes zu verstehen – als einer

Handlung, die auf den Geboten der Vernunft beruht, welche es rechtfertigen, dem Angreifer Verletzungen beizufügen und ihn sogar zu töten. Um die Entwicklung der Notwehr hin zu einer Rechtfertigung verstehen zu können, müssen wir uns die Unzulänglichkeiten vergegenwärtigen, die sich bei der rechtlichen Konstruktion der Notwehr als *se defendendo* ergeben. Der einzige Weg, auf dem der Beschuldigte mit einem erfolgreichen Einwand des *se defendendo* die harte Konsequenz vermeiden konnte, daß ihm seine Besitztümer entzogen wurden, bestand in der Argumentation, daß der Tod des Opfers nicht durch eine ihm zurechenbare Handlung herbeigeführt worden war. Wenn der Totschlag gar nicht sein Werk war, dann war seine Weste unbefleckt, dann gab es für ihn nichts zu büßen. Die Jury würde ihn auf der Stelle freisprechen, und er würde seine Besitztümer zurückbekommen.

Selbstverständlich kann man aber zwischen der Tötung eines anderen und einer Situation, in der man zum passiven Mittel einer Tötung wird, nur eine haarfeine Linie ziehen. Sir Mathew Hale unterscheidet danach, ob der Verteidiger das Opfer niedersticht (*se defendendo*) oder ob das Opfer sich selbst auf dem bewegungslosen Schwert des Verteidigers aufspießt.[19] Wie viele andere Dichter in der Geschichte hatte Shakespeare wenig Geduld mit dieser Art von juristischer Haarspalterei. Es ist lohnend, sich seine Satire im *Hamlet* zu vergegenwärtigen.

Wenn sich Ophelia durch ihre eigene Hand umgebracht hatte, stand ihr kein christliches Begräbnis zu. Genau das schien sie getan zu haben. Als der Clown von seinem Partner erzählt bekommt, daß Ophelia einen Anspruch auf ein christliches Begräbnis hat, ist er verblüfft:[20]

CLOWN Wie kann das sein, außer sie hat sich selbst zu ihrer eigenen Verteidigung ertränkt?

DER ANDERE Nun, es ist so befunden.

CLOWN Es muß aber *se offendendo* geschehen; es kann nicht anders sein. Denn dies ist der Punkt: Wenn ich mich selbst wissentlich ertränke, so beweist das eine Handlung, und eine Handlung besteht aus drei Teilen: Sie besteht aus Handlung, Tat und Verrichtung. Ergo hat sie sich wissentlich ertränkt.

DER ANDERE Ei hört doch, Gevatter Schaufler.

CLOWN Erlaubt mir. Hier liegt das Wasser: gut; hier steht der Mensch: gut; wenn der Mensch zum Wasser geht und sich selbst ertränkt, so bleibt es dabei, er mag wollen oder nicht, daß er hingeht; versteht ihr das? Aber wenn das Wasser zu ihm kommt und ihn ertränkt, so ertränkt er sich nicht selbst; ergo, wer an seinem eigenen Tode nicht schuldig ist, verkürzt sein eigenes Leben nicht.

Die Verhöhnung der Anwälte und ihres Räsonierens durch den Clown ist gerade deswegen so gelungen, weil er die juristische Relevanz der Handlung und das Prinzip begreift, auf dem das *se defendendo* beruht. Wie er sagt, hängt alles davon ab, ob Ophelia zum Wasser kommt oder das Wasser zu Ophelia. Wenn sie sich selbst in den Fluß wirft, dann scheint es nicht den geringsten Zweifel daran zu geben, wer hier zu wem kommt. Aber die Sichtweise, daß sie »nicht ihr eigenes Leben abkürzt«, bringt die wunderliche Auffassung ins Spiel, daß der Fluß zu ihr hinkommt. Der Partner des Clowns durchschaut das Spiel mit der logischen Unterscheidung und bringt einen Kommentar, den man heutzutage als eine Einsicht in den Klassenkampf begreifen würde: Er behauptet, daß »sie ohne ein christliches Begräbnis begraben werden würde«, wenn sie nicht eine aristokratische Herkunft hätte.

Das Common Law war offensichtlich unvollständig. Konnte es richtig sein, daß immer ein Makel an dem Angegriffenen haftenblieb, der sich verteidigt und getötet hatte, um sein Leben zu retten? In den frühen Phasen des Common Law war es wie im römischen Recht kein Verbrechen, einen Dieb zu töten, den man bei seiner Handlung erwischt hatte – ein *fur manifestus,* ein offenkundiger Dieb. Warum sollte nicht auch die Verteidigung gegen jemanden, der offensichtlich dabei war, einen Mord zu begehen, in derselben Weise behandelt werden? Die Juristen des 15. und 16. Jahrhunderts widmeten der Jurisprudenz der Bibel große Aufmerksamkeit; im zweiten Buch Mosis, 22, lesen wir, daß es keine Blutschuld und keinen Makel gibt, wenn man einen Dieb tötet, der des Nachts versucht, in ein Haus einzubrechen. Warum sollte es nach dem Common Law im Gegensatz zum zweiten Buch Mosis so sein, daß ein Makel haftenbleibt, der die Einziehung der Besitztümer fordert? Warum sollte der einzige Hinderungsgrund für dieses Ergebnis in dem wunderlichen Argument bestehen, daß eher der Dieb zum Messer kam als das Messer zum Dieb?

Schon bevor Shakespeare scharfsinnig das *se offendendo* ersann, trat das Parlament auf den Plan und füllte die im Common Law offengebliebene Leerstelle aus. Bezeichnenderweise erlaubt das Gesetz des Parlaments, das 1532 in Kraft trat, die Tötung – und zwar ohne jeglichen Makel – von Räubern und anderen Angreifern auf den öffentlichen Landstraßen. Das moderne Gegenstück zu diesen Männern auf den Landstraßen, vor denen man sich im 16. Jahrhundert fürchtete, sind die Mugger auf unseren heutigen Landstraßen im Untergrund – in den U-Bahnen. Diese vom Gesetz vorgesehene Verteidigung wurde mit der Zeit im Unterschied zum entschuldigten Totschlag als gerechtfertigt bezeichnet. Diese Verteidigung beruht nicht auf dem Mitgefühl für jemanden, der mit dem Rücken zur Wand steht; darin drückt sich vielmehr das Recht aus, einem unrechtmäßigen Angreifer widerstehen zu dürfen. Dahinter steht nicht ein: »Ich konnte nicht anders handeln«, sondern es steht die Forderung im Raum: »Komm mir nicht zu nahe!« Sir Edward Coke, der führende Gelehrte des 17. Jahrhunderts, sagte zu dieser Verteidigung, daß »kein Mann jemals einem Dieb etc. nachgeben und dafür auch an nichts büßen soll«.[21] Die Folge des gerechtfertigten Totschlages ist nach der Vorschrift des Gesetzes von 1532 der totale Freispruch. Da gab es keinen Entzug des Vermögens, und man brauchte nicht darüber zu grübeln, ob der Totschläger tatsächlich gehandelt hatte.

Diese Version der Notwehr nennt man zutreffend die »individualistische«, denn sie erhebt den Schutz der Selbstbestimmung des Individuums zum fundamentalen Gebot. Ihre philosophischen Verfechter waren John Locke und Immanuel Kant. Locke bestand darauf, daß man schon auf dem Weg in die Unterwerfung und Sklaverei wäre, würde man dem Angreifer auch nur einen Zoll weichen.[22] Kant begriff ein uneingeschränktes Notwehrrecht als die Grundlage eines liberalen Rechtssystems, in welchem jeder Bürger ein Maximum an Freiheit anerkennt und anstrebt, für sich wie seine Mitbürger. Daß ein Rechtssystem auf der Grundlage von maximaler Freiheit organisiert werden sollte, war für Kant die Auswirkung der reinen Vernunft bei der Regelung der zwischenmenschlichen Beziehungen.

Indem er sich implizit auf diese Tradition stützte, berief sich Slotnick auf die individualistische Theorie in seinem Eröffnungsplädoyer:[23]

> Niemand kann einem jemals das unveräußerliche Recht rauben, sein Eigentum oder sein Leben oder seine Familie zu verteidigen. Keiner kann zu mir kommen und sagen, »gib mir diese Armbanduhr«, »gib mir deinen Ring«, »gib mir fünf Dollar«. Und wenn sie das doch tun, dann soll ihnen der Himmel beistehen, wenn ich bewaffnet bin, denn ich weiß, was das Recht erlaubt.

Die »individualistische« steht im Gegensatz zur »sozialen« Variante der gerechtfertigten Notwehr. Der Unterschied zwischen beiden Varianten drückt sich in einem sehr freien im Gegensatz zu einem sehr strengen Umgang mit dem Prinzip der Verhältnismäßigkeit aus. In der extremen Version der individualistischen Verteidigung wird die Verhältnismäßigkeit insgesamt zurückgewiesen. Jeder Eingriff in die Rechte eines Individuums wird als unerträgliche Verletzung der persönlichen Selbstbestimmung angesehen. Das betroffene Individuum kann alles in seiner Macht Stehende tun; es kann alle notwendigen Mittel ergreifen, um den Eingriff zu beenden und seine Autonomie zu verteidigen. Die allumfassende Betonung der Selbstverteidigung führt bei der individualistischen Theorie ebenso zu einer weiteren Auslegung der Kriterien der unmittelbaren Bedrohung und der Erforderlichkeit.

Die individualistische Theorie hat ihre stärkste Ausprägung immer dann gefunden, wenn es um die Sicherheit des eigenen Hauses ging. Jedes Eindringen in ein Heim, in das Rückzugs-Reich von der herzlosen Welt, scheint untragbar zu sein. Die individualistische Theorie würde den Gebrauch jeglicher Mittel rechtfertigen, die notwendig sind, um das Haus oder die Wohnung vor jedem versuchten Eindringen zu verteidigen. Vielleicht würde uns, wie es Kant formulieren würde, unsere moralische Anteilnahme am Wohlergehen der anderen dazu anhalten, unser Recht zur Verteidigung nicht auszuüben[24], aber die liberalen Antworten lassen keinen Zweifel daran, daß zur Freiheit auch die Möglichkeit gehört, allen Formen von Eingriffen Widerstand zu leisten.

In der sozialen Variante derselben Verteidigung werden alle absoluten Positionen abgelehnt, etwa der Imperativ, daß die eigenen Rechte, die Selbstbestimmung der Person oder die private räumliche Sphäre unangetastet bleiben. Der Individualist behandelt jede Person als eine Insel, der auf ihrem eigenen Gebiet volle Souveränität zusteht. Diese Theorie, die menschliche Wesen so behandelt, als wären sie Nationalstaaten, ignoriert, daß wir in wechselseitigen Abhängigkeiten leben, und zwar sowohl bei der Herausbildung eines Selbstverständnisses als auch beim Zusammenwirken in der Gesellschaft zum gegenseitigen Vorteil. Der Angreifer ist ein anderes Mitglied derselben Gesellschaft, die aus voneinander abhängigen Subjekten besteht. Wir können seine Interessen selbst dann nicht ignorieren, wenn er unrechtmäßig handelt, indem er irgendeinen anderen angreift. Diese seine Interessen finden ihren Ausdruck in der Verpflichtung des Verteidigers, den Angreifer nicht einfach nur als eine störende Gewalt zu begreifen, sondern als ein menschliches Wesen.

Wenn man den Angreifer als Menschen anerkennt, bedeutet das, daß der Verteidiger in einigen Situationen eher einen Eingriff in seine Autonomie dulden muß und dem Angreifer keinen exzessiven Schaden zufügen darf. Wenn die einzige Möglichkeit, das Eindringen in ein Haus und einen gewaltlosen Diebstahl zu verhindern, darin besteht, den Angreifer zu töten, dann hat der Verteidiger bisweilen freiwillig auf die Verteidigung zu verzichten und zu riskieren, daß er seinen Besitz verliert. Er muß ein Eindringen geringeren Ausmaßes hinnehmen und hoffen, daß die Polizei ihm seinen Besitz wiederbeschaffen wird; die Alternative, den Angreifer zu töten, ist bei weitem zu kostenreich und eine zu gefühllose Mißachtung der menschlichen Interessen des Angreifers.

Blackstones einflußreiche Begründung der sozialen Interpretation einer gerechtfertigten Selbstverteidigung geht zurück auf die punitive Theorie, die wir zu Beginn dieser Diskussion betrachtet haben. Er argumentiert: Wenn die Gerichte einen kleinen Dieb für sein Verbrechen nicht zum Tod verurteilen, dann sollte ihn weder die Polizei noch ein Privatmann töten dürfen, um dieses Verbrechen zu verhindern.[25] In dieser Analogie steckt viel Überzeugungskraft. Wenn Bestrafung durch das Prinzip der Verhältnismäßigkeit begrenzt ist, dann ist es sinnvoll, die Selbstverteidigung durch eine Variante desselben Prinzips zu begrenzen.

Aber Selbstverteidigung ist keine Bestrafung. Das Ziel einer Verteidigungshandlung besteht nicht darin, ein Leid zuzufügen, das der verdienten Strafe des Angreifers entspricht. Ihr Ziel ist es, den Angriff zurückzuschlagen. Aber das Prinzip der Verhältnismäßigkeit, das die Notwehr begrenzt, kann nicht dasselbe Prinzip einer Gerechtigkeit sein, das die Strafzumessung nach dem Prozeß und der Verurteilung leitet.[26] Wie das Beispiel der Abwehr einer Vergewaltigung durch den Gebrauch tödlicher Gewalt zeigt, steht einem das Recht, den Angreifer dem Risiko seines Todes auszusetzen, selbst dann zu, wenn die Todesstrafe nicht akzeptabel wäre.

In den fünfziger und sechziger Jahren dieses Jahrhunderts trat die soziale Theorie auf der Grundlage der scheinbar unbestreitbaren allgemeinen Ansicht, es sei das Ziel des Strafrechts, das öffentliche Wohl zu fördern, stark in den Vordergrund. Und wer könnte sich gegen das öffentliche Wohl stellen? Die Folge dieser Ansicht bei den Strafrechtsreformen bestand darin, daß Ziel der Bestrafung vor allem sein sollte, die Leute dazu anzuhalten, sich in einer sozial wünschenswerten Weise zu verhalten, und daß die Festlegung eines sozial wünschenswerten Verhaltens weitgehend von einer Beurteilung der Kosten und Vorteile eines bestimmten Verhaltens abhängt.

Als Folge der Auffassung von Notwehr als ein Mittel zur Förderung des öffentlichen Wohls wurden die Gerichte und die Gesetzgeber eine Zeitlang dazu verleitet, alle absolutistischen Ansichten über das Recht der Bürger, ihre Autonomie gegen aggressive Angriffe zu verteidigen, zu scheuen. So verlangten die Gesetzgeber zum Beispiel in den Fällen eines Einbruchs, daß ein Hausbesitzer, der mit tödlicher Gewalt gegen den Eindringling vorgeht, Gewaltanwendung gegenüber sich selbst oder gegenüber den anderen Bewohnern befürchten muß; die Angst vor einem Diebstahl reichte nicht aus, um eine Abwehr des Einbrechers mit Mitteln, die sein Leben bedrohen, zu rechtfertigen.

Ein illustrativer Fall ist die Entscheidung des Verfassungsgerichts von California im Fall *Volk v. Ceballos*[27], in der festgestellt wurde, daß es nicht gerechtfertigt ist, einen Einbrecher mit einer Selbstschußanlage zu verletzen. Da zur Zeit des Eindringens niemand zu Hause war, hatte der Einbruch keinen Bewohner dem Risiko einer Gewaltanwendung ausgesetzt, und daher war das einzige Interesse des Hauseigentümers, das tangiert war, sein Besitz. Allein die Verteidigung des Besitzes konnte nicht den Einsatz tödlicher Mittel gegen den Einbrecher rechtfertigen.

Die soziale Theorie der Selbstverteidigung besagt in Kürze, daß Einbrecher und Mugger ebenfalls Rechte haben und daß die Rechte der Opfer daher begrenzt sein müssen, wenn die Wahrnehmung ihrer Rechte zu außergewöhnlichen Kosten bei ihren Angreifern führt. Falls der überwiegende Teil der Öffentlichkeit diese Einstellung der Generation vor uns geteilt haben sollte, dann kann man wohl sagen, daß sich ihre Einstellung gegenüber dem Verbrechen und den Rechten von Kriminellen seitdem dramatisch gewandelt hat.

Es gibt heutzutage wenig Sympathie für das Wohlergehen von Personen, die andere angreifen. Wir beobachten eine Rückkehr zum absolutistischen Denken über die Notwehr, eine Rückkehr zur individualistischen Philosophie, die die Kosten einer erforderlichen Notwehr auf seiten des Angreifers ignoriert. Das ist bei den gesetzgeberischen Änderungen offensichtlich. Als Illinois sein

Strafgesetz 1962 verabschiedete, begrenzte es den Gebrauch von tödlicher Gewalt in Fällen des Einbruches darauf, »die Begehung von *gewaltsamen* Verbrechen innerhalb der Wohnung zu verhindern«.[28] 1967 ließ der Gesetzgeber das Wort »gewaltsam« fallen und machte damit klar, daß tödliche Gewalt auch erlaubt sein würde, um nur einen Diebstahl zu verhindern – ein Verbrechen, das nicht den Einsatz von Gewalt voraussetzt. Dasselbe Muster findet man in New York. 1968 ergänzte der Gesetzgeber das neue Strafgesetzbuch, das gerade drei Jahre alt war, und machte aus einem Einbruch einen Grund, der für sich ausreicht, Widerstand mit tödlicher Gewalt zu rechtfertigen.[29]

Noch dramatischer sind einige Änderungen aus den letzten Jahren. Colorado hat 1985 ein Gesetz eingeführt, das mit der kühnen Feststellung beginnt, daß »die Bürger von Colorado ein Recht darauf haben, in ihren Wohnungen absolute Sicherheit zu erwarten«. Das Gesetz fährt mit der Forderung fort, daß Notwehr anwendbar sein sollte, wenn ein Eindringling in einer Wohnung »ein Verbrechen begeht oder versucht, ein Verbrechen zu begehen... (selbst) eines gegen das Vermögen« und wenn »der Bewohner vernünftigerweise glaubt, daß (der Eindringling) irgendeine körperliche Gewalt, gleichgültig, wie geringfügig, gegen irgendeinen der Bewohner einsetzen könnte«.[30]

Das Problem, mit dem sich Bernhard Goetz konfrontiert sah, ist nicht exakt dasselbe, dem sich ein Hausbesitzer ausgesetzt sieht, der mit einem unrechtmäßigen Eindringling konfrontiert ist, aber es gibt eine wichtige Analogie. Goetz hatte ebenso das Gefühl, daß ein Fremder in das ihm berechtigterweise zustehende Terrain eindrang, sich ihm gegenüber aufbaute und Geld von ihm verlangte. Ebenso wie ein Hauseigentümer nicht sicher weiß, ob der Eindringling ihn oder seine Familie verletzen wird, konnte Goetz nicht sicher sein, ob Canty und seine Freunde ihn angreifen würden, wenn er sagen würde: »Nein, ich habe kein Geld.« Die soziale Theorie der Notwehr verlangt vom Opfer, eher einen Verlust seines Vermögens zu erleiden, als mit tödlicher Gewalt zurückzuschlagen.

Zweifellos sind bei einer sozialen Betrachtungsweise Leib und Leben wichtiger als die Vermögensrechte. Was die soziale Theorie der Notwehr aber ignoriert, ist das immer gegenwärtige Risiko, daß ein Einbrecher oder einer, der in deinen Bereich in der U-Bahn eindringt, viel mehr machen wird, als dir nur dein Geld oder deine

Armbanduhr wegzunehmen. In der individualistischen Theorie wird dieses Risiko als ein reales anerkannt, und demgemäß erklärt sie es für falsch, unschuldige und gesetzestreue Individuen dazu zu zwingen, das Risiko gegen sie gerichteter persönlicher Gewalt zu ertragen. So wie das Gesetz von Colorado tödliche Gewaltanwendung billigt, wann immer das Risiko besteht, daß ein Eindringling »körperliche Gewalt gebrauchen könnte, wie leicht sie auch immer sein mag«, würden viele von denen, die mit Goetz sympathisieren, argumentieren, auch er sollte dazu berechtigt gewesen sein, tödliche Gewalt einzusetzen, um das Risiko von »körperlicher Gewaltanwendung, wie leicht sie auch immer sein mag«, auszuschalten.

Worin, fragt man sich, besteht denn nun das Resultat, das wir all diesen sich widersprechenden Theorien zur Notwehr entnehmen können? Einige dieser Perspektiven stützen eine sehr weitgehende Interpretation von Goetz' Recht, tödliche Gewalt anzuwenden. Die Theorie, bei der die Notwehr als Entschuldigung gilt, führt zu einem Freispruch bei nahezu jedem Maß an Gewalt, zu der sich Goetz, in seinem Zustand von Angst und Furcht, mit dem Rücken gegen die Wand, gezwungen sah. Die individualistische Theorie der Notwehr als einem Rechtfertigungsgrund rechtfertigt ebenso den Gebrauch von tödlicher Gewalt, wenn sie erforderlich ist, um das Recht des Verteidigers auf persönliche Sicherheit, Autonomie und Bewegungsfreiheit zu wahren.

Abgesehen von der sozialen Theorie zur Notwehr durchziehen Stränge aller Theorien den Appell der Verteidigung an die Jury im Verfahren gegen Goetz. Als sich das Augenmerk auf die Ängste von Goetz richtete, zog die Verteidigung bei ihrer Argumentation implizit die Theorie der Notwehr als einen Entschuldigungsgrund heran. Als sich der Schwerpunkt darauf verlagerte, daß ein Passagier in der U-Bahn das Recht habe, nicht sein Geld oder seine Armbanduhr herausgeben zu müssen, gründete sich die Argumentation auf die individualistische Theorie der Notwehr als einen Rechtfertigungsgrund.

Die Verteidigung stützte sich ebenso in beträchtlichem Ausmaß auf die punitive Theorie, obwohl eine sorgfältige Analyse dessen, »was diese Punks verdienten«, kaum zu dem Ergebnis führen konnte, daß sie zu Recht das Opfer von Schüssen mit möglicherweise tödlichem Ausgang waren. Wenn sie für das verurteilt werden würden, was sie getan hatten, und zwar sowohl an diesem Tag als auch in der Vergangenheit, dann würde ihre rechtmäßige Strafe nicht einmal in die Nähe dessen kommen, was Darrell Cabey erlitten hatte.

Die einzige Ansicht, nach der sich eindeutig eine enge Auslegung von Goetz' Recht zur Selbstverteidigung ergab, war die soziale Variante der Notwehr als Rechtfertigungsgrund. Nur dann, wenn man die angeblichen Angreifer auch als Menschen mit Interessen ansah, die mit den Interessen des sich wehrenden Goetz abzuwägen sind, konnte eine Jury dazu gebracht werden, Goetz' Reaktion als übermäßig und illegitim zu bewerten. Je mehr Troy Canty, Barry Allen, James Ramseur und Darrell Cabey als menschliche Wesen in unser Blickfeld gelangen, die unser Mitgefühl verdienen, um so mehr werden wir von Goetz erwarten, daß er bestimmte Risiken hätte eingehen sollen, um aus der Konfrontation im U-Bahn-Wagen herauszukommen, ohne anderen Menschen die Schäden zuzufügen, die er zugefügt hat.

Für unsere Bemühungen, den rhetorischen Hintergrund des Falls Goetz zu verstehen, bilden die vier Theorien zur Notwehr eine unschätzbare Plattform für Interpretationen. Rhetorische Eröffnungszüge wie das »sie bekamen, was sie verdient haben«, erhalten als Appell an eine bestimmte Konzeption von der Notwehr ihren Sinn. Legt man den Schwerpunkt auf die Ängste von Goetz, dann kommt ein anderer Strang der über Jahrhunderte gewachsenen juristischen Tradition ins Spiel, und wenn man an das Recht von Goetz appelliert, keiner Schikane ausgesetzt sein zu müssen, dann bringt dies eine weitere Perspektive hervor. Will man die Rhetorik des Falles Goetz verstehen, dann müssen wir vor allem die in der theoretischen Debatte wirkenden Kräfte begreifen.

Gefühl und Vernunft beeinflussen sich gegenseitig im Notwehrrecht, indem sie widerstreitende Theorien hervorbringen, die bei dem Versuch, die vagen Konturen dieses Rechts zu interpretieren, an der Festigkeit unserer Einstellungen nagen. Die Gefühle treiben uns dazu, die Verteidigung als strafende und rächende Kraft zu sehen, mit der wir den Bösewichten das wohlverdiente Leid zufügen. Die Vernunft lädt uns dazu ein, die Notwehr als ein Mittel zu begreifen, mit dem Ordnung und Harmonie unter unabhängigen und selbständigen Personen aufrechterhalten werden können. Der historische Kampf um das Recht hat vom Gefühl zur Vernunft geführt, von einem Recht, in dem man so viel Leid zugefügt hat, wie einer verdient hat, zur Verteidigung der Autonomie des Angegriffenen. Andere Theorien, wie die von der Notwehr als einem Entschuldigungsgrund, beruhten auf einer unfreiwilligen Reaktion, und die soziale Theorie von der gerechtfertigten Notwehr erschwert es der Vernunft, sich durchzusetzen.

Könnte es sein, daß die Vernunft eine einzige Theorie der Notwehr erfordert? Oder ist die Vernunft tolerant gegenüber verschiedenen Theorien innerhalb desselben Rechtssystems? Die Frage, ob die Vernunft Verschiedenheit toleriert, lädt uns dazu ein, über unterschiedliche Wahrnehmungen einer zweideutigen Situation wie der nachzudenken, als Troy Canty sich Bernhard Goetz näherte und nach fünf Dollar fragte. So wie es viele Annäherungen an die Notwehr gibt, so sind viele Interpretationen dessen möglich, was bei dem Zusammentreffen in der U-Bahn hätte passieren können. Letztlich muß sich die Untersuchung des Falles der Frage zuwenden, was Goetz alles nach seiner eigenen subjektiven Wahrnehmung hätte passieren können. Seine Behauptung, er habe in Notwehr gehandelt, führte zu der Prüfung, ob seine Wahrnehmung der Vorfälle mit der Vernunft übereinstimmte. Die Vernunft im Recht drängt uns hin zur Wahrheit, aber gegenüber einem nachvollziehbaren Irrtum kann sie auch tolerant sein.

Anmerkungen

1 Vgl. NYPL, § 35.15.
2 NYPL, § 35.05.
3 Vgl. NYPL, § 35.30.
4 Vgl. NYPL, §§ 40.00; 30.05.
5 Vgl. People v. Torres, 128 Misc. 2d 129 (1985), eine Entscheidung, in der die Vernehmung eines sachverständigen Zeugen zum »battered wife«-Syndrom [Syndrom der geschlagenen (Ehe-)Frau] für zulässig erklärt wird.
6 NYPL, § 160.00.
7 NYPL, § 155.05(2) (e) (i).
8 Ich weise darauf hin, daß ich die Frage, ob die Selbstverteidigung tatsächlich erforderlich war, getrennt von der Frage behandle, ob Goetz sich in einem Irrtum darüber befand, ob seine Reaktion mit tödlicher körperlicher Gewalt erforderlich war.
9 NYPL, § 35.15 zur Notwehr unterscheidet nicht zwischen der Abwehr von Angriffen von sich selbst oder von Dritten.

10 NYPL, § 35.15(2) (b); der Raub wird als eines von vier Verbrechen genannt, die so schwerwiegend sind, daß sie zur Anwendung tödlicher Gewalt berechtigen; die anderen drei sind die Entführung, die Vergewaltigung und die gewaltsame Sodomie.

11 NYPL, § 35.15: »Wenn er weiß, er kann zurückweichen und er sowie andere sind vollkommen sicher.«

12 Die beste Erklärung für diesen offensichtlichen Widerspruch (die Verpflichtung, vor dem schwerwiegenderen und nicht vor dem weniger gewichtigen Angriff zurückzuweichen) besteht darin, daß das Gesetz zwei verschiedenartige Traditionen in der Theorie über den Gebrauch von tödlicher Gewaltanwendung miteinander kombiniert. Die eine Theorie, die die Verpflichtung zum Zurückweichen hervorgebracht hat, beruht auf der Vorstellung, daß die Verteidigung dem Schutz der individuellen Rechtsgüter dient. Die andere, die kein Zurückweichen verlangt, beruht auf der Vorstellung, daß jeder Bürger dazu befugt ist, ein schwerwiegendes Verbrechen zu verhindern, vgl. bei Anm. 10.

13 Viele der Wissenschaftler, die sich zum Fall Goetz geäußert oder darüber geschrieben haben, scheinen keine Kenntnis vom Recht des Staates New York zu haben. Sie berufen sich auf die allgemeinen Prinzipien des Rechts, wie sie an unseren juristischen Fakultäten gelehrt und in den Standardwerken zum Strafrecht wiedergegeben werden. So hat zum Beispiel Professor Arthur Miller aus Harvard in der »20/20«-Show über den Fall Goetz am 21. März 1985 die Auffassung vertreten, daß legitime Notwehr eine Drohung mit tödlicher körperlicher Gewaltanwendung voraussetzt. Sein Kollege Alan Dershowitz schrieb nach dem Urteil: »Jeder, der der unmittelbaren Todesgefahr oder der Gefahr einer schwerwiegenden Körperverletzung ausgesetzt ist, darf jedes Mittel benutzen, das erforderlich ist, um den Angriff zu verhindern«; vgl. *Los Angeles Times,* Herausgeberseite vom 17. Juni 1987. Beide ignorieren die abweichende Regelung des Gesetzes von New York, die sich unmittelbar auf die Abwehr eines Raubes bezieht.

14 Vgl. G. Williams, *Textbook of Criminal Law,* 2. Aufl. 1983, S. 504: »Das Recht wäre grausam, wenn es sagen würde: Es ist wahr, daß du dich für diese Handlung entschieden hast, weil du es in deinen Knochen gefühlt hast, daß du in Gefahr geschwebt hast, und es ist wahr, daß du damit recht hattest, aber du kannst keine vernünftigen Gründe dafür vorweisen, daß du daran geglaubt hast, so daß es nur einem glücklichen Zufall zu verdanken ist, daß du recht hattest, und deswegen wirst du verurteilt«; vgl. auch P. Robinson, *Defenses to Crime,* 1984, S. 12-29.

15 Zu einer weitergehenden Behandlung dieses Unterschiedes vgl. meinen Aufsatz *The Right and the Reasonable* (Das Richtige und das Vernünftige), *Harvard Law Review,* 1985 (Bd. 98), S. 949, vom Court of Appeals in People v. Goetz, 68 NY2d 98, 112 (1987) zitiert.

16 Vgl. Kapitel 3.

17 Er mußte seine Instruktion dann allerdings mehrfach ändern, wenn auch in vergleichsweise geringfügigen Punkten, vgl. Kapitel 9.
18 Vgl. Coker v. Georgia, 433 U.S. 584 (1977).
19 1 Mathew Hale, *History of the Pleas of the Crown* 413 (1736).
20 W. Shakespeare, *Hamlet*, Akt V, 1. Szene (»Universal« ed., 1893).
21 3 E. Coke, *Third Institute* 55 (1644).
22 J. Locke, *Treatise of Civil Government* 14 (Sherman ed., 1937).
23 Protokoll bei 4888.
24 Vgl. I. Kant, *Metaphysische Elemente der Gerechtigkeit*, S. 41 (1797) (in der Übersetzung von J. Ladd): »denn in einer solchen Situation [d. h., ›einem ungerechtfertigten Angriff auf mein eigenes Leben‹] entspringt die Anerkennung der Mäßigung nicht dem Recht, sondern gehört allein zur Ethik.«
25 4 W. Blackstone, *Commentaries on the Laws of England*, S. 181 (1765-69).
26 Wenn es irgendeine Beziehung zwischen der Notwehr und der Bestrafung gäbe, dann müßte man eigentlich davon ausgehen, daß bei der Notwehr, die vor dem Prozeß stattfindet, weniger Gewalt hinnehmbar ist, als wenn der Verbrecher nach dem Prozeß verurteilt wird; denn wenn es zweideutig ist, ob überhaupt ein Eingriff in Rechtspositionen vorliegt – wie bei dem Verhalten von Troy Canty –, dann reduziert der Prozeß das Risiko, daß man ihn zu Unrecht als ein strafbares Verbrechen behandelt.
27 116 Cal. Rptr. 233, 526 P2d 241, 12 C. 3d 470 (1974).
28 Ill. Rev. Stat. § 38, § 7-1.
29 NYPL, § 35.15(2) (c).
30 Colo. Rev. Stat. § 18-1-704.5. Vgl. Cal. Penal Code § 198.5 (wenn ein ungesetzliches und gewaltsames Eindringen erfolgt ist, »soll« bei einem Bewohner, der tödliche Gewalt gegen einen Eindringling einsetzt, »vermutet werden, daß er sich vernünftigerweise vor einer unmittelbar drohenden Gefahr des Todes oder körperlicher Schäden fürchtete«). Beide Gesetze scheinen auf Fälle begrenzt zu sein, in denen sich der Eigentümer auf dem Grundstück befindet, und sie rechtfertigen daher beide nicht den Einsatz von Selbstschußanlagen gegen Einbrecher.

3.
Toleranz in der Vernunft

Im 17. und 18. Jahrhundert gingen die führenden Gelehrten des Englischen Rechts davon aus, daß das Common Law, so wie es sich in den Gerichten entwickelte, die Verkörperung der Vernunft war. Sir Edward Coke, der Inbegriff des Juristen aus dem 17. Jahrhundert, vertrat in seinen Lehrkommentaren die Auffassung, die Vernunft sei die Seele des Rechts. Als einer der führenden Richter seiner Zeit handelte Coke entsprechend seiner Festlegung auf das Common Law, das er als eine Ansammlung von Wahrheiten begriff, die aus kultivierter Vernunft geboren sind. Er war sich so sicher, daß die Vernunft nur ein einziges Recht tolerieren kann, daß er ein vorschriftsmäßig vom Parlament verabschiedetes Gesetz als eine Verletzung von »gewöhnlichem Recht und Vernunft« abtat.[1] Wenn ein Gesetz die Gebote der Vernunft verletzte, dann konnte es nicht das Recht von England sein. Ein Jahrhundert später identifizierte William Blackstone, dessen *Commentaries* zur Grundlage für Generationen von Juristen in den amerikanischen Kolonien wurden, das Common Law von England mit dem ewig gültigen Naturrecht.

Im Verlauf des 19. Jahrhunderts nahm die Vernunft in England wie auch in den Vereinigten Staaten starken Einfluß auf die Sprache des Common Law. Die Wendung »reasonable« (vernünftig) wurde im Wortschatz der Juristen zur täglichen Erinnerung an Cokes Lehre von der Vernunft als der Seele des Rechts. Schnell war der Begriff »vernünftig« in den Argumenten der anglophonen Juristen allgegenwärtig, und darin unterscheidet sich ihre Sprache von der der Juristen, die in Französisch, Deutsch oder irgendeiner anderen europäischen Sprache plädieren. Heutzutage hört man englischsprachige Juristen über reasonable time (vernünftige Zeit), reasonable price (vernünftigen Preis), reasonable mistake (einen vernünftigen Irrtum), reasonable care (vernünftige Sorgfalt) reden – um nur einige der Ausdrücke zu nennen, die unsere Verpflichtung auf Vernünftigkeit bezeugen. Man wird keinen französischen oder deutschen Rechtsanwalt finden, der in einem dieser rechtlichen Zusammenhänge einen Begriff benutzt, der von der nationalsprachlichen Wurzel für »reason« abgeleitet ist. Das liegt nicht daran, daß diese Juristen nicht *raisonnable, vernünftig* oder *razumnyi* sagen könnten, wenn sie es wollten. Sie tun es nicht. Allein die Juristen in der englischsprachigen Welt haben sich diesem Begriff verschrieben.

Im Zentrum dieser Konzentration auf die Vernünftigkeit steht der vernünftige Mensch – oder, wie wir heutzutage sagen, die vernünftige Person. Die konventionelle Art, um zu entscheiden, was vernünftig ist, besteht darin, herauszufinden, was ein vernünftiger Mensch tun würde. So werden zum Beispiel in den Fällen, in denen es um einen fahrlässigen Unfall geht, die Juries überall in der anglophonen Welt instruiert: »Wenn Sie zu dem Schluß kommen, daß der Angeklagte nicht so gehandelt hat, wie eine vernünftige Person unter den gegebenen Umständen handeln würde, dann sollen Sie entscheiden, daß er oder sie fahrlässig gehandelt hat.« Der Begriff »vernünftig« ist im Rechtsgespräch so gebräuchlich, daß ein Student, dem es nicht gelungen ist, den Gebrauch dieses Begriffs zu beherrschen, kaum zu der besonderen Sprachgemeinschaft der amerikanischen Anwaltschaft gehören wird.

Der alles beherrschende Gebrauch von »Vernünftigkeit« durch amerikanische Anwälte zeigt den andauernden Einfluß von Cokes Glauben an die Vernunft als Grundlage des Rechts, aber er beinhaltet auch die Aufgabe des Anspruchs, daß eine einzige Wahrheit der Vernunft entspricht. Daß man vernünftig handelt, setzt nicht voraus, daß man recht hat. Die vernünftige Person kann falsch handeln. Heutzutage gehen amerikanische Anwälte davon aus, daß es für jedes Rechtsproblem mehr als eine vernünftige Lösung gibt. Das drückt sich in der Standardformel aus, die die Richter der Jury für die Entscheidungsfindung vorgeben, wenn eine umstrittene Beweisfrage zu beurteilen ist. Der Jury wird die Frage gestellt, ob es sich um eine Streitfrage handle, bei der »vernünftige Menschen unterschiedlicher Meinung sein können«.

Den Bereich für eine vernünftige Entscheidung kann man sich wie den mittleren Abschnitt eines Footballfeldes vorstellen, wie die Entfernung von der 20-Yard-Linie auf der einen Seite zur 20-Yard-Linie auf der anderen Seite. Wenn die Beweislage so klar ist, daß die Sache hinter der 20-Yard-Linie des Klägers liegt, dann wird der Richter selbst zugunsten des Beschuldigten entscheiden; wenn sie hinter der 20-Yard-Linie des Beschuldigten liegt, dann wird der Richter zugunsten des Klägers entscheiden.[2] Die Jury entscheidet nur, wenn die Beweislage irgendwo in der Mitte des Feldes anzusiedeln ist, dort, wo vernünftige Leute unterschiedlicher Meinung sein können. Die Vernunft liegt nie mit sich selbst im Streit, aber vernünftige Leute haben häufig nicht dieselbe Meinung. Es wird sich irgendwann zeigen, daß einige recht haben und andere nicht.

Die Vernünftigkeit steht im Zentrum des amerikanischen Rechtsdenkens, und gerade dieses zentrale Konzept unterscheidet uns von unseren europäischen Kollegen, die zumindest dem Anspruch nach immer noch einer einzigen Wahrheit des Rechts im Sinne des Richtigen und des Wahren verpflichtet sind. Für die Amerikaner ist der Geist der Toleranz zur Stimme der Vernunft geworden. Die anderen können falsch handeln, aber ihr falscher Weg kann sich dennoch auf der Karte der vernünftigen Alternativen bewegen. Und selbst in einem Zeitalter, in dem wir zu der Annahme neigen, daß die Frage, was Recht und Unrecht ist, von der Sicht des Betrachters abhängt, muß das Recht den Kern der Vernunft gegen die Extreme unvernünftigen Verhaltens verteidigen.

Daher waren die Anwälte und die Gerichte im Fall Goetz von dem Zeitpunkt an, als die zweite Grand Jury im März 1985 zusammentrat, bis hin zur Klärung des Streits durch den New York Court of Appeals im Juli 1986 mit einer zentralen Frage beschäftigt: Was verlangt das Prinzip der Vernunft in Notwehrfällen? Kann es richtig sein, daß einer immer dann, wenn er glaubt, daß er angegriffen wird und daß er schießen muß, um sich zu verteidigen, nach dem Recht vernünftig handelt? Oder haben wir als Gesellschaft, die von den 12 Männern und Frauen der Jury repräsentiert wird, zu entscheiden, ob bestimmte Ängste und bestimmte Reaktionen so extrem sind, daß sie als unvernünftig und nicht hinnehmbar bezeichnet werden müssen?

Technisch gesehen drehte sich die Auseinandersetzung um die angemessene Interpretation der gesetzlichen Regelung, daß der Beschuldigte sowohl »vernünftigerweise glaubte«, er stünde kurz davor, getötet oder beraubt zu werden, als auch, daß es erforderlich war, mit der Anwendung von tödlicher Gewalt zu reagieren. Die Verteidigung nahm die Position ein, daß jede subjektive Vorstellung von Rechts wegen als vernünftig zu gelten habe. Es sollte allein darauf ankommen, daß der Beschuldigte ernsthaft diese Vorstellung hatte. Sie bezeichnete ihre Position als die »subjektive«, weil sie wünschte, daß sich die rechtliche Entscheidung ausschließlich auf die subjektive Geistesverfassung des Beschuldigten richten sollte. Ihre Gegner beriefen sich auf die »objektive« Theorie, weil sie davon ausgingen, daß der Standard der Vernünftigkeit einen objektiven Standard beinhaltet, der von dem hypothetischen Verhalten einer vernünftigen Person unter den gegebenen Bedingungen festgelegt wird. Vorstellungen, Ängste und Reaktionen, die hinter diesen Standard zurückfallen, sind unvernünftig und nicht hinnehmbar; sie verdienen Tadel und Verurteilung.

Man möchte annehmen, es könne wenig Streit darüber geben, daß die Geschworenen einen objektiven Standard bei der Frage anlegen, welches Verhalten akzeptabel ist. Wie kann sich sinnvollerweise die gesetzliche Formulierung von dem »vernünftigen Glauben« auf einen subjektiven Standard beziehen, auf das, was der Beschuldigte tatsächlich geglaubt hat, unabhängig davon, ob es objektiv vernünftig war oder nicht? Selbst wenn man von den Vorgaben der Gesetzesformulierung absieht, fällt es schwer, sich für einen subjektiven Standard einzusetzen, der die private Beurteilung einer jeden Person zur letzten Instanz macht. Ein vernünftiger Gesetzgeber oder Richter würde keine Regelung wählen, die es erlauben würde, sich allein deswegen der Verantwortung für einen Totschlag oder einen versuchten Totschlag zu entziehen, weil die Personen in gutem Glauben waren, daß jemand dabei war, sie auszurauben.

Andererseits gibt es eine Variante des objektiven Standards, die ungerecht und indifferent gegenüber der Situation des Angegriffenen zu sein scheint. Wenn die Berufung auf das Verhalten einer »vernünftigen Person unter den gegebenen Umständen« die faktische Vorstellung des Beschuldigten irrelevant macht, dann scheint nicht der Beschuldigte, sondern ein hypothetisch vernünftiger Beschuldigter vor Gericht zu stehen. Nun hat niemand ernsthaft die Ansicht vertreten, der objektive Standard mache die Feststellung überflüssig, ob der Beschuldigte selbst daran glaubte, er werde attackiert, und daß es erforderlich war, zu reagieren. In seinen Schriftsätzen distanzierte sich der Distriktsstaatsanwalt selbst von dieser extremen Auffassung des objektiven Standards (derjenige, der die Vorstellungen des Beschuldigten mißachtet), indem er seine Fassung der objektiven Überprüfung als »zweizackige« oder »gemischte« Überprüfung bezeichnete. Die erste Zacke der Überprüfung verlangt, daß der Beschuldigte tatsächlich an die Erforderlichkeit tödlicher Gewalt glaubt, und die zweite setzt voraus, daß seine Auffassung mit der übereinstimmt, die eine vernünftige Person unter den gegebenen Umständen haben würde. In den Schriftsätzen wurde die Überprüfung als »gemischt« bezeichnet, weil sie eine rein subjektive Anforderung an die Vorstellungen des Beschuldigten mit einem objektiven Standard von Vernünftigkeit kombinierte.

Überraschenderweise fand der subjektive Maßstab seit 1981 Eingang in die Entscheidungen der Appellate Division von New York – den Rechtsmittelgerichten, die zwischen den Tatgerichten am Supreme Court und dem Court of Appeals in Albany* stehen. Diese Änderung kam nicht mit einem Schlag, sondern auf leisen Sohlen. Im Fall *Volk v. Gonzales*[3], dem ersten Fall, gab die Staatsanwaltschaft unerklärlicherweise ohne jeden Grund zu[4], daß das Gericht geirrt habe, als es der Jury aufgab, die Behauptung des Angeklagten, er habe in Notwehr gehandelt, daran zu messen, was das Verhalten eines »durchschnittlich besonnenen Menschen«[5] sei. Das Gericht bestätigte die Verurteilung, aber in der veröffentlichten Begründung wurde es als »Irrtum« bezeichnet, die Notwehr nach dem objektiven Standard zu beurteilen.

Es mag schon erstaunlich sein, wie der Keim für den subjektiven Standard in New York gelegt wurde, aber noch viel überraschender ist es, wie in den folgenden Entscheidungen für seine Entfaltung gesorgt wurde. Der Fall *Gonzales* stammte von der ersten Kammer der Appellate Division, von jenen Richtern, die die Rechtsmittel gegen Entscheidungen der Strafgerichte aus Manhattan entgegennehmen. Die zweite Kammer desselben Gerichts, das vor allem für die Tatgerichte in Brooklyn zuständig ist, übernahm dann den Fall *Gonzales*, als habe es sich um eine durchdachte Entscheidung gehandelt und nicht schlicht um die Wiedergabe eines grundlosen Zugeständnisses der Staatsanwaltschaft. In einer Entscheidung aus 1983 berief sich die zweite Kammer auf den Fall *Gonzales* und hob eine Verurteilung wegen Totschlages auf, denn »das Gericht habe geirrt, als es behauptet habe, der Maßstab eines ›durchschnittlich besonnenen‹ Menschen sei für die Bewertung des von dem Angeklagten gezeigten Verhaltens heranzuziehen«. Statt dessen entschied das Gericht 1983, der korrekte Maßstab sei das, »was der Beschuldigte gedacht haben muß«.[6] Die Urteilsgründe des Gerichts, die nicht einmal eine Seite ausmachen, sind summa-

* Anm. d. Ü.: Albany ist die Hauptstadt des Staates New York; der Court of Appeals ist das höchste (ordentliche) Gericht im Staat New York.

risch und enthalten keine weitere Begründung des Ergebnisses als den Hinweis auf Präzedenzentscheidungen.[7]

Mehrere Entscheidungen der zweiten Kammer von 1984 bestätigten dann diesen offensichtlichen Wandel hinsichtlich der Bedeutung des »vernünftigen Glaubens«.[8] Als die zweite Grand Jury Ende Februar 1985 zusammentrat, um die Anklage gegen Goetz zu beraten, war keine dieser Entscheidungen durch das hohe Gericht in Albany bestätigt worden. Und auch die erste Kammer – das Rechtsmittelgericht, auf das es ankam[9] – hatte die fragwürdige Frucht ihres grundlosen Diktums im Fall *Gonzales* noch nicht anerkannt.

Der assistierende Distriktsstaatsanwalt Gregory Waples, der den Fall von Susan Braver übernommen hatte, sah sich angesichts der Präzedenzentscheidungen durch das Rechtsmittelgericht mit einer schwierigen strategischen Situation konfrontiert.[10] Sollte er die Grand Jury instruieren, daß der Maßstab für die Entscheidung das war, »was der Beschuldigte gedacht haben muß«, und damit seine Chance verringern, Anklage erheben zu können? Oder sollte er die Grand Jury in der Weise instruieren, die er für die korrekte Auslegung des Rechts hielt – so, wie es zufälligerweise der Anklage half? Wenn er das Recht falsch darstellte, dann konnte die gesamte Anklage im nachhinein einem Angriff ausgesetzt sein.

Waples versuchte eine Festlegung auf den subjektiven oder auf den objektiven Standard zu vermeiden, indem er die Grand Jury mit den Worten des Gesetzes instruierte: Der Beschuldigte konnte sich nur dann begründet auf Notwehr berufen, wenn er »vernünftigerweise glaubte«, daß die tatsächlichen Voraussetzungen für eine Verteidigung vorlagen. Als dann einer der Geschworenen die Initiative ergriff und um eine Erläuterung des Maßstabs für einen »vernünftigen Glauben« bat, und zwar insbesondere bei irrationalen Ängsten und Überzeugungen, stand Waples mit dem Rücken zur Wand, und er hatte kaum die Möglichkeit, eine Stellungnahme zur Rechtslage zu umgehen. Einiges spricht dafür, daß es seine Pflicht als Vertreter des Staates war, das Recht so darzustellen, wie es der maßgebenden Interpretation der Appellate Division entsprach – selbst dann, wenn es noch keine maßgebliche Auslegung durch das hohe Gericht in Albany gab. Dann war er verpflichtet, die Grand Jury auf der Grundlage des subjektiven Standards zu instruieren. Er war nicht nur mit einem strategischen Problem konfrontiert, sondern er stand auch vor dem ethischen Dilemma, was seine Pflicht als Staatsanwalt war.

Hinter Waples' Dilemma verbirgt sich eine der gewichtigsten ungelösten rechtswissenschaftlichen Debatten unserer Zeit. Was ist das »Recht« von New York, das er den Geschworenen zu erläutern hatte? Eine Position lautet, daß Recht immer das ist, was der Gesetzgeber und die Gerichte verkünden. Einer anderen Position zufolge besteht das Recht aus übergesetzlichen Prinzipien, welche die Gerichte (und selbst die Gesetzgeber) mitunter verfehlen. Bestand für Waples, auch wenn er davon überzeugt war, daß die Appellate Division das Notwehrrecht falsch ausgelegt hatte, die Verpflichtung, die Grand Jury auf der Grundlage einer Rechtsansicht zu instruieren, die auf den oberflächlich begründeten Präzedenzentscheidungen beruhte? Diese Frage zeigt die Spannung, die sich aus zwei einander widersprechenden Theorien des Rechts ergibt, zwischen dem Recht als übergesetzlichem Prinzip von Recht und Unrecht auf der einen und dem Recht als den gesammelten Entscheidungen der Gerichte auf der anderen Seite. Die erstgenannte Ansicht bestätigt unseren Glauben in das Recht als Verkörperung von übergesetzlichen Prinzipien. Die andere Ansicht bindet den Ausdruck der Vernunft in ein festgefügtes System der rechtlichen Entscheidungsfindung ein, das für Kontinuität sorgt und das Recht vor den sich wandelnden politischen Strömungen abschottet, die jeweils vorgeben, die Vernunft auf ihrer Seite zu haben.

Als der Geschworene der Grand Jury um eine Klarstellung bat, entschied sich Waples, die korrekten Prinzipien des Rechts zur Grundlage seiner Instruktion zu machen. Er antwortete mit einer deutlichen Stellungnahme für exakt die Ansicht, die die Appellate Division abgelehnt hatte:[11]

> Und wenn Sie entscheiden, ob [seine Reaktion] unter den Umständen vernünftig war, dann sollten Sie bedenken, ob das *Verhalten des Beschuldigten das eines vernünftigen Menschen in der Situation des Beschuldigten war.* ...ob es das Verhalten war – ob die Reaktion das Verhalten war, das er – das ein vernünftiger Mensch, der sich in der Situation des Beschuldigten wiederfindet... Und wenn es unvernünftigerweise unangemessen oder – auf andere Weise ungerechtfertigt war – dann wäre keine Notwehr gegeben... (Hervorhebung vom Verfasser).

Nach dem gesetzlichen Maßstab für den »vernünftigen Glauben« sollte es nicht allein darauf ankommen, was der Beschuldigte geglaubt hat, sondern auf das »Verhalten... eines vernünftigen Menschen in der Situation des Beschuldigten«. Mit dem objektiven Maßstab steigerte sich die Wahrscheinlichkeit, daß die Grand Jury Goetz' Behauptung, er habe in Notwehr gehandelt, als unvernünftig zurückweisen würde, und verbesserte daher die Chancen des Staatsanwalts, eine Anklage wegen versuchten Mordes sicherzustellen. Aber Waples ging auch das Risiko ein, die Anklage mit einem Rechtsirrtum zu belasten. In der Hoffnung, die Präzedenzentscheidungen der Appellate Division überwinden zu können, die der Anklage im Weg standen, ging er ein großes rechtliches Risiko ein.

Seine Entscheidung erwies sich als taktischer Fehler, aber als strategischer Sieg – auf lange Sicht gesehen war sie wahrscheinlich viel erfolgreicher, als er erwartet hatte. Die Grand Jury sah sich zum Teil auch durch seine Instruktion über den objektiven Maßstab veranlaßt, die Behauptung, es habe Notwehr vorgelegen, zurückzuweisen, und sie erhob gegen Goetz Anklage wegen Körperverletzung und versuchten Mordes.[12] Ungefähr zur selben Zeit aber, als die zweite Grand Jury beriet, bestätigte die erste Kammer der Appellate Division ihre ablehnende Haltung gegenüber dem objektiven Maßstab. Sie fällte ein Urteil, das den Keim, der im Fall *Gonzales* gelegt war, in einer eigenen Präzedenzentscheidung zur vollen Blüte brachte. Im Fall *Santiago*[13] geschah es zum ersten Mal, daß das Gericht, das für die Rechtsmittel in den Verfahren von Manhattan zuständig ist, eine Verurteilung deswegen aufhob, weil der Tatrichter zu Unrecht die Jury instruiert habe, den Maßstab einer »durchschnittlich vernünftigen Person«[14] anzulegen. Und das Gericht schloß die Entscheidung mit der Bemerkung ab, es stünde »außer Zweifel«, daß dies ein Irrtum gewesen sei.[15]

Eine eindeutige Auswirkung dieser Entscheidung lag darin, daß Richter Crane im Verfahren den subjektiven Maßstab anwenden würde. Selbst dann, wenn Goetz auf der Grundlage des objektiven Maßstabs angeklagt war, würde der Tatrichter ohne jedes Zögern der Rechtsauslegung der Appellate Division folgen – und ganz besonders dann, wenn die Entscheidung von den Richtern kam, die die Macht hatten, seine Entscheidungen aufzuheben.

Waples sah sich mit einem Verfahren konfrontiert, das auf der Grundlage des subjektiven Maßstabs durchgeführt werden würde. Die Chancen von Goetz, sich in der entscheidenden Frage der Notwehr durchzusetzen, würden in der Verhandlung viel größer sein, als sie es vor der zweiten Grand Jury gewesen waren. Es war der Staatsanwaltschaft nicht möglich, einen Antrag an den Court of Appeals zu stellen, um eine Auslegung des Notwehrrechts zu ihren Gunsten herbeizuführen. Aber wenn die Verteidigung eine Beschwerde einlegen würde, weil die Grand Jury die Anklage auf der Grundlage von Waples' offensichtlich irrtümlicher Instruktion zugelassen habe, dann würde Waples seine Position bei den weiteren Instanzen vorbringen und vielleicht obsiegen können. So würde er möglicherweise, wenn er sich vor den Gerichten durchsetzen würde, eine Änderung der Rechtslage herbeiführen können, bevor der Prozeß gegen Goetz begann.

Aber – und das ist Ironie des Schicksals – die Verteidigung wußte am Anfang gar nicht, daß Waples die Jury dahin gehend instruiert hatte, sich auf den objektiven Maßstab des vernünftigen Menschen zu stützen. Die Verteidigung war nicht anwesend. Goetz war nicht anwesend. Wer sollte ihnen das mitteilen? Gregory Waples war der einzige Anwalt, der sich im Raum befand.[16]

Aufgrund eines Überbleibsels der inquisitorischen Form des Strafverfahrens ist die Grand Jury völlig vom Staatsanwalt abhängig, der als Richter wie als Anwalt auftritt. Es ist ein Teil dieser kombinierten Funktion, daß der Staatsanwalt die Grand Jury über das Recht instruiert, das sie auf die Tatsachen anwenden soll. Die einzige Kontrolle dieser uneingeschränkten Macht des Staatsanwalts über die Grand Jury ergibt sich aus der Kompetenz des überwachenden Richters, in diesem Fall von Richter Crane, die Verfahrensprotokolle nach möglichen Rechtsfehlern durchzusehen.

In demselben Moment, als Richter Crane die Protokolle las, bemerkte er einen Bericht des *New York Law Journal* über die Entscheidung im Fall *Santiago*. Es stach in die Augen, daß Greg Waples' Erläuterungen eine deutliche Herausforderung an die Rechtsauslegung der Appellate Division waren. Dementsprechend gab Richter Crane relevante Teile der Protokolle an die Verteidigung weiter, die dann im Oktober bei ihm den Antrag stellte, alle jene Anklagepunkte fallenzulassen, die angeblich von der unzutreffenden Instruktion über die Notwehr beeinflußt waren.

Es hatte fast den Anschein, als habe Waples diese Falle sorgfältig gestellt – und als habe die Verteidigung dem Köder nicht widerstehen können. Slotnick und Baker dachten, sie hätten mit ihrem Antrag einen Sieg errungen. Und es war auch tatsächlich so. Angesichts des Falls *Santiago* und der anderen Präzedenzentscheidungen hatte Crane kaum eine andere Möglichkeit, als alle Anklagepunkte fallenzulassen, die auf der irrtümlichen Instruktion beruhten. Was für die professionellen Männer und Frauen zählt, die an vorderster Front der Strafjustiz arbeiten, ist nicht eine politische Vision, sondern ob man mit den Präzedenzentscheidungen der Gerichte übereinstimmt, die ihnen unmittelbar übergeordnet sind.[17] Die Rechtslage, so wie sie sich aus den Präzedenzentscheidungen ergab, verlangte von Richter Crane, daß er neun der Anklagepunkte[18] der Grand Jury fallenließ, und so entschied er auch am 16. Januar 1986.[19]

Sicherlich war das Fallenlassen der Anklage ein taktischer Sieg für die Verteidigung. Zugleich damit aber riskierte die Verteidigung eine größere strategische Niederlage, indem sie die Möglichkeit eröffnete, den Maßstab der Notwehr zu einem rechtsmittelfähigen Argument zu machen, das auch eine Beschwerde an den Court of Appeals einschloß, der sich nicht an den Fall *Santiago* und die anderen Fälle der Appellate Division gebunden fühlen würde.

Wenn die Verteidigung nicht den Vorstoß unternommen hätte, die Anklage fallenzulassen, wäre sie auf der Grundlage des subjektiven Maßstabs der Notwehr in das Verfahren gegangen; ohne eine ausdrückliche Belehrung aus Albany wäre Richter Crane niemals von der Regel abgewichen, die im Fall *Santiago* niedergelegt worden war. Und wenn Goetz auf der Grundlage des subjektiven Maßstabs freigesprochen worden wäre, was viel wahrscheinlicher war als ein Freispruch auf der Grundlage des objektiven Maßstabs, dann hätte die Staatsanwaltschaft dagegen kein Rechtsmittel einlegen können. Die Staatsanwaltschaft kann dagegen vorgehen, wenn eine Anklage fallengelassen wird, aber wenn ein Fall erst einmal vor die Jury gelangt ist und die Jury sich für einen Freispruch entscheidet, dann gehen die Angeklagten als freier Mann oder als freie Frau nach Hause. Aus dem Verbot der Doppelbestrafung ergibt sich auch das Verbot, weitere Rechtsmittel einzulegen oder Anklagen zu erheben, die auf denselben Tatsachen beruhen.

Daher bedeutete es für die Staatsanwaltschaft einen ungewollten Segen des Himmels, daß sie die Möglichkeit bekam, gegen die Entscheidung von Richter Crane, die Anklage fallenzulassen, Beschwerde einzulegen. Bevor die Verteidigung der Anklage diesen Vorteil einräumte, bevor sie ihr diese einzigartige Gelegenheit verschaffte, eine erheblich vorteilhaftere Entscheidung des Rechtsmittelgerichts zum Maßstab der Notwehr zu erzielen, hätte die

Verteidigung sich genauer mit der Frage beschäftigen sollen, ob sie bei einer Beschwerde an den Court of Appeals gewinnen würde. Daß das höchste Gericht sich mit einem einstimmigen Votum gegen sie entscheiden würde, war vielleicht nicht vorhersehbar, aber die Verteidigung hätte sich klarmachen sollen, daß sie so ihre Chips auf Karten setzte, die durch eine gründliche Reflexion der Rechtsfragen leicht auszustechen waren.

Die Begründung des Beschwerdegerichts, die durch die Entscheidung von Richter Crane veranlaßt wurde, bietet eine außergewöhnliche Gelegenheit, die Art und Weise zu untersuchen, wie Juristen mit ihren Rechtsquellen arbeiten – mit Gesetzen, Gerichtsentscheidungen und Lehrmeinungen –, um damit eine überzeugende Interpretation des Rechts herzustellen. Die Auseinandersetzung nimmt in der ausführlichen und durchdachten Stellungnahme von Richter Crane erste Konturen an, entfaltet sich in den Schriftsätzen der Anwälte zur Beschwerde an die Appellate Division, den drei schriftlichen Begründungen der Richter der Appellate Division, den Schriftsätzen an den Court of Appeals in Albany und schließlich in der Begründung des hohen Gerichts, die zu dem Ergebnis kommt, daß Gregory Waples' Instruktion an die zweite Grand Jury letztendlich richtig war. Verfahrensrechtlich gesehen hat der Court of Appeals die Entscheidung der Appellate Division, die wiederum Richter Cranes Entscheidung bestätigt hatte, aufgehoben und die Anklage wieder in Kraft gesetzt. Auf einer substantiellen Ebene gelangte das Gericht zu einem Beschluß über ein grundlegendes Prinzip des Rechts von New York – ein Prinzip, das nicht nur im Juli 1986 Gesetzeskraft besaß, als das Gericht zu seiner Entscheidung gelangte, sondern auch im März 1985, als Gregory Waples sich dafür entschied, seiner Sicht der Rechtslage Ausdruck zu verleihen, obwohl die herrschende Meinung dagegenstand. Die Geschichte dieser Auseinandersetzung um den angemessenen Maßstab der Notwehr sollte die Aufmerksamkeit all derer auf sich ziehen, die sich für den Fall Goetz und das Notwehrrecht interessieren, aber noch bedeutsamer ist es, daß die offene Auseinandersetzung um die Theorie der Vernünftigkeit bei der Notwehr den Kampf der toleranten Vernunft gegen die Kräfte des moralischen Relativismus in der modernen Rechtstheorie beleuchtet.

Die Diskussion über den Maßstab der Notwehr im Fall *Volk v. Goetz* setzte die Lehrmeinungen über die verschiedenen sich widersprechenden Quellen des Rechts einer Prüfung aus. Die Entscheidungen der Appellate Division waren eine relativ eindeutige Billigung des subjektiven Maßstabs; sie waren überzeugend einfach, denn sie stammten von einer Instanz mit Autorität – einem Gericht, das die Macht hat, die Entscheidungen aufzuheben, die ihm nicht gefallen. Die Entscheidungen des Court of Appeals steuerten das Ergebnis nicht so direkt an, aber sie waren in einer suggestiven Sprache gehalten und zeigten, daß sich das Gericht mit den Argumenten beider Seiten in dem Streit auseinandergesetzt hat.

Neben den Fällen und Präzedenzentscheidungen stand das Strafgesetz von 1965. Was hatte der Gesetzgeber beabsichtigt, als er den problematischen § 35.15 über die Notwehr schuf? Die Debatte über die gesetzgeberische Absicht entwickelte sich zu einem Streit zwischen zwei Kräften, die das neue Recht beeinflussen. Zunächst gab es den Einfluß der historischen Entwicklung. Hat das neue Recht schlicht die vorherige Rechtslage zum Standard der Notwehr fortgeschrieben, oder hat das neue Gesetz unter dem Einfluß des renommierten Model Penal Code*, der die Gesetzgeber dazu drängte, eine Variante des subjektiven Maßstabs zu übernehmen, das Recht geändert? Für die Anwälte aus New York, die sich selten in die Details des Model Penal Code vertiefen, war es nicht einfach, die Theorie dieses Gesetzes zu verstehen und seinen Einfluß auf die neue Strafvorschrift zur Notwehr abzuschätzen. Es zeigt sich bald, daß die Intention des Gesetzgebers nicht so rasch auszuloten ist.

Jenseits dieser Debatte darüber, wie die maßgeblichen Quellen des Rechts zu verstehen sind, hatten sich die Anwälte und die entscheidenden Richter mit den grundlegenden Fragen der Theorie und den Werten auseinanderzusetzen, die das Strafrecht formen. Dies sind die Faktoren, die uns dazu veranlassen, die Rechtsquellen in einer bestimmten Weise zu verstehen. Wir sollten diese auf Werte bezogenen Argumente einander so offen wie möglich ge-

* Der Model Penal Code [Modellstrafgesetzbuch] wurde vom American Law Institute in Philadelphia entworfen, einer ausgewählten Gruppe von Akademikern, Richtern und praktizierenden Anwälten, die sich für Rechtsreformen auf der Grundlage wissenschaftlicher Forschung eingesetzt hatten. Das Gesetz sollte als Modell für den Gesetzgeber der Einzelstaaten dienen; ihm kommt keine eigene offizielle rechtliche Autorität zu. Seit er durch den Entwurf des Proposed Official Draft von 1962 übernommen wurde, hat der Model Penal Code die Rechtsreform von wenigstens 35 Staaten beeinflußt.

genüberstellen, um sie nicht vorschnell als den allgemeinen Wissensstand unserer Zeit zu übernehmen.

Für Richter Crane waren die tragenden Gründe der Präzedenzentscheidungen der Appellate Division eindeutig. Sie sprachen alle für die Ablehnung einer »[extrem] objektiven Überprüfung bei der Entscheidung, ob die Reaktion eines Beschuldigten gerechtfertigt ist«.[20] Nach seiner Ansicht ergab sich aus diesen Fällen ebenso die Zurückweisung der »gemischten« Auffassung, die vom Distriktsstaatsanwalt befürwortet wurde. In dem Teil seiner Begründung, in dem er erklärt, warum die Anklage fallengelassen wurde, formulierte er, daß »das gemischte Konzept, für das sich das Volk [das der Staatsanwalt vertritt, Anm. d. Ü.] einsetzt..., im Grunde in den Fällen *Santiago, Wagman* und *Demond* verworfen worden ist«.[21]

Die Staatsanwaltschaft begann ihren Weg nach Albany, indem sie bei der Appellate Division, die wenige Straßen weiter in nördlicher Richtung in Manhattan residiert, die Aufhebung der Entscheidung von Richter Crane beantragte. Sie mußte jedoch vernünftigerweise annehmen, daß dieses benachbarte Gericht ihr nicht folgen würde. Es war die Entscheidung dieses Gerichts im Fall *Santiago,* auf die sich Richter Crane bei seiner Entscheidung als maßgebliche Autorität stützte. Wenn Robert Pittler, der das Büro des Distriktsstaatsanwalts vertrat, vor der Appellate Division gewinnen wollte, mußte er die Autorität des Falles *Santiago* und der vorangegangenen Serie von Präzedenzfällen untergraben. Er versuchte das nicht nur mit dem Argument, daß diese Entscheidungen mit den Präzedenzentscheidungen des Court of Appeals nicht übereinstimmten, sondern auch damit, daß der Fall *Gonzales,* der erste in der Reihe der Appellate Division, ein Irrweg war, eine Abweichung, die auf einem ganz überflüssigen Zugeständnis des Distriktsstaatsanwaltes aus der Bronx beruhte. Daraus sollte sich ergeben, so seine Folgerung, daß die Frucht des Falls *Gonzales* bei der Appellate Division nicht auf dem Boden des Gesetzes gewachsen war. In seinem weitreichendsten Angriff bezeichnete er diese oberflächlich begründeten Fälle als das Ergebnis eines »juristischen Vakuums« – eines Mangels an Reflexion über die Grundfragen der Notwehr.[22]

Mark Baker, der für die Verteidigung auftrat, hatte zu der Diskussion über die Fälle wenig beizutragen, außer daß er Pittlers Argument, die Fälle der Appellate Division seien »in einem juristischen Vakuum geschaffen worden«, lächerlich machte. In seinem

Schriftsatz und bei der mündlichen Verhandlung war Baker bemüht, Pittlers Kritik an den Entscheidungen der Appellate Division als persönlichen Affront gegen das Gericht darzustellen.

Liest man die für die Appellate Division ungewöhnlich gründliche Begründung[23] von Richter Bentley Kassal, dann hat man den Eindruck, daß Bakers Appell an den persönlichen Stolz erfolgreich war. Die Begründung zeigt die Verstimmung darüber, daß ein »juristisches Vakuum« unterstellt wurde, und beharrt darauf, daß »exakt das Problem, um das es hier ging, in jedem dieser Fälle[24] in seiner Besonderheit und seinem vollen Umfang vorgetragen und sorgfältig erwogen wurde.« Will man ein Gericht davon überzeugen, eine seiner eigenen Entscheidungen aufzugeben, ist vom Anwalt Sensibilität gegenüber dem Stolz der Richter gefordert. Die Unternehmung wird nicht gerade dadurch erleichtert, daß man Kritik an der Art und Weise übt, wie die Richter zu ihrer Entscheidung gekommen sind.

Die Begründung von Richter Kassal wirft ein Licht auf die moralischen und philosophischen Implikationen, die sich ergeben, wenn man die gesetzliche Formulierung »vernünftiger Glaube« mit gutem Glauben in der aktuellen Situation gleichsetzt. Nach der Mehrheitsmeinung der Appellate Division glaubt jemand vernünftigerweise, daß er angegriffen wird oder daß tödliche Gewalt erforderlich ist, um einen Angriff zu vermeiden, wenn sein Glaube »für ihn vernünftig ist«.[25] Das ist nichts anderes als der populäre moralische Relativismus, der die Frage, was richtig und was falsch ist, darauf reduziert, was jeder von uns für richtig oder falsch hält. Ein Maßstab der Vernünftigkeit, bei dem jede Person entscheidet, was vernünftig ist, ist offensichtlich überhaupt kein Maßstab. Und wenn es keine Maßstäbe für das Urteil gibt, ob Goetz überreagierte und die Grenzen der Vernünftigkeit überschritt, dann überläßt es das Recht dem einzelnen zu entscheiden, ob die Umstände die Anwendung von tödlicher Gewalt zur Verteidigung erfordern.

Was der Begriff »vernünftiger Glaube« bedeutet, ist eine prinzipielle Frage, aber den Konventionen ihrer Profession folgend scheuen die Anwälte die großen prinzipiellen Fragen und wenden den Großteil ihrer rhetorischen Energie dafür auf, die »Autoritäten« für ihre Argumentation sprechen zu lassen. Selbst dann, wenn die Vernunft ihre Position bestärkt, stützen sie ihre Überlegungen eher auf die Worte und Entscheidungen anderer. Innerhalb der Debatte für und gegen den objektiven Maßstab waren die wichtigsten Quellen die Entscheidungen, die der Court of Appeals getroffen (oder »heruntergereicht«) hatte (wie Anwälte es nennen). In diesem Fall war die Debatte dadurch aufgeheizt, daß es für beide Seiten der Frage bedeutungsvolle, aber zu keinem eindeutigen Ergebnis kommende Präzedenzentscheidungen gab. Wenn das Gericht in irgendeinem dieser Fälle eindeutig entschieden hätte, daß der Tatrichter die Jury in einer bestimmten Version entweder der subjektiven oder der objektiven Theorie zur Notwehr zu instruieren hat, dann hätte es keine Kontroverse vor den Instanzgerichten gegeben. Greg Waples wäre vermutlich bei seiner Instruktion der Grand Jury dieser Vorgabe gefolgt. Wenn er sich den Fehltritt geleistet hätte, die Jury angesichts einer klaren Vorgabe durch das höchste Gericht falsch zu instruieren, und wenn Richter Crane als Folge dessen die Anklage fallengelassen hätte, dann hätte sich der Distriktsstaatsanwalt höchstwahrscheinlich mit diesem Ergebnis abgefunden.

Die Verteidigung vertrat die Ansicht, der Court of Appeals habe sich zu dem Problem schon geäußert. Bereits ganz früh im Verfahren, und zwar schon in Richter Cranes Entscheidung, die Anklage fallenzulassen, war der Fall *Volk v. Miller*[26] von 1976 die herausragende Entscheidung für die Position von Goetz. Im Fall *Miller* versuchte der Angeklagte, der sich gegenüber einer Mordanklage auf Notwehr berief, Beweise dafür einzuführen, daß das Opfer spezifische Gewaltakte begangen hatte, die ihm zum Zeitpunkt der Konfrontation bekannt waren. Es kann einen guten und einen schlechten Grund dafür geben, daß man diese Art von Beweismitteln einführt. Der schlechte läuft darauf hinaus, daß ein Opfer, das schon einige Gewalttaten begangen hat, moralisch eher als weniger wertvoll gilt und daß daraus eine gewisse Sympathie mit dem Angeklagten entsteht – genauso, wie die vier Opfer von Goetz durch ihre Vorstrafenregister in ein schlechtes Licht gesetzt wurden. Als guten Grund muß man es bezeichnen, daß ein Angeklagter, wenn er um den Hang seines Gegners zu Gewalttätigkeiten weiß, bei einer körperlichen Konfrontation sehr wahrscheinlich anders reagiert. Sein Wissen wirkt sich daher darauf aus, wie vernünftig seine Wahrnehmung der Gefahr ist und wie vernünftig seine Beurteilung ist, welche Gewaltanwendung unter den gegebenen Umständen erforderlich ist.

Der Court of Appeals überwand seine Bedenken dagegen, daß Vorurteile bezüglich der Interessen, die das Opfer verfolgt hat, relevant werden können, und entschied, daß dieser Beweis im Prinzip zulässig ist. Die Richter beeilten sich hinzuzufügen, »daß dieser Beweis nur dann in Betracht kommt, wenn die Vernünftigkeit der Annahmen des Beschuldigten in Frage steht...«[27] Dieser Hinweis darauf, daß die Frage der Vernünftigkeit im Vordergrund zu stehen habe, erweckt den Eindruck, als sei der Fall für die Anklage vorteilhaft, aber es gibt andere Passagen in der Begründung, die sich für eine Interpretation im Sinne der Verteidigung anbieten. Der Court of Appeals schrieb ebenso:[28]

Die entscheidende Tatsache, um die es hier geht, wenn sich jemand auf einen Rechtfertigungsgrund beruft, ist nicht der Charakter des Opfers, sondern vielmehr der Bewußtseinsstand des Beschuldigten.

Richter Crane griff diesen Hinweis auf den »Bewußtseinsstand« des Beschuldigten auf, um seine Behauptung zu stützen, »daß der heutige Court of Appeals in *Volk v. Miller* jegliche Kontroverse beendet hat«.[29] Die Begründung von Richter Kassal für die Appellate Division bestätigt diese Lesart, nach der der Fall *Miller* eine Billigung der subjektiven Theorie der Notwehr darstellt.[30]

Die Leitentscheidung für die Anklage war *Volk v. Collice* von 1977.[31] In der kurzen Begründung dieses Falles bestätigte der Court of Appeals eine Verurteilung wegen rücksichtsloser Gefährdung und anderer Delikte, der ein Vorfall zugrunde lag, bei dem der Beschuldigte aus seinem Wagen mit einer Schußwaffe auf einen anderen Wagen schoß, der ihm nach Hause folgte. Der Beschuldigte berief sich vermutlich mit der Begründung auf Notwehr, er habe einen unmittelbar drohenden Angriff befürchtet, weil der Zeuge, der Strafanzeige erstattet hatte, ihm nach Hause gefolgt sei. Der Tatrichter lehnte es ab, die Jury über diesen Einwand der Verteidigung zu instruieren. Eine derartige Entscheidung des Richters ist korrekt, wenn es überhaupt keine Beweismittel gibt, die das Vorbringen der Verteidigung bestätigen.

Der Beschuldigte legte beim Court of Appeals mit der Begründung Rechtsmittel ein, der Tatrichter hätte die Jury über den von der Verteidigung geltend gemachten Einwand der Notwehr instruieren müssen. Das hohe Gericht bestätigte die Verurteilung in einer knappen Entscheidung und gab folgende Begründung:[32]

Selbst dann, wenn der Beschuldigte tatsächlich geglaubt hat, er werde von dem unmittelbar bevorstehenden Einsatz von tödlicher körperlicher Gewalt bedroht, es aber keinen Anlaß dafür gab, das zu glauben, waren seine Reaktionen nicht die eines vernünftigen Menschen, der in Notwehr handelt... Das Verhalten des Beschuldigten konnte vernünftigerweise nicht so bewertet werden, daß es geeignet war, einer Gefahr auszuweichen – ganz abgesehen von der Frage, ob es »erforderlich war, um sich selbst zu verteidigen«.

Mit dieser Formulierung scheint sich das Gericht ganz unmißverständlich für den objektiven Maßstab auszusprechen. Die Richter räumen ein, der Beschuldigte selbst könnte zwar gedacht haben, daß er sich in Gefahr befand, aber selbst dann, wenn das so war, »waren seine Reaktionen nicht die eines vernünftigen Menschen«. Angesichts dieses Falles, der nach *Miller* entschieden wurde, müßte es eigentlich Schwierigkeiten bereiten, die zweideutige Formulierung im Fall *Miller* als einen Beleg dafür anzuführen, daß sich das hohe Gericht der subjektiven Notwehrtheorie angeschlossen habe.

Dennoch wich Richter Crane vom Fall *Collice* ab und stellte sich auf den Standpunkt des Falls *Miller*. Er rechtfertigte seinen Standpunkt mit folgender Argumentation:[33]

Im Fall *Collice* ist das Gericht in keiner Weise von der subjektiven Überprüfung – wonach es auf den Bewußtseinsstand des Beschuldigten ankommt – des Falls *Miller* abgewichen. Es ist der bewährten Richtlinie für die Überprüfung eines Rechtsmittels gefolgt, die der Staatsanwalt in seiner Stellungnahme gegenüber diesem Gericht betont hatte, daß es nach der Beweislage selbst dann, wenn man sie unter dem für den Beschuldigten günstigsten Blickwinkel erwog, keinen Anlaß dafür gab, der Jury eine Instruktion zu erteilen, daß ihm ein Rechtfertigungsgrund [hier: der Notwehr] zustehen konnte.

Richter Kassal, der den Mehrheitsstandpunkt für die Appellate Division formulierte, folgt einer ähnlichen Linie, und auch für ihn scheint es geboten zu sein, die Aussage des Falls *Collice* falsch zu zitieren: »Im Gegensatz zur Annahme der Mindermeinung fordert *Collice* nicht, daß man die Sichtweise des Beschuldigten durch die einer durchschnittlichen vernünftigen Person ersetzt.«[34] Im Fall *Collice* findet man aber überhaupt nichts über ein »Ersetzen durch die Sichtweise« einer vernünftigen Person; *Collice* verlangt nur, daß die subjektiven Vorstellungen des Beschuldigten dem Maßstab der Vernünftigkeit entsprechen.

Das ist ein gutes Beispiel dafür, auf welche Weise die Streitenden in dieser Debatte dazu neigen, ihren Gegnern extreme Positionen zuzuschreiben; hier unterstellte der Subjektivist Richter Kassal den Objektivisten, sie würden den Maßstab der vernünftigen Person als einen »Ersatz« für die Überzeugungen des Beschuldigten verwenden. Tatsächlich geht die objektivistische Position davon aus, daß die aktuellen Überzeugungen des Beschuldigten auf ihre moralische Akzeptanz in bezug auf den objektiven, gesellschaftlichen Maßstab von Vernünftigkeit zu überprüfen sind.

Es gibt also die beiden Fälle *Miller* und *Collice*. Der eine scheint die Verteidigung zu begünstigen; der andere die Anklage. In der Auseinandersetzung vor dem Court of Appeals kam es für jede Seite darauf an, sich in den günstigen Fall einzuklinken und den entgegenstehenden Fall wegzuargumentieren.

Robert Pittler, der für die Anklage sowohl gegen die Entscheidung des Tatgerichts als auch die der Appellate Division antrat, bestand darauf, daß der Fall *Collice* »den Grundsatz bestätigt, daß der Maßstab der vernünftigen Person weiterhin dem Recht dieses Staates entspricht, so wie es für 150 Jahre gegolten hat«.[35] Die Mehrheit der drei Richter in der Entscheidung der Appellate Division habe sich auf eine »schwerwiegende Fehlinterpretation der Begründung [des Court of Appeals] im Fall *Miller*« eingelassen.[36] Die Fehlinterpretation bestünde darin, den Bezug auf den »Bewußtseinsstand« als »das einzige Prinzip zu begreifen, von dem alle Fragen der Rechtfertigung abhängen«.[37] Daß dem Täter die früheren gewalttätigen Handlungen des Angreifers bekannt sind, könne eine *notwendige* Bedingung für die Notwehr sein, aber daraus folge noch nicht, daß allein dieses Wissen, sei es vernünftig oder nicht, ausreicht, sich mit guten Gründen auf Notwehr berufen zu können.

Durchgehend lief die Strategie beider Anwälte darauf hinaus, sich auf die ausdrücklichen Formulierungen des Falles zu stützen, der für sie vorteilhaft war, und den Inhalt des entgegenstehenden Falles auf den Zusammenhang der spezifischen Frage zu reduzieren, die zur Entscheidung anstand. Im Fall *Miller* konnten die Hinweise auf den »Bewußtseinsstand« dadurch aus dem Zusammenhang gerissen werden, daß der Schwerpunkt auf das besondere Problem gelegt wurde, ob Beweise zu früheren gewalttätigen Handlungen des mutmaßlichen Angreifers zulässig sind. Die entsprechende Technik beim Umgang mit *Collice* bestand darin, hervorzuheben, daß dort keine Entscheidung über den Maßstab der Notwehr getroffen worden war, sondern schlichtweg nur darüber, ob die vorliegenden Beweise dafür ausreichten, daß der Jury eine Instruktion über die Notwehr zu geben war.

Die Anwälte auf dem europäischen Kontinent beziehen sich typischerweise auf die Gesetze, und wenn es kein Gesetz gibt, das direkt anwendbar ist, dann werden sie die Kommentarliteratur als maßgebliche Quelle heranziehen. Aber die Anwälte in der Tradition des Common Law haben sich immer schon wohler gefühlt, wenn sie mit Präzedenzfällen argumentieren, als wenn sie sich auf andere Autoritäten berufen. Das gilt selbst für das Strafrecht, das angeblich nicht von Fällen regiert wird, sondern von den gesetzlichen Definitionen der Strafbarkeit und den Einwänden, die die Verteidigung dagegen vorbringen kann. Die Arbeit der Anwälte scheint von der Vorstellung geprägt zu sein, daß die wahre Aussage der gesetzlichen Vorschriften in den höchstrichterlichen Entscheidungen, die den nackten Worten des Gesetzgebers Bedeutung verleihen, zum Vorschein gelangt.

In New York trat 1965 ein neues Strafgesetzbuch in Kraft, und früher oder später mußten die Anwälte in der Debatte um den Maßstab der Notwehr auch die gesetzliche Definition für diesen Einwand der Verteidigung heranziehen. Das Verhältnis zwischen dem Gesetzes- und dem Fallrecht besitzt in allen Rechtssystemen, die vom Englischen System des Rechts, das durch Richter gestaltet wird, abstammen, etwas Rätselhaftes. In den frühen Stadien des englischen Common Law war die Macht des Parlaments, sich einzumischen und das Common Law zu ändern, mit dem Mantel der Zweideutigkeit umgeben; so wie das Naturrecht wurde das Common Law von vielen als etwas verstanden, das dem manipulativen Zugriff des Gesetzgebers entzogen war. Mittlerweile geht man davon aus, daß der Gesetzgeber das Recht nach seinem Gutdünken ändern kann – jedes Recht, jederzeit. Aber da sie eher definitive Willensäußerungen als vorsichtige Annäherungen an die Vernunft darstellen, erfordern Gesetze, daß man sie anders liest als die immer wieder gehörten durchdachten Begründungen, mit denen richterliche Entscheidungen erklärt werden. Ein Gesetz bezieht seine Kraft aus dem Willen und nicht aus der Weisheit des Gesetzgebers. Wenn Anwälte Gesetze lesen, dann ist es ihr Ziel, diesen Willen sichtbar zu machen, der manchmal als die »Absicht« oder das »Ziel« des maßgeblichen Gesetzgebers bezeichnet wird.

Anwälte lesen Fälle nicht auf dieselbe Weise. Fälle leben, wenn sie einmal entschieden sind, nicht in den unausgesprochenen Absichten der Richter, die sie entschieden haben, sondern in den Begründungen, die die Entscheidung rechtfertigen. Diese Begründungen verleihen dem lebendigen Recht seinen Atem. Richter interpretieren vorangegangene Entscheidungen als Ausdruck eines konsistenten und kohärenten Systems von Prinzipien. Ob eine Entscheidung zu einer einflußreichen Präzedenzentscheidung wird, hängt von der Weisheit der Entscheidung und der rhetorischen Eleganz ihrer Begründung ab. Die Entscheidungen der Richter Cardozo, Brandeis und Holmes wirken nicht deswegen fort, weil sie als Richter eine besondere Autorität hatten, sondern weil sie zu weisen Entscheidungen des Rechts geführt haben, die überzeugend in der Sprache der Tradition erläutert sind.

Der entscheidende Unterschied zwischen Gesetzen und Fällen besteht daher darin, daß ein Fall, wenn er von den traditionellen Prinzipien des Rechts abweicht, schnell in Vergessenheit geraten wird. Er wird, wie es Richter Frankfurter einer der Entscheidungen des Supreme Court voraussagte, »zu einem verlassenen Wrack auf den Wassern des Rechts«[38] werden. Gesetze kann man nicht vergessen, selbst wenn sie von der Tradition abweichen oder sie sogar ausdrücklich außer Kraft setzen. Es besteht Übereinstimmung unter den Juristen, die unter der Herrschaft des Gesetzes leben, daß der Gesetzgeber mit dem Recht tun kann, was er will – innerhalb der Grenzen der Verfassung. Die Aufgabe von Anwälten und Richtern besteht darin, auf die Stimme der demokratischen Autorität zu hören.

Es ist daher ein viel größeres Problem, Gesetze zu interpretieren als Fälle. Zum einen gibt es keine Begründung, die die Entscheidung erklärt. Im günstigsten Fall kann man auf die Protokolle von den Debatten der Gesetzgebung zurückgreifen, aber wie wir wissen, braucht der Gesetzgeber seine Entscheidungen nicht zu erklären. Die gesetzgeberische Entschließung repräsentiert mitunter den kleinsten gemeinsamen Nenner von widerstreitenden politischen Kräften. Darüber hinaus gibt es bei Fällen eine starke Vermutung, daß sie innerhalb des traditionellen Systems der akzeptierten Prinzipien auszulegen sind. Revolutionäre Präzedenzfälle sind Raritäten. Aber wenn man Gesetze auslegt, kann man nie ganz sicher sein, ob das Gesetz das vorherige Recht fortschreibt oder dazu erlassen worden ist, deutlich mit der Vergangenheit zu brechen.

Die Auslegung des entscheidenden Begriffs vom »vernünftigen

Glauben« in der New Yorker Vorschrift zur Notwehr illustriert das besondere Problem, wenn man den gesetzgeberischen Willen ausloten will. Ging die Gruppe, die sich in Albany zusammenfand, davon aus, daß sie das vorherige Recht der Notwehr fortführte, das seit dem ersten Gesetz von 1829 in New York in Kraft war? Oder wollten sie das Recht auf der Linie des Model Penal Code ändern, den die Abgeordneten als Modell für das Strafgesetzbuch von 1965 benutzt hatten? Grob gesprochen ging es darum: Wenn sie dem vorher geltenden Recht gefolgt sind, dann kann man das so auslegen, daß sie den objektiven Maßstab wollten; wenn sie dem Model Penal Code gefolgt sind, dann kann man davon ausgehen, daß sie wenigstens, wie wir noch sehen werden, für den Fall eines versuchten Mordes den subjektiven Maßstab eingeführt haben. Das sind die grundlegenden Konturen der Debatte.

Als der Gesetzgeber 1965 das neue Strafgesetzbuch verabschiedete, waren die Abgeordneten offensichtlich gegenüber dem vorherigen Recht ambivalent eingestellt. Wenn es ihr Wunsch gewesen wäre, das vorherige Recht beizubehalten, dann hätte wenig Interesse an einem neuen Gesetz bestanden. Allein, daß es zu einer »Rechtsreform« kam, zeigt schon, daß das alte Recht zum Teil abgelehnt wurde. Nun kann der Gesetzgeber die Vergangenheit nie ganz von sich weisen – sosehr er das mitunter auch versucht. Durch die Rechtsmittel im Fall *Volk v. Goetz* wurde die Frage aufgeworfen, ob der Gesetzgeber implizit den vorherrschenden objektiven Maßstab zur Notwehr aufrechterhalten hat oder ob er ihn anstelle von etwas Neuem und Modischerem aufgegeben hat.

Der Model Penal Code repräsentiert einen neuen und – wie einige behaupten – besseren Zugang zu den Problemen einer Fehlvorstellung bei der Notwehr. Seine Autoren erkannten in der traditionellen Auffassung von Notwehr ein Problem. In den Fällen, in denen der Beschuldigte falsche Vorstellungen von der Notwehrlage hatte, gab es nur die Alternative: Notwehr ja oder nein. Wenn seine Fehlvorstellung vernünftig war, dann wurde er wegen Notwehr freigesprochen; war sie unvernünftig, dann war damit sein Einwand verwirkt, er habe in Notwehr gehandelt, und er wurde so verurteilt, als ob er ein vorsätzlich handelnder Killer sei. Diejenigen, die sich beim Fall Goetz für den objektiven Maßstab stark machten, waren Anhänger dieser Devise des Alles oder Nichts. Wenn das Verhalten von Goetz unter den gegebenen Umständen nicht das einer vernünftigen Person war, dann hatte er eben keine Rechtfertigung verdient; man hatte ihn so zu behandeln, als ob er mit der Absicht losgegangen wäre, die ersten vier Kids von der Straße, die er finden konnte, über den Haufen zu schießen.

Die Verfasser des Model Penal Code wandten dagegen ein, es sei irrational, die Notwehr, die durch einen unvernünftigen Irrtum hervorgerufen wird, mit einer vorsätzlichen Tötung gleichzusetzen, bei der die Umstände einer Notwehrlage gänzlich fehlen. Wenn sich nun jedermann einig ist, daß eine Unterscheidung irrational ist, dann verlangt die Vernunft eine Änderung des Rechts. Und in diesem Zusammenhang stimmten alle in der Auffassung überein, daß die Devise des Alles oder Nichts, die mit dem objektiven Maßstab einhergeht, gegen die Vernunft verstößt. Ein Kompromiß war erforderlich.

Die Grundlage für einen Kompromiß fand man in der Überlegung, daß ein unvernünftiger Irrtum konzeptionell mit einem fahrlässigen Unfall oder einer fahrlässig zustande gekommenen Fehlvorstellung gleichzusetzen ist; denn jemand, der etwa bei einem Jagdunfall fahrlässig einen Tod verursacht, erfüllt genausowenig den Maßstab, der sich aus der Orientierung an einer vernünftigen Person ergibt. Daraus folgt, daß jemand, der tötet, nachdem er fahrlässig zu einem Irrtum über die tatsächlichen Grundlagen der Notwehr gelangt ist, genauso behandelt werden sollte wie jemand, der fahrlässigerweise nicht gemerkt hat, daß seine Waffe geladen war oder daß das Objekt, das er in der Entfernung erspäht hat, kein Wild war, sondern ein Mensch. In diesen Fällen führt ein fahrlässiger Irrtum zu einer Verurteilung wegen fahrlässiger Tötung, und daher sollte ein fahrlässiger Irrtum über die Erforderlichkeit des Gebrauchs einer Schußwaffe in der U-Bahn (in einem Fall, in dem jemand getötet wurde) ebenso zu einer Verurteilung wegen fahrlässiger Tötung führen.

Dieser Kompromiß ist genial. Fraglos war dies eine der Errungenschaften der Verfasser des Model Penal Code, auf die sie stolz sein können. Deutsche Wissenschaftler sind ganz unabhängig von den amerikanischen zu derselben Lösung gekommen. Nach ihrer Logik – die von den Verfassern des Model Penal Code ebensogut akzeptiert werden dürfte – schließt ein Irrtum über die tatsächlichen Voraussetzungen der Notwehr den Vorsatz aus. Wenn der Täter fälschlicherweise davon ausgeht, daß ihn jemand angreift, und er darauf mit der Absicht reagiert, sich zu verteidigen, dann kann man nicht sagen, daß es seine Absicht ist, den vermeintlichen Angreifer zu töten (und sicherlich nicht, ihn zu ermorden).

Diese Lösung zeigt aber bei einem Fall wie dem von Bernhard Goetz, bei dem die Schüsse allenfalls zu einem versuchten Totschlag führen, einen deutlichen Mangel. Der Ansatz des Model Penal Code setzt voraus, daß genauso, wie es sowohl eine fahrlässige als auch eine vorsätzliche Tötung gibt, jede Handlung in vermeintlicher Notwehr eine Verantwortlichkeit wegen eines fahrlässigen Delikts begründen kann. Aber nur einige wenige Verbrechen sind strafbar, wenn sie fahrlässig begangen werden.[39] Und der versuchte Totschlag zählt nicht dazu. Weder der Model Penal Code noch das Recht von New York kennen die Straftat des fahrlässigen Versuchs. Es besteht Einigkeit darüber, daß ein Versuch seiner Natur nach eine vorsätzliche Anstrengung darstellt, ein Verbrechen zu begehen.

Die Konsequenzen der Lösung des Model Penal Code lauten daher: Wenn Goetz jemanden getötet hätte und sich dabei in einem unvernünftigen (fahrlässigen) Irrtum über die Erforderlichkeit der Notwehr befunden hätte, dann hätte er allenfalls für einen fahrlässigen Totschlag verantwortlich gemacht werden können. Aber die Opfer sind nicht gestorben, so daß man ihm allenfalls einen fahrlässigen versuchten Totschlag vorwerfen könnte. Der Code kennt aber kein Verbrechen des fahrlässigen versuchten Totschlages. Entweder ist der Versuch vorsätzlich oder er ist überhaupt keine Straftat. Daraus folgt nach dem Model Penal Code, daß Goetz sich dann überhaupt nicht wegen eines versuchten Totschlages verantworten müßte, wenn er in gutem Glauben, aber unvernünftigerweise davon ausgegangen ist, seine Verteidigung mit tödlicher Gewalt sei erforderlich.[40]

Der gesamte Ansatz des Code hängt davon ab, ob das Opfer stirbt. Der Code versetzt uns in eine komische Position, die seine Verfasser mit Sicherheit von sich weisen würden: Haben wir es mit dem Fall zu tun, daß aus einem unvernünftigen Irrtum über die Erforderlichkeit der Notwehr heraus mit der Tötungsabsicht geschossen wurde, dann müssen wir abwarten, wie sich die Dinge im Krankenhaus wenden, um entscheiden zu können, ob Goetz für die Konsequenzen verantwortlich zu machen ist. Wenn Cabey zwei Jahre nach den Schüssen sterben würde und wenn es feststünde, daß der Tod auf die Schüsse zurückzuführen war, wäre Goetz für einen fahrlässigen Totschlag verantwortlich zu machen.

Legt man derart viel Gewicht auf die Folgen, die sich der Kontrolle des Täters vollkommen entziehen, gelangt man zu einer Argumentation, die der Code keinesfalls vorsieht. Es scheint tatsächlich so zu sein, daß seine Verfasser einfach nicht die Folgen ihres Vorschlages, alle Irrtümer gleich zu behandeln, bis zum Ende durchdacht haben.*

Der subjektive Ansatz und der Model Penal Code führen in den Fällen eines versuchten Mordes zu denselben Konsequenzen: Es gibt keine strafrechtliche Verantwortlichkeit, wenn es in gutem Glauben zu einem Irrtum über die Umstände der Notwehr gekommen ist – gleichgültig, ob dieser Irrtum vernünftig oder unvernünftig ist. Daher ist es nicht überraschend, daß die Anwälte in der Debatte des Falles Goetz den Model Penal Code so beschrieben haben, als habe er den subjektiven Maßstab übernommen. Durch die komplexe Struktur des Model Penal Code wird die Verwirrung noch verstärkt, denn der Code sieht zunächst vor, daß jeder, der an die Umstände der Notwehr »glaubt«, sich auch auf Notwehr berufen kann[41]; in einer der folgenden Vorschriften wird hingegen festgelegt, daß in den Fällen eines unvernünftigen Irrtums über diese Umstände eine strafrechtliche Verantwortlichkeit besteht.[42] Die meisten Teilnehmer der Debatte um die Zulassung der Anklage vor den Rechtsmittelgerichten lasen den ersten Teil des Modellgesetzes und vergaßen den zweiten.[43] Die Befürworter des subjektiven Maßstabs konnten sich daher darauf berufen, der Model Penal Code habe einen entsprechenden Einfluß auf die Neufassung des Rechts von New York gehabt.

Das aussagekräftigste Argument gegen den Einfluß des Model Penal Code, das unablässig von der Staatsanwaltschaft vorgebracht wurde, bestand darin, daß der Gesetzgeber doch das Wort »vernünftig« hinter dem Wort »glaubt« in die Vorschrift über die Notwehr eingefügt habe, und das signalisiere eine unbestreitbare Absicht, den subjektiven Maßstab zurückzuweisen.[44]

Man muß zugeben, daß die Situation eher amüsant ist. Wir haben hier eine beträchtliche Anzahl von Anwälten und Richtern, die herauszufinden versuchen, ob eine Gruppe von Abgeordneten 1965 in Albany ein Gesetz mit der Absicht beschlossen hat, das vorherige Recht beizubehalten, oder ob sie es nach dem Vorbild des Model Penal Code ändern wollte. Man sollte annehmen, daß

* Dieses Thema wird in Kapitel vier behandelt.

der Gesetzgeber uns mitteilen würde, was er in einer so grundlegenden Frage getan hat. Aber es gibt weder in die eine noch in die andere Richtung klare Anhaltspunkte. Zur Zeit der Reform des Gesetzes gab es dazu einige wissenschaftliche Beiträge und auch ein Interview mit dem Vorsitzenden der Gesetzgebungskommission, die die Änderung vorschlug.[45] Aber diese Gelehrten schweigen zu dem Konflikt zwischen subjektivem und objektivem Maßstab. Den Anwälten standen bei dem Versuch herauszufinden, was 1965 geschehen war, ungefähr so viele Anhaltspunkte zur Verfügung, wie sie sie bei einer Debatte über eine Erneuerung des Rechts im alten Griechenland gehabt hätten. Die Angelegenheit wurde ohne Zweifel durch das bedauerliche Versäumnis der Anwälte verkompliziert, die Theorie zu verstehen, die hinter dem Model Penal Code stand. Die Verteidigung hatte zu dieser Frage wenig beizutragen; die Staatsanwaltschaft unternahm – vielleicht weil sie am Verlieren war – ein wenig mehr Nachforschungen und entdeckte schließlich, daß der Model Penal Code nicht wirklich einen subjektiven Maßstab billigte. So stritten die Anwälte im Dunkeln um den Schatten eines gesetzgeberischen Willens, den sie sowieso nicht sehen konnten; sie gingen mit Laternen auf die Suche, von denen sie gar nicht wußten, wie man sie anmacht.

Ohne Unterstützung der Anwälte entfaltete der Court of Appeals in bemerkenswerter Weise die dem Model Penal Code zugrundeliegende Vorstellung. Es gehe nicht um den subjektiven versus den objektiven Maßstab, sondern darum, ob in den Fällen von Notwehr[46]

> irgendein Verschulden, das von einem Irrtum über die Notwendigkeit herrührt, derartige Gewalt zu gebrauchen, nicht größer sein sollte als das Verschulden, das ein solcher Irrtum hervorrufen würde, wenn er sich auf ein Tatbestandsmerkmal beziehen würde.

Dieser Punkt verlangt eine Klärung. Üblicherweise unterscheiden Juristen die Merkmale, mit denen strafrechtliche Verantwortlichkeit zugerechnet wird, in Merkmale, die die Straftat (offense) beschreiben, und in Merkmale der Einwände, auf die man sich zur Verteidigung berufen kann (defense). Der Totschlag ist eine Straftat, und zwei seiner Merkmale sind, daß der Täter (1) eine lebende Person (2) tötet. Die Notwehr ist genauso wie andere Rechtfertigungsgründe eine Defense; man hat sie so bezeichnet, weil sie üblicherweise von der Verteidigung geltend gemacht werden und manchmal auch von ihr bewiesen werden.* Der Ansatz des Model Penal Code beruht auf einer grundlegenden logischen Einsicht in die Formulierung von Defenses: Jede Defense könnte so umformuliert werden, daß sie als Merkmal einer Straftat erscheinen würde. Einwilligung ist eine allgemeine Defense, aber man könnte sie ohne Schwierigkeiten so umformulieren, daß das Fehlen eines Einverständnisses zum Merkmal von Straftaten wie der Körperverletzung oder der Vergewaltigung werden würde. Auf ähnliche Weise könnte das Fehlen von Notwehr als ein Merkmal des Totschlages angesehen werden. Zur Vereinfachung können wir das Fehlen von Defenses als die negativen Merkmale der Straftat bezeichnen.

Der Kern des Ansatzes des Model Penal Code besteht darin, daß Irrtümer über die negativen Merkmale der Straftat (d. h. über Defenses wie die Notwehr) genauso behandelt werden sollten wie Irrtümer über die positiven Merkmale der Straftat. Ein Irrtum darüber, ob unter den gegebenen Umständen Notwehr erforderlich ist, sollte nach demselben Maßstab analysiert werden wie ein Irrtum darüber, daß das Objekt, auf das einer geschossen hat, ein Mensch ist und nicht eine träge Masse. Wenn sie zum Tod führt, wird ein fahrlässiger Irrtum über das anvisierte Ziel allenfalls eine Verantwortlichkeit wegen fahrlässigen Totschlages begründen. Gleichermaßen sollte ein fahrlässiger Irrtum über die tatsächlichen Voraussetzungen der Notwehr allenfalls eine Verantwortlichkeit wegen fahrlässigen Totschlages begründen können.

Nachdem der Court of Appeals wahrgenommen hatte, was mit dem Vorschlag des Model Penal Code auf dem Spiel stand, lehnte er ihn ab. Das Gericht hielt sich an die traditionelle Sichtweise, wonach sich Rechtfertigungsgründe von Merkmalen der Straftat in der Sache unterscheiden. Nach der traditionellen Sichtweise kann sich ein Beschuldigter nur dann auf eine Defense wie Notwehr berufen, wenn er die Tatsachen, die ihn zu einer gewalttätigen Handlung wie dem Schießen veranlassen, auf eine vernünftige Weise beurteilt. Wenn er zu einem unvernünftigen Irrtum über diese tat-

* Anm. d. Ü.: Diese Klassifizierung entspricht der *verfahrensrechtlichen* Sichtweise des amerikanischen Strafrechts: Merkmale des Delikts begründen die Seite der Anklage, Gründe, die eine strafrechtliche Zurechnung verhindern, sind Einwände der Verteidigung. Dem entspricht im deutschen Strafrecht die *materiellrechtliche* Unterscheidung in Tatbestandsmerkmale, die ein Delikt beschreiben, und in Rechtfertigungs- sowie Entschuldigungsgründe, die die Strafbarkeit ausschließen.

sächlichen Bedingungen gelangt, dann ist ihm diese Defense gänzlich genommen.

Die von Richter Sol Wachtler verfaßte Begründung für die einstimmige Entscheidung des Court of Appeals liefert uns kaum einen Beweis für die Schlußfolgerung der Richter, daß der Gesetzgeber von New York dem Model Penal Code gefolgt sei, aber die theoretische Orientierung des Codes, Irrtümer über Defenses genauso zu behandeln wie Irrtümer über Merkmale der Straftat, implizit verworfen habe. Dennoch könnten die Richter zu der richtigen Entscheidung gekommen sein, indem sie dem Gesetzgeber von 1965 die Absicht unterstellten, den traditionellen Ansatz gegenüber Irrtümern über die rechtfertigenden Umstände beizubehalten. Letztendlich führt der Versuch, den Willen des Gesetzgebers 1965 auszuloten, zu folgenden Fragen: Was ist die genaueste Lesart des Wortlauts, den der Gesetzgeber im neuen Strafgesetz gewählt hat? Was würde ein vernünftiger Gesetzgeber mit dem Wortlaut beabsichtigt haben, den wir in den Vorschriften über die Notwehr vorfinden?

Stellt man die Frage nach der Interpretation des Gesetzes auf diese Weise, dann veranlaßt sie eine Reflexion der grundlegenden Prinzipien der Notwehr. Wie sollen wir uns der Frage nähern, was der richtige Zugang zu den subjektiven und den objektiven Maßstäben ist? Soll ein Schriftsatz effektiv sein, dann muß der Anwalt seine Argumente zur Rechtslage mit überzeugenden Behauptungen dazu untermauern, daß es richtig und gut ist, daß die Rechtslage so ist, wie sie ist. Der Bezug auf eine Autorität muß früher oder später den Argumenten der Vernunft und der moralischen Werte weichen.

Leider behandelten die Anwälte, die die Schriftsätze im Rechtsmittelverfahren von Goetz begründeten, nicht die grundsätzlichen und prinzipiellen Fragen hinter den an der Oberfläche liegenden rechtlichen Materialien. Die Verteidigung hatte zu diesen Sachen wenig beizutragen; und die Staatsanwaltschaft konnte nur den offen zutage liegenden Einwand heranziehen, daß der subjektive Maßstab zu nicht hinnehmbaren Ergebnissen führen würde. Er würde praktisch[47]

> eine Lizenz zum Töten für jeden Fahrgast in der U-Bahn [ausstellen], der wie Goetz von schwarzen Jugendlichen nach Geld – oder der Zeit – gefragt wird, wenn er einfach nur aufrichtig, aber total unvernünftig daran glaubt, daß jede solche Begegnung mit jugendlichen Angehörigen einer rassischen Minderheit möglicherweise lebensbedrohlich ist.

Das ist schön gesagt, trägt aber nichts zu einer ernsthaften Beschäftigung mit den Gründen bei, die jemanden dazu veranlassen können, sich entweder dem subjektiven Maßstab oder dem Ansatz des Model Penal Code anzuschließen, der bei einem versuchten Mord zu demselben Ergebnis führt wie der subjektive Standard.[48] Niemand würde behaupten, es sei gut, wenn Fahrgäste in der U-Bahn ihren Ängsten vor jugendlichen Angehörigen von Minderheiten freien Lauf lassen. Die Bedenken derer, die den subjektiven Maßstab verteidigen, bestehen eher darin, daß es einfach ungerecht ist, jemanden zu bestrafen, der denkt – wie abwegig das auch sein mag –, daß die Umstände ihn dazu berechtigen, tödliche Gewalt zu gebrauchen. Die Kontroverse um den subjektiven Maßstab weist auf die Unsicherheit und die Konfusion darüber hin, wann es gerecht ist, jemanden als einen Kriminellen zu verurteilen und zu bestrafen.

Kurz nachdem Richter Crane im Januar 1986 seine Entscheidung getroffen hatte, griff ein Strafrechtslehrer, Richard Singer, mit einem weitbeachteten Artikel im *New York Law Journal* in die Debatte ein.[49] Singer machte sich auf eine klare und einfache Weise nicht für die Prüfung nach dem Model Penal Code, sehr wohl aber für den subjektiven Maßstab stark. Er ließ das Problem der Interpretation der »vernünftigen Überzeugung« im Strafgesetz beiseite und wandte sich ausschließlich der philosophischen Frage zu, ob der objektive oder der subjektive Maßstab aus prinzipiellen Gründen erstrebenswerter ist. Es lohnt sich, seinen Argumenten sorgfältig nachzugehen, obwohl sie in der Auseinandersetzung um die Rechtsmittel nie große Aufmerksamkeit erlangten, denn sie sprechen die Sorge um die Gerechtigkeit an, die viele Richter und Rechtsreformer zu Verfechtern des subjektiven Maßstabs macht.

Singer räumt ein, daß der objektive Maßstab in New York von der Mitte des 19. Jahrhunderts bis zur Neufassung des Strafrechts 1965 vorherrschend war. Er behauptet, der objektive Maßstab zerstöre traditionelle Rechtsprinzipien, die nach seiner Auffassung vorrangig die moralische Schuld des Täters betonen. Er interpretiert den Model Penal Code als ein Gesetz[50],

> das eine anwachsende Bewegung sowohl unter Strafrechtswissenschaftlern als auch anderen wiedergibt, die das Strafrecht zu der subjektiven geistigen Schuld des Beschuldigten zurückführen und aus dem Strafrecht einen lange tradierten fiktiven Maßstab herauslösen will – die »vernünftige Person«.

Verlassen wir uns auf den »fiktiven Maßstab« der vernünftigen Person, dann lenkt uns das von der eigentlichen Frage ab, was die »geistige Schuld« des jeweiligen Beschuldigten ausmacht. Die Rückkehr zum subjektiven Maßstab ist nach Singers Ansicht der einzige Weg, um die einzigartige Funktion des Strafrechts zu verwirklichen, die nach seinen Worten darin besteht, »die moralisch schuldigen Täter auf der Grundlage ihrer Schuld und ihrer Tat zu bestrafen«.[51]

Vieles spricht dafür, darauf zu bestehen, daß wir nur denjenigen Rechtsbrechern einen Vorwurf machen und sie bestrafen, deren Taten einen Vorwurf verdienen. Juristen benutzen eine ganze Anzahl von austauschbaren Ausdrücken, mit denen sie sich über die Voraussetzungen verständigen, warum eine Handlung einen Vorwurf verdienen muß. Sie bevorzugen die »Schuld« oder das »Verschulden«* oder den lateinischen Ausdruck *mens rea,* der nach Jahrhunderten herausragender Bedeutung heutzutage außer Mode gerät. Diese allgemeinen moralischen Begriffe haben dieselbe Bedeutung: Die Kriminalstrafe hat eine mißbilligende Funktion, und sie kann diesen Zweck nur dann erfüllen, wenn die Personen, die nach dem Recht verurteilt werden, auch eine Mißbilligung verdienen.

Warum sollte Bernhard Goetz keine Mißbilligung und keinen Vorwurf verdienen, wenn er unvernünftigerweise glaubte, daß die Umstände sein Schießen erforderten? Die Antwort wäre, daß er selbst daran glaubte, das Richtige zu tun. Wie kann er dafür einen Vorwurf verdienen? Der wahre Vorwurf richtet sich auf eine Überzeugung, auf einen Bewußtseinsstand, darauf, daß jemand sich dafür entscheidet, das Böse zu tun, sich wissentlich feindlich gegen die Interessen und Rechte der anderen stellt.

Die Theoretiker des Strafrechts haben durchgehend Skrupel gehabt, die Fahrlässigkeit – oder die Abweichung vom Maßstab der vernünftigen Person – als eine Form von Schuld zu behandeln. Der fahrlässige Täter entscheidet sich nicht dafür, Leid zuzufügen; sein Fehler besteht allein darin, nicht die Möglichkeit zu beachten, daß seine Handlung Leid hervorbringen kann. Wenn Goetz unvernünftig gehandelt hat, wenn er sich fahrlässig verhalten hat, als er die Absichten der vier Jugendlichen beurteilte, dann können wir

* Anm. d. Ü.: Für die im Original benutzten Begriffe »culpability« und »fault« gibt es im Deutschen keine adäquate Differenzierung; »fault« setzt den Akzent stärker auf die Fehlerhaftigkeit des Verhaltens.

nicht sagen, daß er sich dafür entschieden hat, eine Gewalt anzuwenden, die nicht erforderlich war. Wie kann man ihm daraus einen Vorwurf machen? In der Tat – wenn man den Leuten nur deswegen einen Vorwurf machen kann, weil sie sich für etwas entschieden haben, dann könnte man Goetz keinen Vorwurf für sein Versäumnis machen, das Maß vernünftiger Vorsicht angelegt zu haben.

Nun machen wir aber im täglichen Leben anderen und uns selbst ständig einen Vorwurf, wenn gebräuchliche Maßstäbe an Vorsicht nicht beachtet werden. Wenn man es versäumt, sich an eine Verabredung oder an ein wichtiges Fest zu erinnern, zieht man sich den Vorwurf von anderen zu, genauso wie es zu Selbstvorwürfen führen kann, wenn wir es nicht schaffen, auf unsere Sachen oder unsere Investitionen achtzugeben. Wir setzen andauernd Maßstäbe für Rücksichtnahme und haben an jenen Personen etwas auszusetzen, die diesen Maßstäben hätten entsprechen können, es aber nicht getan haben.

Nehmen wir an, daß Goetz vom Maßstab der vernünftigen Person abwich, als er zu dem Schluß kam, er würde körperlich angegriffen oder beraubt werden. Der Ausgangspunkt würde sein, daß die Forderung nach fünf Dollar für eine vernünftige Person kein ausreichender Anlaß ist, darauf zu schließen, daß ein Angriff unmittelbar bevorsteht. Der Fehler würde darin liegen, daß zu übereilt ein Angriff unterstellt wurde. Das Problem würde nicht sein, *was* er gedacht hat, sondern daß er es zugelassen hat, so zu denken, wie er gedacht hat. Hätte er zum Beispiel die abschreckende Wirkung einer vollen U-Bahn in Erwägung gezogen, dann hätte er in der Situation wohl nicht in demselben Maß eine Gefahr wahrgenommen.

Es bereitet keine Schwierigkeit, einen Fehler darin zu sehen, daß man sich nicht an die gewöhnlichen Maßstäbe zwischenmenschlichen Verhaltens hält. Jeden Tag haben wir bestimmte Erwartungen aneinander, und es gibt keinen Grund dafür, warum das Strafrecht nicht die konventionellen Erwartungen an ein vernünftiges Verhalten zur Geltung bringen sollte. Wenn man diese Auffassung berücksichtigt, dann erweist sich das Argument als verwunderlich, das Singer und die anderen Befürworter des subjektiven Maßstabs vorbrachten, daß man sich erst dafür entscheiden muß, etwas Unrechtes zu tun, um einem Vorwurf ausgesetzt sein zu können.

Die Subjektivisten sind bei der Frage nach dem Grund, warum man im Strafrecht einen Vorwurf macht, in Konfusion geraten. Sie scheinen zu glauben, daß die Schuld und der Vorwurf sich in den Gedanken des Täters spiegeln müssen. Wenn er keine schuldhaften Gedanken hat, wenn sein Gewissen rein ist, dann können sie keinen Weg finden, um ihm für seine Taten einen Vorwurf zu machen.

Das führt zu einer falschen Auffassung von den Grundlagen der strafrechtlichen Verantwortlichkeit. Die Grundlage aller Vorwürfe sind nicht die Gedanken des Täters, sondern unser Urteil, ob er unter den gegebenen Bedingungen hätte anders handeln können und sollen. Dieses Urteil über das »Können« und »Sollen« gilt genauso für die Fälle, in denen Täter böse Gedanken haben, wie für die Fälle eines Irrtums aus Unaufmerksamkeit. Wenn der Täter seine Handlungen nicht kontrollieren kann, dann können wir ihm für seine bösen Gedanken keinen Vorwurf machen. Aber wenn er in seiner Lage aufmerksamer hätte sein können und einen Irrtum hätte vermeiden können, der bei anderen zu einem Schaden geführt hat, dann können wir ihm den Vorwurf machen, daß er sich nicht mehr angestrengt hat.

Daß diese Verwirrung sowohl unter den Akademikern als auch bei den Gerichten existiert, ist ein Ausdruck unserer Kultur. Wir haben das Vertrauen in die Vorstellung einer auf Selbstkontrolle (oder »freiem Willen«) basierenden Schuld verloren. Wir können uns kaum vorstellen, daß Individuen die Fähigkeit besitzen, anders zu handeln, als sie gehandelt haben. Wenn jemand einen Fehler begeht, dann muß der Fehler ihm schon an der Wiege gesungen worden sein. Wenn er falsch handelt, dann muß es schon vorgegeben gewesen sein, daß er falsch handeln würde. In den meisten von uns schlummert der Verdacht, daß die Menschen nicht mehr Kontrolle über ihre Handlungen haben als Tiere, die vom Instinkt und von Reflexen getrieben werden. Und wenn wir so konstituiert sind, dann gibt es keine Möglichkeit eines moralischen Diskurses über Schuld, Vorwürfe und Mißbilligung. Das Training für konformes Verhalten in der Zukunft tritt dann an die Stelle der Bestrafung für vergangenen Ungehorsam.

Diese Unsicherheit darüber, ob Schuld überhaupt möglich ist, verleitet die Strafrechtstheoretiker dazu, die Schuld nicht dort anzusiedeln, wo einer den Fehler begangen hat, nicht anders zu handeln, sondern bei einem Bewußtseinsstand, der mit einem falschen Handeln einhergeht. Wenn der Fehler darin besteht, daß jemand das falsche Bewußtsein hat, dann entfällt die Notwendigkeit, über kontrafaktisch definierte Situationen zu spekulieren, darüber, was passiert wäre, hätte der Täter anders handeln wollen. In einem Zeitalter, in dem die Psychologie die Moralphilosophie nahezu ersetzt hat, ist das ein verlockender Ausweg. Die alten moralischen Gefäße von Schuld und Tadel werden mit psychologischen Surrogaten gefüllt. Das erlaubt uns, den Apparat von Verdammung und Bestrafung weiterhin zu entfalten, obwohl wir zutiefst unsicher sind, ob seine grundlegenden Ideen immer noch zutreffen.

Das sind letztlich die zentralen Erwägungen, auf denen die Debatte um den subjektiven und den objektiven Maßstab bei der Notwehr beruht. Die Entscheidung des Court of Appeals für den objektiven Standard steht auf vielen verschiedenen Ebenen der Interpretation offen. Zunächst entschieden die Richter, daß der Fall *Collice* eine überzeugendere Präzedenzentscheidung war als der Fall *Miller*. Auf einer Stufe tiefer kamen sie zu dem Schluß, daß die Neufassung des Rechts von New York aus dem Jahr 1965 die bis dahin geltende Ausrichtung auf den objektiven Maßstab beibehalten hat, und sie wiesen die Vorschläge des Model Penal Code zurück. Auf einer noch tieferen Stufe, die dieser Interpretation der rechtlichen Autoritäten und der Gesetzgebungsgeschichte zugrunde liegt, bekannten sich die Richter zu einem Strafrecht, das einen Sinn ergibt. Für sie ergab es einen Sinn – und das sollte es auch für uns –, daß Individuen dann Schuld auf sich nehmen und daß es dann angemessen ist, ihnen einen Vorwurf zu machen, wenn sie es versäumen, die Maßstäbe einer vernünftigen Person einzuhalten.

Auf Schuld und auf unvernünftiges Verhalten kommt es aber nur an, wenn jemand anderen etwas angetan hat, was danach verlangt, als Verbrechen bezeichnet zu werden. Auf den ersten Blick scheint es klar zu sein, was Goetz getan hat: Er hat in der U-Bahn auf vier junge Männer geschossen. Aber bei näherer Betrachtung müssen wir feststellen, daß eine Analyse seines Fehlverhaltens und seines Verbrechens eine Auseinandersetzung mit der Frage erfordert, ob das Verbrechen, das ihm vorgeworfen wird, im Kern allein in der Absicht bestand, einen Schaden zuzufügen, oder daraus, daß er seinen Opfern tatsächlich Leid zugefügt hat.

1 Vgl. Dr. Bonham's Case, 77 Eng. Rep. 646 (1670).

2 Die Entscheidung wird als »direktes Urteil« bezeichnet. In einem zivilrechtlichen Verfahren kann entweder der Kläger oder der Beklagte ein direktes Urteil bekommen. In Strafverfahren hingegen schließt das Recht des Beschuldigten auf ein Verfahren mit Jury nach dem sechsten Zusatz zur Verfassung ein direktes Urteil zugunsten der Anklage aus. Der Beschuldigte hat aber einen Anspruch auf das Äquivalent. So kann der Richter die Anklage fallenlassen, wenn die Beweise nicht ausreichen, um den Fall an eine Jury zu übergeben.

3 People v. Gonzales, 80 AD2d 543 (Supreme Court Appellate Division, 1st Dept., 1981).

4 Soweit ich das überblicken kann, war das Zugeständnis des Staatsanwaltes in diesem Fall schlicht ein gedankenloser Fehler.

5 Vgl. unter Anm. 3.

6 People v. Desmond, 93 AD2d, 823 (2d Dept., 1983).

7 Das Gericht stützte sich vor allem auf die Entscheidung des Court of Appeals im Fall *People v. Miller*, 39 NY2d 543 (1976), die weiter unten bei den Anmerkungen 29-30 erörtert wird, und auf einen beliebten Ausspruch aus Brown v. United States, 256 U.S. 335, 342 (1921) (»Im Angesicht eines erhobenen Messers kann keine unvoreingenommene Reaktion verlangt werden.«).

8 Die wichtigsten sind *People v. Wagman*, 99 AD2d 521 (1984), und People v. Lond, 104 AD2d 902 (1984).

9 Es ist umstritten, ob die Kriminalgerichte in Manhattan an die Entscheidungen anderer Kammern der Appellate Division als der ersten Kammer gebunden sind, an welche die Rechtsmittel gegen ihre Entscheidungen gehen. Vergleiche dazu Carmody-Wait, *Cyclopedia of New York Practice with Forms* § 2:63, S. 75 (2d ed., 1965) (Entscheidungen aller Kammern sind bindend, außer es gibt eine entgegenstehende Entscheidung der örtlich zuständigen Kammer) mit dem Kommentar von Richter Lang in *People v. Waterman*, 1222 Misc. 489, 495 n.2 (Criminal Court, New York County, 1984) (»Ich halte mich an die Auffassung, daß ein Gericht sich an das Recht zu halten hat, wie es von den Gerichten ausgelegt worden ist, die für die Rechtsmittel gegen seine Entscheidungen zuständig sind... Den Entscheidungen anderer [Kammern der Appellate Division] gebührt großer Respekt, und es kommt ihnen großes Gewicht zu, aber es gibt keine Verpflichtung, sich an ihre Entscheidungen zu halten«).

10 Susan Braver hatte die erste Grand Jury instruiert, daß sie »die Umstände aus dem Blickwinkel des Beschuldigten prüfen müssen, wie sie ihm zum Zeitpunkt eines jeden Schusses vernünftig zu sein schienen. Die Gefahr ist nicht allein danach zu beurteilen, wie sie sich der Be-

schuldigte tatsächlich vorgestellt hat, sondern danach, woran zu glauben er unter den gegebenen Umständen vernünftigerweise ein Recht hatte...«. Sie vermied Hinweise darauf, woran eine vernünftige Person unter den gegebenen Umständen geglaubt haben würde. Vgl. den (unveröffentlichten) Anhang der Begründung von Richter Crane im Manuskript vom 16. Januar 1986.

11 Begründung von Richter Crane im Manuskript (im folgenden als Cranes Begründung bezeichnet), S. 10; *People v. Goetz*, 131 Misc. 2d, 1,5 (1986).

12 Nach der Ansicht des stellvertretenden Distriktsstaatsanwaltes Robert Pittler, der vor allem für die Stellungnahme der Staatsanwaltschaft im Beschwerdeverfahren verantwortlich war, sah sich die zweite Grand Jury von drei Faktoren zur Anklageerhebung veranlaßt, wo die erste Grand Jury noch keine Anklage erhoben hatte. Einer war die Wende in der öffentlichen Meinung zuungunsten von Goetz; der zweite waren die Aussagen von Troy Canty und James Ramseur vor der zweiten Grand Jury; und der dritte war Waples' Instruktion über die Notwehr.

13 *People v. Santiago*, 110 AD2d 569 (1st Dept., April 1985).

14 Die gesamte Instruktion lautete wie folgt: »Sie sollten gleichsam in die Schuhe des Angeklagten schlüpfen und entscheiden, ob ein durchschnittlich vernünftiger Mensch, der die Tatsachen und die Umstände kennt und die Handlungen und das Verhalten so wahrnimmt, wie Sie die Umstände und das Verhalten festgestellt haben – ob dieser Mensch gerechtfertigt wäre, wenn er vernünftigerweise daran geglaubt hat, daß der Verstorbene tödliche körperliche Gewalt gegen ihn gebraucht hat oder kurz davor war, sie zu gebrauchen, und ob er gerechtfertigt wäre, wenn er vernünftigerweise daran geglaubt hat, daß der Einsatz von abwehrender tödlicher körperlicher Gewalt erforderlich war, um sich selbst zu verteidigen.
Wenn Sie diese Prüfung vornehmen und entscheiden, daß ein durchschnittlich vernünftiger Mensch gerechtfertigt wäre, wenn er vernünftigerweise an das glaubt, was die Prüfung umschreibt, dann sollten Sie zu dem Ergebnis kommen, daß der Beschuldigte gerechtfertigt war, als er vernünftigerweise diese Vorstellungen hatte.« (A.a.O., S. 570).

15 A.a.O.

16 Die Grand Jury stellt ein Überbleibsel der inquisitorischen Form des Verfahrens dar, bei dem dieselbe Person sowohl die Funktion des Richters als auch die des Anklägers wahrnimmt. Ein Teil dieser kombinierten Funktion besteht darin, daß der Staatsanwalt die Grand Jury über das Recht instruiert, das sie auf die Tatsachen anwenden soll. Der Staatsanwalt tritt daher sowohl als Anwalt auf wie auch als Hüter der Verfahrensordnung.

17 Es gibt dennoch keinen Zweifel, daß Crane dann, wenn es ihm wirklich darum gegangen wäre, die Anklage aufrechtzuerhalten, auch einen

rechtlich zulässigen Weg dafür gefunden hätte. Selbst dann, wenn Waples bei seiner Instruktion über den Maßstab des »vernünftigen Menschen« falsch lag, ist es nicht zwingend, daß dieser Irrtum einen entscheidenden Einfluß auf die Erwägungen der Grand Jury hatte. Auf kleinere Rechtsirrtümer kommt es nicht an. Es gibt erstaunlich wenig rechtliches Material zu der Frage, wann ein Fehler vor einer Grand Jury so schwerwiegend ist, daß er eine Aufhebung verlangt. Für die Entscheidungsfindung von Richter Crane zu diesem Problem war es von großer Bedeutung, daß die fehlerhafte Instruktion auf die Frage eines Jurymitgliedes hin erfolgte. Cranes Begründung S. 26; *People v. Goetz*, 131 Misc. 2d 1, 10 (1986).

18 Richter Crane stützte sich auf die Entscheidung der Appellate Division in *People v. McManus*, 108 AD2d 474 (1985) und argumentierte, daß die rücksichtslose Gefährdung eines anderen nicht von der Notwehr erfaßt sein könne, und kam daher zu dem Ergebnis, den Anklagepunkt der rücksichtslosen Gefährdung aufrechtzuerhalten, weil er nicht von Waples' Fehler vor der Grand Jury beeinflußt sein könne. Zu der Zeit, als der Court of Appeals die Beschwerde im Fall *Goetz* behandelte, war die Entscheidung der Appellate Division im Fall *McManus* aber durch die Entscheidung McManus, 67 NY2d 541 (1986) aufgehoben worden. Zum Zeitpunkt der Beschwerde im Fall *Goetz* war daher die Rechtslage so, daß die Notwehr ebenso wie die neun anderen Anklagepunkte, die Richter Crane fallengelassen hatte, auch die rücksichtslose Gefährdung eines anderen betreffen konnte.

19 Es gab noch einen anderen unabhängigen Grund dafür, die Anklage fallenzulassen, nämlich eine große Wahrscheinlichkeit dafür, daß Troy Canty und James Ramseur bei ihrer Zeugenaussage vor der Grand Jury einen Meineid geleistet hatten. Anhaltspunkte dafür ergaben sich im November 1985, nachdem die Jury die Anklage ausgesprochen hatte. Der Court of Appeals lehnte dieses Argument für das Fallenlassen der Anklage mit der Begründung ab, »daß es keine Grundlage für die Spekulation von Richter Crane gab, ob die Zeugenaussagen von Canty und Ramseur unter Meineid zustande gekommen waren«. *People v. Goetz*, 68 NY2d 96, 116 (1986).

20 Cranes Begründung S. 19; 133 Misc. 2d, S. 6.

21 A.a.O., S. 22; 133 Misc. 2d, S. 8.

22 Vgl. die Beschwerdebegründung an den Court of Appeals, S. 59.

23 *People v. Goetz*, 116 AD2d 316 (April 17, 1986).

24 Die Liste, die vom Gericht zitiert wird, läßt den Fall *Gonzales* aus und beinhaltet einige wenige Fälle, die nach dem Fall *Santiago* entschieden wurden, so *People v. Montanez*, 118 AD2d 414 (1st Dept., 1986), und *People v. Powell*, 112 AD2d 450 (2d Dept., 1985).

25 *People v. Goetz*, 116 AD2d, S. 331.

26 39 NY2d 543 (1976).

27 39 NY2d, S. 552.

28 Vgl. S. 551. Vgl. ebenso S. 548: »Daher sind die Wahrnehmungen und der Bewußtseinsstand, in dem sich die beiden befinden, die aufeinandertreffen, entscheidend dafür, ob eine Rechtfertigung gegeben ist.«

29 Cranes Begründung auf S. 20; 133 Misc. 2d, S. 7.

30 116 AD2d, S. 331.

31 41 NY2d 906 (1977).

32 A.a.O., S. 907.

33 Cranes Begründung, S. 21: 133 Misc. 2d, S. 7.

34 116 AD2d, S. 331.

35 Beschwerdebegründung, S. 56.

36 A.a.O.

37 A.a.O., S. 57.

38 *Lambert v. California*, 355 U.S. 225 (1957).

39 Nach dem Recht von New York werden fahrlässige Körperverletzung, NYPL § 120.00(3) und fahrlässiger Totschlag, NYPL § 125.10 bestraft. Andere Straftatbestände setzen einen schwerwiegenderen Grad persönlicher Schuld voraus – z. B. NYPL § 150.05 (Vergiftung wird nur bestraft, wenn sie leichtfertig begangen wird).

40 Anstatt einen Straftatbestand des fahrlässigen oder leichtfertigen Versuchs aufzunehmen, erfand der Model Penal Code das Verbrechen der rücksichtslosen Gefährdung. MPC § 211.2.

41 MPC § 3.04(1) (a).

42 MPC § 3.09(1).

43 In 116 AD2d 329 begründete die Mehrheit der Appellate Divison: »Diese Änderung im Wortlaut (vom ›Glauben‹ zum ›vernünftigen Glauben‹ im Gesetz von New York) ist wichtig und muß im Licht des subjektiven Maßstabs gesehen werden, der dem Model Penal Code zugrunde liegt... der einem Beschuldigten ausdrücklich einen Rechtfertigungsanspruch zur Verteidigung anbietet, der ernsthaft, aber unvernünftig glaubt, daß er in Notwehr handelt.«

44 Die Verteidigung hätte gegen dieses Argument einwenden können, daß die Änderung im Wortlaut nur kosmetischer Art war, daß sie nur vorgenommen wurde, um die zwei Vorschriften des Model Penal Code zu vereinheitlichen – die eine sieht die Verteidigung wegen Notwehr vor und die andere beschränkt sie in Fällen fahrlässiger Irrtümer –, um einen klareren Maßstab zu erreichen. Es gab keinen Hinweis darauf, daß der New Yorker Gesetzgeber die Absicht hatte, an irgendeinem wichtigen Punkt vom Model Code abzuweichen, auch nicht bei der Regelung des Irrtums bei Notwehr. Dieses Argument wurde in der Rechtsmitteldebatte nie vorgebracht.

45 Vgl. *Drafting a New Penal Law for New York: An interview with Richard Denzer*, 18 *Buffalo Law Review* 251 (1969). Dieselbe Ausgabe des *Buffalo Law Review* enthält einige weitere Artikel über das Straf-

recht von 1965, aber keiner von ihnen setzt sich mit der Fassung des §35.15 auseinander.

46 *People v. Goetz*, 68 NY2d, S. 110.

47 Beschwerdebegründung, S. 63.

48 Ein kürzlich erschienener und gut belegter Artikel – Richard Singer, *Resurgence of Mens Rea: II – Honest but Unreasonable Mistake of Fact in Self-Defense* (Wiederaufleben der Schuld: II – Ehrlicher aber unvernünftiger Irrtum über Tatsachen bei der Notwehr), 28 *Boston College Law Review* 459 (1987) – belegt, daß diese Vorschrift des Model Penal Code praktisch überhaupt keinen Einfluß auf das Recht der fünfzig Staaten gehabt hat. Es gibt zum Beispiel keinen Anlaß für die Vermutung, daß im gesamten Land irgendein Gericht in irgendeinem der Bundesstaaten die Jury dahin gehend instruiert hätte, Goetz allein schon dann vom Vorwurf des versuchten Mordes freizusprechen, wenn er im guten Glauben war, er müsse sich selbst verteidigen, als er auf die vier Jugendlichen schoß.

49 *New York Law Journal*, 18. Februar 1986, S. 1.

50 A.a.O.

51 A.a.O.

4.
Wie schwer wiegt das Leiden?

Die zweite Grand Jury kam zu dem Ergebnis, daß die Anklage eine ausreichende Grundlage dafür hatte, Goetz vor ein Gericht zu stellen und die Jury über jeden vernünftigen Zweifel hinaus davon zu überzeugen, daß seine Reaktionen in der U-Bahn unter den gegebenen Umständen unvernünftig waren. Daher klagten sie Goetz wegen einer Vielzahl von Delikten an, insgesamt wegen zehn verschiedener Straftaten, die sich nicht nur aus dem Besitz der Schußwaffe ergaben, sondern auch daraus, daß ohne Rechtfertigungsgrund auf die vier Jugendlichen geschossen worden war. Wenn keine Notwehr gegeben war, dann hatte Goetz ein Verbrechen begangen, als er seine Waffe zog, fünf Schüsse abfeuerte und jeden der Jugendlichen einmal verletzte. Aber was genau war das Verbrechen? Es gibt keine Straftat mit der Bezeichnung »Schießen in der U-Bahn« und nicht einmal den Straftatbestand des Abfeuerns einer Schußwaffe. Im Strafrecht bemüht man sich darum, die verschiedenen Aspekte eines gewalttätigen und aggressiven Verhaltens, die das Handeln als unrechtmäßig und bestrafenswert charakterisieren, zu spezifizieren.

Goetz konnte mit der einen Handlung, dem Schießen auf Troy Canty, drei unterschiedliche Straftaten begangen haben, von denen sich jede auf einen unterschiedlichen Aspekt dieser Gewalttat bezieht. Das Delikt des versuchten Mordes betont die bei Goetz angenommene mörderische Absicht hinter den Schüssen. Das Delikt der Körperverletzung stellt auf das Leid ab, das Canty tatsächlich zugefügt wurde. Das erst in jüngerer Zeit geschaffene Delikt der »rücksichtslosen Gefährdung« zielt allein darauf ab, daß für Canty und genauso für die anderen Passagiere in dem Wagen das Risiko einer Verletzung geschaffen wurde. Diese drei Perspektiven sind kaum miteinander vereinbar. Wenn das Wesentliche des Verbrechens darin besteht, daß Goetz mit mörderischer Absicht geschossen hat, was soll es dann für eine Bedeutung haben, daß die Kugel in das Fleisch von Canty eingedrungen ist? Und wenn das Verbrechen darin besteht, daß Canty verwundet wurde, warum sollten wir uns dann darüber hinaus noch darum kümmern, ob

Goetz ihn einer Gefährdung ausgesetzt hat, indem er das Risiko der Verwundung schuf?

Eine einzige Serie von Schüssen hat zu neun Anklagen geführt, ein Anklagepunkt wegen versuchten Mordes und wegen Körperverletzung gegenüber jedem der vier Opfer sowie eine zusätzliche Anklage wegen Gefährdung der anderen. Es gibt gute Gründe dafür, zwischen den vier Opfern zu unterscheiden, um die Einzigartigkeit eines jeden hervorzuheben, und deswegen aus jedem Schuß, der eine Verwundung herbeigeführt hat, einen eigenen Anklagepunkt zu machen. Es ist weitaus fragwürdiger, drei sich überlappende Straftaten in jedem dieser Fälle anzuklagen.

Die Vielzahl der Anklagepunkte verschleiert eine grundlegende Unsicherheit des Rechtssystems in der Frage, warum eine Handlung wie das Abfeuern von Schüssen als Verbrechen behandelt werden soll. Zwei gegensätzliche Schulen haben sich bei der Suche nach der wahren Natur des kriminellen Unrechts herausgebildet. Ein traditioneller Ansatz legt das Hauptgewicht auf das Leiden des Opfers und die Verantwortlichkeit des Täters dafür, daß er einen nicht wiedergutzumachenden Schaden verursacht hat. Ein moderner Zugang begreift die Handlung – das Ausmaß der Kontrolle des Täters über das, was sich ereignet – als das Zentrum des Verbrechens. Die Modernisten sagen, es sei nur eine Frage des Zufalls, ob ein Schuß, der mit Tötungsabsicht abgegeben wird, tatsächlich sein Ziel trifft. Nach dieser Argumentation ist es reiner Zufall, daß Goetz es nicht geschafft hat, eines seiner vier Opfer zu töten. Wie Gregory Waples später vor der Jury argumentiert hat, ist es nur eine Fügung des Schicksals, daß die Schußserie nicht einen der Unbeteiligten in der U-Bahn verletzt hat.

Die Traditionalisten begründen ihre Auffassung in einer Weise, die unseren Empfindungen angesichts von Verbrechen und Leid entspricht. Die Modernisten berufen sich auf Argumente eines rationalen und sinnvollen Bestrafens. Die Vernunft verlangt – ganz abgesehen davon, was wir empfinden mögen –, so betonen die Modernisten, daß wir das Strafrecht auf jene Faktoren beschränken, die der Kontrolle des Täters unterliegen. Es entzieht sich seiner Kontrolle, ob ein Schaden eintritt, und daher sollte dieser Punkt auch bei der Definition des Verbrechens und der adäquaten Bestrafung kein Gewicht haben. Die Spannung zwischen diesen beiden gegensätzlichen Schulen betrifft praktisch alle unsere Entscheidungen über die Konzeption eines Systems von kriminellen Handlungen und ihrer Bestrafung.

Aus historischer Sicht läßt sich die Relevanz von tatsächlichem Schaden und Leid in der Einstellung gegenüber dem Verbrechen kaum abstreiten. Es wäre nie zu einem Strafrecht gekommen, wenn sich die Leute nicht tatsächlich gegenseitig verletzt hätten. Unser Nachdenken über Sünde und Verbrechen nimmt mit einer Veränderung in der natürlichen Ordnung seinen Anfang, einer menschlichen Handlung, die in der Welt einen Makel zurückläßt. Der Sündenfall im Garten Eden war nicht der Blick auf den Apfel und nicht sein Besitz, sondern die Tatsache, daß er gegessen wurde. Ödipus hat nicht die Götter beleidigt, weil er wollüstig war, sondern weil er tatsächlich mit seiner Mutter Geschlechtsverkehr hatte. Kains Verbrechen bestand nicht darin, daß er Abel gefährdete, sondern darin, daß er sein Blut vergossen hat. Die Begriffe von Sünde und Verbrechen haben ihre Wurzeln in den Schäden, die die Menschen einander zufügen.[1]

Die klassische Konzeption einer ausgleichenden Gerechtigkeit, die *lex talionis,* gebietet die Wiederholung des Verbrechens an der Person des Straftäters. Das findet seinen bildlichen Ausdruck in dem biblischen Gebot des Auge um Auge, Zahn um Zahn, Leben um Leben. In *Überwachen und Strafen* argumentiert Michel Foucault, daß die Bestrafung im klassischen Sinn der symbolischen *Abbuße* des Verbrechens dient, indem der Schaden, den er einem anderen zugefügt hat, am Körper des Kriminellen abgebildet wird. Es fällt schwer, überhaupt über Bestrafung nachzudenken, ohne das Verhältnis zwischen dem Schaden, den der Kriminelle bewirkt hat, und dem Schaden, den er im Gegenzug erleidet, miteinzubeziehen.

Aus dieser Perspektive ist es das herausragende Merkmal von Goetz' Verbrechen, daß er die vier Jugendlichen tatsächlich verletzt hat. Und je größer die Verletzung ist, desto größer ist das Verbrechen. Wenn einer der vier Jugendlichen gestorben wäre, und sei es auch ein Jahr später, dann hätte es sich um ein Verbrechen einer anderen Kategorie gehandelt. Einen Menschen zu töten ist das Schlimmste, was es gibt – jedenfalls in der vorherrschenden säkularen Sichtweise unserer Welt. Ein Totschlag ist das einzige Verbrechen, bei dem unter bestimmten Voraussetzungen die Todesstrafe immer noch verfassungsgemäß ist. Daß der Totschlag als etwas so Abscheuliches angesehen wird, beruht nicht nur auf der Tötungsabsicht, nicht nur auf dem Risiko, das von der Handlung des Beschuldigten ausgeht, sondern auf der unabwendbaren Tatsache des Todes. Wir sagen nicht mehr, daß das Blut des Opfers nach Vergeltung schreit. Aber die Einstellung gegenüber dem Tod und anderen unwiderruflichen Schäden repräsentiert ein anhaltendes Nachwirken der biblischen Leidenschaft, die Störungen der natürlichen Ordnung zu bestrafen.

Viele oder vielleicht die meisten richtungweisenden Strafrechtler betrachten sicherlich das Verbrechen in der modernen Welt nicht unter dieser Perspektive. Irgendwann in den letzten zwei oder drei Jahrhunderten wendete sich die wissenschaftliche Beschäftigung mit dem Verbrechen vom Schaden, der eingetreten ist, hin zu der Handlung, die den Schaden herbeigeführt hat. Die zufällige Verknüpfung von Handlungen und ihren Folgen hat die großen Juristen der Vergangenheit nicht weiter beunruhigt, aber heutzutage, in der Moderne, trennt ein großer Graben den Täter und seine Handlung von den Auswirkungen seiner Handlung auf andere. »Zwischen Lipp' und Kelches Rand schwebt der dunklen Mächte Hand.«[2] Und alle diese dunklen Mächte, alle diese Zufälle haben den Zusammenhang untergraben, den wir einstmals zwischen einer tödlichen Handlung und dem Tod des Opfers gesehen haben.

Die Begriffe Risiko, Wahrscheinlichkeit und Zufall umschreiben die moderne Denkweise über Handlung und Schaden.* Anstatt zuerst den Schaden wahrzunehmen und die Handlung als ein Mittel zu begreifen, das den Schaden herbeiführt, neigen wir nunmehr dazu, die Handlung zuerst zu sehen und den Schaden als eine zufällige Folge der Handlung. Und wenn wir zuerst die Handlung und dann erst den Schaden betrachten, dann drängt sich die Frage auf: Warum sollen wir uns überhaupt um den Schaden kümmern, wenn wir das kriminelle Übel von Schüssen auf jemanden in der U-Bahn bewerten? Viele radikale Reformer bestehen tatsächlich darauf, daß der Schaden vollkommen irrelevant ist. Wenn man schießt und nicht trifft, sollte man genauso bestraft werden, als ob man jemanden getötet hätte. Es kommt ausschließlich auf die Handlungen an, die man kontrollieren kann. Und man kann die Kugel nicht kontrollieren, nachdem sie den Lauf verlassen hat. Die Macht mag aus dem Lauf von Gewehren kommen, wie Mao gesagt

* Anm. d. Ü.: In der deutschen strafrechtlichen Diskussion spricht man häufig auch von Handlung und Erfolg – gemeint ist dasselbe.

hat, aber nach Ansicht der Modernisten hat man alle Macht aufgegeben, sobald man den Abzug durchgezogen hat.

Die Modernisten preisen sich selbst wegen der Rationalität ihrer Theorie. Wenn es der Zweck der Strafe ist, *entweder* die Bosheit zu bestrafen *oder* das menschliche Verhalten zu beeinflussen und zu leiten, dann sollte das Strafrecht sein Augenmerk auf das Verhalten und die Bedingungen richten, die der menschlichen Kontrolle unterliegen. Es gibt nichts Bösartiges an der Art und Weise, wie die Dinge zufällig ihren Lauf nehmen. Die persönliche Schuld des Täters drückt sich in seinen Handlungen aus – nicht in den Zufällen der Natur, welche die Folgen seiner Handlungen determinieren. Und soweit es der Zweck von Bestrafung ist, ein Beispiel zu geben und zukünftige Straftäter abzuschrecken, kann man nur von einem Verhalten abschrecken, das wir kontrollieren können. Die Argumente der Vernunft scheinen nahezu unschlagbar zu sein.

Daß man auch diejenigen inhaftiert und anklagt, die ein Verbrechen nur versuchen, ist zugleich Ausdruck einer sehr praktischen Erwägung. Das Rechtssystem sollte sinnvollerweise nicht nur auf Verbrechen reagieren, die schon begangen worden sind, sondern sollte sich einschalten, bevor ein Schaden entstanden ist. Die Polizei sollte den Möchtegern-Straftäter verhaften, bevor er eine Chance hat, den Schaden zu verwirklichen, der sich in seinem Verhalten ankündigt. Straftatbestände sollten nicht nur deswegen definiert werden und Haftstrafen nicht nur deswegen ausgesprochen werden, damit für vorangegangene Übeltaten Abbuße geleistet wird und damit zukünftige Straftäter abgeschreckt werden, sondern auch um zu verhindern, daß ein Schaden überhaupt entstehen kann. Das ist alles sehr überzeugend in einer Welt, in der wir darum bemüht sind, die Mittel der Regierung so einzusetzen, daß das Wohlergehen aller maximal gefördert wird. Diese Einstellung gegenüber der Strafe wird typischerweise als »präventiv« bezeichnet, im Unterschied zur traditionellen »vergeltenden« Praxis der Bestrafung zurückliegender Verbrechen – Auge um Auge.

Die Rationalisten haben das englische und amerikanische Strafrecht seit dem Zweiten Weltkrieg die meiste Zeit dominiert. Nach der vorherrschenden Ansicht soll das Strafrecht sozialen Zielen dienen, nach rationalen Kriterien festgelegt und effektiv durchgesetzt werden. Die Strafe soll dem Zweck der sozialen Kontrolle entweder dadurch dienen, daß die Straftäter resozialisiert werden, oder – wenn die Gesellschaft keine Wege findet, die Kriminellen mit therapeutischen Mitteln zu ändern – dadurch, daß die Leute im voraus davon abgeschreckt werden, sich für das Verbrechen zu entscheiden, um zum Erfolg zu kommen. Diese moderne Haltung gegenüber dem Verbrechen verwirft den Einwand, die Leute würden schlicht so »empfinden«, daß es weit schlimmer ist, jemanden tatsächlich zu töten, als es nur zu versuchen, als irrational. Der Model Penal Code, ein Dokument des Rationalismus, das die Einstellungen der reformorientierten Juristen der fünfziger Jahre widerspiegelt, empfiehlt sogar, versuchten Mord genauso wie vollendeten Mord zu bestrafen.[3] Die Anteilnahme am Leiden der Opfer ist jedoch zu tief verwurzelt, als daß man sie einfach vernachlässigen könnte, nur weil die Reformer ein derart begrenztes Konzept von fairem und angemessenem Strafen haben.

Wir bestrafen die verurteilten Kriminellen nicht nur deswegen, weil wir als Sozialplaner eine Notwendigkeit sehen, von zukünftigem Verbrechen abzuschrecken, sondern weil wir die nicht zu unterdrückende Notwendigkeit sehen, den Glauben der Opfer an sich selbst und an die Gesellschaft, in der sie leben, wiederherzustellen. Das Gebot, Gerechtigkeit herzustellen, verlangt von uns, daß wir dem Leid der Opfer Beachtung schenken, daß wir im Verfahren herausfinden, ob der Beschuldigte für dieses Leid verantwortlich ist; und wir sprechen ihn, wenn die Tatsachen das erfordern, nicht dafür schuldig, daß er gleichsam antiseptisch die Regeln des Systems verletzt hat, sondern dafür, daß er dem Körper und der Würde des Opfers einen Schaden zugefügt hat. Wenn Goetz schuldig war, auf Troy Canty, Barry Allen, James Ramseur und Darrell Cabey geschossen zu haben, dann bestand seine Schuld vor allem darin, daß er diese jungen Männer auf die Knie gezwungen hat, daß er in ihrem Fleisch Spuren und auf ihren Körpern Narben hinterlassen hat und daß er Darrell Cabeys Rückenmark durchtrennt hat, wodurch dieser gelähmt wurde und für den Rest seines Lebens einen Gehirnschaden erlitten hat.

Ob der Beschuldigte tatsächlich den Schaden beim Opfer verursacht hat, wird daher in jedem Strafverfahren zur zentralen Frage, da es hier um das Leiden des Opfers geht. Üblicherweise stellt es kein besonderes Problem dar, festzustellen, welchen Tribut eine Kugel vom Opfer gefordert hat, aber wider Erwarten wurde die Frage, ob Goetz' Schüsse tatsächlich den Gehirnschaden bei Cabey verursacht hatten, zu einem heftig umstrittenen Problem in dem Strafverfahren gegen Goetz.

Gregory Waples, der Staatsanwalt, kam wiederholt auf die dauerhaften Behinderungen zu sprechen, die Goetz Cabey zugefügt hatte. So hob Waples in seinem Eröffnungsplädoyer vor der Jury hervor, Cabey könne als Folge des kaltblütigen fünften Schusses, der auf den wehrlos Sitzenden abgegeben wurde, »dem Rest seines Lebens... als einem Leben im Rollstuhl entgegensehen«.[4] Es ist kaum zu bestreiten, daß Goetz' Schuß das Rückenmark von Cabey durchtrennt hat, aber hat derselbe Schuß ebenfalls den Gehirnschaden herbeigeführt? Cabey zog sich, wie Waples erläutert, seinen Gehirnschaden zu, weil[5],

während er im Krankenhaus war und um sein Leben rang und kämpfte, darum rang, sich von der Schußwunde zu erholen, die ihm der Beschuldigte zugefügt hat und die ihn für den Rest seines Lebens gelähmt hat... medizinische Komplikationen auftraten und... drei Wochen, nachdem er den Schuß abbekommen hatte, erlitt er, (infolge) dieser medizinischen Komplikationen, einen Atemstillstand. Darrell Cabey hörte tatsächlich auf zu atmen, während er im Krankenhaus war, und ihm fehlte Sauerstoff... (und er) tauchte in ein tiefes Koma ein... einen dauerhaften Zustand des Dahinvegetierens.

Als Waples den Arzt Claudio Macaluso, der Cabey beigestanden hatte, in den Zeugenstand berief und ihn zu dem Koma befragte, protestierte die Verteidigung mit Nachdruck. Es liegt auf der Hand, warum Slotnick es vermeiden wollte, seinen Mandanten mit dem Stigma zu belasten, er habe dieses Elend verursacht. Goetz mochte zwar niemanden getötet haben, aber seine Handlungen hatten Cabey möglicherweise auf einen »Zustand des Dahinvegetierens« reduziert, der noch schlimmer war als die Querschnittslähmung von der Taille abwärts. Wenn sich Waples' Beschuldigung als zutreffend herausstellen würde, dann würden Goetz' Schüsse auf Cabey im allerschlechtesten Licht erscheinen – noch schlimmer, als wenn er ihn rasch und schmerzlos getötet hätte. Was auch immer die rechtlichen Folgerungen aus dieser Verantwortlichkeit sein würden – wenn Goetz als jemand dargestellt werden würde, der in seiner Wut dieses menschliche Elend herbeigeführt hatte, dann würde das offensichtlich einen nachhaltigen Einfluß auf die Jury ausüben.

Der Einspruch der Verteidigung führte zu einer geheimen, aber wichtigen Rechtsdebatte, von der die Jury ausgeschlossen war. Beide Anwälte befragten Dr. Macaluso zu den Details der Behandlung, die Cabey im Krankenhaus erhalten hatte. Slotnick versuchte, dem Arzt das Zugeständnis zu entlocken, daß das Koma eingetreten war, weil die Ärzte zu lange damit gewartet hatten, Cabey an eine künstliche Beatmung anzuschließen. Vielleicht war es so. Dr. Macaluso räumte ein, daß die Ärzte das Koma hätten verhindern können, wenn sie früher eingegriffen hätten, aber bei der Beantwortung von Waples' anschließenden Fragen bestand er darauf, daß die Behandlung von Cabey vollkommen regelgerecht und auf angemessene Weise durchgeführt worden war.

Der Vorstoß der Verteidigung zielte darauf ab, daß Cabey nicht in das hirnschädigende Koma verfallen war, weil Goetz auf ihn geschossen hatte, sondern weil die Ärzte des Krankenhauses in fahrlässiger Weise es unterlassen hatten, ihn rechtzeitig künstlich zu beatmen und damit das Koma zu verhindern. Der Fall entsprach nach der Theorie der Verteidigung der hypothetischen Situation, daß Cabey im Krankenhaus lag, sich erholte und irgend jemand vorbeikam und ihn aus Gründen verletzte, die mit den Schüssen in der U-Bahn rein gar nichts zu tun hatten. Slotnick und Baker bestanden darauf, daß Goetz nicht verantwortlich war, wenn die Ärzte fehlerhaft gehandelt hatten, und daß ihm daher wegen Cabeys Gehirnschaden kein Vorwurf gemacht werden konnte. Dieser Aspekt des Leidens von Cabey sollte der Jury daher nicht als eine Folge der Schüsse vorgeführt werden.

Das Manöver der Verteidigung scheiterte an der Aussage von Dr. Macaluso, daß an der Behandlung von Cabey nichts Ungewöhnliches gewesen sei. Selbst wenn die Ärzte theoretisch früher eingegriffen hätten, so gab es doch keine Symptome, die den sofortigen Einsatz einer künstlichen Beatmung verlangt hätten; die Behandlung wurde an keinem Punkt fahrlässig durchgeführt. Wenn aber die Behandlung im Krankenhaus nicht ungewöhnlich war, dann war Goetz für die Folgen verantwortlich zu machen. Seine Schüsse auf Cabey veranlaßten die Behandlung, die wiederum zum Koma und zum Gehirnschaden führte. Er hatte eine vorhersehbare Kette von Folgen initiiert, und diese Folgen mußten als Teil seiner Tat angesehen werden. Als diese Frage geklärt war, konnte Waples Dr. Macaluso vor der Jury zu den Details des Komas und dem dadurch verursachten Gehirnschaden befragen.

Durch das Verfahren zog sich eine parallele Debatte wegen der Frage, ob Goetz mit dem vierten oder dem fünften Schuß Cabey getroffen und sein Rückenmark durchtrennt hatte. Die Anklage behauptete, daß der fünfte Schuß, der nach der Pause und der Bemerkung »Dir scheint's ja ganz gut zu gehen; hier ist noch einer«[6], abgefeuert worden war, den Schaden verursacht hatte. Die Verteidigung entwickelte die Gegentheorie, daß es der vierte Schuß war, der voll getroffen hatte. Der Grund für dieses Manöver ist offensichtlich: Goetz konnte sich bei dem vierten Schuß besser auf Notwehr berufen als bei dem fünften Schuß. Daher wollte die Verteidigung, daß die Jury davon ausging, der vierte Schuß, der unmittelbar im Anschluß an die drei ersten abgegeben wurde, habe die dauerhaften Verletzungen bewirkt. Selbst wenn der fünfte kaltblütig auf den sitzenden und wehrlosen Cabey abgefeuert worden war, würde das Abfeuern dieser Kugel weniger abscheulich erscheinen, wenn die Kugel Cabey gar nicht getroffen und sich in die Wand des Wagens gebohrt hatte.

Diesen beiden Debatten gemeinsam ist die Frage, warum die Folgen überhaupt eine Bedeutung für die Definition eines strafrechtlichen Tatbestandes haben sollen. Die traditionelle Einstellung gegenüber dem Verbrechen, die mehr die Folgen als die Absicht des Täters betont, prägt immer noch das Recht von New York, und – was noch viel bedeutsamer ist – sie beherrscht das Denken der normalen Leute, die in der Jury sitzen und darüber entscheiden, für wie schlecht und kriminell die Schüsse angesehen werden sollten. Schüsse, die zu einem Gehirnschaden führen, sind schlimmer als solche, die nur verwunden. Und ein Schuß, der dauerhafte Verletzungen zufügt, ist schwieriger durch Notwehr zu rechtfertigen als einer, der überhaupt nicht trifft.

Jede der beiden miteinander streitenden Theorien, der traditionellen und der modernen, war Grundlage einer der ursprünglichen Anklagen, die gegen Goetz erhoben wurden. Die traditionelle Theorie schlägt sich im Verbrechen der Körperverletzung nieder, das den Schaden, die schwerwiegende physische Verletzung jedes der Opfer hervorhebt. Die moderne Theorie tritt mit der Anklage wegen versuchten Mordes in den Vordergrund, eines Verbrechens, das sich auf das erfolglose Vorhaben, einen beabsichtigten Schaden herbeizuführen, bezieht. Der Versuch ist selbst dann strafbar, wenn er bei niemandem einen Schaden verursacht hat. Man kann zustechen und das Ziel verfehlen, einem Essen Gift beimischen, das nie gegessen wird, auf jemanden eine Pistole richten, die, ohne daß man es weiß, ungeladen ist – in allen diesen Fällen kann man wegen versuchten Mordes schuldig sein. Die Anklage gegen Goetz wegen versuchten Mordes brauchte keinen Beweis dafür zu erbringen, daß seine Kugeln irgend jemanden getroffen hatten.

Das Verbrechen der Körperverletzung, das traditionell als Körperverletzung und tätliche Beleidigung bezeichnet wurde, geht auf die frühesten Formen des Verbrechens nach dem Common Law zurück. Die Verletzung des Körpers des Opfers ist der Kern dieses Verbrechens. Der Täter muß eine Handlung begehen, um diese Verletzung zuzufügen, und wenn die Verletzung ausschließlich auf einen Zufall zurückzuführen ist, dann liegt kein Verbrechen vor. Generell kann man sagen, daß die Verletzung vorsätzlich herbeigeführt werden muß.*

Die Straftat des Versuchs ist eine Neuerung aus dem frühen 19. Jahrhundert. Sie findet in demselben Zeitraum ihren Weg in das Recht, in dem sich die präventive Theorie vom Strafrecht bei den Reformern festsetzt und das neuzeitliche Gefängniswesen an die Stelle von Sanktionen wie der Prügelstrafe und Formen der Vollstreckung von Strafen tritt, bei denen das Verbrechen dem Körper des Verbrechers seinerseits zugefügt wurde. So wie der Totschlag und die Körperverletzung die alte Ordnung verkörpern, so ist die Straftat des Versuchs das Flaggschiff moderner, rationaler Kriminalwissenschaft.

Sowohl hinsichtlich der Körperverletzung als auch hinsichtlich des versuchten Mordes war es – abgesehen von den Fragen nach Goetz' Absicht, seinen Motiven und seinem Bewußtseinsstand – leicht, die äußerlichen Merkmale festzustellen. Körperverletzung setzt allein voraus, daß der Täter dem Opfer einen physischen Schaden zufügt. Das Gesetz von New York unterscheidet darüber hinaus nach dem Grad der Verletzung. Das Gesetz folgt dem Einfluß der traditionellen Lehre und verlangt für eine Körperverletzung ersten Grades** eine »schwerwiegende körperliche Verletzung«.[7] Wenn man nur eine »körperliche Verletzung« verursacht, kann das nie schlimmer sein als Körperverletzung dritten Grades.[8] Es gibt nicht allzu viele Lehrmeinungen zum Unterschied zwischen einer gewöhnlichen und einer schwerwiegenden körperlichen Verletzung, aber man kann davon ausgehen, daß jedermann eine Schußwunde als schwerwiegend definieren würde.

Die objektive Seite des versuchten Mordes war ähnlich leicht

* Vgl. aber die Darstellung der leichtfertigen Körperverletzung, einer Erfindung der letzten Jahre, auf S. 126.

** Anm. d. Ü.: Die Unterschiede etwa zwischen fahrlässiger, einfacher und schwerer Körperverletzung werden im amerikanischen Strafrecht in »Graden« ausgedrückt.

festzustellen. Das Gesetz von New York definiert den Versuch mit generellen Begriffen, die auf jedes Delikt anwendbar sind. Der Versuch setzt nicht mehr voraus als »irgendein Verhalten, das dazu tendiert, die Begehung« der Straftat »zu bewirken«.[9] Zweifellos liegt, wenn auf jemanden geschossen wird, ein Verhalten vor, das dazu tendiert, »die Begehung« eines Totschlages »zu bewirken«.

Im allgemeinen können wir entscheiden, wann eine bestimmte Straftat gegeben ist. Eine Körperverletzung liegt vor, wenn eine Verletzung einsetzt – in Goetz' Fall, als die Kugel in den Körper jedes der Opfer eindrang. Beim Versuch einer Straftat ist das anders, denn es gibt weder in der Theorie noch in der Praxis eine Möglichkeit, genau zu bestimmen, wann der Täter die Schwelle zu einem strafbaren, kriminellen Verhalten überschreitet. Unterstellen wir, daß Goetz 1981, nachdem er überfallen und geschlagen wurde, den Entschluß faßte, sich zu bewaffnen und auf die erste Gruppe von schwarzen Jugendlichen zu schießen, die Anstalten dazu treffen würde, ihn zu belästigen. Jeder würde zustimmen, daß die Tatsache der Bewaffnung für sich allein nicht ausreicht, einen versuchten Mord zu begründen. Aber erinnern wir uns der Vorfälle vom 22. Dezember 1984. An welchem Punkt beging Goetz die Straftat des Versuchs – wann vollführte er die Handlung, die »dazu tendierte, die Begehung« eines Totschlages »zu bewirken«? Als er die U-Bahn bestieg? Als er sich mitten unter die vier Jugendlichen setzte? Als er in Reaktion auf die Aufforderung Cabeys, ihm fünf Dollar zu geben, aufstand? Als er die Pistole zog? Als er sie auf die Jugendlichen richtete? Es ist nicht möglich, die Grenze festzulegen, nicht einmal in der Theorie. Ohne die Verankerung in den traditionellen Straftaten – dem Leiden des Opfers – ist der Umfang der versuchten Straftat hoffnungslos vage geblieben.

Das juristische Unbehagen an dieser Unbestimmtheit hat dazu geführt, daß etliche neue Straftaten auftraten, deren Konturen vergleichsweise präziser sind. Die bekanntesten sind die Straftaten wegen Besitzes. Wir bemühen uns nicht, den versuchten Gebrauch von Betäubungsmitteln zu bestrafen, sondern wir bestrafen den Besitz von Betäubungsmitteln. Besitz ist, jedenfalls theoretisch, ausreichend definiert. Wenn man einen Gegenstand ergreift, besitzt man ihn. Wenn man ihn verkauft, weggibt oder auf andere Weise darüber verfügt, dann gibt man den Besitz daran auf. Selbstverständlich kommt es auch bei Grenzfällen des Besitzes zu Problemen, aber verglichen mit den Extravaganzen des Versuchs sind die Konturen des Besitzes allemal exakt festgelegt.

Die Straftaten wegen Besitzes verbieten keine unrechten Handlungen. Eher regulieren sie ein Verhalten, damit die Menschen nie die Gelegenheit erhalten, den verbotenen Gegenstand in einer Weise zu gebrauchen, die Leid zufügt oder nicht richtig ist. An einem einzelnen Fall des Besitzes von Betäubungsmitteln, Schußwaffen oder gefälschten Druckplatten für Banknoten kann man an und für sich nichts Unmoralisches oder Bösartiges finden. Aber für die Gesellschaft als Ganzes dürfte es besser sein, diese Gegenstände aus dem Verkehr zu nehmen. Die Straftaten wegen Besitzes zielen nicht auf den einzelnen Vorfall ab, sondern auf die Gesamtzahl problematischer Vorgänge. Wenn man den Besitz von Schußwaffen auf eine große Zahl von Fällen hochrechnet, kann man begründet die Meinung vertreten, daß er schädlich ist. Juristen drücken das regulatorische Ziel der Straftaten wegen Besitzes dadurch aus, daß sie sie als »prophylaktische« Straftaten bezeichnen. Ihr Zweck ist es, die Gesellschaft von Gegenständen abzuschirmen – wie Betäubungsmitteln, Schußwaffen und Fälschermaterialien –, bei denen die Wahrscheinlichkeit groß ist, daß sie unter bestimmten Bedingungen mißbraucht werden.

Zusätzlich zu den Anklagen wegen Körperverletzung und versuchtem Mord, die auf den Schüssen auf die vier Jugendlichen beruhten, sah sich Goetz einer Reihe von Anklagen wegen Besitzes von Waffen in der Zeit vor den Schüssen ausgesetzt. Die erste Grand Jury wies die Anklagen gegen Goetz bis auf zwei Anklagepunkte wegen strafbaren Besitzes zurück – zwei Fälle des Besitzes von Schußwaffen in der eigenen Wohnung und ein Fall des Besitzes einer geladenen Waffe in der Öffentlichkeit. Die Anklage wegen Besitzes von Schußwaffen in der eigenen Wohnung, eines Vergehens[10], beruhte darauf, daß er Myra Friedman – ihrer Aussage zufolge – am 30. Dezember, dem Tag, bevor er sich gestellt hat, zwei Schußwaffen zur Aufbewahrung übergab. Sie händigte sie ihrem Rechtsanwalt am 2. Januar aus, dem ersten Werktag, nachdem Goetz aufgegeben hatte. Es lagen klare Beweise dafür vor, daß Goetz die Waffen rechtmäßig erworben hatte: 1970 eine 38er Smith & Wesson-Pistole in Connecticut und im September 1984 in Florida, auf der Rückkehr vom Begräbnis seines Vaters, eine schwarze 9-mm-Halbautomatik.

Die schwerwiegendere Anklage wegen Tragens einer geladenen

Waffe in der Öffentlichkeit[11], strafbar mit bis zu sieben Jahren Gefängnis, beruhte darauf, daß Goetz bei den Schüssen in der U-Bahn eine 38er Smith & Wesson benutzt hatte. Die Polizei konnte die Waffe nicht auffinden, nachdem Goetz sie auseinandergenommen und während seiner neuntägigen Flucht vor der Polizei in den Wäldern von Vermont weggeworfen hatte, aber es gab keine Auseinandersetzung darüber, daß er am 22. Dezember 1984 in der Öffentlichkeit eine geladene Waffe bei sich getragen hatte.

Zusätzlich zu den Anklagepunkten wegen Körperverletzung, versuchtem Mord und leichtfertiger Gefährdung, die von der ersten Grand Jury erhoben worden waren, ließ die zweite Grand Jury noch eine weitere Anklage wegen Besitzes zu: dem Besitz einer geladenen Waffe mit der Absicht, sie unrechtmäßig zu verwenden. Dieser Straftatbestand konnte auch zu jedem Zeitpunkt vor den Schüssen begangen worden sein. Wenn die Anklage diese Absicht über jeden vernünftigen Zweifel hinaus beweisen konnte, konnte das zu einer Strafe führen, die so schwerwiegend ist wie die, die für Körperverletzung ersten Grades angedroht ist: eine Höchststrafe von 15 Jahren Gefängnis.

Eine Lizenz für den Besitz einer Schußwaffe in der City von New York wäre gegenüber allen diesen Anklagen wegen Waffenbesitzes eine gute Verteidigung gewesen. Das Strafrecht von New York sieht die Möglichkeit vor, daß der »Lizenzbeamte« eines Polizeireviers selbst jemandem eine Lizenz ausstellen kann, der wie Goetz die Waffe in der Öffentlichkeit bei sich tragen will und für seinen Antrag keinen speziellen beruflichen Grund hat – wie etwa ein Geldbote. Die vage Formulierung des Gesetzes setzt allein voraus, daß zur Begründung des Antrages ein »angemessener Grund«[12] geltend gemacht wird; wenn der Antrag abgelehnt wird, muß der zuständige Beamte dafür »schriftlich« eine »präzise und kurze« Begründung geben.[13] Nachdem er 1981 überfallen worden war, versuchte Goetz eine Lizenz zu bekommen und verwendete darauf anscheinend 2000 Dollar. Er wurde abgewiesen und bekam keine Erklärung außer einem »Wir können nicht jedem eine Lizenz geben«.[14]

Die Vorschriften über diese Straftaten wegen Besitzes sagen nichts darüber aus, ob Notwehr oder andere Defenses* eine Anklage wegen Tragens einer Waffe ohne Lizenz verhindern können.

* Anm. d. Ü.: Defenses sind Einwände, die die Verteidigung vorbringen kann, vgl. dazu oben Kapitel 2, Fußnote auf Seite 38.

Das Strafgesetz definiert die Straftaten und die Defenses und überläßt es dem Leser – unter alleiniger Benutzung der Vernunft – herauszufinden, welche Defenses welche Straftaten rechtfertigen. Nehmen wir zum Beispiel an, daß sich jemand bedroht fühlt und allein aus Gründen der Selbstverteidigung Schußwaffen bei sich hat – ergibt sich daraus, daß er im Prozeß zur Rechtfertigung Notwehr geltend machen kann? Wie kommen wir zu einer vernünftigen Lösung dieses Problems – eines Problems, das für die Anklage gegen Bernhard Goetz offensichtlich zentral ist?

Die Prinzipien und Kriterien der Notwehr sind eine Reaktion auf das Problem, unter welchen Bedingungen eine aktive Reaktion auf einen unmittelbar drohenden Angriff gerechtfertigt ist. Es ist aber vollkommen ausgeschlossen, daß man einen Angriff dadurch zurückschlagen kann, daß man eine Waffe nur besitzt. Vielleicht wird es einen Angreifer abschrecken, wenn man die Waffe zeigt, aber das Zeigen ist schon mehr als der Besitz: Es ist eine Form des Handelns. Der Handlungsablauf der Notwehr erfaßt schlichtweg nicht das formale Problem, das entsteht, wenn eine den Besitz verbietende Vorschrift verletzt wird. Die Notwehr zielt nicht darauf ab, eine Ausnahme von einem verbotenen passiven Zustand zu begründen, sondern sie soll vielmehr ein aggressives und Schaden zufügendes Verhalten rechtfertigen.

Es überrascht daher nicht, daß der New York Court of Appeals im Fall *Volk v. Pons*[15] entschieden hat, daß die Notwehr nicht dazu dient, einen Vorwurf wegen illegalen Besitzes zweiten Grades zu rechtfertigen, nämlich den Besitz einer Waffe mit der Absicht, sie unrechtmäßig zu benutzen. Der Angeklagte Pons hatte in einem Streit auf einen anderen Mann geschossen und ihn getötet. Mitten in einer heftigen Auseinandersetzung war er nach Hause gegangen, hatte eine Schrotflinte geholt und war auf die Szene zurückgekehrt. Gegenüber der Anklage wegen verschiedener Formen des Totschlages als auch des Besitzes einer Schrotflinte berief sich der Angeklagte auf Notwehr. Er habe sich bewaffnen müssen, auch wenn das illegal war, weil er einen Angriff befürchtete, der dann tatsächlich auch erfolgte. Der Tatrichter wies die Jury im Verfahren an, Notwehr als eine Rechtfertigung für den Totschlag zu prüfen, entschied aber auch, daß Notwehr für die Vorwürfe wegen Besitzes bis zu dem Moment nicht in Betracht kam, als der Angriff und die erforderliche Verteidigung erfolgten. Die Jury nahm ihm ab, daß er in Notwehr gehandelt hatte und sprach ihn wegen des

Totschlages frei, aber sie hielt sich an die Instruktionen des Richters und verurteilte Pons wegen unrechtmäßigen Besitzes in der Zeit, bevor der Angriff tatsächlich stattfand.

Der Court of Appeals bestätigte die Entscheidung des Richters, daß Notwehr gegenüber dem Vorwurf des unrechtmäßigen Besitzes der Schußwaffe keine Anwendung finden konnte, und begründete sein Ergebnis damit, daß Notwehr nur den tatsächlichen Gebrauch und nicht den einfachen Besitz der Waffe rechtfertigen könne. Dieser Teil der Entscheidung war vorherzusehen. Was aber viele Beobachter überraschte, war, daß das Gericht außerdem entschied, die Notwehr habe auch auf den beabsichtigten unrechtmäßigen Gebrauch der Waffe keinen Einfluß. Der Kernsatz der Richter lautet: »Es sind keine Umstände vorstellbar, unter denen der Rechtfertigungsgrund (der Notwehr) eine Defense gegen die Straftat des unrechtmäßigen Waffenbesitzes sein kann.«[16]

Die beste Erklärung für diese Entscheidung dürfte sein, daß es dem Gericht auf eine Klarstellung des Unterschieds zwischen dem Besitz einer Waffe und deren Benutzung, zwischen dem Besitz im Vorfeld der Verteidigungshandlung und der Verteidigungshandlung selbst ankam. In einem Fall wie *Pons* oder eben *Goetz*, bei dem sich die Anklage sowohl auf unrechtmäßigen Besitz als auch auf rechtswidriges Schießen auf einen anderen stützt, kommt es darauf an, daß man den Besitz zu irgendeinem Zeitpunkt vor dem Moment der Schüsse als einen in sich abgeschlossenen Vorgang begreift. Nur so kann man erklären, warum die Notwehr bei den Schüssen nicht den vorangegangenen passiven Besitz der Pistole rechtfertigen kann.

Wenn man diese zeitliche Trennung akzeptiert hat, ergibt sich die Möglichkeit, daß jemand wie Goetz gerechtfertigt geschossen hat, aber dennoch als passiver Besitzer unrechtmäßige Absichten verfolgt hat. Das Gericht hat das so begründet:[17]

> Daraus, daß der Beschuldigte bei der Abgabe der Schüsse mit der Waffe unter den besonderen Umständen, die zu diesem Zeitpunkt bestanden, gerechtfertigt gehandelt hat, folgt nicht, daß ihm die Absicht fehlte, die Waffe während des Zeitraumes vor den Schüssen unrechtmäßig zu gebrauchen, als er die Waffe bereits besaß.

Das heißt mit anderen Worten, daß jemand einfach Glück haben kann, wenn er sich in der Absicht bewaffnet, die Schußwaffe unrechtmäßig zu gebrauchen, und ihn dann das von ihm avisierte

Opfer zuerst angreift. Wenn das passiert, kann er wegen der Abwehr des Angriffes gerechtfertigt, aber dennoch schuldig sein wegen unrechtmäßiger Selbstbewaffnung. Es sieht so aus, als sei die Jury zu dem Schluß gekommen, daß Pons dieses geteilte Glück hatte, und auch Goetz konnte dasselbe Schicksal ereilen, daß seine Jury zu dem Ergebnis gelangen würde, sein Handeln sei gerechtfertigt, aber der vorangegangene Besitz der Schußwaffe sei strafbar gewesen.

Die Entscheidung zum Fall *Pons* erging gerade zu der Zeit, als der Fall Goetz die Phase der Auswahl der Jury erreichte, die dem Verfahren vorausliegt. Die Anwälte und Richter Cranes Assistent, Leon Schechter, besprachen die Entscheidung offen in dem Raum, in dem die Auswahl stattfand. Jeder schien davon auszugehen, daß die Entscheidung schlecht begründet war und das Recht falsch auslegte. Sie waren anscheinend der Meinung, der Besitz einer Waffe mit der Absicht, sie zu gebrauchen, sei genauso zu behandeln wie ein Versuch. Und tatsächlich entspricht es der generellen Interpretation des Rechts vom Versuch, daß der Besitz einer Waffe mit der Absicht, ein Verbrechen zu begehen, als der Versuch angeklagt werden kann, das beabsichtigte Verbrechen zu begehen. Wenn aber die Notwehr auf ein Verhalten Anwendung finden kann, das als »Versuch« bezeichnet wird, warum sollte dann die Notwehr dasselbe Verhalten nicht auch erfassen, wenn es als strafbarer Besitz gekennzeichnet wird? Die Antwort lautet, daß es nach der Vorstellung der Gerichte einen tiefgehenden Unterschied zwischen einer aktiven Straftat und dem strafbaren Besitz gibt.

Alle waren sich einig, daß der Fall *Pons* für die Verteidigung von Goetz eine Gefahr darstellte. Die Anklage wegen unrechtmäßigen Besitzes zweiten Grades konnte zu einer Höchststrafe von 15 Jahren führen, mit einer absolut nicht unterschreitbaren Mindeststrafe von eineinhalb Jahren Gefängnis. Die Jury würde von dieser schweren Strafdrohung nicht informiert werden, und sie könnte möglicherweise davon ausgehen, der unrechtmäßige Besitz zweiten Grades sei nur ein weiterer Anklagepunkt wegen Besitzes einer Schußwaffe, ein Anklagepunkt, auf den sie sich möglicherweise im Rahmen einer Kompromißentscheidung einigen würde. Ebenso bestand die Gefahr, daß Richter Crane bei seiner Erläuterung der Anklage nichts zur Notwehr sagen würde – daß er nicht einmal die folgende definitorische Aussage treffen würde: »Wenn Goetz die Absicht hatte, die Schußwaffe in Notwehr zu benutzen, dann hat er nicht die Absicht gehabt, sie unrechtmäßig zu benutzen.« Richter Crane würde sich wahrscheinlich an die Warnung aus dem Fall *Pons* halten und vermeiden, die Notwehr mit dem unrechtmäßigen Besitz zweiten Grades in Zusammenhang zu bringen. Als Folge davon konnte die Jury möglicherweise denken, die Absicht, eine Schußwaffe ohne Lizenz und somit unrechtmäßig zu besitzen, bilde eine ausreichende Grundlage für die Absicht, die Waffe unrechtmäßig zu benutzen.

Und was noch viel gefährlicher für die Verteidigung war: Es war durchaus möglich, daß Richter Crane die Jury im Sinne der anachronistischen gesetzlichen Vermutung instruieren würde, wonach diejenigen, die bestimmte Waffen besitzen, auch beabsichtigen, sie unrechtmäßig zu benutzen.[18] Zwar werden Schußwaffen vom Gesetzeswortlaut im Zusammenhang mit dem Besitz »einer jeden Art von Dolch, Stilett und gefährlichem Messer«[19] nicht erwähnt, aber der Auffangtatbestand am Ende dieser Liste – »oder jede andere Waffe, jedes Instrument, jedes Gerät oder jede Substanz, die für den primären Gebrauch als Waffe vorgesehen, gemacht oder angepaßt sind«[20] – scheint Schußwaffen einzuschließen. Das Gesetz wäre besser formuliert, wenn es sich auf diejenigen Waffen beschränken würde, bei denen die Vermutung einen Sinn ergibt. Bei den anderen Waffen, die in der Liste aufgeführt werden, gibt es keine Möglichkeit, den Besitz genehmigen zu lassen. Daraus könnte man schließen, daß es für ihren Besitz niemals einen vernünftigen Grund gibt. Aber viele Menschen, auch diejenigen, die eine Lizenz für das Tragen von Waffen haben, besitzen Pistolen wie Goetz seinen 38er Revolver und haben nicht die Absicht, sie unrechtmäßig zu benutzen. Es besteht kein Grund, allein von der Tatsache des Besitzes auf eine unrechtmäßige Absicht zu schließen (das Gesetz enthält keine Regelung über den Besitz ohne Lizenz). Aber das ist eine subtile Auslegung des Gesetzes, die vor den Strafgerichten keinen Erfolg haben muß. Alles in allem konnte sich Goetz leicht in diesem Anklagepunkt verfangen, auch wenn es der Verteidigung gelingen würde, jeden der Anklagepunkte wegen der Schüsse aus dem Weg zu räumen. Der Besitz zweiten Grades ist für den Unvorsichtigen im Zusammenspiel mit der erschwerenden Vermutung und der verborgenen Schwere der Straftat eine versteckte Sprengladung.

Wenn die Jury durch die Instruktion nicht verwirrt werden würde, dann konnte die Verteidigung wahrscheinlich dennoch über die tatsächliche Frage, ob Goetz die »Absicht hatte, (die Schußwaffe) unrechtmäßig zu gebrauchen«, zum Erfolg kommen. Es lagen keine Beweise dafür vor, daß Goetz sein Apartment mit der Absicht verließ, die ersten Kids zu töten, die ihn in der U-Bahn belästigen würden. Wenn die Anklage beweisen wollte, daß er an diesem bestimmten Tag jene niederträchtige Absicht hatte, dann würde Waples eine Erklärung dafür finden müssen, inwiefern sich der 22. Dezember von jedem anderen Tag unterschied (obwohl wir nicht genau wissen, wie viele es davon gab), an dem Goetz sein Apartment mit einer geladenen und in seinem Schnell-Zieh-Halfter verborgenen Schußwaffe verlassen hat. Warum hatte er nicht schon zuvor geschossen? Die Konfrontation im U-Bahn-Wagen war der entscheidende Auslöser der Schüsse; wenn sich die Jury auf diese Gedankengänge einlassen würde, würde sich die Anklage kaum über jeden vernünftigen Zweifel hinaus mit ihrer Behauptung durchsetzen können, daß Goetz schon zu dem Zeitpunkt niederträchtige Absichten verfolgte, als er sein Apartment verließ.

Der Anklagepunkt, dem die Verteidigung auf der tatsächlichen Ebene nur schwer entgegnen konnte, war der unrechtmäßige Besitz dritten Grades, denn diese Straftat setzt allein voraus, daß man wissentlich eine geladene Waffe in der Öffentlichkeit bei sich hat.[21] Wenn Goetz mit der Waffe geschossen hatte, mußte er eine geladene Waffe in der Öffentlichkeit bei sich gehabt haben, und wenn er nicht unzurechnungsfähig war, mußte er gewußt haben, daß er sie hatte. Von Anfang an sah dies aus wie ein unschlagbarer Anklagepunkt des Falls. Notwehr war hier genausowenig vorzubringen wie bei jeder anderen Anklage wegen Besitzes.

Die Straftaten wegen Besitzes verliehen der Anklage daher einigen Rückhalt für das Bemühen, in den Anklagepunkten wegen der Schüsse eine Verurteilung zu erreichen. Diese Straftaten sind ihrerseits eine Reaktion auf den vagen Umfang des versuchten Totschlages. Ist nämlich der Besitz als Straftat pönalisiert, kann auf der Grundlage einer vergleichsweise präzisen Definition des verbotenen Verhaltens frühzeitig gegen ein möglicherweise schädigendes Verhalten interveniert werden. Und die Logik der Straftaten wegen Besitzes gab der Anklage einen zusätzlichen Bonus: Die Notwehr konnte diese Anklagepunkte nicht so aus dem Weg räumen, wie es bei den Vorwürfen wegen Körperverletzung, versuchtem Mord und rücksichtsloser Gefährdung möglich war.

Die vagen Konturen des versuchten Mordes führen dazu, daß

dem Vorsatz als Voraussetzung für die Annahme eines versuchten Totschlages verstärkte Aufmerksamkeit geschenkt wird. Sowohl das traditionelle Verbrechen der Körperverletzung als auch die moderne Straftat des versuchten Mordes setzen ein vorsätzliches Verhalten voraus, aber die Anforderungen an den Vorsatz sind bei letztgenanntem enger konstruiert. Der Unterschied zwischen der engen und der weiten Auffassung vom Vorsatz tritt hervor, wenn man bedenkt, mit welcher Intention Harvey Lee Oswald die zwei Schüsse mit dem offensichtlichen Ziel abfeuerte, ein Attentat auf Präsident Kennedy zu verüben. Ein Schuß traf Governor Connally, der vor Kennedy saß. Oswald wußte, daß er Connally mit derselben Wahrscheinlichkeit treffen konnte wie Kennedy. Hatte er genauso den Vorsatz, Connally zu töten oder wenigstens zu verletzen, wie gegenüber Kennedy? Viele Juristen würden sagen, ja. Andere würden darauf bestehen, daß Oswald allenfalls fahrlässig handelte, als er Connally traf, und daß er nicht den Vorsatz hatte, ihn zu verletzen.

Die moralische Doktrin von zweifachen Folgen unterscheidet auf der Grundlage dessen, was für den Täter wichtig ist, zwischen zwei Ergebnissen einer Handlung – dem beabsichtigten Objekt der Handlung und einer erwarteten Nebenfolge. Der Täter beabsichtigt nur das Resultat, in das er seine Wünsche und seine Persönlichkeit investiert. Erwartete, aber unerwünschte Nebenfolgen liegen daher nicht innerhalb der Absicht des Täters. Dementsprechend wäre die Tötung eines Fötus als unerwünschter Nebeneffekt der Heraustrennung aus einem Eileiter keine vorsätzliche Tötung. Wenn man ein Eisenbahndepot in die Luft jagt und als Nebenfolge ein Schulgebäude zerstört und Kinder tötet, würde das nicht als vorsätzliche Tötung begriffen werden. Ebensowenig würde man die Verletzung von Connally als vorsätzlich ansehen. Oswald hatte weder ein Interesse daran, Connally zu verletzen, noch wünschte er sich das; nach diesem Verständnis hat er ihn mit dem Schuß, der für Kennedy bestimmt war, nicht vorsätzlich getroffen.

Der Vorsatz, der von dem Common Law für eine Körperverletzung und tätliche Beleidigung gefordert wird, ist immer schon weiter verstanden worden als diese enge Anbindung der Absicht an das erwünschte Ziel einer Handlung. Die vorsätzliche Körperverletzung umfaßt auch den Fall, daß man als Nebenfolge wissentlich einen Schaden herbeiführt. Wenn man die Anforderungen an den Vorsatz in diesem weiteren Sinn begreift, dann war Oswald einer vorsätzlichen Körperverletzung an Connally schuldig. Juristen erfassen diesen Zusammenhang mit der Formulierung, daß der Vorsatz bei einer Körperverletzung nicht spezifisch oder zielgerichtet sein muß, sondern nur generell vorliegen muß.

Im Gegensatz dazu ist der Vorsatz, der bei einem versuchten Mord verlangt wird, eng gefaßt. Da bei einem versuchten Mord der einem spezifischen Opfer zugefügte Schaden fehlt, findet die Schwere des Unrechts ihren Ausdruck in einem zielgerichteten, eng konstruierten Vorsatz zum Töten. Auf den Umfang des Vorsatzes wird so großes Gewicht gelegt, weil der Vorsatz allein das Verbrechen ausmacht. Dementsprechend würden wenige Juristen sagen, daß Oswald den Vorsatz hatte, Connally zu töten. Die Vorstellung von einer Körperverletzung verträgt sich mit weniger hohen Anforderungen an die Zielgerichtetheit des zugefügten Schadens, so daß z. B. für eine Körperverletzung zweiten Grades Fahrlässigkeit ausreicht.* Aber das Recht vom Versuch steht in engem Zusammenhang mit dem Vorsatz, ein eng verstandenes Unrecht zu tun.

Diese restriktive Auffassung von der Verantwortlichkeit hat einen guten Grund, denn dem Verbrechen des versuchten Mordes liegt ohnehin schon eine innovative und atypische Form der Zurechnung zugrunde. Weder setzt es das Leiden eines spezifischen Opfers voraus, noch gibt es präzise definierte Grenzen, die jene deutlich warnen, von denen Übergriffe auf die Interessen anderer ausgehen könnten. Das Geringste, was man vom Recht verlangen kann, ist eine präzise Definition des Vorsatzes.

Auch aus einer moralischen Perspektive heraus verlangt der versuchte Mord einen stärkeren Vorsatz als das traditionelle Verbrechen der Körperverletzung. Bei Körperverletzung ist der Vorsatz zu verletzen gefordert; Mord verlangt laut Gesetz den Vorsatz zu töten. Dennoch könnten Geschworene dazu neigen, den Namen des versuchten Verbrechens – Mord – für den Gegenstand des geforderten Vorsatzes zu halten. Eine wichtige begriffliche Unterscheidung liegt zwischen Totschlag und Mord. Das sechste Gebot lautet nicht: Du sollst nicht töten. Es lautet: Du sollst nicht morden. Die Tötung in Notwehr unterstreicht den Unterschied. Wenn er aus Notwehr gerechtfertigt ist, dann ist der Totschlag kein Mord, bleibt aber ein Totschlag.

* Vgl. die Darstellung auf S. 126ff.

Wenn die Geschworenen den versuchten Mord so begreifen würden, daß er aus dem Vorsatz besteht, einen Mord zu begehen, konnten sie möglicherweise genauso davon ausgehen, daß Goetz' Berufung auf Notwehr es ausschloß, daß er diese verwerfliche Absicht hatte. War er nach seiner eigenen Sicht der Dinge bestrebt, sich selbst zu retten, könnte man nicht sagen, daß es ihm letztlich darauf ankam, zu töten. Sein Ziel hätte nicht darin bestanden, einen Mord zu begehen, sondern darin, sich selbst vor einer drohenden Attacke zu retten. Wenn seine Absichten unter moralischen Gesichtspunkten gut waren und nicht an sich bösartig, würden die Geschworenen möglicherweise davor zurückschrecken, dies als einen Vorsatz zum Mord oder selbst zum Töten zu behandeln.

Dieses Verständnis des versuchten Mordes ist in sich vollkommen stimmig, auch wenn New Yorker Richter nur sehr widerwillig eine Jury dahin gehend instruieren würden, die Frage der Notwehr mit der Prüfung des Vorsatzes zu vermengen.* Die Standardinstruktion in New York definiert den Vorsatz mit trockenen Worten allein als die »bewußte Folge oder das bewußte Objekt« der Handlung. Selbst wenn man in Notwehr jemanden tötet, ist das die bewußte Folge der Verteidigungshandlung, und daher ist die Tötung vorsätzlich – auch wenn man geglaubt hat, sie sei für das eigene Überleben erforderlich. Letztlich folgen die Geschworenen jedoch ausnahmslos ihrem Alltagsverständnis vom Vorsatz beim Mord. Würden die Geschworenen davon ausgehen, dieser Vorsatz müsse notwendigerweise verwerflich sein, dann würden sie vermutlich ebenso zu dem Schluß kommen, daß die Vorstellung, eine Notwehrhandlung sei erforderlich, aus logischen Gründen nicht mit dem festgestellten Vorsatz zu vereinbaren sei.

Die Ironie dieser Logik bestünde darin, daß sie der Sache nach den subjektiven Maßstab der Notwehr durch die Hintertür wiedereinführen würden. Zwar kam es im Fall Goetz am Ende des langen Beschwerdeverfahrens vor der Eröffnung des Hauptverfahrens zur Zurückweisung des subjektiven Maßstabs zugunsten des objektiven. Aber wenn man die Verwerflichkeit zu einem notwendigen Element des Tötungsvorsatzes erhebt, kommt man zu denselben logischen Implikationen wie beim subjektiven Maßstab der Notwehr. Beide haben zur Folge, daß ein guter Glaube an die Notwehr die Zurechnung wegen versuchten Mordes ausschließt; in

* Schon hier sei darauf hingewiesen, daß die Geschworenen aber die Voraussetzungen des Tötungsvorsatzes genauso auffaßten; vgl. S. 277f.

der einen Variante, weil der Vorsatz nicht verwerflich ist, in der anderen, weil aus der subjektiven Sichtweise Notwehr vorliegt.

Die Anklagepunkte, die gegen Goetz erhoben wurden, zeigen sowohl die traditionelle, am Schaden orientierte, als auch die moderne, an der Handlung orientierte Einstellung zum Strafrecht. Die Grand Jury warf ihm beides vor – daß er ein Leid verursacht hatte (Körperverletzung ersten Grades) und daß sein Handeln das Potential von noch größerem und beabsichtigtem Leid in sich trug (versuchter Mord).

Die Spannung zwischen diesen beiden philosophischen Positionen findet man ebenfalls auf dem Gebiet des fahrlässigen Verhaltens. So wie man ein vorsätzliches Verhalten unabhängig davon, ob es zu einem Erfolg geführt hat, als strafbar ansehen kann, so kann man unabhängig von dem Schaden, der sich daraus ergeben mag, einen Vorwurf wegen fahrlässigen Verhaltens erheben. Wenn es zu einem Schaden kommt, dann sind dafür Anklagen wegen leichtfertiger Tötung[22] oder leichtfertiger Körperverletzung[23] vorgesehen – was selbstverständlich vom Schicksal des Opfers abhängt. Wird niemand verletzt, kann allein schon die leichtfertige Handlung dazu führen, daß eine Anklage wegen rücksichtsloser Gefährdung erhoben wird.

Vorsätzliche Verbrechen wiegen offensichtlich schwerer als fahrlässige Straftaten; im ersten Fall identifiziert sich der Straftäter mit dem Bösen, das er herbeizuführen versucht. Er entscheidet sich dafür; er will es. Das Böse ist seine Sache. Aber in einem Fall von Fahrlässigkeit entscheidet sich der Täter nur dafür, ein *Risiko* der Verletzung zu schaffen. Er identifiziert sich nicht mit dem Schaden, der sich aus diesem Risiko ergeben mag. Er entscheidet sich allein für das Risiko.[24]

Offensichtlich bringen einige Risiken Vorteile mit sich. Wir entscheiden uns dafür, Risiken zu schaffen und uns ihnen auszusetzen, wenn wir ein Auto fahren, mit dem Flugzeug fliegen, einen offenen Kamin benutzen, rauchen und – in letzter Zeit – Geschlechtsverkehr haben. Wollen wir uns darüber verständigen, ob ein Verhalten fahrlässig ist, müssen wir die untragbaren Risiken, die ein Verhalten zu einem fahrlässigen machen, von den tolerablen Risiken unterscheiden, die wir als Preis für ein modernes Leben akzeptieren. Konventionell wird diese Unterscheidung dadurch vorgenommen, daß ein fahrlässiges Risiko sowohl bedeutsam als auch ungerechtfertigt zu sein hat.[25] Bei der »Bedeutsamkeit« geht es einfach darum, daß die Größe des Risikos eine bestimmte Schwelle überschreiten muß. Bei der Frage des »gerechtfertigten« Risikos geht es darum, ob es richtig war, das Risiko unter den gegebenen Bedingungen einzugehen.

Bezüglich der Anklage wegen leichtfertiger Körperverletzung bei den vier Jugendlichen stand im Verfahren außer Frage, daß das Risiko bedeutsam war. Schließlich hatte Goetz auf sie geschossen. Der Schwerpunkt bei der Prüfung dieser Anklagepunkte lag auf der Frage, ob das Risiko unter den gegebenen Umständen »gerechtfertigt« war. Ebenso wie eine vorsätzliche Körperverletzung wegen Notwehr gerechtfertigt sein konnte, konnte auch die fahrlässige Körperverletzung wegen Notwehr gerechtfertigt sein. Daher würde die Frage der Notwehr sowohl über die Zurechnung wegen fahrlässiger als auch wegen vorsätzlicher Körperverletzung entscheiden.

So wie das Strafrecht des 19. Jahrhunderts die Straftat des Versuchs kreiert hat, hat das strafrechtliche Denken des 20. Jahrhunderts die fahrlässige Straftat, bei der niemand verletzt wird, hervorgebracht. Diese Straftat, die allein darin besteht, daß ein Risiko eingegangen wird, hat sich im amerikanischen Rechtsdenken in den fünfziger Jahren herauskristallisiert, als ihre Aufnahme vom Model Penal Code vorgeschlagen wurde. 1965 unterschied der Gesetzgeber von New York auf diesem vom Model Code eingeführten Gebiet vorläufig zwischen Vergehen und Verbrechen der rücksichtslosen Gefährdung. Im ersten Fall, der rücksichtslosen Gefährdung zweiten Grades, wird allein verlangt, daß der Täter in rücksichtsloser Weise »gegenüber einer anderen Person ein bedeutsames Risiko einer schwerwiegenden körperlichen Verletzung«[26] schafft. Der andere Fall, eine Anklage ersten Grades, verlangt in verschiedener Hinsicht mehr[27], hauptsächlich, daß in der Tat des Beschuldigten »eine unsittliche Gleichgültigkeit gegenüber dem menschlichen Leben« zum Ausdruck kommen muß.

Diese beiden Straftaten lehnen sich eng an die Formulierungen des Totschlages zweiten Grades und des Mordes zweiten Grades an. Man nehme den Totschlag zweiten Grades, der durch »die leichtfertige Verursachung des Todes einer anderen Person«[28] begangen wird, und ziehe dann den Erfolg, den Tod, ab. Was übrigbleibt, ist das Vergehen der rücksichtslosen Gefährdung.[29] Man nehme den Mord zweiten Grades[30] ohne den Erfolg eines tatsächlichen Schadens, und unter dem Strich hat man die rücksichtslose Gefährdung ersten Grades.[31]

Die letztgenannte Straftat erfaßt genau die Gefahr, die möglicherweise von Goetz' Schüssen für die anderen Passagiere im Wagen ausging. Obwohl das Verbrechen der rücksichtslosen Gefährdung im technischen Sinn sowohl das Risiko anspricht, das Goetz für die vier Jugendlichen geschaffen hat, als auch das, das er für die anderen Passagiere herbeigeführt hat, setzte die Anklage diese Straftat im Hinblick auf den möglichen Schaden für die unbeteiligt Dabeistehenden ein. Es war nur der »Vorsehung« zu verdanken, argumentierte Gregory Waples, daß die fünf Schüsse in einem vollen U-Bahn-Wagen nicht einen der anderen Passagiere verletzten. Demgegenüber wies die Verteidigung darauf hin, daß die Kugeln entweder direkt auf die Körper der Opfer oder, im Fall der einen verirrten Kugel, auf die stählerne Seitenverkleidung des Wagens abgegeben wurden. Obwohl ein anders lautender Hinweis eines Zeugen vorlag[32], gab es keinen Querschläger in dem U-Bahn-Wagen; die Verteidigung berief sich darauf, daß tatsächlich niemand außer den vieren, auf die gezielt worden war, durch die Schüsse gefährdet worden war.

Juristen würden sagen, daß die beiden mit diesen argumentativen Scharmützeln nie »den Punkt trafen«. Indem Waples auf den möglichen Schaden abhob und indem die Verteidigung betonte, was tatsächlich passiert war, gingen beide Argumente aneinander vorbei. Waples stützte sich auf eine abstrakte Konzeption eines Risikoverhaltens – des Risikos, das generell entsteht, wenn in einem vollen U-Bahn-Wagen geschossen wird. Baker und Slotnick beriefen sich auf einen wesentlich konkreteren Begriff des relevanten Risikos – des Risikos, das von den Schüssen dieses Verdächtigen unter diesen einmaligen Bedingungen ausgeht.

In der Tat gibt es eine unbegrenzte Zahl von Möglichkeiten, wie man das vom Gesetz geschaffene Risiko beschreiben kann. Es wäre genauso korrekt zu sagen, er habe seine Schüsse an einem überfüllten Ort abgegeben, ohne zu erwägen, daß es sich bei diesem Ort um einen fahrenden U-Bahn-Wagen handelte; oder, er habe eine Schußwaffe abgefeuert, ohne zwischen einer Maschinenpistole und einer Pistole zu unterscheiden. Man könnte sehr viel konkreter werden und als Details einfügen, wo die Passagiere saßen, welche Geschwindigkeit der Zug hatte und welche Einwirkung zum Zeitpunkt der Schüsse die Luftströmungen hatten. Alle diese Faktoren sind für die Wahrscheinlichkeit relevant, daß ein Unbeteiligter getroffen werden konnte. Letztendlich war die Bestimmung der Gefahr, die von Goetz' Schüssen ausging, ein physikalisches Problem und keine Frage der Vorsehung.

Aber sobald wir alle diese physikalischen Variablen anführen und den Weg der Kugel voraussagen, stehen wir vor einem Paradoxon. Man wird feststellen, daß die Kugeln, die die unschuldig Dabeistehenden nicht trafen, sie auch *nicht treffen konnten*, weil der Weg einer Kugel von dem Moment an physikalisch festgelegt ist, in dem sie abgefeuert wird. Wenn eine Kugel einen bestimmten Passagier tatsächlich nicht getroffen hat, dann war es auch physikalisch unmöglich, daß sie ihn treffen würde. Nach dieser Logik hat eine Kugel, die einen Unbeteiligten nicht getroffen hat, ihn auch nicht gefährdet. In einer Welt, die physikalischen Gesetzen (die wir dem Prinzip nach erkennen können) folgt, spricht einiges dagegen, von einer rücksichtslosen Gefährdung auszugehen, obwohl niemand verletzt ist.

Man kann dieses Paradoxon nur vermeiden, wenn man von einer vollständigen Beschreibung der physikalischen Variablen Abstand nimmt. Wir müssen bestimmte Fallgruppen bilden wie etwa die, daß die Schüsse in die Richtung eines Passagiers oder in der Nähe eines Passagiers oder in demselben U-Bahn-Wagen, in dem der Passagier sitzt, abgefeuert werden.[33] Innerhalb dieser Fallgruppen kann die Fähigkeit des Schützen variieren. Die physikalischen Kräfte können variieren. Ein Element des Zufalls ist bei der Analyse zu berücksichtigen. Und in einer Welt, die von Zufällen bestimmt ist, kann man darauf beharren, daß jemand, der nicht getroffen wurde, vielleicht hätte getroffen werden können.

Wie bei vielen anderen theoretischen Rätseln des Falls Goetz mußte Richter Crane niemals bis zum Kern dieses Problems vordringen. Er wies den Antrag der Verteidigung zurück, die Anklage fallenzulassen, weil niemals irgendein Risiko gegenüber irgend jemand anders als den vier Jugendlichen bestanden habe, aber er mußte nie ausformulieren, was seiner Ansicht nach eine korrekte Beschreibung des Risikos wäre. Er ging dem Problem aus dem Weg, indem er die Jury in den Formulierungen des Gesetzes instruierte. Es lag an der Jury zu entscheiden, welches Risiko Goetz einging, als er seine Waffe unter diesen Bedingungen abfeuerte.

Selbst diejenigen, die mit Goetz' Bemühungen sympathisierten, sich hinsichtlich der vier Jugendlichen zu entlasten, gingen davon aus, daß er gegenüber der Anklage wegen rücksichtsloser Gefährdung einen schlechten Stand haben würde. Daß er gegenüber vier offenkundigen Angreifern gerechtfertigt war, mußte nicht bedeuten, daß es auch gerechtfertigt war, die 15 oder 20 anderen Passagiere, die sich im Wagen befanden, zu Tode zu erschrecken. Sie waren schließlich vollkommen unschuldige Zuschauer. Wie kann es das provokative Verhalten von vier Jugendlichen rechtfertigen, daß unschuldige Leute ihres Friedens und ihrer Sicherheit in der U-Bahn beraubt werden? Die Anklage entwickelte eine raffinierte Argumentation, warum gegenüber den Unbeteiligten nach den Kriterien der Notwehr keine Rechtfertigung hergeleitet werden konnte.

Waples argumentierte, Notwehr müsse auf die Fälle der Rechtfertigung gegenüber den mutmaßlichen Angreifern begrenzt bleiben. Soweit ein Risiko auch gegenüber unschuldigen Dritten gerechtfertigt sein solle, müsse sich das aus der gesetzlichen Vorschrift vom Notstand, einer Neuerung des Strafgesetzes von 1965 ergeben.[34] Der Unterschied zwischen den beiden Vorschriften bestand nach der Theorie von Waples darin, daß die Notwehr immer dann zu einer vollen Rechtfertigung führt, wenn der sich Verteidigende vernünftigerweise glaubt, ihn erwarte ein Angriff – und zwar unabhängig davon, ob er tatsächlich angegriffen wird oder nicht. Die Vorschrift über die Notwendigkeit scheint vorauszusetzen, daß tatsächlich »eine drohende öffentliche oder private Verletzung bevorsteht«.[35] Wenn die vier Jugendlichen Goetz tatsächlich gar nicht angegriffen hatten, würde dieser Umstand nicht unbedingt das Vorliegen von Notwehr ausschließen, aber er würde es verhindern – jedenfalls nach Waples' plausibler Interpretation des Gesetzes –, daß man sich auf Notstand berufen konnte. Waples ahnte, daß es um einen wichtigen Vorteil ging, als er in dieser Weise auf eine Entscheidung drang, daß der angemessene Rechtfertigungsgrund in Fällen von rücksichtsloser Gefährdung nicht Notwehr, sondern Notstand sei.

Weder die Verteidigung noch Richter Crane ließen sich an diesem Punkt in adäquater Weise auf Waples' Argumentation ein.[36] Die Verteidigung trat der theoretischen Kraft dieses Arguments nie entgegen, und sie war auch nie dazu gezwungen; denn Waples entschied sich in der Mitte des Verfahrens aus taktischen Gründen dafür, die Frage, ob die vier Jugendlichen tatsächlich dabei waren, einen Raub zu begehen, nicht als eine für den Fall relevante Frage behandeln zu lassen.[37]

Die Verteidigung wird gespürt haben, daß sie gegenüber der Anklage wegen rücksichtsloser Gefährdung einen schlechten Stand hatte. Nachdem die Geschworenen für das Verfahren ausgewählt waren, trat sie nämlich an Gregory Waples heran und bot wegen zwei der angeklagten Verbrechen ein Schuldbekenntnis an, wegen Besitzes einer geladenen Waffe in der Öffentlichkeit und wegen rücksichtsloser Gefährdung ersten Grades.[38] Mit diesem Schuldbekenntnis wäre wohl der Eindruck entstanden, daß Goetz gegenüber den vier Jugendlichen im Recht gewesen war[39], und gleichzeitig wäre das öffentliche Interesse daran befriedigt worden, gewalttätiges Verhalten in der U-Bahn zu verdammen und davor abzuschrecken. Aber der Distriktsstaatsanwalt lehnte den Handel ab. Er fand es zu wichtig, den Fall durchzuziehen und eine Jury von gewöhnlichen New Yorkern die Fragen entscheiden zu lassen.

Das Recht ist in seinen Definitionen des strafbaren Verhaltens ambivalent gegenüber dem menschlichen Leben. Beide Formen von Anklagen – solche wegen tatsächlicher Schäden und solche wegen möglicher Schäden – wurden gegen Bernhard Goetz erhoben. Es würde kein Plea Bargaining* geben, kein Schuldbekenntnis. Die Jury würde die allerletzte Entscheidung zu treffen haben, ob Goetz in Notwehr handelte und – wenn das nicht so war – wie die Leiden seiner Opfer abzuschätzen waren.

Für die Suche nach vernünftigen Prinzipien im Recht stellt das Leiden des Opfers eine schwer zu überwindende Hürde im Strafrecht dar. Generationen von Wissenschaftlern haben sich um eine Erklärung bemüht, warum wir den Totschlag schwerer bestrafen als den Versuch, jemanden zu töten, das tatsächliche Blutvergießen schwerer als die unrealisierte Absicht dazu. Gemeinsame Anstrengungen haben bisher noch zu keiner befriedigenden Begründung geführt, warum der Eintritt des Schadens die Strafe erhöht. Dennoch durchzieht diese Praxis jedes Rechtssystem der westlichen Welt. Wir haben keine adäquate Erklärung, warum es auf den Schaden ankommt, aber es kommt auf ihn an.

Das Recht kann und sollte bei der Festlegung vernünftiger Regeln sich auf die Empfindungen der Menschen stützen. Denn letztlich sind es diese Menschen, die in der Stimme der Jury sprechen und die letzte Entscheidung treffen, ob ein angeklagter Straftäter

* Anm. d. Ü.: Plea Bargaining ist ein Aushandeln des Schuldbekenntnisses; im deutschen Strafrecht gibt es in den letzten Jahren zunehmend einen ähnlichen Vorgang, der als »Absprache« oder als »Deal« bezeichnet wird.

nach dem Recht schuldig ist. Das soll nicht heißen, daß das Recht den irrationalen Emotionen weichen sollte, die aus der Feindseligkeit zwischen den Rassen und der Rachlust erwachsen. Aber der Drang nach Vernunft im Recht sollte uns auch nicht vergessen lassen, daß das Recht den Menschen dient. Oliver Wendell Holmes hat diesen elementaren Punkt im bekanntesten Aphorismus des amerikanischen Rechts benannt: »Nicht die Logik hat dem Recht Leben zu verleihen, sondern die Erfahrung.«[40] Die gesammelte Weisheit der Tradition tritt in den Argumenten derer zutage, die das Recht auf der Grundlage der Vernunft weiterentwickeln wollen, aber es besteht genauso ein Bedürfnis nach kontinuierlicher Anwendung des Rechts durch die Geschworenen, die ihren Alltagsverstand und ihr intuitives Gefühl von Gerechtigkeit in die Strafverfahren einbringen.

Anmerkungen

1 Ich räume ein, daß es eine gegensätzliche christliche Tradition gibt, die bei Matthäus, Kapitel 5, Vers 28, Ausdruck gefunden hat, in der die Absicht für die Handlung steht.

2 Bartlett identifiziert diesen Ausspruch als das »32. Epigramm« in Paladas in 10 *The Greek Anthology* (J. W. MacKail ed., 1906).

3 MPC § 5.05(1).

4 Protokoll, bei 4762-63.

5 Protokoll, bei 4773.

6 Vgl. Kapitel eins, Anmerkung 2.

7 NYPL §§ 120.05, 120.10.

8 NYPL § 120.00.

9 NYPL § 110.00.

10 NYPL § 265.00 (strafbarer Besitz vierten Grades).

11 NYPL §§ 265.02 (Verbrechen der Klasse D), und 70.00(2)(d) (strafbarer Besitz dritten Grades).

12 NYPL § 400.00(2): »Eine Lizenz für den Besitz und das verborgene Mitsichführen einer Pistole oder eines Revolvers soll an jede Person... unabhängig von der Tätigkeit und den örtlichen Gegebenheiten des Besitzes ausgestellt werden, wenn für die Ausstellung ein angemessener Grund vorliegt.«

13 NYPL § 400.00 (4-a).

14 Das ist Goetz' Zusammenfassung davon, welche Begründung ihm ge-

geben wurde. Vgl. die Videoabschrift, S. 24.

15 68 NY2d 264, 501 NE2d 11, 508 NYS2d 403 (Oktober 1986).

16 68 NY2d, S. 267.

17 68 NY2d, S. 268.

18 Heutzutage betreffen so viele verfassungsrechtliche Probleme den Gebrauch von Beweisregeln zu Vermutungen im Strafverfahren, daß es eine Überlegung wert wäre, den Gebrauch dieser Beweisregeln insgesamt zu vermeiden. Vgl. dazu County Court of Ulster County v. Allen, 442 U.S. 140 (1979) (mit fünf zu vier Stimmen bestätigte der Supreme Court die in New York geltende Vermutung, die es zuläßt, aber nicht vorschreibt, daß die Jury von der Tatsache, daß sich in einem Auto eine Schußwaffe befand, darauf schließt, daß alle Passagiere sie wissentlich besaßen).

19 NYPL § 265.15(4).

20 A.a.O.

21 NYPL § 265.02(4). Nach der gesetzlichen Definition wird die Straftat von jemandem begangen, »der eine geladene Schußwaffe besitzt«. Aber derselbe Abschnitt sieht vor, daß es keinen Verstoß darstellt, »wenn ein solcher Besitz in der Wohnung dieser Person oder an ihrem Arbeitsplatz ausgeübt wird«.

22 NYPL § 125.15(1).

23 NYPL § 120.05(4): »Mittels einer tödlichen Waffe oder eines gefährlichen Instruments«.

24 Man unterscheidet konventionell zwischen bewußter oder leichtfertiger Fahrlässigkeit und einfacher Fahrlässigkeit, bei der der Täter ein Risiko schafft, sich aber nicht dafür entscheidet, noch davon weiß. Vgl. Model Penal Code § 2.02(2).

25 Für New York vgl. NYPL § 15.05(3) (leichtfertige Fahrlässigkeit setzt voraus, (1) daß das Risiko bedeutsam und ungerechtfertigt ist und, (2) daß die Entscheidung, das Risiko einzugehen, »eine grobe Abweichung von dem Verhaltensmaßstab darstellt, den eine vernünftige Person in dieser Situation beachten würde«).

26 NYPL § 120.20.

27 Vgl. NYPL 120-25, der ein »schwerwiegendes Todesrisiko« und nicht nur das »bedeutsame Risiko einer schwerwiegenden körperlichen Verletzung« voraussetzt.

28 NYPL § 125.15(1).

29 Dieser Unterschied bei der Strafhöhe ist nichts wert. Totschlag zweiten Grades ist ein Verbrechen der Klasse C und hat eine Höchststrafe von 15 Jahren, NYPL 70.00(2) (c); rücksichtslose Gefährdung zweiten Grades ist ein Vergehen der Klasse A mit einer Höchststrafe von einem Jahr, NYPL 70.15(1). Der einzige Unterschied zwischen den beiden Straftatbeständen ergibt sich, wenn die fahrlässige Handlung zum Tod führt.

30 NYPL § 125.25(2): »Wer sich unter Bedingungen, die eine unsittliche Gleichgültigkeit gegenüber dem menschlichen Leben erweisen, auf ein leichtfertiges Verhalten einläßt, das ein schwerwiegendes Todesrisiko schafft... und dabei den Tod einer anderen Person bewirkt.«

31 NYPL § 120.25 (die Formulierung ist mit Ausnahme der letzten Passage über die Verursachung des Todes identisch mit NYPL § 125.25(3)). Der zufällige Eintritt des Todes, eine Folge, die außerhalb der Kontrolle des Täters liegt, hebt die Strafe von einer Höchststrafe von 7 Jahren an auf lebenslange Freiheitsstrafe.

32 Victor Flores machte folgende Aussage (Protokoll, bei 5887):

WAPLES Haben Sie irgendwelche anderen Geräusche vernommen, als die Schüsse abgefeuert wurden?

FLORES Da kam ein Ton von der Decke des Wagens. Ich hörte einen Ton.

WAPLES Was für ein Ton war das?

FLORES So, als ob etwas auf Metall getroffen hat.

WAPLES Und wo war das von Ihrem Standort aus gesehen?

FLORES Das war ganz nah bei der Stelle, wo ich saß.

WAPLES Sie reden jetzt von der Decke des Wagens?

FLORES Von der Decke.

33 So unterstellt der Model Penal Code, daß leichtfertige Fahrlässigkeit vorliegt, wenn eine Person wissentlich eine Schußwaffe »auf oder in die Richtung einer anderen Person« richtet. MPC § 211.1.

34 NYPL § 35.05.

35 A.a.O.

36 Wäre Richter Crane dazu gezwungen worden, diese Frage zu entscheiden, hätte er wahrscheinlich die Argumentation von Waples unter Hinweis auf eine Fußnote der Begründung des Court of Appeals in *Volk v. Goetz*, 868 NY2d 96, 104 n.2 zurückgewiesen, die besagt, »die Notwehr ist ein Rechtfertigungsgrund bei (rücksichtsloser Gefährdung)«. Diese Fußnote unterscheidet aber nicht zwischen verschiedenen Formen der Rechtfertigung und verträgt sich daher mit Waples' Standpunkt, daß Notstand eher als Notwehr bei rücksichtsloser Gefährdung die angemessene Rechtfertigung ist.

37 Zu einer näheren Behandlung dieser taktischen Frage vgl. Kapitel sechs, S. 167ff.

38 Gregory Waples hat mir das in einem Gespräch am 18. Juni 1987 eröffnet. Soweit ich weiß, wurde in der Presse nie darüber berichtet.

39 Keines dieser Schuldbekenntnisse hätte Goetz bei seiner Verteidigung gegen die Schadensersatzklagen der von den Schüssen verletzten Opfer vor den Zivilgerichten geschadet.

40 Oliver Wendell Holmes, Jr., *The Common Law* 1 (1881).

5. Das Volk kommt ins Spiel

Das Gebäude des Strafgerichts in der Centre Street liegt nicht weit entfernt von der Haltestelle Chambers Street der IRT U-Bahn-Linie. Diese Haltestelle der U-Bahn war der kleinen Gruppe von Leuten präsent – Richter Stephen Crane, die Anwälte der beiden Seiten, ein Gerichtsreporter und ein oder zwei Beobachter –, die sich Anfang 1987 im Winter um den Tisch im Beratungsraum der Jury versammelten, um die Geschworenen für das Strafverfahren von Bernhard Goetz zu befragen. Die Station Chambers Street ist die Haltestelle in unmittelbarer Nähe des Ortes der Schießerei; Goetz floh aus der U-Bahn, indem er die Gleise entlang bis zur Chambers Street rannte und dort auf den Bahnsteig sprang. Als ob Manhattan eine Kleinstadt wäre, liefen ein paar Häuserblocks von der Stelle, wo das mutmaßliche Verbrechen stattgefunden hatte, die Prozeduren der Justiz an.

Ob die Beobachter oder die möglichen zukünftigen Mitglieder der Jury, alles Bewohner von Manhattan, von West Harlem oder von der Upper West Side zum Gericht kamen – sie würden an der Chambers Street aussteigen und einige Häuserblocks vorbei an schäbigen Drogerien, Buchläden und Zeitungsständen bis zum Komplex der Regierungsgebäude laufen, in dem sich auch das Centre Street-Gerichtsgebäude befindet. Wenn die potentiellen Geschworenen an den Zeitungsständen vorbeikamen, konnte es leicht passieren, daß sie die Schlagzeilen über den nahe bevorstehenden Prozeß gegen Goetz, den Volkshelden, sahen. Und sicherlich wäre es für sie verlockend, einen kurzen Blick auf den Artikel über den Fall zu werfen; schließlich standen sie selbst im Mittelpunkt des ständigen Interesses der Medien. Aber zu Beginn ihrer Auswahl aus der Liste von über 300 potentiellen Geschworenen wurden sie angewiesen, die öffentlichen Kommentare nicht zu verfolgen und den Fall nicht mit Freunden oder in der Familie zu diskutieren. Sie wurden langsam von einer nahezu heiligen Funktion im System der Gerechtigkeit absorbiert. Schließlich würde die Entscheidungsmacht ganz allein bei ihnen liegen. Wie Novizen, die sich auf eine religiöse Weihung vorbereiten, mußten sie Schritt für Schritt alle Brücken zur säkularen Welt der persönlichen Beeinflussung und der Beeinflussung durch die Medien abbrechen.

Zunächst geht es beim Aussieben der Geschworenen um die Frage, ob sie für den Dienst zur Verfügung stehen. Würden ihre Arbeitgeber ihnen erlauben, fünf oder sechs Wochen von der Arbeit wegzubleiben? Würden sie eine finanzielle, familiäre oder berufliche Härte erleiden? Leuten, die nach Tagen und Stunden bezahlt werden, fällt es schwer, den Dienst wahrzunehmen, da ihr Lohn nicht garantiert ist. Freiberufler aus der Mittelklasse suchen regelmäßig nach einer Entschuldigung, weil ihnen ihre Zeit zu wichtig ist. Nur für einen Zeitraum von zwei Wochen kann man Geschworene verpflichten. Für ein längeres Verfahren braucht man eine freiwillige Verpflichtung.

Stehen sie für den Dienst zur Verfügung, wendet sich die Untersuchung der Frage zu, ob sie zu sehr für oder gegen den Angeklagten eingenommen sind. Die Befragungen finden in einer relativ intimen Umgebung statt, so daß sich die Geschworenen frei aussprechen können, ohne daß es ihnen peinlich wird und ohne Beeinflussung durch die anderen Kandidaten, die im Gerichtssaal darauf warten, daß sie an die Reihe kommen. Für Richter Crane ist dies genauso wie für die Anwälte eine erste Gelegenheit, sich mit einer Auswahl von Bewohnern Manhattans auf Diskussionen einzulassen und den Fall zu sondieren.

Die erste mögliche Geschworene, die sich eines Morgens einfand, war eine attraktive, junge schwarze Sozialarbeiterin aus Harlem, und man merkte schnell, daß sie ungewöhnlich freimütig war. Auf Richter Cranes liebenswürdige Befragung hin gab sie zu, daß nach ihrer Ansicht alle Weißen Ängste vor jungen schwarzen Männern hegen, die in Gruppen auftreten, und sie sagte: »Manchmal werden diese Ängste auf eine sehr üble Art und Weise ausgelebt.«[1] Ihrer Meinung nach bestand ein Zusammenhang zwischen dem Fall Goetz und einem rassisch motivierten Überfall in Howard Beach, der sich kürzlich ereignet hatte – wenigstens insoweit, als das Verhalten der Angeklagten in beiden Fällen eine stereotype Einstellung gegenüber Schwarzen widerspiegele.

Die Anwälte mußten schnell überlegen. Die Frau hatte festgelegte Ansichten und offensichtlich ein Vorurteil, aber war dieses Vorurteil gut für die Verteidigung oder für die Anklage? Ihre Auffassung von den Ängsten der Weißen vor Schwarzen würde der Verteidigung insofern entgegenkommen, als sie Goetz' Ängste vor den vier Jugendlichen verständlicher machen und damit als unter den gegebenen Umständen eher vernünftig erscheinen lassen würden. Aber wenn sie dachte, daß alle Weißen Fanatiker seien, konnte sie auch der Anklage gewogen sein und ihre Solidarität mit den schwarzen Opfern des Angriffs eines weißen Mannes zum Ausdruck bringen. Auf dieser Stufe der Befragung gibt es die informelle Regel, daß alle Geschworenen, die bereit sind, ihren Dienst auszuüben, in den Pool für eine spätere, intensivere Befragung vor Gericht kommen, außer wenn beide Seiten sich einig sind, den Kandidaten zu entlassen.

Die Auswahl der Jury hat das Ziel, unparteiische und unbefangene Geschworene zu finden. Der Glaube, daß das in irgendeinem Verfahren möglich ist, käme vielen von uns selbst dann als naiv vor, wenn man davon absieht, daß es sich um einen der von der Presse am sensationellsten aufgemachten Fälle der letzten Jahre handelt. Die heutzutage in den Universitäten vorherrschende Auffassung ist jedenfalls die, daß unsere subjektiven Interessen immer auch unsere Bemühungen um eine Aufklärung dessen, was »wirklich passiert«, beeinflussen. Der Betrachter ist Teil dessen, was er betrachtet. Dennoch bleibt das Recht der Idee verpflichtet, daß die Geschworenen die Tatsachen so feststellen, als ob sie keinerlei spezifische Ansichten der Realität hätten.

Doch in der Praxis müssen sich nur die Richter dem offiziellen Glauben an die Objektivität unterwerfen. Die Anwälte suchen selbstverständlich nach Geschworenen, die zu ihrer Seite neigen – aber nicht so offensichtlich, daß sie für den gegnerischen Anwalt wegen ihrer Vorurteile Gegenstand einer Ablehnung werden. Bis die Jury am Ende vereidigt wird, kann jede Seite beliebig viele Anträge stellen, daß bestimmte Geschworene aus triftigem Grund entfernt werden, und sie kann zusätzlich in einem Verfahren wie diesem fünfzehn von ihnen definitiv entlassen – ohne dafür auch nur irgendeinen Grund angeben zu müssen.

Die Anklage und die Verteidigung kamen überein, die Sozialarbeiterin zu entlassen. Es war nicht wahrscheinlich, daß sie einer späteren Ablehnung standhalten würde: Ihr offenes Vorurteil war eine »wild card«, die auf unvorhersehbare Weise jede Seite stärken und schwächen konnte. Manchmal, wenn ein Vorurteil nur relativ schwach ausgeprägt ist, wird der Anwalt, der sich davon einen Vorteil verspricht, die Befragung fortsetzen und sich bemühen, den zukünftigen Geschworenen neutral und urteilsfähiger erscheinen zu lassen. Dieses Verfahren bezeichnet man malerisch als »Rehabilitation«.

Ein ernster und eindringlich schauender Weißer mittleren Alters trug vor, daß ein schwarzer Mugger schon einmal auf ihn geschossen hatte und er deswegen ein Jahr im Krankenhaus verbracht hatte. Er bestand darauf, daß er kein fairer und unparteiischer Geschworener sein könne: Er dachte, Goetz habe richtig gehandelt. Es sah so aus, als ob die Verteidigung seiner Entlassung zustimmen müsse. Ganz unerwartet schaltete sich Goetz selbst mit einer Frage ein: »Sie sympathisieren mit mir, weil Sie einmal das Opfer eines Raubüberfalls waren. Wenn der Staatsanwalt Ihnen beweisen könnte, daß ich nicht das Opfer eines Raubüberfalls war und daß ich ohne Rechtfertigung auf vier Leute geschossen habe, würden Sie dann Ihre Sympathie für mich ablegen?«[2] »Ja, selbstverständlich«, kam ohne Zögern als Antwort.

Baker und Slotnick bemühten sich – gewöhnlich ohne Erfolg – darum, daß ihr Mandant schwieg. Hier zeitigte sein Eingreifen ein Resultat. Indem er eine hypothetische Frage aufwarf, die im Gegensatz zu dem stand, was er für wahr hielt (selbstverständlich dachte er, daß er einen triftigen Grund gehabt hatte, zu schießen), gelang es Goetz, dem zukünftigen Geschworenen eine wichtige Botschaft zu vermitteln. Der Mann stellte fest, daß sein anfängliches Urteil, das auf einem bestimmten Verständnis von den Tatsachen beruhte, nicht ausschließen würde, daß er im Verfahren gegenüber dem Nachweis anderer Tatsachen offen sein würde. Wenn es glaubhaft ist, dann ist dieses Maß an offener Geisteshaltung zusammen mit einer exakten Befolgung der rechtlichen Instruktionen des Richters alles, was von einem Geschworenen erwartet werden kann. »Rehabilitiert« von Goetz' Frage und seiner Antwort blieb dieses frühere Opfer eines Verbrechens, jedenfalls im Augenblick, im Reservoir der geeigneten Geschworenen.

Vorurteile finden leicht einen Anknüpfungspunkt, wenn man Goetz' Prozeß als Ausdruck eines größeren politischen Kampfs sieht – zwischen Schwarz und Weiß, zwischen Verbrechensopfern und raubgierigen Menschen. Sollte im Verständnis der Geschworenen bei diesem Fall mehr auf dem Spiel stehen als eine Untersuchung von Goetz' persönlicher Schuld, etwa ein Referendum über die Würde der Schwarzen oder über das Verbrechen, dann würden sie wegen ihres Interesses für die symbolische Bedeutung ihrer Entscheidung dazu neigen, die Tatsachen so zu interpretieren, daß sie das von ihnen gewünschte Ergebnis stützten. In dem Verfahren gegen Bernhard Goetz tendierten die meisten zu der Auffassung, daß bei dem Fall mehr auf dem Spiel stand. Wäre er nur eine Auseinandersetzung zwischen einem jungen Mann, der eine Waffe bei sich trug, und vier möglichen Angreifern gewesen und hätte man von allen fünfen nicht die Hautfarbe gewußt, hätte er nicht die Aufmerksamkeit der Medien gefunden, der Beschuldigte wäre nicht zum Volkshelden geworden.

Für einige war das wichtigere Problem die Rasse. Nichts schien die Verteidigung mehr zu beunruhigen als die Schwierigkeit, die wahre Einstellung der zahlreichen Schwarzen und Hispanics* herauszufinden, die als zukünftige Geschworene befragt wurden. Eine Meinungsumfrage, die im März 1985 von den *Daily News* und von »Eyewitness News«** durchgeführt wurde, brachte – wenn auch auf der Grundlage einer begrenzten Auswahl – zutage, daß erheblich mehr schwarze (51 Prozent) als weiße New Yorker (19 Prozent) die Anklage wegen versuchten Mordes unterstützten. Aber diese Botschaft wurde nicht von den Mitgliedern der Minderheiten artikuliert, die für den Dienst in der Jury aufgerufen wurden. Wenn bei ihnen überhaupt eine Einstellung zum Vorschein kam, dann waren sie eher für Goetz als gegen ihn. Die junge schwarze Sozialarbeiterin, die von beiden Seiten entlassen wurde, erwies sich als Ausnahme. Ein junger schwarzer Mann sagte, er könnte der Auffassung gewesen sein, die Rasse spiele bei dem Fall eine Rolle – zumindest bis vor einem Jahr, als sich ihm zwei schwarze Männer aus seiner Wohngegend von hinten näherten und ihm mit einem Bleirohr den Arm brachen.

Sicherlich war allen potentiellen Geschworenen bekannt, wer von den fünf Männern welcher Rasse angehörte. Und sie waren auch in anderer Hinsicht gut informiert. Die meisten erinnerten sich, daß eines der Opfer schwer verletzt, gelähmt, worden war und daß eines der Opfer wegen einer Vergewaltigung, die nach den Schüssen in der U-Bahn stattfand, angeklagt und verurteilt worden war. Das waren die zentralen Fakten, die dem Fall in der öffentlichen Meinung sein Profil verliehen.

Das Verfahren der Vorauswahl kam Anfang März zum Ende,

* Anm. d. Ü.: Sammelbegriff für Angehörige spanischsprechender ethnischer Minderheiten in den USA.

** Eine Nachrichtensendung im amerikanischen Fernsehen, die auf besondere Aktualität und Nähe zu den Ereignissen aus ist.

und übrig blieb eine Liste von 135 möglichen Geschworenen, die mehr oder weniger für den Dienst befähigt waren, mehr oder weniger mit Vorurteilen behaftet. Dieses Kandidatenreservoir kehrte am 23. März zurück für eine zweite Runde der Auswahl, dem öffentlichen *voir dire.** Wiederum trat die Presse massenhaft auf; wieder einmal war Goetz in den Schlagzeilen, wieder einmal zeigten ihn die Fernsehbildschirme in der gewohnten Pose, den Kopf nach unten, umgeben von seinen Verteidigern und den Gerichtsbeamten, während er in den Gerichtssaal hinein- und hinausstürzte.

Zu Beginn der öffentlichen Phase der Juryauswahl erklärte Richter Crane den Anwälten die Regeln. Achtzehn potentielle Geschworene würden per Zufall aus dem Topf ausgewählt und in die Bank der Geschworenen gesetzt werden. Crane und die Anwälte der beiden Seiten würden Fragen stellen, um dadurch Voreingenommenheiten herauszulocken, und dann würden sie sich in den angrenzenden Gerichtssaal zurückziehen, um die Geschworenen nacheinander durchzugehen. Jede Seite konnte aus triftigem Grund die Ablehnung eines Kandidaten beantragen, und wenn Crane den Antrag nicht akzeptieren würde, würde die Seite, die die Ablehnung beantragt hatte, entscheiden müssen, ob ihre Abneigung so stark war, daß sie auf eine der fünfzehn ihr zustehenden definitiven Ablehnungen zurückgreifen sollte. Wenn ein Geschworener oder eine Geschworene diese Hürden überwunden hatte, würden er oder sie zu den 12 gehören. Keine Seite konnte einen Geschworenen bedingt akzeptieren und dann am Ende die Liste durchgehen und zusätzliche Ablehnungen äußern.

Als diese entscheidende Phase der Juryauswahl begann, hatte die Verteidigung einen Berater hinzugezogen, Howard Varinsky, einen Psychologen aus Oakland in Kalifornien. Varinskys Aufgabe bestand darin, die intuitiven Urteile der Verteidigung zu konkretisieren, um welchen Menschentyp es sich handelte und welche Individuen bei der abschließenden Analyse die Schüsse vermutlich eher als eine Verteidigungshandlung gegenüber einem kriminellen Angriff als einen unverantwortlichen und feindlichen Akt ansehen würden. Sein erster Maßstab für die Auswahl der Jury war, ob sich die jeweiligen Geschworenen eher mit den Opfern eines Verbrechens identifizieren würden als mit den Tätern. Auf einer höheren

* Anm. d. Ü.: Vernehmung der Geschworenen unter Eid.

Stufe suchte Varinsky nach Anzeichen dafür, ob die einzelnen eine passive und resignative Einstellung gegenüber Problemen hatten oder ob sie die Neigung zu Initiative und Selbstvertrauen zeigten. Er mutmaßte, daß letztere damit sympatisieren würden, daß Goetz sich gegen die vier Jugendlichen zur Wehr gesetzt hatte – insbesondere wenn die Jury die Handlung als eine symbolische Verteidigung gegen das Verbrechen als Ganzes ansah.

Der Staatsanwalt hatte für die Auswahl der Geschworenen unkomplizierte Kriterien. Er bevorzugte offensichtlich Menschen, die nicht Opfer eines Verbrechens geworden waren. In Anbetracht der politischen Dimensionen des Falles würde er, wie er sie nannte, links eingestellte »Greenwich Village-Typen« bevorzugen, Menschen, die für die öffentliche Gefahr, die von bewaffneten, in der U-Bahn auf Jagd gehenden Gunmen ausgeht, sensibel wären.

Dementsprechend sprachen sowohl die Verteidigung als auch die Anklage auf Geschworene wie Mark Leslie und Carolyn Perlmuth positiv an. Beide konnten sich gut artikulieren, und beide waren nicht unmittelbar Opfer eines Verbrechens gewesen. Liberalere Geschworene konnte Waples unter allen Kandidaten nicht finden. Vom Standpunkt der Verteidigung aus zeichneten sie sich durch ihre Erfahrungen in Theorie und Praxis der Kunst des Kämpfens aus. Als Experte des Taekwondo könnte Leslie jemanden verachten, der auf den Gebrauch einer Schußwaffe zurückgreifen mußte. Aber Varinsky sah das anders. Leslies grundsätzliche Einstellung gegenüber der Notwendigkeit und Legitimität von Selbstverteidigung machte ihn zu einem guten Tip für die Verteidigung. Ähnlich machte Perlmuths Erfahrung mit Judo sie zu einer guten Wahl.[3]

Eine Debatte über die Auswahl einer Nonne der episkopalischen Kirche illustriert die Bedenken der Verteidigung. Obwohl die religiöse Haltung der Kandidatin von einem starken Glauben an gesellschaftliches Handeln geprägt war, hatte Varinsky den Verdacht, daß ihr beschauliches Leben für eine passive Haltung bei der Lösung von Problemen stand. Baker hatte andere Gründe, sie wegen vermuteter Vorurteile abzulehnen. Weil sie in ihrer Nonnentracht zu Gericht kam und offensichtlich das Tragen der Tracht als eine religiöse Verpflichtung begriff, war Baker besorgt, daß ihr Auftreten ihr bei den Beratungen im Raum der Geschworenen eine zu große moralische Autorität verleihen würde. Dieser Faktor allein, begründete er gegenüber dem Gericht, sollte sie disqualifizieren. Richter Crane lehnte den Antrag mit der Begründung ab, sie habe nach dem ersten Zusatz zur Verfassung das Recht, ihre Tracht zu tragen und in einer Jury zu dienen. Er erklärte, es bestehe im Prinzip kein Unterschied zwischen ihrer Tracht und dem Yarmulk, den ein Jude bei den Beratungen tragen würde. Die Verteidigung setzte als Reaktion auf die Entscheidung des Gerichts eine ihrer definitiven Ablehnungen ein, um sie auszuschließen.[4]

Die Verteidigung wollte nicht das Risiko eingehen, daß ein resoluter Geschworener sich einer möglichen Mehrheit für einen Freispruch in den Weg stellen würde. Sie wollte nicht, daß sich jemand mit Überzeugungen und moralischer Autorität dem Impuls für Goetz widersetzen würde, den sie im Raum der Jury erwartete. Daher argumentierte sie für die Entlassung anderer Kandidaten, die den Eindruck machten, sie könnten einen unabhängigen Standpunkt einnehmen. Sie lehnten eine psychologisch ausgebildete Sozialarbeiterin ab, die zwanzig Jahre Erfahrung in der Arbeit mit Veteranen hatte, die von ihrem Einsatz Schocks davongetragen sowie andere psychiatrische Leiden hatten. Die Sozialarbeiterin war zurückhaltend in ihren Ansichten; sie trug vor, sie wisse weniger über Angst und Wut in Kampfsituationen, als sie zu Beginn ihres Berufslebens zu wissen dachte. Aber das Gebiet, auf dem sie sachverständig war, hatte unmittelbar mit der Analyse von Goetz' Reaktion in einer Streßsituation zu tun. Slotnick bestand nachdrücklich darauf, daß »wir dort drin keinen Experten brauchen... jemanden, der die Geschworenen in eine Richtung lenken kann...«[5] Waples wies den Antrag auf Entlassung zurück und entgegnete, daß die Lebenserfahrung nicht zu jener Art von Vorurteilen zählen dürfe, die einen Geschworenen disqualifizieren könne. »Bin ich berechtigt, jede Person, die überfallen worden ist, von der Jury ausschließen zu lassen?« beschwerte er sich.[6] Richter Crane wurde durch diesen Antrag auf Ablehnung »durcheinandergebracht«. Schließlich entschied er, daß die Sachkunde der Sozialarbeiterin in den psychologischen Problemen des Falles sie disqualifiziere, wobei er feststellte, er könne damit »der Sozialarbeiterin eine Ungerechtigkeit antun«[7].

Waples war in der Tat darum bemüht, die Opfer von Überfällen insbesondere dann von der Jury fernzuhalten, wenn sie Opfer wiederholter oder gewalttätiger Angriffe waren. Er lehnte eine Puertoricanerin ab, die sagte, sie sei fünfmal überfallen worden. Das war selbstverständlich nicht ausreichend dafür, daß sie unbedingt gegenüber jemandem voreingenommen war, der gegen das Muggerunwesen vorgegangen war. Aber sie zeigte ebenso die Tendenz dazu, in Begriffen von »diese« gegen »uns« zu denken:[8]

Ich meine, wenn sie Vorstrafen haben, sind sie festgenommen worden, weil sie etwas getan haben, denn eine Person wird nicht festgenommen, wenn sie nicht irgend etwas gemacht hat. Ich bin seit 40 Jahren in diesem Land und ich bin nie festgenommen worden.

Wie sie dann in der Phase der Vorauswahl eröffnete, saß ihr Sohn zu dieser Zeit im Gefängnis, und sie hatte keinen Zweifel daran, daß er es verdiente. Ihre Einstellung machte sie anfällig für das Argument, daß die vier Opfer von Goetz das bekommen hatten, was sie verdienten. Waples lehnte sie aus triftigem Grund ab. Sein Antrag scheiterte dennoch, denn Slotnick hatte sie dazu gebracht, sich auf die richtige Art und Weise zu bekennen, fair und unparteiisch zu sein. Sie bestand darauf, daß sie die richtige Bedeutung von Vorstrafenregistern verstehe: Sie seien nur zulässig, um die Glaubwürdigkeit von Zeugen in Frage zu stellen, seien aber kein Beweis dafür, daß die Zeugen schlechte Leute sind. Waples bezeichnete ihre Bemerkungen als eine »unaufrichtige Beschwörung, keine Vorurteile zu haben«[9], aber Crane war offensichtlich von ihrer Ernsthaftigkeit beeindruckt. Er wies den Antrag zurück, sie aus triftigem Grund zu entlassen, worauf Waples eine seiner definitiven Ablehnungen für sie benutzte.

Im Prinzip neigte Richter Crane aber dazu, den Anträgen wegen triftigem Grund nachzukommen. Waples lehnte eine andere Kandidatin ab, die sich nicht im klaren war, ob sie »nicht aus den vorherigen Vorstrafen der Zeugen der Anklage auf ihr kriminelles Verhalten schließen würde«. Das war ein Fall, der auf der Kippe stand, aber Crane folgte dem Antrag. »Wenn ich mich hier irre«, sagte er, »dann ersetze ich einfach einen fairen und unparteiischen Geschworenen durch einen anderen.«[10]

Diese Bemerkung zeigt Cranes zunehmendes Vertrauen, daß die beiden Seiten im Gegensatz zu den pessimistischen Voraussagen vieler Beobachter sich bald auf eine Jury einigen würden. In der Tat gab es eine Zusammenarbeit beider Seiten. Waples schien bereit zu sein, Geschworene zu akzeptieren, die Opfer eines nicht gewalttätigen Verbrechens gewesen waren. Und die Verteidigung unternahm keine konzertierte Aktion, um Schwarze von der Jury fernzuhalten. Das waren die beiden Gruppen von Leuten, die

– oberflächlich als Stereotype betrachtet – vermutlich für oder gegen Goetz voreingenommen waren.

Es gab einfach zu viele Opfer von Verbrechen in diesem Querschnitt durch die Bevölkerung Manhattans, als daß man eine Jury hätte finden können, die keine Sympathie für Goetz' Zwangslage haben würde. Richter Crane forderte jede Gruppe von 18 Geschworenen dazu auf, ihre Hände zu heben, wenn sie das Opfer eines Verbrechens gewesen seien, aber dann merkte er, daß so viele ihre Hand hoben, so daß er die Frage andersherum stellte: Heben Sie Ihre Hand, wenn Sie nicht das Opfer eines Verbrechens gewesen sind. In dem Bemühen, die möglichen rassischen Anteile der vorangegangenen Verbrechen herauszufinden, rief er alle Opfer eines Verbrechens vor zur Richterbank, wo sie reden konnten, ohne von den anderen Kandidaten gehört zu werden, und befragte sie zur Rasse der Täter. Es ging darum, zu prüfen, ob der Kandidat oder die Kandidatin zwischen rassischen Vorurteilen und der Angst vor Verbrechen eine dauerhafte Verbindung hergestellt hatte.

Aufgrund dieser einfühlsamen Bemühungen, diejenigen herauszufiltern, die der Verteidigung eine übermäßige Sympathie entgegenbrachten, akzeptierte Waples den ersten Kandidaten, der befragt wurde. Es war James Hurley, ein junger Finanzanalytiker, der bei einem bewaffneten Überfall in der U-Bahn ein paar Dollar verloren hatte; aufgrund des Losentscheids würde er der Vorsitzende der Jury werden. Catherine Brody, eine 59 Jahre alte Englischlehrerin und Collegeverwalterin, wurde ebenfalls akzeptiert, obwohl sie erst kürzlich Opfer eines versuchten Raubüberfalls in der U-Bahn gewesen war. Sie hatte Widerstand geleistet und ihre Angreifer verscheucht. D. Wirth Jackson, ein pensionierter Bauingenieur, und Francisco Figueroa, ein 32 Jahre alter EDV-Mann, waren beide schon Opfer eines Einbruchs gewesen, hatten aber keine schwerwiegenden kriminellen Angriffe erleiden müssen. Diana Serpe, einer 33 Jahre alten Verkäuferin bei einer Fluggesellschaft, war einmal ihr Wagen gestohlen worden. Carolyn Perlmuths Mutter war unter ihren Augen ausgeraubt worden. Aber keine dieser Erfahrungen war nach Waples' Beurteilung ausreichend, um eine reflexartige Bereitschaft zur Unterstützung von jemandem hervorzurufen, der gegen die harten Typen auf den Straßen der Stadt »zurückgeschlagen« hatte.

Nach dem Stand des Rechts von New York zu dieser Zeit wäre es der Verteidigung möglich gewesen zu versuchen, Schwarze von der Jury fernzuhalten. Die Anklage darf die ihr zustehenden Ablehnungen nicht auf diskriminierende Art und Weise einsetzen, aber die Obergerichte in Albany und in New York hatten zu diesem Zeitpunkt noch nicht entschieden, daß dieselbe verfassungsrechtliche Beschränkung auch für die Verteidigung gilt. Unabhängig davon war die Verteidigung aber sehr darauf bedacht, auch nicht im mindesten den Eindruck zu erwecken, sie fürchte sich davor, daß Schwarze in die Jury kämen. Jede versteckte Andeutung des Gegenteils rief ihren Protest hervor. Slotnick, Baker und Varinsky waren auf der Suche nach schwarzen Geschworenen, die genauso wie die weißen Geschworenen, die sie akzeptierten, eher mit den Opfern als mit den Tätern der Straßenkriminalität sympathisieren würden. Daher hatten sie keine Einwände gegen Erniece Dix, eine 23 Jahre alte Verwaltungsangestellte im Polizeidepartment, oder gegen Robert Leach, einen Busfahrer in den Mittfünfzigern. Es war unwahrscheinlich, daß eine junge Frau und ein Mann mittleren Alters übermäßig Sympathie für die schwarzen Kids aufbringen würden, die den anderen Schwarzen viel mehr kriminelles Leid zufügen als der weißen Mehrheit der Bevölkerung.

Insgesamt hatten Anklage und Verteidigung eine recht gute Vorstellung davon, nach welchem Typ von Geschworenen die jeweils andere Seite Ausschau hielt. Aber Waples' starkes Interesse an der Auswahl des jungen, lustigen James Mosley verblüffte die Verteidigung. Mosley, der aus Evansville in Indiana kommt und New York als eine »rauhe Stadt« beschrieb, fiel Waples – der ebenfalls aus dem mittleren Westen stammt – als eine Person mit einem guten Urteil und gesundem Menschenverstand auf, der begreifen würde, daß die Anklage die Gerechtigkeit auf ihrer Seite hatte. Aber nach der Analyse von Howard Varinsky würde die Herkunft Mosleys aus einer kleinen Stadt bewirken, daß er gegenüber Schußwaffen und deren Gebrauch viel weniger ängstlich war als der typische New Yorker. Varinsky dachte, daß Mosley in den meisten Fällen ein guter Geschworener für die Anklage war, daß aber in diesem Fall, in dem das Oberste zuunterst gekehrt war, Goetz als Symbol für Ordnung und Bekämpfung des Verbrechens stand. Diese psychologischen Ahnungen kann man kaum als wissenschaftlich bezeichnen, aber diese Art von intuitiver Beurteilung ist die Grundlage, auf der die Anwälte eine Jury auswählen.

Das Verfahren der Auswahl der Jury ging offensichtlich gut

voran. Am Ende der zweiten Runde und einer Bewertung von nur 36 Geschworenen hatten sich die Anklage und die Verteidigung auf elf Mitglieder der Jury geeinigt – sieben Männer und vier Frauen, neun Weiße und zwei Schwarze.[11] Noch ein weiterer Geschworener, und sie waren fertig.

Die Gelegenheit, sich direkt an die Geschworenen wenden zu können, mit ihnen in einen Dialog einzutreten, war für die Anwälte eine einzigartige Chance. Sie konnten eine persönliche Beziehung zu den Leuten herstellen, in deren Händen die Entscheidungsmacht lag. Sobald der Prozeß tatsächlich beginnen würde, würde die persönliche Interaktion einseitig werden: Die Geschworenen würden beobachten und zuhören, aber sie würden keine Fragen stellen und innerhalb wie außerhalb des Gerichts nicht zu den Anwälten sprechen dürfen. Dies hier war eine ungewöhnliche Gelegenheit zum gemeinsamen Gespräch, bevor sich der Vorhang strikter Trennung zwischen den Geschworenen und den Anwälten niedersenken würde.

Beide Seiten benutzten ihren Zugang zu den Geschworenen, um sie in den moralischen und rechtlichen Problemen zu belehren, die für das Verfahren dominierend sein würden. Für die Anklage war es wichtig, das Verständnis der Jury vom Unterschied zwischen den subjektiven und den objektiven Maßstäben der Notwehr zu testen. Waples benutzte das folgende hypothetische Beispiel, um die Anforderungen der Vernünftigkeit zu erklären[12]:

> Nehmen wir einmal an, daß ich – weil mein Verstand auf diese höchst eigentümliche Art und Weise arbeitet – glaube, daß jeder, der mir zulächelt, im geheimen plant, mich zu töten, und daß eines Tages, wenn ich in meine Heimatstadt im mittleren Westen zurückkehre und die Straße entlanglaufe, der erste Mann, auf den ich treffe, mir zulächelt und ich ihn töte, weil ich mich in Todesangst um meine persönliche Sicherheit befinde.

Wie ein Lehrer in der Schule konnte Waples die Geschworenen fragen, ob sie begriffen hatten, daß es nicht dasselbe ist, ob man glaubt, ein lächelnder Fußgänger sei gefährlich, oder ob man vernünftigerweise daran glaubt. Wenn ein Geschworener es nicht schaffte, diesen Punkt zu erfassen (oder jedenfalls so zu tun, als habe er ihn kapiert), dann hatten er oder sie »die Prüfung nicht bestanden«: Eine Entlassung wegen Voreingenommenheit würde die Folge sein.

Waples bereitete die Geschworenen ebenso auf die speziellen

Probleme vor, welche die Berurteilung der Notwehr im Fall des versuchten Mordes an Darrell Cabey mit sich bringen würde. Er erläuterte die Grenzen der Notwehr von der Annahme her[13],

> daß Sie, wenn der Angriff an einem bestimmten Punkt aufgehört hätte und die Leute weggegangen wären, sie nicht weiter gejagt und auf sie geschossen hätten... Wenn eine Person ausgerutscht und auf den Boden gefallen wäre... Sie wären nicht zu dieser Person hingegangen und hätten auf sie geschossen?

Slotnick arbeitete intensiv daran, daß die möglichen Geschworenen die Unschuldsvermutung und die Aufgabe der Anklage verstanden, die Schuld über jeden vernünftigen Zweifel hinaus zu beweisen. Selbstverständlich würde die Verteidigung, wenn erst einmal der Verfahrensbeginn eingeläutet war, alles daransetzen, die Anklage auszuknocken. Aber sie war nicht dazu verpflichtet, auch nur den Finger zu heben. Eingehüllt in die Unschuldsvermutung konnte sie einfach dabeisitzen, nichts sagen und beobachten, ob es der Anklage gelang, Goetz' Schuld über jeden vernünftigen Zweifel hinaus zu beweisen. Daher war Slotnick, als einer der potentiellen Geschworenen sagte, er wünsche eine Erklärung, warum einem der Jugendlichen in den Rücken geschossen worden war, außerordentlich mißtrauisch, ob der Geschworene die Unschuldsvermutung und ihre Implikation, daß die Verteidigung überhaupt nichts erklären mußte, verstanden hatte. Er lehnte diesen potentiellen Geschworenen erfolgreich aus triftigem Grund ab.

Alle, die an dieser Erziehung der Jury beteiligt waren, Richter Crane genauso wie die Anwälte, verlangten von der Jury, daß sie beachtliche Fähigkeiten zum selektiven Gebrauch von Informationen zeigte. Sie würden nun all das, was sie bereits zu wissen glaubten, von den Beweisen, die sie im Prozeß sehen und hören würden, zu trennen haben. Sie würden einen Unterschied machen müssen zwischen der Verwendung des Vorstrafenregisters der Opfer als Zeichen dafür, daß sie vor Gericht falsch aussagen könnten, und dem Gebrauch derselben in der Vergangenheit liegenden Taten als Beweis dafür, daß diese Kids im Konflikt mit Goetz die Angreifer gewesen waren. Aber der mit Abstand anstrengendste Kraftakt beim selektiven Gebrauch der Informationen würde darin bestehen, die Legalität des Schußwaffenbesitzes von der Legitimität des Gebrauchs der Waffe zur Selbstverteidigung zu trennen.

Die Neigung unter den zur Auswahl stehenden Geschworenen, diese beiden Probleme der Rechtmäßigkeit zu vermischen, trat sowohl bei der Vorauswahl als auch bei der öffentlichen Befragung zutage. Ein kluger junger puertoricanischer Portier meldete sich zur Befragung. Er hatte aus den Medien einen soliden Eindruck von dem Fall gewonnen. So war ihm bekannt, daß Goetz vier Schwarze in der U-Bahn niedergeschossen hatte, daß eines der Opfer für den Rest des Lebens querschnittsgelähmt war, daß ein anderes etwas später wegen eines schwerwiegenden Verbrechens verurteilt worden war. Als er unter Druck gesetzt wurde, seine Meinung offenzulegen, sagte er, er fühle, daß »Goetz auf eine Weise im Recht war, auf andere Weise falsch handelte«.[14] Er meinte, der Gebrauch der Waffe könne erforderlich gewesen sein, aber das Mitsichführen der Schußwaffe an sich störte ihn. Das sei wie »in den Tagen des Wilden Westens«. Er benutze täglich die U-Bahn, aber er trage keine Waffe. Er befürchtete, Goetz' Beispiel könne bedeuten, daß »jeder, der die U-Bahn benutzt, eine Schußwaffe tragen könnte«.[15]

Mark Baker bohrte nach seinem Verständnis vom Verhältnis zwischen dem Mitsichführen der Schußwaffe – einer Handlung, die er als unrechtmäßig ansah – und dem daraus folgenden Gebrauch der Waffe. War er in der Lage, diese beiden Handlungen auseinanderzuhalten? Oder würde die anfängliche Rechtswidrigkeit sich auf sein Urteil zur Notwehr auswirken? Er selbst befürchtete, daß er diese beiden Fragen nicht klar auseinanderhalten könne. Nach seiner Auffassung schien es eine klare moralische Verbindung zwischen dem Schaffen der Möglichkeit eines Schußwaffengebrauchs und der tatsächlichen Benutzung zu geben. Die anfängliche Rechtswidrigkeit ließ seine Überlegungen immer mehr von der Möglichkeit wegdriften, Goetz könne in Notwehr gehandelt haben. Dieses »Wegdriften« war ausreichend dafür, daß Waples zu einer Ablehnung veranlaßt wurde, wie auch dafür, daß Baker dieser Ablehnung seine Zustimmung erteilte.

Hier handelte es sich in der Tat um ein unter den möglichen Geschworenen für den Fall Goetz weit verbreitetes Gefühl. Aber die offizielle Position von Richter Crane, die von beiden Seiten geteilt wurde, bestand darin, daß Goetz' mutmaßlicher Status als unrechtmäßiger Besitzer von Schußwaffen keinerlei Einfluß auf die Legitimität seines Gebrauchs einer dieser Waffen hatte. Jeder Geschworene, der diesen Unterschied nicht begreifen konnte, würde entlassen werden. Dennoch bestand das Problem darin, den Geschworenen wie auch vielen anderen, die von dieser Frage verwirrt waren, exakt zu erklären, warum »man etwas nicht haben darf, es aber benutzen kann«. Allgemeiner gefaßt ging es um die Frage, ob die vorangegangene Rechtswidrigkeit von Goetz' Selbstbewaffnung mit der Schußwaffe sein Recht einschränken sollte, die Waffe zu benutzen.

Das Problem zieht sich durch das Strafrecht und die Haftung aus unerlaubten Handlungen und wirft grundlegende Fragen zum Verhältnis zwischen dem strafrechtlichen Status und den individuellen Rechten auf. Es war beispielsweise im Recht der unerlaubten Handlungen von Bedeutung, ob sich das Opfer eines Unfalls unrechtmäßig verhalten und dadurch seine Verletzung herbeigeführt hat. Wenn es als Einbrecher oder Rechtsverletzer das Grundstück einer anderen Person betritt, ist traditionell das Recht auf Schadensersatz für die Verletzungen an einem Ort, an dem es sich ungerechtfertigt aufgehalten hat, stark eingeschränkt.[16]

Auf dem Gebiet des Notwehrrechts hat der Gebrauch von Selbstschußwaffen, die beim Eindringen ausgelöst werden, als Schutz gegen Einbrecher viele zu der Argumentation gebracht, daß die Selbstschußwaffe als Ersatz für den Besitzer des Grundstücks behandelt werden sollte. Wenn der Besitzer das Recht hat, auf den Einbrecher zu schießen, dann sollten die automatisch von der Selbstschußwaffe abgegebenen Schüsse auf ihn dieselben Rechtsfolgen nach sich ziehen.[17] Diese Einstellung gegenüber dem Gebrauch von Selbstschußwaffen zum Schutz von Besitztümern, die zugegebenermaßen in der Öffentlichkeit insgesamt großen Zuspruch findet, erinnert an Slotnicks punitive Theorie der Notwehr. Der Einbrecher verdient es, zurückgeschlagen und sogar von einer Selbstschußwaffe verletzt zu werden. Paraphrasiert man die Zeugin Andrea Reid und Barry Slotnick, dann »bekam der Einbrecher das, was er verdient«.

Die Implikationen dieses Arguments, das auf die Bedeutung eines vorangegangenen illegalen Verhaltens rekurriert, würden für den Fall Goetz weitreichende Folgen haben. Vielleicht sollte die Tatsache, daß die vier Jugendlichen einfach über das Drehkreuz am Eingang zur U-Bahn gesprungen waren, daß sie das Hausrecht in der U-Bahn verletzt hatten, ihr Recht beeinflussen, Klage dagegen zu erheben, daß auf sie geschossen wurde, während sie die U-Bahn unrechtmäßig benutzten. Sollte sich diese Theorie zum rechtlichen Status des Opfers in unserem Denken durchsetzen, hätte es keine Bedeutung, was Goetz zu dem Zeitpunkt wußte oder nicht wußte, als er die Schüsse abgab. Die einzig relevante Frage würde sein, was die vier Jugendlichen tatsächlich gemacht haben. Ihr Besitz von Schraubenziehern als möglichen Waffen würde selbst dann relevant sein, wenn Goetz gar nichts davon wußte.

Im Verlauf des Verfahrens gegen Goetz hat dennoch niemand vorgeschlagen, daß es einen Einfluß auf die Verantwortlichkeit von Goetz haben solle, daß die vier die U-Bahn ohne Fahrschein benutzten. Und die Rechtslage zu der Frage, was Goetz wissen mußte, schien eindeutig zu sein; die Schraubenzieher hatten keinen Einfluß auf die von Goetz geltend gemachte Notwehr, denn es gab keinen Hinweis darauf, daß er von ihnen wußte, als er die Schüsse abfeuerte. Die Schraubenzieher mögen manche zu der Überzeugung verleitet haben, daß diese Kids professionelle Mugger waren und daher »das bekamen, was sie verdienten«, aber die Gerichte von New York haben versucht, zu dieser Art des Denkens auf Distanz zu gehen. Ob die Jury davon beeinflußt werden würde, daß die Opfer möglicherweise den Rechtsstatus von Muggern hatten und ob Slotnicks punitive Theorie zur Notwehr Einfluß haben würde, blieb abzuwarten.

Welche Auswirkungen der Rechtsstatus auf die Verantwortlichkeit hat, wirft noch schwierigere Fragen auf, wenn wir uns der Verantwortlichkeit der Person zuwenden, die den Schaden verursacht. In den vor die Gerichte gekommenen Fällen ist das schädigende Ereignis typischerweise der Tod des Opfers gewesen. Der Straftäter fährt einen Wagen oder praktiziert als Arzt, obwohl er dazu keine Erlaubnis hat, und verursacht dabei unabsichtlich den Tod eines anderen Fahrers oder eines Patienten. Daneben gibt es die aufsehenerregenden Fälle, in denen jemand einen Einbruch begeht und versehentlich den Bewohner des Hauses tötet.

In den Gesetzessammlungen des Common Law und in den Gesetzen des 19. Jahrhunderts setzte sich die Regel durch, daß die Verursachung eines Todes als Totschlag zu behandeln war, wenn das zuerst begangene Unrecht ein Vergehen war. Wenn die erste Straftat ein Verbrechen war, dann mußte die folgende Tötung – weil das Verbrechen einen dunkleren Schatten wirft – strenger bestraft werden, nämlich als Mord. Nach diesen Regeln machte es keinen Unterschied, ob die Tötung für sich gesehen rein zufällig war; die dahinterstehende Rechtswidrigkeit entschied, je nachdem, ob das Verhalten als Vergehen oder als Verbrechen klassifiziert war, über die Schwere der daraus hervorgehenden Tötung.

Diese Regeln lösen die Frage nach der Verantwortlichkeit wegen Totschlags beziehungsweise wegen Mordes allein danach, welches Gewicht die Straftat hat, die im Zusammenhang damit begangen wird.[18] Das aktuelle Verhalten des Beschuldigten in dem Moment, in dem der Tod verursacht wird, erweist sich als irrelevant. Die entscheidende Frage ist der Rechtsstatus des Straftäters zu dem Zeitpunkt, an dem der Tod sich ereignet. Wenn der Straftäter ein Vergehen begeht, dann ist er wegen Totschlags schuldig; wenn er den Rechtsstatus eines Verbrechers hat, dann ist er schuldig wegen Mordes.

Würden wir uns dieser Art von Begründung anschließen, müßte im Ergebnis die Tatsache, daß Goetz ein Verbrechen beging, als er sich illegal bewaffnete, zur Aberkennung oder wenigstens der Beschneidung seines Rechts, die Waffe zu gebrauchen, führen. Aber die Gerichte haben darum gekämpft, die Bedeutung dieses formalen, sich auf den Rechtsstatus gründenden Zugangs zur Verantwortlichkeit einzuschränken. Sie haben die Regel durchgehend zurückgewiesen, wenn die erste Verletzung eine regulatorische Straftat ist, die – wie das Fahren ohne Führerschein oder das Praktizieren als Arzt ohne Erlaubnis oder, wie im Fall von Goetz, der Besitz einer Waffe ohne Erlaubnis – selbst keinen Schaden bewirkt. Selbst wenn Goetz' Schüsse als eine Frucht seines illegalen Besitzes zum Tod eines der vier geführt hätten, ist es höchst unwahrscheinlich, daß irgendein Gericht – und zwar selbst eines, das im Prinzip die Relevanz der im Hintergrund stehenden Rechtswidrigkeit akzeptiert – die formale Regel angewandt und ihn wegen Totschlags für schuldig befunden hätte. Die Vernunft rebelliert dagegen, ein passiv begangenes Verbrechen wie den unrechtmäßigen Besitz einer Waffe mit einer aggressiven Straftat wie dem Totschlag oder dem Mord zu verweben.

Dennoch gibt es viele, die diese Trennung der beiden Straftaten als künstlich zurückweisen. Die Geschworenen, die beide Straftaten im Zusammenhang betrachten würden, würden selbst unter unseren hervorragendsten Rechtswissenschaftlern beträchtliche Unterstützung finden. Wenn der Gesetzgeber schon zwei Vorschriften verabschiedet habe, eine über den Besitz von Schußwaffen und eine zur Notwehr, dann sollten diese zwei Programme des

Gesetzgebers auch zusammen gelesen werden, lautet ihr Argument. Das Notwehrrecht solle die demokratische politische Entscheidung reflektieren, daß kein New Yorker ohne Erlaubnis eine Schußwaffe besitzen sollte. Nehmen wir an, der Gesetzgeber habe den Besitz von Kampfbulldoggen untersagt, die zum Töten herangezüchtet werden. Es würde außerordentlich fragwürdig erscheinen, jemandem die Benutzung einer ungesetzlichen Kampfdogge zur Notwehr zu erlauben. Es läßt sich die These vertreten, daß dasselbe auch für den Gebrauch einer Schußwaffe in illegalem Besitz gelten soll.

Die Antwort auf diese Argumentation verlangt, daß wir zwei Dimensionen des Strafrechts unterscheiden. Das traditionelle Recht vom Verbrechen und von der Notwehr beruht auf moralischen Urteilen über unrechtmäßige Angriffe und die berechtigte Gewaltanwendung zum Zweck der Verteidigung. Das moderne Strafrecht zielt nicht darauf ab, eine falsche Handlung zu bestrafen, sondern dazu, den Umgang mit gefährlichen Gegenständen in der Hoffnung zu regulieren, daß damit die Häufigkeit, in der sich jemand für ein unrechtmäßiges Verhalten entscheidet, minimiert wird. Der Besitz einer Schußwaffe ohne Erlaubnis ist kaum ein moralisches Unrecht, ein Unrecht an sich; er ist allein deswegen ein Unrecht, weil sich der Gesetzgeber dafür entschieden hat, diesen Bereich zu regulieren. Trennt man die Frage des Gebrauchs von der Frage des Besitzes, zeigt sich darin ein starkes intuitives Empfinden, daß die traditionellen Kriterien für strafrechtliches Unrecht nicht mit den modernen regulatorischen Straftaten vermischt werden sollten. Die traditionellen Straftaten, die einen Angriff kennzeichnen, müssen nach den traditionellen Kriterien von richtig und falsch beurteilt werden; das regulatorische Unrecht des Besitzes einer Schußwaffe ohne Erlaubnis muß nach seinen eigenen Begriffen erfaßt werden.

Bei der Erklärung dieser für die Jury notwendigen Trennung konnten sich weder Richter Crane noch die Anwälte die Zeit für einen philosophischen Vortrag über die Natur des strafrechtlichen Unrechts nehmen. Sie mußten an das intuitive Verständnis der Geschworenen appellieren, daß die Notwehr aus logischen und aus moralischen Gründen den modernen Anstrengungen, den Besitz von Waffen zu regulieren, vorgeht. Waples fand eine dementsprechende Erläuterung:[19]

Gehen wir einmal davon aus, daß ich in meinem Apartment auf meinem

Bett liege und ein Buch lese, als ein Einbrecher das Fenster einschlägt, hereinspringt, sich auf mich setzt und versucht, mich zu töten oder zu verletzen, und ich greife nach einem Brieföffner und steche damit auf ihn ein und verletze oder töte diese Person.
Gehen wir einmal davon aus, daß das eine perfekte Notwehr ist, daß es das ist, was eine angemessene Notwehr ausmacht.
Aber nehmen wir statt dessen einmal an, daß ich anstelle eines Brieföffners auf meinem Nachttisch eine illegale Schußwaffe hätte.
Können Sie die Vorstellung akzeptieren, daß ich, wenn ich nach der Waffe gegriffen habe, als die Person dabei war, mich zu töten, und sie gebraucht habe, um mich zu verteidigen, dennoch wegen illegalen Waffenbesitzes schuldig sein kann und daß das nichts an meiner Berechtigung ändern würde, diese Waffe für meinen Selbstschutz zu benutzen?

Das war die beste Erklärung, die man den Geschworenen geben konnte, und wenn sie in der Jury sein wollten, würden sie sagen, daß sie das verstanden hatten, aber die Zweifel konnten später wieder auftreten. Wenn sie bei ihren Überlegungen über das Problem mit einer Analyse der Notwehr begannen und sich dann fragten, ob eine Vorschrift, die den Umgang mit Schußwaffen regelt, ein Grundrecht zum Überleben aufs Spiel setzen sollte, würden sie aller Voraussicht nach die getrennte und unterschiedliche Rolle dieser beiden Rechtsinstitutionen, der Notwehr und der Regulierung des Umgangs mit Waffen, gutheißen. Aber wenn sie sich zuerst auf das Verbot von Schußwaffen ohne Lizenz konzentrieren würden, dann konnten sie zu der Auffassung neigen, daß das Recht zum Gebrauch der Schußwaffe in Notwehr davon beeinflußt sein muß, will man dieses regulatorische Programm durchsetzen.

Bei der Belehrung der Jury kooperierten die Verteidigung und die Anklage mit Richter Crane in den meisten dieser Fragen in einer gemeinsamen Front und verteidigten die anerkannten Prinzipien und Unterscheidungen des Rechts. Aber die Anwälte, die miteinander im Wettstreit standen, mußten diese einzigartige Gelegenheit zur Interaktion mit der Jury dazu nutzen, um einige Ideen zu entfalten, von denen sie sich wünschten, daß die Jury sie akzeptieren würde. Waples begann damit, auf die mentale Instabilität von Goetz hinzuweisen. Und Slotnick bezog sich einige Male auf die Jugendlichen als »Gewaltverbrecher und Schläger«. Richter Crane ermahnte die Anwälte, daß diese Art von abschätziger Redeweise bei der Auswahl der Jury unangemessen sei. Die Anwälte würden bis zum eigentlichen Verfahren warten müssen, bis sie ihre rhetorischen Waffen auspacken und zum Großangriff auf Goetz und seine vier ihm gegenüberstehenden Opfer schreiten konnten. Slotnick versuchte ebenso an einem bestimmten Punkt die Bereitschaft der Jury auszuloten, sich angesichts strikter rechtlicher Instuktionen, die zu einer Verurteilung führen würden, dennoch zu ihren Gefühlen zu bekennen. Richter Crane ging jedoch mit Schärfe gegen jede Auffassung vor, wonach der Jury ein Ermessen zustehe, das Recht »für null und nichtig zu erklären«. Er stellte klar, daß sie Goetz zu verurteilen hatten, wenn sie zu dem Ergebnis kommen würden, daß Goetz nach dem Recht, wie es auf die Tatsachen anzuwenden war, schuldig war.

Bei der Interaktion mit den Geschworenen versuchten die Anwälte, während sie ihnen Fragen stellten und während sie ihre Antworten hörten, ein Gefühl dafür zu bekommen, ob sie eine ausreichende persönliche Beziehung zu jedem von ihnen hatten, um den Fall in ihre Hände legen zu können. Auf dieser Grundlage akzeptierten sie elf von ihnen, und nun kam es zu der Aufgabe, den zwölften herauszupicken. Der Kandidat war Ralph Schriempf, ein Veteran des Zweiten Weltkriegs, ein Mann von beträchtlichem Talent und Erfahrung. Er hatte als Schauspieler, Sänger und Tänzer gearbeitet; er war früher an einer High School Lehrer für Staatsbürgerkunde gewesen und arbeitete nun in der statistischen Textverarbeitung. Die Anwälte versuchten, ihn auf persönliche Dinge anzusprechen, aber er wies das von sich:[20]

WAPLES Können Sie mir gegenüber absolut fair sein, wenn Sie in diesem Fall ausgewählt werden?

SCHRIEMPF Was meinen Sie damit, daß ich Ihnen gegenüber fair sein soll?

WAPLES Fair und unparteiisch gegenüber dem Fall, den ich der Jury präsentiere?

SCHRIEMPF Ich kann gegenüber den Tatsachen des Falles fair sein, aber nicht Ihnen gegenüber, nicht gegenüber diesem Gentleman [Slotnick], nur gegenüber den Tatsachen. Ob Sie sie präsentieren oder ob er sie präsentiert.

Schriempf war für die Anklage akzeptabel, aber die Verteidigung hatte Zweifel. Er entsprach dem Bild des starken, unabhängigen Geschworenen, das Baker verdächtig war. Varinsky hatte ebenfalls seine Zweifel; Schriempf schien eine der Personen zu sein, die sich produzieren, im Zentrum der Aufmerksamkeit stehen wollten. Aber Slotnick gefiel er; auf eine total unanalytische, unwissenschaftliche Weise fühlte er sich mit ihm verbunden. Er stellte zu ihm eine Beziehung her, indem er bei ihrer Unterredung auf ein wenig bekanntes Theater in Schriempfs Heimatstadt (Sandusky, Ohio, die Heimatstadt von Slotnicks Ehefrau) anspielte. Die »Vibrations« waren gut, vielleicht weil Slotnick eine theatralische Persönlichkeit hat und weil er mit Schriempf eine Gemeinsamkeit fühlte. Bevor die Verteidigung sich dafür entschied, ob sie ihn akzeptieren würde, bat sie um eine Pause von zwei Minuten, damit sie miteinander konferieren konnten. Sie verließen den Gerichtssaal, kamen zurück und sagten: »Yes.« Es würde keinen Einwand gegen Ralph Schriempf geben.

Die Arbeit war getan.[21] Die 12 Mitglieder der Jury waren an ihrem Platz. Sowohl die Verteidigung als auch die Anklage hatten nur von ungefähr der Hälfte der ihnen zustehenden absoluten Ablehnungen Gebrauch gemacht. Crane atmete auf und drückte gegenüber den Anwälten seine Dankbarkeit mit einer Bemerkung aus, die man wahrscheinlich nur in einem Gerichtssaal in New York City hören kann: »Wir haben eine Jury. Mazel Tov. Vielen Dank.«[22]

Anmerkungen

1 Protokoll bei 1071.
2 Protokoll bei 1190.
3 Da sie eine attraktive junge weiße Frau ist, würde sie wohl eher mit den Opfern als mit den Tätern der Straßenkriminalität sympathisieren. Varinsky unterschied in interessanter Art und Weise zwischen der Wahrscheinlichkeit, mit der verheiratete und unverheiratete Frauen gewalttätige Angriffe befürchten; unverheiratete Frauen seien verletzbarer, da sie oft alleine reisen. Perlmuth ist verheiratet.
4 Der potentielle Geschworene, der am nächsten bei der Nonne saß, war in der Tat ein orthodoxer Jude, der einen Yarmulk trug. Die Verteidigung brachte gegen ihn ebenfalls eine der ihr zustehenden Ablehnungen vor, aber die Gründe für diese Entscheidung waren unklar.
5 Protokoll bei 4642.
6 Protokoll bei 4657.
7 Protokoll bei 4659.
8 Protokoll bei 980.
9 Protokoll bei 2956.
10 Protokoll bei 2944.
11 Die 11 setzten sich aus den 10 im Text erwähnten zusammen sowie aus

Michael Axelrod, einem 34 Jahre alten weißen Telefontechniker.

12 Protokoll bei 2807.

13 Protokoll bei 4497.

14 Protokoll bei 785–86.

15 Protokoll bei 793.

16 Dieser Trend hat sich zumindest in Kalifornien nicht durchgesetzt, wo der Supreme Court entschieden hat, daß der Maßstab für die Verantwortlichkeit von jemand, der den Hausfrieden verletzt, im Prinzip derselbe ist wie bei jedem anderen potentiellen Opfer. Rowland v. Christian, 69 Cal. 2d 108 (1968).

17 Das Problem besteht darin, daß die Selbstschußwaffe blind feuert, ohne zwischen denen zu unterscheiden, die das Grundstück aufgrund eines Irrtums betreten, und denen, die tatsächlich Einbrecher sind.

18 Vgl. G. Fletcher, *Rethinking Criminal Law,* S. 274-321 (1978).

19 Protokoll bei 2767–68.

20 Protokoll bei 4120-21.

21 Es blieb noch die Aufgabe, die vier Ersatzgeschworenen auszuwählen, die ebenfalls aus der dritten Runde von 18 kamen. Die vier, die ausgewählt wurden, waren Jon Patten, 50, ein weißer Angestellter in einer Maklerfirma; Delphine McFadden, 37, eine schwarze Bankangestellte; Lou Vereen, 43, eine schwarze Kaufhausangestellte; und Augustine Ayala, 33, eine weiße medizinisch-technische Assistentin. Die vier Ersatzgeschworenen würden getrennt von der Jury, aber in ihrer Nähe sitzen. In der Reihenfolge ihrer Auswahl würden sie die Geschworenen ersetzen, die ihren Dienst in dem Verfahren nicht zu Ende bringen konnten.

22 Protokoll bei 4681.

6.
Annäherung an die Wahrheit

Endlich kam für Goetz die Stunde der Wahrheit. Der lange Prozeß der Manöver war zu Ende gegangen. Die Geschworenen hatten ihren Eid abgelegt, und nun würden Goetz und die Öffentlichkeit erfahren, ob die Anklage seine Schuld über jeden vernünftigen Zweifel hinaus beweisen konnte. Am 27. April, nach einer zweiwöchigen Pause wegen der Ferien, präsentierten Waples und Slotnick in ihren Eröffnungsplädoyers der Jury ihre Positionen.

Die Stoßrichtung der Verteidigung beruhte fast ausschließlich auf der Behauptung, Goetz habe vernünftigerweise in Notwehr geschossen. Die Anklage würde gegenüber der Jury den überzeugenden Beweis zu erbringen haben, daß seine Reaktionen unvernünftige waren, daß seine Ängste und Vorstellungen auch dann als unangemessen und unvernünftig zu bewerten waren, wenn er geglaubt haben sollte, er werde angegriffen und die Schüsse auf die vier Jugendlichen seien eine erforderliche Verteidigung. Würde die Anklage in dieser zentralen Frage obsiegen, dann würde die Jury am Ende des Verfahrens mit gemeinsamer Stimme ein »schuldig« nach dem anderen erklingen lassen.

In diesem Strafverfahren ging es nicht um eine einfache Tatsachenfrage, sondern um eine moralische Interpretation. Die Frage war nicht, ob Goetz die Tat begangen hatte, sondern ob seine Entscheidung, sie zu begehen, gut oder schlecht war. Alle waren sich einig, daß er diese schadensträchtigen Schüsse in der U-Bahn abgefeuert hatte, und aufgrund seines Geständnisses gab es auch keine nennenswerte Kontroverse darüber, daß er den Vorsatz hatte, die vier Jugendlichen zu töten. Über diese von allen geteilten faktischen Prämissen hinaus gab es einen unerkundeten Bereich von Werten. Goetz' Schüsse verlangten nach einer Bewertung – waren sie in einem moralischen Sinn vernünftig? –, und für diese Art moralischer Bewertung gibt es keine einfache Beweisführung. Eigentlich gab es überhaupt keine Möglichkeit, diese zentrale Frage der Vernünftigkeit unter Beweis zu stellen.

Kein Zeuge konnte in den Stand treten und aussagen: »Diese Handlung war [oder war nicht] unter den Umständen vernünftig.«

Vernünftiges Verhalten wird juristisch als das Verhalten einer unter diesen Umständen vernünftigen Person definiert, aber diese Definition schafft nicht viel Klarheit. Die vernünftige Person ist ein vollkommen hypothetischer Maßstab. Er, sie oder es existieren in der Realität nicht. Niemand kann vor Gericht aussagen: »Ich bin eine vernünftige Person, daher laßt mich auch mitteilen, was ich getan haben hätte, wenn sich in der U-Bahn vier üble Kids an mich herangemacht hätten.« Das Recht unterscheidet aus verschiedenen Gründen zwischen einem Zurechnungsfähigen und einem Unzurechnungsfähigen, einem Kompetenten und einem Inkompetenten, aber niemals ist jemand mit dem Etikett der »vernünftigen Person« versehen worden. An einem bestimmten Punkt des Verfahrens versuchte die Verteidigung Zeugen zu präsentieren, die über die Wirkung eines Mugging auf die Gefühle und Reaktionen einer vernünftigen Person aussagen sollten. Aber Richter Crane durchschaute das begriffliche Durcheinander und entschied gegen die Verteidigung. Er erklärte, daß die vernünftige Person ein hypothetischer Maßstab ist; niemand kann behaupten, daß er garantiert ein vernünftiger Mensch sei und daß seine Reaktionen daher ein Beweis dafür seien, was eine vernünftige Person tun würde.

Wir sind daran gewöhnt, Strafverfahren als etwas zu sehen, bei dem es um Tatsachenfragen geht. Die Jury legt die Tatsachen fest und wendet dann das Recht auf die Tatsachen an, um über Schuld und Unschuld zu entscheiden. Aber obwohl es Tatsachen-Fragen gab, die einer Analyse der von Goetz behaupteten Notwehr zugrunde lagen, hatte die abschließende Frage nach seiner Schuld wenig mit den Tatsachen zu tun, die die Leute in der U-Bahn möglicherweise wahrgenommen hatten. Der Maßstab der Notwehr erforderte eine Prüfung in zwei Richtungen, die im Gegensatz zu den festgestellten Tatsachen standen. Die Jury hatte zu spekulieren, was unter anderen vorstellbaren Szenarien wohl passiert wäre. Was hätte sich ereignet, wenn Goetz als Reaktion auf Cantys anmacherische Eröffnung überhaupt nichts getan hätte? Hätten Canty und seine Freunde sofort damit begonnen, auf Goetz einzudreschen? Hätten sie ihn in Ruhe gelassen? Und was wäre passiert, wenn Goetz die Waffe nur gezogen und auf sie gerichtet hätte? Hätte sie das von einem Überfall abgeschreckt? Oder hätte einer der Jugendlichen die Waffe weggenommen und auf Goetz geschossen? Diese Spekulationen sind ausschlaggebend für die Analyse, ob wirklich Notwehr gegeben war. Aber keine von ihnen ist im üblichen Sinne eine Tatsachenfrage.

Es ist schwierig, einen New Yorker zu finden, sei er schwarz oder weiß, der zu der Ansicht tendiert, Goetz hätte eine gewalttätige Konfrontation vermeiden können, wenn er Cantys Frage (Forderung?) nach Geld einfach ignoriert oder seine Frage mit einer spontanen Bemerkung wie »ich wünsche, ich hätte fünf Dollar« abgetan hätte. Aber genau das glaubte Gregory Waples. Nachdem er Stunden damit verbracht hatte, sich mit Canty und vor allem mit Ramseur zu unterhalten, kam er zu dem Ergebnis, daß sie in einem überfüllten U-Bahn-Wagen an einem Samstagnachmittag keinen Überfall riskiert hätten. Das ist die Sorte von Kids, sagt er, die er täglich anklagt, und er glaubt von sich, daß er ihr Verhalten auf den Straßen gut beurteilen kann. Wie alle anderen, die ihrem Gewerbe nachgehen, kennen sie den Unterschied zwischen dem Risiko, wenn sie beim Diebstahl aus Apparaten mit Videospielen erwischt werden (30 Tage auf Rikers Island), und den Konsequenzen, wenn sie bei einem Raub gefaßt werden (eine längere Freiheitsstrafe in Attica oder einem anderen Gefängnis im Norden des Staates). Waples war sicher, die Jury davon überzeugen zu können, daß sie bei der Konfrontation mit Goetz nur begrenzte Absichten verfolgt hatten.

Aber wie sollte er das anstellen? Er konnte die Stunden der Konversation unter vier Augen, die zu seiner persönlichen Überzeugung geführt hatten, nicht vor der Jury wiederaufleben lassen. Die Verfahrensordnung beschränkt die Untersuchung auf den höchst formalen Vorgang, daß einem Zeugen, der auf der Bank Platz nimmt, Fragen gestellt werden. Und die Verteidigung würde sicherlich, wie es Barry Slotnick in seinem Eröffnungsplädoyer schon angedeutet hatte, darauf insistieren, daß es sich bei der »Bande der vier« um »Wilde« handelte, um »Wegelagerer« der Gesellschaft.

Diese Schwierigkeit beim Beweis der entscheidenden Frage der vernünftigen Notwehr führte zu einem Verfahren, in dem nicht vorrangig um die Tatsachenfragen gekämpft wurde, sondern um Hintergrundannahmen über die Art von Menschen, die sich an jenem Samstagnachmittag in der U-Bahn gegenübergestanden hatten. Wenn die Anklage darlegen konnte, daß Goetz eine von Grund auf exzentrische und unvernünftige Person war, würde die Jury eher davon ausgehen, daß er bei den Schüssen unvernünftig handelte. Wenn die Verteidigung darlegen konnte, daß die »Bande der vier« gesetzeslose »Wegelagerer« waren, würde die Jury eher glauben, daß sie dabei waren, Goetz zu berauben und zu verletzen, und daß seine Reaktion daher unter den gegebenen Umständen vernünftig war.

Die Logik dieser Argumente steht nicht im Einklang mit dem formalen Nachdruck, den das Recht auf das faktische Tun dieser fünf Menschen an jenem 22. Dezember 1984, und nicht auf ihren Charakter legt. Aber indem sie den charakterlichen Hintergrund von Goetz und den vier Jugendlichen in Frage stellten, förderten die Anklage wie auch die Verteidigung die Bereitschaft der Jury, von der Frage, wer die Spieler waren, auf ein Urteil zu schließen, welche Züge sie tatsächlich gemacht hatten. Letztendlich würde die Jury die Ereignisse des 22. Dezembers 1984 zu bewerten haben, aber der Pfad zu dieser Bewertung führte über die Vorstellung, welche Art von Menschen beteiligt war.

Waples setzte die Zeichen für seine Attacke auf die Person Goetz in seinem Eröffnungsplädoyer:[1]

> Diese schrecklich zerstörerischen Schüsse, die am 22. Dezember 1984 abgefeuert wurden, wurden nicht von einem typischen New Yorker abgefeuert, nicht von einer vernünftigen Person, wie Sie es sind – als eine angemessene, beschränkte Antwort auf eine Provokation –, sondern von einem emotional gestörten Individuum.

Waples behauptete, daß das Verfahren »einen gestörten Menschen offenbaren würde, einen leidenschaftlichen Mann, aber mit einem verqueren und selbstgerechten Gefühl davon, was richtig und was falsch ist«.[2] Und weiter: »Bernhard Goetz war ein gepeinigter Mensch, ein emotionales Pulverfaß, einen Funken von einer gewaltsamen Explosion entfernt.«[3] Er hob die Besonderheiten von Goetz' Verhalten hervor – wie etwa, daß er im Winter keine Handschuhe trug, damit er den Finger schnell an den Abzug bekommen konnte –, die ihn exzentrisch erscheinen ließen, wenn nicht sogar als von seinen Schußwaffen besessen. Wenn die Jury das alles als eine Hintergrundwahrheit akzeptieren würde, würde sie eher zu dem Ergebnis kommen, daß Goetz unvernünftig handelte, als er die Waffe zog und als Reaktion auf die Provokation schoß.

Üblicherweise ist es die Verteidigung – und nicht die Anklage –, die die mentale Instabilität oder Unzurechnungsfähigkeit des Beschuldigten hervorhebt, um sich gegen die strafrechtliche Verantwortlichkeit zu verteidigen. Es dient den Interessen der

Verteidigung zu zeigen, daß der Beschuldigte verrückt und nicht schlecht ist, krank, aber nicht bösartig. Die Verteidigung kann sich auf die Unzurechnungsfähigkeit berufen und damit erreichen, daß es wegen der Unzurechnungsfähigkeit ein Urteil gibt, das auf unschuldig ergeht, oder sie kann versuchen, daß es zur Reduktion von einigen Anklagepunkten wegen teilweiser Unzurechnungsfähigkeit kommt – hinreichend krank zur Zeit des Verbrechens, um nicht voll verantwortlich sein zu können. In New York wird dieser Einwand der Verteidigung als »extreme emotionale Störung«[4] bezeichnet. Seine Bedeutung für den Fall Goetz hätte darin bestanden, daß die Anklage wegen versuchten Mordes auf versuchten Totschlag reduziert worden wäre. Es gab aber kein Anzeichen dafür, daß die Verteidigung die Absicht hatte, sich auf vollständige oder teilweise Unzurechnungsfähigkeit zu berufen. Obwohl die Verteidigung Waples früher kritisiert hatte, weil er vor der zweiten Grand Jury die Frage der »extremen emotionalen Störung« nicht aufgeworfen hatte, schien sie in der Verhandlung auf größtmöglichen Abstand zu dieser Frage gehen zu wollen.

Aus gutem Grund. Goetz wollte den Fall auf der Grundlage von »richtig und falsch« gewinnen. Slotnick hatte zu Beginn seiner Übernahme der Verteidigung Mitte Januar 1985 verkündet, sie würden den Fall an der Frage der Notwehr gewinnen. Goetz entließ seinen ersten vom Gericht ernannten Rechtsanwalt Frank Brenner wahrscheinlich deswegen, weil Brenner, wie er in der Fernsehshow »20/20« andeutete, mit einer bestimmten Version einer Verteidigung wegen Unzurechnungsfähigkeit spielte. Goetz hatte seine Gründe für den Wunsch, daß seine »Stunde der Wahrheit« nicht auf die Reaktion eines Verrückten reduziert werde. Er sah sich selbst als einen couragierten Jedermann, den unverdächtig wirkenden »Köder«, der den Spieß gegen seine Angreifer umgedreht hatte. Er konnte dieses Image weder in den Augen der Medien noch vor sich selbst aufrechterhalten, wenn er das Gericht auf Knien um Mitleid wegen seines geistigen Zustandes bat.

Genau aus diesem Grund versuchte Waples, die Normalität von Goetz zu unterminieren. Er mußte die Jury dazu anleiten, sich von dem Mann zu distanzieren, dessen Handlungen sie zu beurteilen hatte. Wenn Goetz in ihren Augen ein Held war, würden sich die Geschworenen mit ihm identifizieren, und sie würden die Beweise so günstig wie möglich aufnehmen. Wenn sie aber dazu kamen, in ihm einen »gequälten« und kranken Mann zu sehen, dann würden sie ihn eher aus einer größeren Distanz betrachten. Daher landete Waples paradoxerweise bei der Argumentation, daß Goetz für ein Verbrechen in Selbstverteidigung verantwortlich war, weil er krank war. Das konventionelle Argument, daß man nicht böse ist, wenn man krank ist, wurde im alles auf den Kopf stellenden Fall Goetz zum Argument, daß der Beschuldigte genau deswegen böse war, weil er krank war.

In seinem Bemühen, Goetz als krank und gequält zu porträtieren, stützte sich Waples in großem Umfang auf das zweistündige, auf Video aufgenommene Geständnis, das Goetz neun Tage nach den Schüssen vor Beamten der New Yorker Strafverfolgungsbehörden am 31. Dezember in Concord, New Hampshire, abgelegt hatte. Die Verteidigung wünschte gleichfalls, daß das auf Video aufgenommene Geständnis der Jury gezeigt würde, aber aus einem anderen Grund. Im Vergleich zu dem auf Tonband aufgenommenen Geständnis, das Goetz am selben Tag vorher vor den Beamten von New Hampshire abgelegt hatte, zeigte die Videoaufnahme viel lebendiger die Ängste von Goetz zur Zeit der Schüsse. Wenn die Verteidigung während der ersten Stadien der Anklage rechtzeitig einen entsprechenden Antrag gestellt hätte, wäre es ihr wahrscheinlich gelungen, das Geständnis mit der Begründung als unzulässig erklären zu lassen, daß die Beamten der Strafverfolgungsbehörden, die die Befragung durchgeführt hatten, Goetz nicht in angemessener Weise über seine Rechte nach *Miranda* belehrt hatten – daß er das Recht hatte zu schweigen und einen Anwalt hinzuzuziehen, wenn er sich dafür entschied, zu sprechen – und sich nicht vergewissert hatten, ob ein Verzicht auf diese Rechte vorlag, bevor sie die Befragung fortgesetzt hatten. Wenn die Verteidigung das gewollt hätte, hätte Waples ihrem Antrag, das Videoband zurückzuhalten, nicht widersprochen.[5] Aber die Verteidigung versprach sich einen Vorteil davon, daß Goetz über Video zur Jury sprach – ohne daß er in den Zeugenstand treten und sich einem Kreuzverhör stellen mußte –, und entschied sich dafür, auf die ihr zustehenden verfassungsrechtlichen Einwände zu verzichten. Selbstverständlich würden die Verteidigung und die Anklage bei ihrer Beweisführung vor der Jury unterschiedliche Teile der Aufnahme betonen.

Für die Anklage gaben diejenigen Teile der Aufnahme am meisten her, die den Eindruck erweckten, daß Goetz wenig Geduld hatte, wenn er auf der Straße mit einer Gefahr oder auch nur einem

Ärgernis konfrontiert war. Waples meinte, Goetz' Wiedergabe eines früheren Vorfalls zeige besonders deutlich den Hang des Angeklagten zu einer unvernünftigen Überreaktion:[6]

Da war ein Typ auf der Straße, einfach ein verrückter Jugendlicher, der auf Droge war. Der kam hinter mir her... er fragte mich nach etwas Geld oder nach irgendwas anderem, und ich ging einfach weiter. Er ging hinter mir, das war auf der Sixth Avenue ungefähr um 8 Uhr abends, und ich weiß nicht einmal, wann das war, welches Datum. Er bedrohte mich. Also, er sagte... »Ich hoffe, ich hole dich ein, denn dann werde ich...« [oder] »Ich hoffe, ich hole dich nicht ein, weil, wenn ich das mache.« ...und ich hatte die Schnauze voll und zog die Pistole. Das war dumm, weil ich die Pistole gar nicht ziehen mußte, und es war schon genug, sie ihm zu zeigen, damit er wegrannte. ...Ich hätte genauso leicht in einen der Läden rennen können.

Als er gefragt wird, warum er die Pistole gezogen hat, sagt Goetz: »Ich hatte die Schnauze voll. Aber ich schoß nicht auf ihn. Er verdiente es zu sterben...« Waples hoffte, die Jury würde eine Analogie zwischen diesem Vorfall und den Schüssen in der U-Bahn herstellen. Wenn er in einem Fall »die Schnauze voll hatte« und zu dem Urteil kam, daß jemand es »verdiente zu sterben«, der ihn belästigte, dann konnte eine Jury zu dem Ergebnis gelangen, daß das exakt der Persönlichkeit von Goetz entsprach und daß er daher bei der Konfrontation in der U-Bahn mit gleichermaßen irrationalen Gefühlen reagierte.

Die Verteidigung war immer auf der Hut, wenn Waples den geistigen Zustand von Goetz hervorzerren und untersuchen wollte. Sie war nicht bereit, auch nur einen Zentimeter gegenüber der Behauptung nachzugeben, daß Goetz unnormal war, daß er irgendwie anders war als die gewöhnlichen Leute, die in der Bank der Geschworenen saßen, um zu einem Urteil über ihn zu kommen. Als die Verteidigung einen Psychologen, Dr. Bernhard Yudwitz, in den Zeugenstand berief, war sie in Sorge, daß Waples ihm beim Kreuzverhör schädliche psychologische Bemerkungen über Goetz' geistigen Zustand entlocken könnte. Dr. Yudwitz sollte bezeugen, daß eine von einer Adrenalinausschüttung gesteuerte Reaktion des autonom funktionierenden Nervensystems an die Stelle einer durchdachten Kontrolle des Verhaltens tritt, wenn jemand in Situationen wie der, mit der Goetz konfrontiert war, damit beginnt, eine Schußwaffe abzufeuern. In der Umgangssprache heißt diese Reaktion von Goetz: auf »Autopilot« gehen. Yudwitz hatte Goetz nicht untersucht, und es war unmöglich für ihn zu beweisen, daß Goetz selbst auf Autopilot geschaltet hatte, aber dennoch gab diese allgemeine These der Verteidigung ein Argument in die Hand, das im ganzen Rest des Verfahrens mitschwingen würde. Wenn die Jury davon ausgehen würde, daß Goetz auf Autopilot geschaltet hatte, würde sie dazu tendieren, alle fünf Schüsse als Takte einer einzigen Strophe von Notwehr zu sehen. Wenn sie bereit sein würde, wegen des ersten Schusses freizusprechen, der Troy Canty verletzte, dann würde sie auch dazu tendieren, wegen des letzten Schusses freizusprechen, der Darrell Cabey lähmte.

Dr. Yudwitz hatte überzeugende Fallgeschichten parat, die auf seinen Erfahrungen mit der Bostoner Polizei beruhten. Slotnick wies in seinem Eröffnungsplädoyer auf diese für Goetz günstigen Beispiele hin:[7]

> Und Sie werden hören, daß bei Polizeioffizieren, die sich in derselben Lage befinden, kampferprobten und trainierten Gesetzeshütern, genau dieselbe Art von Reaktion auftritt. Sie werden hören, daß ein Polizeioffizier, der seine Waffe abfeuert und hinterher gefragt wird, wie viele Male er geschossen hat, das nicht wissen wird.

Diese Zeugenaussage würde für die Verteidigung vorteilhaft sein, aber das Risiko, einen Psychologen in den Zeugenstand zu bringen, konnte sich dann zu ihrem Nachteil auswirken, wenn Waples ihm Bemerkungen über Goetz' mentalen Zustand entlocken würde. Waples hatte ebenfalls Anlaß dazu, den Einfluß von Yudwitz' Aussage auf die Jury zu befürchten, insbesondere den Einfluß seiner Fallgeschichten von Polizeioffizieren, die ihre Waffen leerschießen, ohne es zu bemerken. Da jede Seite Befürchtungen hatte, was Dr. Yudwitz sagen würde, kam es zu einem ungewöhnlichen Handel, der den Umfang seiner Aussage begrenzte. Waples und Slotnick einigten sich darauf, ein Stillschweigen gegen ein anderes auszuhandeln. Dr. Yudwitz würde nichts von den Fallgeschichten der Polizei berichten, wenn Waples davon Abstand nahm, ihn im Kreuzverhör zu Goetz' mentalem Zustand zu befragen. Als Dr. Yudwitz in den Stand trat, beschränkte er seine Bemerkungen über den »Autopilot« auf wenige Minuten und unterließ jeden Hinweis auf parallele Erfahrungen bei der Polizei. Waples hielt ein minimales Kreuzverhör – keinerlei Fragen dazu, ob diese generellen Annahmen der Wissenschaft auch in dem Fall eines Mannes galten, der sich weigerte, im Winter Handschuhe zu tragen, damit er schnell an seine Schußwaffe herankommen konnte.

Die nach Ansicht der Anklage im Hintergrund stehende Tatsache, daß Goetz abnorme Angst vor Verbrechen hatte, wurde aber nie zu einem Thema, zu dem die Anklage Beweise erbrachte. Diese Behauptung verblieb auf der Ebene von Anspielungen und Andeutungen, denn der mentale Zustand von Goetz wurde niemals offiziell zum Thema des Falles. Waples wollte seine Auffassung von den Hintergründen des Falles etablieren, um die Jury in die Nähe der Schlußfolgerung zu bringen, daß es sich letztlich um eine unvernünftige Notwehrhandlung gehandelt habe.

Die Verteidigung machte gleichfalls geltend, daß es Hintergründe gab, von denen die Fragen beeinflußt wurden, die die Jury tatsächlich zu entscheiden hatte. Von den ersten Augenblicken seines Eröffnungsplädoyers an war klar, daß Slotnick die Absicht hatte, die vier Opfer Troy Canty, Barry Allen, James Ramseur und Darrell Cabey zu verunglimpfen. Er verkündete seine Absicht, den Spieß umzudrehen und den »Angreifern« den Prozeß zu machen. Die Vorwürfe, die Slotnick vor Augen hatte, gingen über jedes spezifische vom Strafrecht verbotene Verbrechen hinaus. Er klagte die vier Jugendlichen an (und implizit alle anderen Straßenrowdys wie sie), sie seien »Aasgeier« und »Wilde«. Wiederholt bezog er sich auf sie als »Bande der vier« und »Wegelagerer der Gesellschaft«.

Slotnick nahm seine Rolle als Ankläger von Canty, Allen, Ramseur und Cabey so ernst, daß er, als das Verfahren schon einige Tage im Gang war und ein Journalist sich nach seinem Mandanten erkundigte, antwortete: »Sprechen Sie mich nicht auf meinen Mandanten an. Ich habe keinen Mandanten. Die Bürger des Staates New York sind mein Mandant.«[8] Slotnick umgab sich mit der Aura der Strafverfolgung. Er kündigte an, er werde die allem zugrundeliegende Tatsache beweisen, daß die vier Opfer »Wegelagerer« waren und »bekamen, was das Recht erlaubte«. Er startete eine Attacke gegen den Charakter aller vier und besonders gegen James Ramseur, dem vorgeworfen wurde, sich fünf Monate nach den Schüssen in einem Wohnkomplex an einem grausamen Angriff auf eine schwangere Frau, Gladys Richardson, beteiligt zu haben. Slotnick ließ keines der blutrünstigen Details der vaginalen und analen Vergewaltigung aus. »Und um alles noch viel schlimmer zu machen und der Verletzung noch eins hinzuzufügen«, fügte er hinzu, »nahmen Mr. Ramseur und sein Freund ihr die Ohrringe und ihren Ring ab und ließen sie blutend auf dem Treppenabsatz zum Dach zurück.«[9] Slotnick kam so oft auf Ramseurs Beteiligung an der Vergewaltigung an Gladys Richardson zurück, daß ihn Richter Crane einmal ermahnte: »Warum lassen Sie diese Sache nicht mal beiseite, Mr. Slotnick?«[10]

Der Schachzug, der es Slotnick erlaubte, die Vergewaltigung hervorzuheben, war Waples' Ankündigung, er werde Ramseur in den Zeugenstand rufen. Technisch gesehen tat Slotnick nichts anderes, als seine Absicht zu verkünden, er werde Ramseurs Glaubwürdigkeit als Zeuge erschüttern, indem er ihm das Eingeständnis von früheren strafbaren Handlungen entlocken werde. Hinter der Praxis, die Glaubwürdigkeit auf diese Weise anzugreifen, steht die Vermutung, daß verurteilte Kriminelle häufig lügen. Aber die Schlußfolgerung, die die Jury vermutlich aus der Verurteilung von Ramseur wegen vaginaler und analer Vergewaltigung und Raub ziehen würde, war nicht nur, daß er einen Meineid begehen könnte, sondern daß er eine gewalttätige, aggressive Disposition hatte. Selbstverständlich ging es Slotnick genau darum, diese Disposition als Teil seiner im Hintergrund stehenden Behauptung über die »Bande der vier« im Verfahren zu etablieren.

Waples' Ankündigung, er beabsichtige, Troy Canty und Barry Allen als Zeugen aufzurufen, erlaubte es Slotnick, auch ihre Vorstrafen anzuführen. Canty hatte eine ganze Reihe von Verurteilungen wegen leichten Diebstahls; Allen war wegen »Herunterreißen von Halsketten« festgenommen worden, was zum Widerruf seiner Bewährung aus einer früheren Verurteilung wegen ungebührlichen Verhaltens geführt hatte. Die Jury konnte aus diesen Verurteilungen gut den Schluß ziehen, daß es ein Schema von bedrohlichem und gewalttätigem Verhalten gab, auch wenn die Stoßrichtung des gesetzeswidrigen Verhaltens auf leichten Diebstahl hinauslief.

Um seine Behauptung, daß diese Kids »Wilde« und »Wegelagerer« waren, noch zu untermalen, verließ Slotnick die Regeln der Beweisaufnahme und spielte auf eine Straftat an, die Darrell Cabey kurz vor den Schüssen in der U-Bahn begangen habe:[11]

Wer sind sie [diese Bande der vier]? Sie werden feststellen, daß nicht ein Hauch von Mitleid im Spiel war, als Tyrone Grant, Lionel Lee und Curley Reid von Darrell Cabey mit einer Schrotflinte ausgeraubt wurden. Nicht ein Hauch von Mitleid war in seinen Augen, als er sie ausraubte.

Waples hatte klargestellt, daß ein Erscheinen von Cabey als Zeuge aufgrund seines medizinischen Zustandes ausgeschlossen war. Daher gab es für Slotnick keinerlei formalen rechtlichen Vorwand, um sich unter dem Deckmantel eines Angriffs auf die Glaubwürdigkeit auf angebliche Straftaten von Cabey zu beziehen. Nun hat ein Anwalt keine andere Möglichkeit, um seinen gegnerischen Part am Reden zu hindern, als Einspruch zu erheben, die fragliche Äußerung zu unterbrechen und vom Richter zu verlangen, daß er gegenüber der Jury eine korrigierende Stellungnahme abgibt. In dem Augenblick, als Waples von dem Hinweis auf Cabey und seinen drei angeblichen Opfern hörte, sprang er auf.

Außerhalb der Hörweite der Jury, in einer Konferenz neben der öffentlichen Verhandlung, warf Waples Slotnick »einen direkten Verstoß gegen die Entscheidung« vor, die Richter Crane zwei Wochen vor Beginn der Verhandlung getroffen hatte.[12] Wenn Cabey nicht als Zeuge auftreten würde, dann durfte seine Glaubwürdigkeit auch nicht Ziel eines Angriffs sein. Slotnick versuchte sich damit zu verteidigen, daß er Cabey in den Zeugenstand rufen würde:[13]

Er wird bezeugen, daß er und seine drei Freunde darauf aus waren, Goetz zu berauben. Seine Glaubwürdigkeit wird in Frage stehen. Ich habe ein Recht darauf, seine Verurteilung in das Verfahren einzuführen, bevor er es selbst tut. Daran gibt es nichts Unrechtes, Richter.

Aber Crane entschied, daß die Verteidigung selbst dann, wenn sie die Absicht hatte, Darrell Cabey aufzurufen, nicht seinen Charakter unterminieren durfte, bevor sie seine Aussagen gehört hatte. Damit war es Slotnick nunmehr ausdrücklich untersagt, auf den Vorfall zwischen Cabey und seinen drei angeblichen Opfern eines Raubes mit Schrotflinte einzugehen. Wenn er das noch einmal tun würde, konnte der Richter ihn mit einer Reihe eindrücklicher Sanktionen belegen, indem er ihn etwa vor der Jury maßregeln oder ihn letztlich wegen Contempt of Court* belangen würde. Aber der Schaden war in diesem Fall nicht wiedergutzumachen. Es gab keine Möglichkeit, um bei der Jury den Eindruck auszulöschen, daß sowohl Cabey als auch Ramseur zu gewalttätigen und aggressiven Attacken fähig waren.

* Anm. d. Ü.: Mißachtung des Gerichts; sie wird im amerikanischen Verfahrensrecht als so schwerwiegend erachtet, daß sie einen Straftatbestand darstellt.

Die Verteidigung versuchte nun einen direkteren Weg, um die Charaktere der Opfer unter Beschuß zu nehmen. Wenn sie alle früheren kriminellen Taten der Opfer zum Gegenstand des Verfahrens machen konnte – und zwar sowohl diejenigen, für die sie verurteilt worden waren, als auch andere angebliche Taten, die mit Zeugen belegt werden konnten –, dann konnte die Verteidigung beweisen, daß die vier Jugendlichen wahrscheinlich die Angreifer bei der Konfrontation in der U-Bahn waren. Auf diesem Weg würde eine Bezugnahme auf Cabeys angeblichen Raub mit einer Schrotflinte zulässig sein. Nach dem Recht von New York gab es aber nur zwei Möglichkeiten, wie die Verteidigung diese Beweise einführen konnte, um den Hang der vier Opfer zu aggressivem Verhalten zu belegen. Die grundlegende Vorschrift von New York besagt, daß frühere schlechte Taten eines angeblichen Angreifers eingeführt werden können, wenn die sich verteidigende Person von diesen Taten wußte und wenn diese Kenntnis irgendeinen Einfluß auf die Vernünftigkeit ihrer Furcht und ihre Reaktion zum Zeitpunkt der Konfrontation hatte. Da Goetz aber zu diesem Zeitpunkt offensichtlich nichts von diesen Taten wußte, war jene Ausnahme nicht gegeben.

Die Gerichte haben außerdem einen weiteren Grund anerkannt, wonach Beweise zu früherem kriminellem Verhalten selbst dann zulässig sind, wenn derjenige, der in Notwehr handelt, von diesen früheren Straftaten nichts weiß. Die Doktrin, die man nach dem Präzedenzfall für diesen Bereich die *Molineux*-Theorie nennt[14], erlaubt es, frühere Straftaten heranzuziehen, um ein spezifisches Schema aggressiven Verhaltens zu belegen, das sich entweder aus den gleichen Absichten oder aus derselben Art der aggressiven Begehungsweise ergibt. Hätten die vier Jugendlichen zum Beispiel Goetz mit den Schraubenziehern bedroht, würden frühere Taten, bei denen sie Schraubenzieher benutzt hatten, um andere zu bedrohen, zugelassen werden, um ihren *modus operandi* zu belegen – ihr Schema, nach dem sie einen Raub begehen. Wenn die Verteidigung sich auf der Grundlage der *Molineux*-Theorie durchsetzen konnte, würde sie bei ihrem Vorhaben, die im Hintergrund stehende Behauptung zu belegen, daß die vier Jugendlichen gewohnheitsmäßige Verbrecher waren, einen größeren Durchbruch erringen.

Das Problem für die Verteidigung bestand also darin, einen Aspekt der Konfrontation in der U-Bahn herauszustellen, bei dem sich die früheren kriminellen Aktivitäten der vier Jugendlichen zu wiederholen schienen. Sie mußte beweisen, daß es in einer bestimmten Weise ein Schema beim Mugging und beim Rauben gab. Sie wagte das Argument, daß die vier Jugendlichen dazu neigten, ihre Straftaten aus einer Gruppe heraus zu begehen. Wenn man es ihr erlauben würde, würde sie beweisen, daß Darrell Cabey und Barry Allen 1982 eine Frau mit dem Namen Jane DeWitt bedroht hatten, indem sie sich ihr näherten und sie nach Geld fragten (diese Frau erkannte Cabey und Allen auf einem Foto, nachdem sie aufgrund der Schüsse von Goetz weithin bekannt geworden waren). Sie würde ebenso zeigen, daß Darrell Cabey in Zusammenarbeit mit anderen Tyrone Grant, Lionel Lee und Curley Reid mit vorgehaltener Schrotflinte beraubt hatte (die Anklage in dieser Sache wurde fallengelassen, nachdem Cabey bei der Konfrontation mit Goetz dauerhaft behindernde Verletzungen erlitten hatte). Weiterhin würde sie zeigen, daß Troy Canty und drei bis fünf andere Elisabeth Mays in einem Wagen der U-Bahn gefolgt waren und sie bedroht hatten, und daß sich Barry Allen und ein anderer entweder (die Verteidigung war sich da nicht sicher) in einem Fahrstuhl oder in einem Kino an einem »Herunterreißen von Halsketten« beteiligt hatten.[15] Der einzige Zusammenhang zwischen diesen früheren Taten und dem angeblichen Plan, Goetz in der U-Bahn auszurauben, bestand jedoch nur darin, daß sie nicht allein gehandelt hatten, sondern mit der Unterstützung anderer. Richter Crane machte es der Verteidigung nicht leicht, ihre Hintergrundwahrheit zu etablieren, daß die »Bande der vier« aus hartgesottenen und gewalttätigen Kriminellen bestand. Er teilte mit, die Tatsache, daß immer aus Gruppen heraus gehandelt wurde, gebe keinen ausreichenden Grund dafür, diese in der Vergangenheit liegenden Straftaten zum Gegenstand der Beweisaufnahme zu machen.

Aber die Verteidigung schlug noch einen anderen Kurs ein, um die generelle Regel zu umgehen, nach der diese Art von Beweisen unzulässig ist. Eine andere innerhalb der *Molineux*-Theorie anerkannte Ausnahme erlaubt den Gebrauch von früheren kriminellen Handlungen als Beweis für die Absichten, die jemand verfolgt hat, der einer kriminellen Handlung verdächtig ist. Bei diesem Manöver stellte sich das Problem, daß die Absichten der vier Jugendlichen für die Analyse der Notwehr nicht unmittelbar relevant waren. Das Kriterium dafür, ob Notwehr anerkannt werden würde, war nicht, ob Canty, Allen, Ramseur und Cabey tatsächlich dabei gewesen waren, Goetz auszurauben, sondern vielmehr, ob er vernünftigerweise gedacht hatte, es sei so gewesen. Die Absichten der Jugendlichen schienen daher sogar noch weiter abseits der eigentlichen Fragen zu liegen als das mutmaßliche Schema der Gruppenkriminalität; der Versuch der Verteidigung, die früheren kriminellen Taten als Beweis für diese Absicht einzubringen, schien daher zum Scheitern verurteilt zu sein.

Aber die Anwälte in einem Strafverfahren können durch ihr wechselseitiges Zusammenwirken eine Frage selbst dann relevant werden lassen, wenn sie nach einer strikten Rechtsauslegung außerhalb des Bereichs liegt, der im Verfahren untersucht werden darf. Das nennt man das »Öffnen der Tür« für eine Frage, die anderenfalls mit Stillschweigen übergangen werden würde. Schon zu Beginn des Verfahrens initiierte Waples die Untersuchung der Frage, welche kriminellen Absichten die Jugendlichen an jenem Samstagnachmittag verfolgten, indem er Troy Canty im Zeugenstand befragte, ob er die Absicht hatte, Goetz zu berauben oder anzugreifen. Slotnick erhob zunächst Einspruch und zog dann seinen Einspruch zurück, so daß es Canty erlaubt war, mit einem »Nein« zu antworten: er hatte keine bösen Absichten. Auf diese Weise schlug Waples eine Bresche in die Rechtslage und führte im Zusammenwirken mit Slotnick eine Debatte zu der Frage herbei, ob die vier Jugendlichen tatsächlich die Absicht hatten, das zu tun, was Goetz befürchtete.

Nachdem die Frage, welche Absichten die vier Jugendlichen verfolgt hatten, zum Gegenstand der Auseinandersetzungen geworden war, hatte die Verteidigung eine solide Grundlage, um die früheren Straftaten entsprechend der Ausnahmeregelung nach der *Molineux*-Theorie als Beweis dafür einzuführen, daß sie am 22. Dezember 1984 in der Tat kriminelle Intentionen verfolgt hatten. Mit dem Argument, die mutmaßlichen kriminellen Handlungen stünden in einem zu entfernten Zusammenhang zu dem Fall, insbesondere wegen der Art und Weise der Durchführung, als daß ihnen innerhalb der Debatte, was tatsächlich in der U-Bahn passiert war, ein wirklicher Beweiswert zukommen könne, versuchte Waples, dieses Ergebnis zu verhindern. Richter Crane kündigte aber an, daß er die Beweise zu Cantys und Cabeys früheren kriminellen Handlungen zulassen werde; die Verteidigung würde die Gelegenheit haben, der Jury zu beweisen, daß Canty Elizabeth Mays bedroht hatte und daß Cabey sich sowohl unter Verwendung einer Schrotflinte an einem Raub an Lionel Lee als auch daran beteiligt hatte, Jane DeWitt einzuschüchtern.[16] Waples sagte, daß er angesichts dieser Entscheidung »platt« sei, aber Crane rechtfertigte seine vorläufige Entscheidung damit, daß Waples ihn zu diesem Entschluß veranlaßt habe, indem er der Frage, ob die vier Jugendlichen tatsächlich dabei waren, eine Körperverletzung oder einen Raub zu begehen, »die Tür geöffnet« hatte.

Waples war in Schwierigkeiten. Wenn die früheren kriminellen Handlungen der Jury vorgetragen werden würden, konnte die Verteidigung in aller Ruhe ihre Ansichten zu den Hintergründen darlegen, wonach die »Bande der vier« jene Art von Menschen war, auf die man vernünftigerweise in Notwehr schießen darf. Wie hatte er sich selbst in diese Lage gebracht? Warum hatte er die Debatte zu der Frage herbeigeführt, welche Absichten die Jugendlichen verfolgt hatten?

Schon vor Beginn der Verhandlung hatte Waples das raffinierte juristische Argument entwickelt, daß bei einer Anklage wegen rücksichtsloser Gefährdung nicht die Notwehr als Rechtfertigungsgrund heranzuziehen war, sondern daß die Regeln über den Notstand im Sinne einer bestimmten Vorschrift des Strafgesetzbuches anwendbar waren.[17] Der Unterschied zwischen Notwehr und Notstand lag nach Waples' Auffassung darin, daß es bei der ersteren allein um die Frage ging, ob Goetz vernünftigerweise daran geglaubt hatte, er werde ausgeraubt oder angegriffen; der Notstand setze hingegen nicht nur diese Vorstellung voraus, sondern darüber hinaus, daß tatsächlich ein versuchter Raub oder ein versuchter physischer Angriff stattgefunden hatte, um zu rechtfertigen, daß Goetz das Leben der unschuldigen Passagiere im U-Bahn-Wagen in Gefahr gebracht hatte.

Waples versuchte nun, eine Ausweichposition zu entwickeln, um seine Anklage für den Fall zu retten, daß die Jury zu dem Ergebnis kam, Goetz' Verhalten gegenüber den vier Jugendlichen sei von vernünftigen Motiven bestimmt gewesen. So begründete Waples den Standpunkt, daß in bezug auf die anderen Passagiere eine juristisch korrekte Beweisaufnahme nicht untersuchen sollte, was Goetz sich vorgestellt hatte, sondern was *tatsächlich* stattgefunden hatte. Es würde für die Verteidiger schwieriger sein zu beweisen*, daß Goetz tatsächlich einem Angriff ausgesetzt war, als zu beweisen, daß er geglaubt hatte, er sei einem Angriff ausgesetzt. Daher ging Waples davon aus, die Jury könne wegen versuchten Mordes und wegen Körperverletzung freisprechen und Goetz dennoch wegen des Anklagevorwurfs der rücksichtslosen Gefährdung verurteilen. Waples bereitete diese Argumentation in einer gutachtlichen Stellungnahme vor, die er vor Beginn des Prozesses einreichte. Aber Richter Crane hatte diese Frage noch nicht entschieden.

Waples insistierte, er habe allein deswegen »die Tür für die Frage geöffnet«, was die Absichten der Jugendlichen waren, weil er davon ausgegangen war, Richter Crane werde zu seinen Gunsten entscheiden, welcher Rechtfertigungsgrund bei der rücksichtslosen Gefährdung zur Anwendung komme. Er glaubte außerdem, beweisen zu können, daß Canty und die anderen keine bösartigen Absichten verfolgten. Nun mußte er feststellen, daß sein juristischer Erfindungsreichtum auf ihn zurückfiel. Crane lehnte eine Entscheidung zu den Kriterien für eine Rechtfertigung bei rücksichtsloser Gefährdung ab und drohte dennoch damit, der Verteidigung zu erlauben, die früheren kriminellen Handlungen der Jugendlichen in das Verfahren einzuführen, um ihre Absichten bei der Konfrontation in der U-Bahn beweisen zu können. Aber als der Streit um diese Frage weiterging, deutete Crane an, er könne seine Auffassung zu der Frage, ob die früheren kriminellen Handlungen in der Beweisaufnahme zuzulassen seien, ändern, wenn Waples zu der Frage nach den Absichten der Jugendlichen »die Tür schließen« würde. Crane gab zu verstehen, er könne das einfach dadurch tun, daß er sein Argument zurücknehme, die Rechtfertigung bei rücksichtsloser Gefährdung erfordere den Nachweis, daß tatsächlich ein Raub stattgefunden hatte. Waples verstand den Hinweis und entschied sich dafür, das kleinere Übel zu wählen. Er zog seine raffinierte Argumentation über die Rechtfertigung bei rücksichtsloser Gefährdung zurück, worauf Richter Crane entschied, daß die früheren kriminellen Handlungen nicht als Beweis dafür zulässig waren, daß Canty und Cabey zu der Sorte von Menschen gehörten, die aller Wahrscheinlichkeit nach die Absicht hat-

* Ich benutze den Begriff des »Beweises« mitunter auch, wenn ich über die Aufgabe der Verteidigung spreche. Deswegen will ich daran erinnern, daß »Beweisen« für die Verteidigung allein bedeutet, daß sie das Anliegen der Anklage, ihren Fall über jeden vernünftigen Zweifel hinaus zu beweisen, widerlegt.

ten, jederzeit durch eine gewalttätige Einschüchterung ein weiteres Verbrechen zu begehen. Waples konnte Slotnicks anhaltende Angriffe auf den Charakter der Opfer in die Schranken weisen, aber als Preis dafür mußte er seine Behauptung aufgeben, es komme zumindest für bestimmte Fragen darauf an, welche Absichten die vier Jugendlichen tatsächlich verfolgt hatten.

Die Bemühungen sowohl der Anklage als auch der Verteidigung, ihre Vorstellungen von den Hintergründen zu etablieren, hielten das gesamte Verfahren hindurch an. Waples hatte sich der Aufgabe verschrieben, von Goetz das Bild einer mental unausgeglichenen Persönlichkeit zu schaffen, und die Verteidigung entgegnete mit ihren unentwegten Angriffen auf den kriminellen Charakter der vier Opfer.

Der sorgfältige Gebrauch der Sprache erwies sich für beide Seiten als eine effektive Hilfe, um ein negatives Image von Goetz bzw. den vier Jugendlichen zu schaffen. Waples prägte den Sprachgebrauch des Gerichtssaals, indem er ununterbrochen damit argumentierte, Goetz sei, gemessen an den Geschworenen, keine »vernünftige Person«. Obwohl Vernünftigkeit allein eine Bewertung von Taten und nicht von Menschen darstellen soll, gab Waples' Sprachgebrauch ein Muster vor, das die Verteidigung bereitwillig aufgriff.[18]

Barry Slotnick erwies sich als Meister der sorgfältigen Wortwahl. Er trieb seinen Angriff auf den kriminellen Charakter der vier Jugendlichen voran, indem er mehrdeutige Äußerungen höchst geschickt zu seinem Vorteil wendete. Als er Troy Canty ins Kreuzverhör nahm, fragte er wiederholt danach, ob er seinen Lebensunterhalt mit »Rauben und Stehlen« bestreite. Canty gab zu, daß er und seine Freunde regelmäßig Geld aus den Münzbehältern von Videospielen geklaut hatten. Er bestand aber darauf, daß er seine ungesetzlichen Aktivitäten darauf beschränkt hatte, nur dann zu stehlen, wenn das ohne Anwendung von Gewalt oder Einschüchterung gegenüber einer anderen Person möglich war – der Umstand, der einen Diebstahl in das schwerwiegendere Verbrechen des Raubes verwandelt. Dennoch konnte Slotnick ihn dazu bringen zu sagen, daß er sich am *Ausrauben* von Videospielen beteiligt habe, obwohl Canty nichts anderes gemeint hatte, als daß er sich am *Diebstahl* von den Bargeldbehältern der Videospiele beteiligt habe. Indem er mit dieser Doppeldeutigkeit spielte, konnte Slotnick gegenüber der Jury argumentieren, daß Canty und die anderen ihren Lebensunterhalt durch Raub bestritten hatten – exakt die Form von aggressivem kriminellem Verhalten, die Goetz bei dem Aufeinandertreffen in der U-Bahn mutmaßlich befürchtet hatte.

Genauso wie er aus den Doppeldeutigkeiten einen Vorteil für seine Darstellung der Dinge zu gewinnen suchte, ergriff Slotnick auch ansonsten jede Möglichkeit, um unter dem Vorwand begrifflicher Präzision künstliche Unterscheidungen zu treffen. Er und Baker lehnten es ab, sich auf die vier Opfer als »die Opfer« zu beziehen, weil mit diesem Begriff zu viel Sympathie verbunden sei. Wenn sie bei der Konfrontation in der U-Bahn die Übeltäter waren, hatten sie auch die Berechtigung verloren, als Opfer bezeichnet zu werden. Im Sprachgebrauch der Verteidigung waren die vier Jugendlichen die »Täter« oder – noch schlimmer – die »Wegelagerer«. Nun bezeichnet man aber konventionell die Menschen, die verletzt worden sind, als »Opfer«. Selbst jene, die durch eine rechtmäßige Notwehr verletzt werden, bezeichnet man gemeinhin als »Opfer«. Dennoch brachte die Verteidigung Crane und Waples dazu, dem von ihr favorisierten Sprachgebrauch zu folgen. Als einer der Zeugen, Detective Michael Clark, sich auf »die vier Opfer in dem Wagen« bezog, erhob Slotnick Einspruch, und es kam vor der Jury zu folgendem Wortwechsel:[19]

MR. SLOTNICK Ehrwürden, ich möchte der Charakterisierung durch das Wort »Opfer« widersprechen. Das ist eine Entscheidung, die die Jury zu treffen haben wird.

DAS GERICHT Können Sie ein anderes Wort benutzen, Detective? Oder war das der Begriff, den Mr. Goetz ihnen gegenüber benutzt hat?

MR. WAPLES Warum verwenden wir nicht einfach »junge Männer«.

Waples machte bei diesen sprachlichen Fragen Zugeständnisse an Slotnick, obwohl er leicht hätte widersprechen können. Er war daran beteiligt, daß das vollkommen angemessene Wort »Opfer« aus der Debatte vor der Jury verbannt wurde.

Die Sprache ist für den Anwalt die Farbe, mit der er für seine Seite des Falles Bilder schafft, und das schien Slotnick besser als Waples zu erkennen. Das Wort »Opfer« formt ein Bild, das sich von »jungen Männern« deutlich unterscheidet, und wenn man Canty zu dem Eingeständnis bringt, daß er mehrfach an einem »Raub« beteiligt war, dann hinterläßt das einen viel belastenderen Eindruck als die viel zutreffendere Beschreibung, er habe »gestohlen«.

Auch an anderen Punkten gab Waples sprachliches Terrain ab, obwohl er hätte dagegenhalten können. Slotnick und Baker sträubten sich dagegen, daß die vierstündige Aufnahme, in der Goetz seine Schuld eingestanden hatte, als »Geständnis« bezeichnet wurde. Für sie war das Geständnis nur eine »Erklärung« – ein neutraler Begriff, der im Hinblick auf die Richtigkeit dessen, was »erklärt« wurde, vollkommen unverbindlich ist. Was Goetz in New Hampshire von sich gegeben hatte, war ganz klar ein Geständnis, und es wäre angemessen gewesen, es im Verlauf des Verfahrens auch so zu bezeichnen. Indem er den von der Verteidigung eingeführten Begriff der »Erklärung« übernahm, leistete Waples unabsichtlich der von der Verteidigung vorgebrachten Skepsis Vorschub, ob das Geständnis überhaupt zu 100 Prozent richtig war.

In ähnlicher Weise berief sich Slotnick immer wieder auf die »Lizenz zum Lügen«, um zu beschreiben, welche Bedeutung es hatte, daß die Anklage Canty und Ramseur Immunität garantiert hatte. Diese Wendung implizierte, daß die beiden Opfer unter Eid lügen konnten, daß sie also einen Meineid begehen und damit ungeschoren davonkommen konnten. Nichts konnte der Wahrheit weniger entsprechen als diese Anspielung. Die Immunität, die sie wegen der Aussage vor der zweiten Grand Jury genossen, ging nicht so weit, daß sie einen Meineid begehen konnten, weder vor der Grand Jury noch im Gericht. Trotz des zerstörerischen Effekts, den die Verteidigung erzielte, indem sie die Wahrhaftigkeit dieser Zeugen mit der Unterstellung in Zweifel zog, sie hätten eine »Lizenz zum Lügen«, erhob Waples keinen Einspruch gegen den Gebrauch dieser Wendung. Ob ein Strafverfahren gewonnen oder verloren wird, entscheidet sich sicherlich nicht an den Auseinandersetzungen über die Sprache, die man benutzt, aber die Seite, die jenen Sprachgebrauch dominiert, der im Verfahren ein Bild entstehen läßt, argumentiert fraglos in einer überzeugenderen Sprache.

Daß sich Waples und Slotnick auf einen Streit einließen, um ihre jeweiligen Hintergrundwahrheiten zu etablieren – Goetz als der Unnormale und Unvernünftige, die Opfer als »Bande der vier« – bedeutete nicht, daß sie nicht gleich hart um die Details der Tatsachen kämpften, die für die Entscheidung der Jury, ob Goetz angesichts eines befürchteten Angriffs vernünftig handelte, relevant sein würden. Vieles vom täglichen Gespräch des Verfahrens konzentrierte sich auf Details der Art, wie viele Jugendliche sich Goetz näherten, wo sie standen, wo die Kugeln die Opfer trafen, welche Haltung sie zu dem Zeitpunkt eingenommen hatten, als die Kugeln sie trafen – dies sind die Details, zu denen die Zeugen aus dem Wagen befragt wurden. Diese Details würden die Einstellung, die die Jury insgesamt zu der Reaktion von Goetz einnehmen würde, genauso beeinflussen wie die umfassenderen Hintergrundwahrheiten.

In seinem Eröffnungsplädoyer hob Waples bestimmte Tatsachen-Behauptungen wie etwa diejenige hervor, daß Goetz Barry Allen in den Rücken und auf Darrel Cabey geschossen habe, als dieser saß. Slotnick bemühte sich sehr darum, den Eindruck zu erwecken, daß die Beweislast der Anklage von diesen spezifischen Tatsachen-Behauptungen abhing. So bestand er zum Beispiel darauf, daß[20]

> Mr. Waples weiß, [daß er] Ihnen zu beweisen hat, daß Barry Allen aus einem rechten Winkel in die Mitte des Rückens geschossen wurde, als er zu entkommen versuchte. Das hat er Ihnen nicht nur zu beweisen, sondern das hat er Ihnen über jeden vernünftigen Zweifel hinaus zu beweisen.

Waples legte Einspruch gegen die Bemühung von Slotnick ein, diese spezifische Tatsachen-Behauptung als die für den Fall letztendlich entscheidende Frage zu behandeln. Richter Crane anerkannte den Einspruch und erklärte der Jury, daß nur die rechtlichen Elemente einer Straftat über jeden vernünftigen Zweifel hinaus bewiesen werden müssen, obwohl er der Jury diese »Elemente« bis zum Abschluß des Verfahrens nicht erklären würde.

Der Unterscheidung zwischen den Tatsachen-Behauptungen, wie sich die Schüsse ereigneten, und den rechtlichen Elementen der Straftat liegt ein subtiler logischer Gesichtspunkt zugrunde. Die rechtlichen Elemente sind die letztlich entscheidenden Fragen für den Fall – wie etwa die Frage, ob Goetz den Vorsatz hatte, Barry Allen zu töten, und ob seine Vorstellung vernünftig war, daß insbesondere Allen dabei war, ihn zu berauben oder ihn mit tödlicher Gewalt anzugreifen. Ob Allen »aus einem rechten Winkel in die Mitte des Rückens geschossen wurde, als er versuchte, zu entkommen«, ist sowohl für die Prüfung des Vorsatzes als auch der geltend gemachten Notwehr relevant. Aber die spezifische Tatsachen-Behauptung, auf welche Art und Weise Allen getroffen wurde, ist alles andere als eine notwendige Bedingung für das Obsiegen der

Anklage in den Fragen, die sie zu beweisen hat. Selbst dann, wenn Goetz Allen nicht in den Rücken geschossen hatte, während er am Wegrennen war, konnte Goetz sehr wohl den Vorsatz gehabt haben, ihn zu töten, ohne daß es einen adäquaten Grund gab, um seine Sicherheit zu fürchten. Waples' Behauptung war ein Weg, um seinen Fall durchzubringen, aber es war nicht die einzige Tatsachen-Basis, auf der die Jury Goetz für schuldig befinden konnte.

Von Beginn des Verfahrens an sah sich Waples daher einer widersprüchlichen Situation gegenüber. Um seine Version von den Ereignissen in der U-Bahn plausibel zu machen, mußte er sich auf eine bestimmte Geschichte von den Geschehnissen einlassen. Er mußte aber vermeiden, sich zu weit festzulegen. Er mußte den Eindruck vermeiden, daß es ihm nicht gelungen war zu beweisen, daß Goetz ohne Rechtfertigung wegen Körperverletzung und versuchten Mordes schuldig war, wenn es ihm nicht gelang, seine spezifische Geschichte zu beweisen.

Die Debatte zwischen der Anklage und der Verteidigung fand daher zur gleichen Zeit auf unzähligen Ebenen statt. Da gab es von beiden Seiten die unentwegten Bemühungen, ihre Hintergrundwahrheiten über die Art von Menschen zu etablieren, die in einem epischen »subway shooting« zusammengeführt worden waren. Da waren die wenigen sichtbaren Verhandlungen über die Sprache, in der man über die Opfer (Jugendliche) sprechen würde, über ihre Verbrechen (Raub oder Diebstahl) und über das Geständnis (die Erklärung) von Goetz. Im weiteren Fortgang des Verfahrens aber sollten die Argumente zu den Details wie etwa der Frage, ob Cabey getroffen wurde, als er saß, die tägliche Anhörung der Zeugen dominieren. Die entscheidende moralische Frage, ob Goetz vernünftigerweise in Notwehr gehandelt hatte, stand im Hintergrund, als die Parade der Zeugen den Versuch einer exakten Rekonstruktion dessen unternahm, was in diesen wenigen Sekunden explodierender Gewalt im Downtown IRT Express geschehen war.

1 Protokoll bei 4768.
2 Protokoll bei 4776.
3 Protokoll bei 4787.
4 NYPL § 125.20(2) (dieser Einwand der Verteidigung ist nur bei einer Anklage wegen Totschlag möglich).
5 Telefoninterview vom 18. September 1987.
6 Videoabschrift, S. 23-24.
7 Protokoll bei 4875.
8 Ich war am Morgen des 29. Aprils, einem Mittwoch, dem dritten Tag der Verhandlung, Zeuge dieser Stellungnahme.
9 Protokoll bei 4836.
10 Protokoll bei 4889.
11 Protokoll bei 4854.
12 Protokoll bei 4855.
13 Protokoll bei 4857.
14 People v. Molineux, 168 NY 264 (1901).
15 Vgl. Protokoll bei 7287.
16 Crane entschied, daß der Vorfall mit dem serienmäßigen Taschendiebstahl, der gegen Barry Allen erhoben wurde, zu wenig mit den streitigen Problemen zu tun hatte.
17 NYPL § 35.05.
18 Vgl. die Diskussion zu den Bemühungen der Verteidigung, Zeugen zu bringen, die als vernünftige Personen über ihre Reaktionen auf einen befürchteten Angriff aussagen würden. Protokoll bei 7394-7413.
19 Protokoll bei 6914.
20 Protokoll bei 8653-54.

7.
Was die Jury sah und hörte

Im Strafverfahren sind die Anwälte zugleich Regisseure und Schauspieler, wenn sie die Sicht ihres Mandanten von der Wahrheit präsentieren. Sie entscheiden nach theatralischen Gesichtspunkten, in welcher Reihenfolge sie ihre Zeugen vorstellen, sie üben mit ihnen wie ein Regisseur bei der Probe, und mit sanfter Hand lenken sie ihre Zeugen bei ihrer Rolle.[1] Ihre Präsentation der Wahrheit zeigt ebenso Kunstfertigkeit und Rhetorik wie rationale Argumentation.

Der Anklage stand außergewöhnliches Material für eine dramatische Enthüllung der historischen Wahrheit über die Schüsse in der U-Bahn zur Verfügung. Waples verfügte über jeweils zwei Stunden Tonband- und Videoaufnahmen, auf denen Goetz sprach. Er hatte Troy Canty und James Ramseur, die vor der zweiten Grand Jury ausgesagt hatten, nachdem ihnen in bezug auf ihre Beteiligung an den Vorgängen am 22. Dezember von der Anklage Immunität gewährt worden war, und die vermutlich wiederum aussagen würden, daß sie nicht die Absicht gehabt hatten, Goetz in dem Wagen zu berauben. Er hatte eine erstaunlich große Zahl an Zeugen, die in dem U-Bahn-Wagen gewesen waren und irgendein Detail von den Schüssen gesehen oder gehört hatten. Er hatte medizinische und ballistische Experten, die dazu aussagen würden, welche Rückschlüsse sich aus den Schußkanälen im Körper der Opfer ziehen ließen. Die meisten dieser Beweise waren bis zum Beginn der Verhandlung unter Verschluß gehalten worden. Niemand außer den Anwälten und den Gerichtsbeamten hatte die Bänder gesehen. Selbst die Verteidigung wußte bis kurz vor der Verhandlung nicht, wer die Zeugen aus der U-Bahn sein würden.

Waples entschied sich, mit dem auf Tonband aufgenommenen Geständnis das Drama beginnen zu lassen und das physische Porträt von Goetz auf dem Videoband als den Höhepunkt des Falles zu präsentieren. Die auf beiden Bändern erzählte Geschichte ist im großen und ganzen dieselbe, aber das Video mit dem dramatischen Eindruck eines aufgeregten und ärgerlichen Goetz, der sich auf dem Bildschirm mit der Staatsanwältin Susan Braver streitet, stellte den idealen Höhepunkt für den Versuch der Anklage dar, Goetz als exzentrisch und unvernünftig zu charakterisieren. Waples' Entscheidung, mit der Tonbandaufnahme anzufangen, gab daher dem weiteren Verfahren einen Rahmen. In der Form, in der auf dieser Aufnahme die Geschichte von einem relativ entspannten Goetz erzählt wird – er redet zu den Polizeibeamten aus New Hampshire, die er mag und denen er vertraut –, wurde sie zum Maßstab für die Beurteilung der Zeugenaussagen und der anderen Beweise durch die Jury. Alles, was auf das Geständnis folgte, würde entweder als Bestätigung oder als Nichtbestätigung von Goetz' eigener Geschichte gelten.

Während das Tonband abgespielt wurde, wechselte die Stimmung im Gerichtssaal von aufgeregter Beobachtung zum meditativen Schweigen der Mitglieder einer Gemeinde, die ein schreckliches Ereignis verfolgen. Die Stimme von Goetz aus der Polizeistation in Concord, New Hampshire, ließ die Ereignisse des 22. Dezember 1984 auf unheimliche Weise in dem höhlenartigen Gerichtssaal präsent werden. Goetz besteigt den Wagen an der 14. Straße durch die am nördlichsten Ende des Wagens gelegene Tür und setzt sich Canty gegenüber, der sich auf der langen Bank unmittelbar neben der Tür ausgestreckt oder hingelegt hat. Goetz ist mit den vier Jugendlichen allein am Ende des Wagens. Canty wendet sich zu ihm und sagt: »Na, wie geht's?«[2] Goetz antwortet »Gut« und schaut nach unten, um Augenkontakt zu vermeiden.[3] Dann stehen Canty und Allen, der rechts neben Goetz sitzt, auf, »schlendern rüber« und postieren sich links neben Goetz, zwischen ihm und den anderen Passagieren, die in der Mitte und am anderen Ende des Wagens sitzen. Canty, der näher bei Goetz ist als Allen, sagt: »Gib mir fünf Dollar.« Goetz bemerkt, daß einer der beiden, vermutlich Ramseur, fast gleichzeitig die Hand in die Jackentasche steckt, und er sieht, daß die Tasche »sich ausbeult«. Goetz fällt auf, daß Canty ihn angrinst und daß seine Augen glänzen. Dann fragt Goetz Canty: »Was hast du gesagt?«, und Canty antwortet: »Gib mir dein Geld.«[4] An diesem Punkt steht Goetz auf[5], zieht die Pistole unter dem Jackett aus seinem Gürtelhalfter, das er vorne an der Innenseite seiner Hose trägt, und beginnt von links nach rechts zu schießen, zuerst auf Canty und Allen, dann auf Ramseur und Cabey, die nun beide auf seiner rechten Seite stehen. Dann »rennt« Goetz »zurück«, um zu sehen, was aus den ersten beiden geworden ist, stellt fest, daß sie außer Gefecht sind, dann »wirbelt« er herum und bemerkt, daß Cabey jetzt sitzt. Unsicher, ob er ihn getroffen hat, sagt er: »Dir scheint's ja ganz gut zu gehen, hier ist noch einer.«[6] Cabey zuckt mit seinem rechten Arm, und Goetz schießt ein zweites Mal auf ihn.

Das ist der detaillierteste Bericht, den die Jury zu hören bekommen würde. Dennoch gibt es eine Menge wichtiger Details, die im Bericht nicht vorkommen. Der Zuhörer erfährt weder aus diesem noch aus dem zweiten, auf Video aufgenommenen Geständnis, wie nahe Canty bei Goetz stand, ob Canty sich über ihn beugte, ob er sein Gesicht dicht am Gesicht von Goetz hatte. Ebensowenig erhalten wir von Goetz eine klare Aussage dazu, wie nahe er bei Cabey stand, als er das zweite Mal auf ihn schoß. Nach der vorherrschenden Interpretation stand Goetz ganz dicht bei Cabey, aber diese Auffassung wird nicht von Goetz' Worten erhärtet. Es gibt beträchtliche Zweifel, ob Goetz sich überhaupt von der Stelle wegbewegt hat, wo er mit dem Schießen begann. Zwar sagt er auf der Tonbandaufnahme, daß er »zu den ersten beiden zurückrannte« und dann »zu den beiden anderen zurückeilte«, aber er deutet an, daß er all dies mit einem konzentrierten Blick getan hat: »Deine Augen jagen gerade über sie drüber, das reicht schon aus.« Und als derjenige, der ihn vernimmt, diese Unklarheit aufgreift, antwortet er: »Sehen und Handeln ist hier praktisch dasselbe.« Goetz' Aussage, er sei zu Cabey »rübergeeilt«, scheint zu bedeuten, daß er ihn genau fixierte. Die Schlüsselfrage, ob Goetz tatsächlich zu Cabey hingerannt war, würde von den Zeugen aus dem U-Bahn-Wagen beantwortet werden müssen, die – das würde man jedenfalls erwarten – zumindest flüchtig wahrgenommen hatten, ob Goetz sich bewegt hatte oder nicht, als er die Schüsse abfeuerte.

Die Tonbandaufnahme gab der Jury nicht nur einen Bericht von den Details der Schießerei, sondern sie vermittelte der Jury auch einen außergewöhnlichen Einblick in die Persönlichkeit von Goetz. Die zwei Stunden freier, unzusammenhängender Assoziation fördern die Frustrationen und den Ärger zutage, die ihn dazu brachten, den Abzug durchzuziehen. Wenn Goetz in persona ausgesagt hätte, hätten die Zwänge des Rituals im Gerichtssaal eine persönliche Selbstdarstellung verhindert, von der das Tonband fast überquillt. Wiederholt kommt er darauf zurück, wie er 1981 ausgeraubt wurde, auf seine erfolglosen Anstrengungen, danach die Erlaubnis zum Tragen einer Schußwaffe zu erhalten, auf seine Theorie zur Form und den Regeln des Mugging und auf seine

Angst, daß man »mit ihm herumspielt« und ihn »zu Brei schlägt«. Er zeigt einen Charakter, der durch die Ereignisse verstört ist und sich sorgt, ob jemand in der Justiz ihn und den Terror verstehen wird, dem er sich ausgesetzt sah, bevor er auf Troy Canty zielte und schoß und dann den Abzug noch viermal durchzog.

Die Tonbandaufnahme hat eindeutig die Merkmale eines glaubwürdigen Berichts von den Schüssen, so wie Goetz sie neun Tage später verstand. Er macht Eingeständnisse, die er nicht hätte machen müssen und die er vermutlich nicht gemacht hätte, wenn er das von der Verfassung geforderte Angebot akzeptiert hätte, einen Anwalt zu seiner Befragung hinzuzuziehen. Er sagt fast prahlerisch, daß er es nicht als »Bedrohung« ansah, als Canty sich ihm näherte und nach fünf Dollar fragte. Genausowenig war es eine »Bedrohung«, sagt er, daß Ramseur den Eindruck zu erwecken versuchte, er habe in seiner Tasche eine Waffe. Sein Geständnis der »Absicht... sie zu ermorden, ihnen weh zu tun, sie soviel leiden zu lassen wie nur irgend möglich«[7], belastete ihn weit mehr als die Tat selbst. Die Anklage konnte diese Äußerung zitieren, und die Presse konnte sie aus dem Zusammenhang herausgerissen wiedergeben und leicht den Eindruck erwecken, daß Goetz ein Vigilant war, dem es darum ging, sich an der kriminellen Unterschicht der Stadt zu rächen.

Die Jury hörte zwei Stunden unstrukturierter Information über die Schüsse und über die Person Goetz. Wie würde sie diese Daten aufnehmen, und welchen Einfluß würden sie auf ihre Aufgabe haben, die Vernünftigkeit von Goetz' Schüssen zu beurteilen? Jede Äußerung verlangt nach einer Klärung im Kontext der sie umgebenden Äußerungen. Es war die Aufgabe der Anwälte, diese zwei Stunden freier Assoziation zu interpretieren, aber nachdem das Geständnis abgespielt war, wurde die Verhandlung mit einer Parade von Zeugen fortgesetzt. Die Anwälte würden bis zu ihren Schlußplädoyers am Ende des Verfahrens keine Chance haben, ihre eigenen Argumente vorzutragen.

Die Jury war bei ihren Überlegungen, was Goetz zum Beispiel damit meinte, als er zugab, daß es »seine Absicht war, sie zu ermorden, ihnen weh zu tun, ihnen soviel Leid zuzufügen wie nur irgend möglich«[8], ganz auf sich selbst gestellt. Wenn man diese Äußerung aus dem Zusammenhang herausnimmt, dann belastet sie Goetz als vorsätzlichen Killer, als jemanden, auf den das Bild eines Vigilanten paßt, der sich an seine Opfer heranpirscht und wie ein kaltblütiger Rächer auf sie feuert. Aber weder Goetz noch irgendein anderer Verdächtiger ist in der Lage, eine gültige Beschreibung einer Rechtsfrage wie der abzugeben, welcher Grad von Vorsatz für versuchten Mord oder Körperverletzung ersten Grades erforderlich ist. Wenn er in vernünftiger Notwehr gehandelt hatte, würde nichts Falsches daran sein, daß er die Absicht hatte zu töten, um den Angriff abzuwehren. Und selbst dann, wenn seine Verteidigungshandlung in der Angst der momentanen Situation eine aggressive und feindliche Komponente beinhaltete, würde er dennoch im Rahmen der ihm zustehenden Rechte gehandelt haben. Die Schuld, die er empfand, weil er haßerfüllt war, konnte ihn belasten, aber sie gab auch Anlaß zu anwaltlicher Interpretation zu seinen Gunsten. Es spricht einiges dafür, daß er wegen der Bosheit Schuld empfand, die im Moment der Verteidigungshandlung in ihm explodierte. Diese Selbstbeurteilung zeigt nur, daß er ein Mann war, der im Prinzip Gewalt ablehnt, und so sollte Slotnick am Ende des Verfahrens auch argumentieren.

Die Jury würde gleichfalls über die von Goetz in seinem Geständnis wiederholte Äußerung nachzudenken haben, daß er nur vor physischer Gewalt Angst hatte, aber nicht vor einem Raub. Die Forderung nach Geld, sagte er, war »bullshit. Der Raub hat damit nichts zu tun.«[9] Das ist ein wichtiges Zugeständnis, denn nach dem New Yorker Recht zur Notwehr hat man bei einer Verteidigung gegen einen Raub paradoxerweise weitergehende Rechte, als wenn man sich gegen körperliche Gewalt verteidigt.* Goetz mochte zwar mehr um seine körperliche Sicherheit besorgt gewesen sein, aber er dürfte ebenso damit gerechnet haben, daß seine Angreifer sein Geld nehmen würden, nachdem sie »die Scheiße aus ihm herausgeprügelt hatten«.[10] Die Äußerungen über seine Ängste muß man im Zusammenhang mit dem früheren Überfall auf ihn sehen, der ihm ein dauerhaft geschädigtes Knie eingetragen hatte. Das Geld bekümmerte ihn nicht primär, aber daraus folgt nicht, daß er als jemand gelten konnte, der seine persönliche Autonomie aufgegeben hat, sein Recht, keinen aggressiven Einmischungen, und damit auch keinem Versuch, ihn auszurauben, ausgesetzt zu sein.

Das Geständnis gibt einen Hinweis auf eine bestimmte Wertvorstellung, die diese individualistische, auf Selbstbestimmung ge-

* Zur Klärung dieser Fragen vgl. Kapitel 2, S. 42f.

gründete Theorie der Notwehr stützt, nämlich daß der Verteidiger nicht das Risiko der Ungewißheit über das Resultat des Angriffs zu tragen hat. Goetz hatte Angst davor, »nicht zu wissen, was von einem Augenblick auf den anderen passieren würde«. Er konnte es aushalten, sofort getötet zu werden, aber nicht, daß man mit ihm spielte, wie eine »Katze mit einer Maus spielt«.[11]

Bezeichnenderweise gibt das Geständnis wenig Material für die punitive Theorie zur Notwehr her, für die Auffassung der Verteidigung, daß die vier Jugendlichen bekamen, was sie verdienten. Goetz gibt zu, daß er zu dem blutend am Boden des Wagens liegenden Canty etwas in dem Sinn gesagt hat, daß »du aus dieser ganzen Geschichte besser was dazulernst«.[12] Aber es gibt in seiner gequälten Erinnerung an die Tat keinen Hinweis darauf, daß er Stolz oder Befriedigung empfunden hat. Nie verwendet er für einen seiner vier Gegner oder die Schicht, die sie repräsentieren, die Bezeichnung »Verbrecher« oder »Schlägertypen« oder eine andere Charakterisierung. Er teilt nicht einmal von selbst mit, daß die vier ebenso wie Fred Clark, der ihn 1981 überfallen hatte, schwarz sind. Der Beamte aus New Hampshire fragte in nüchternem Ton nach der Rasse, und Goetz antwortete, aber – soweit man das angesichts seines gepeinigten und unkontrollierten Darauflosredens überhaupt sagen kann – für ihn war es egal, daß seine Gegner die Typen waren, die New Yorker als »tough black street kids«* beschreiben.

Das Geständnis lieferte der Verteidigung alle notwendigen Argumente, um ein Bollwerk gegen die Attacke der Anklage mittels jener Zeugen zu errichten, die irgendein Detail der Schüsse beobachtet hatten. Slotnick würde seine punitive Theorie hinzufügen, und Bernhard Yudwitz würde als Zeuge der Verteidigung im Fachjargon über das »autonom funktionierende Nervensystem« referieren, um die Selbstdarstellung von Goetz zu stützen, daß sein rationales Denken ab- und als Folge auf »Autopilot« umgestellt hatte. Goetz belastete sich mit der Beschreibung seiner von ihm selbst mißbilligten Absichten bei der Tat, aber er machte daraus das Beste für sich.

Aber in einem wichtigen Teil seines Falls konnte er für sich nichts tun. Es bestand nämlich die Möglichkeit, daß einige der wirklich schädlichen Äußerungen in seinem Geständnis falsch ver-

* Anm. d. Ü.: Halbstarke schwarze Kids von der Straße.

standen würden – insbesondere der ausführlich geschilderte Ablauf: die Pause vor dem fünften Schuß, das Zugehen auf Cabey und die Bemerkung: »Dir scheint's ja gut zu gehen; hier ist noch einer.« Aber das Geständnis enthielt Hinweise darauf, daß Goetz das alles vielleicht eher mit seinen umhereilenden Augen als mit den Füßen getan hatte, und als die Zeugenbefragung ihren Anfang nahm, fügte die Verteidigung Beweis um Beweis für eine grundlegende Infragestellung des Geständnisses zusammen.

In der gleichen Weise, in der das Geständnis ein neutraler Gegenstand war, dessen Interpretation und Argumentation sowohl für als auch gegen die Verteidigung sprechen konnte, wurde auch mit den Aussagen der Zeugen aus der U-Bahn verfahren. Waples rief jeden verfügbaren Zeugen der Schüsse und ihrer Folgen in den Zeugenstand, unabhängig davon, ob die Aussage aller Voraussicht nach für die Anklage deutlich vorteilhaft war oder nicht. Sobald Waples seine direkte Befragung des Zeugen abgeschlossen hatte, konnte Slotnick damit beginnen, den Zeugen auf für die Verteidigung nützliches Material abzuklopfen. Das verblüffende Resultat dieser Phase des Verfahrens bestand darin, daß es Slotnick gelang, den Einlassungen der Zeugen eine Theorie zur Notwehr zu entlocken.

Die erste Zeugin von der Reihe jener, die in der U-Bahn waren, Sally Smithern, hörte die Schüsse aus dem nächsten Wagen. Waples konnte aus ihrer Aussage absolut nichts gewinnen, was die Seite der Anklage gestützt hätte. Nun begann aber Slotnick beim Kreuzverhör damit, bedeutungsvolle Zugeständnisse zu sammeln. Inmitten einer langen Befragung, bei der Slotnick in Zweifel stellte, daß Mrs. Smithern tatsächlich in der U-Bahn gewesen war, schob er diese Abfolge von Fragen ein:[13]

F Also, wie viele Schüsse haben Sie gehört?
A Ich hörte vier Schüsse.
F Und das ist alles?
A Das ist alles.
F In rascher Aufeinanderfolge?
A In rascher Aufeinanderfolge, ja.

Die Aussage, daß sie nur vier Schüsse gehört hatte, konnte Zweifel wecken, ob Mrs. Smithern überhaupt dabei war. Aber Slotnick kam es bei diesem Wortwechsel auf etwas anderes an. Diese Taktik wurde deutlich bei dem Kreuzverhör des nächsten Zeugen, Victor

Flores, der behauptete, er habe genau gesehen, daß Goetz auf zwei der Jugendlichen geschossen hatte, während diese auf ihn zu und weg von Goetz rannten. Er hörte vier oder fünf Schüsse, »einen nach dem anderen«.

Beim Kreuzverhör machte sich Slotnick die vom Verfahrensrecht gegebene Möglichkeit zunutze, Flores' Aussage mit eigenen Worten wiederzugeben und diesen aufzufordern, mit »ja« oder mit »nein« zu antworten, ob das seiner Sichtweise der Ereignisse entsprach.[14] So formulierte er Flores' erste Stellungnahme zur Abfolge und Schnelligkeit der Schüsse um, indem er fragte: »Und die drei oder vier Schüsse... die Sie in rascher Aufeinanderfolge nach dem ersten Schuß hörten, die gingen alle in Ihre Richtung, ist das richtig?«[15] Nachdem er Flores' Zustimmung zu der Formulierung »rasche Aufeinanderfolge« erreicht hatte, benutzte er diese Bezeichnung immer wieder beim Kreuzverhör. Die Jury hörte so oft – fünfmal oder noch mehr – das »Ja« von Flores zu dieser Beschreibung, daß es am Ende seine eigenen Worte zu sein schienen.

Welches Ergebnis Slotnick beim Kreuzverhör anpeilte, wurde dann bei einer Frage deutlich, die er allein für die Jury formulierte:[16]

> Nimmt man Ihre Aussage davon, was passiert ist, dann ist es doch fair zu sagen, daß der Vorgang, daß er womöglich zu einem der hinteren Sitze rübergegangen ist und auf jemanden geschossen hat und irgend etwas gesagt hat wie »Du siehst nicht schlecht aus, hier ist noch einer«, irgend etwas der Art, daß sich dieser Vorgang tatsächlich nie ereignet hat?

Dem Einspruch von Waples gegen diese Frage wurde stattgegeben. Flores hat diese Frage nie beantwortet. Und er hätte auch kein plausibles Zeugnis dazu abgeben können, ob etwas nicht passiert sein konnte. Aber das Argument war nun auf dem Tisch – etwas zum Nachdenken für die Jury, wenn sie hörte, daß die Zeugen wiederholt der Beschreibung zustimmten, daß die Schüsse in »rascher Aufeinanderfolge« und ohne Pause abgegeben wurden, deren Fehlen notwendig war, damit Goetz' eigene Beschreibung der Vorfälle zutreffend war.

Flores' Aussage war das Signal für ein bei der Vernehmung immer wieder auftauchendes Schema. Slotnick würde die Zeugen fragen, ob sie gehört hatten, daß die Schüsse in »rascher Aufeinanderfolge« abgegeben wurden, und sie würden sagen »ja«. So hörte

Armando Soler die Schüsse vom nächsten Wagen aus (er kam allerdings von selbst auf die Wendung »rasche Aufeinanderfolge«). Loren Michals und Garth Reid – der Ehemann von Andrea Reid – waren in dem Wagen, und jeder von ihnen beobachtete einen Teil der Handlung, und auch sie hörten nur vier oder fünf Schüsse, die so rasch abgefeuert wurden, daß sie Slotnicks Bezeichnung »rasche Aufeinanderfolge« akzeptierten, weil sie ihrer Erinnerung entsprach. Garth Reid, ein Jamaikaner mit krausem Akzent, offerierte die kuriose Wendung vom »Zeitklick«[17], um auszudrücken, wie rasch und in welch kurzer Abfolge aufeinander er die Schüsse gehört hatte.

Mary Grant war eine der zwei Frauen, die im Wagen geblieben waren und sich nach den Schüssen auf dem Boden zusammengekauert hatten. Goetz ging zu ihr hin und fragte sie, ob alles in Ordnung sei. Sie hatte keine gute Sicht auf das Geschehen, weil sie ihren Kopf hinter dem Buch, das sie gerade las, versteckte, nachdem sie wegen der vier Kids, die am hinteren Ende des Wagens herummachten, beunruhigt gewesen war. Sie hörte aber die Schüsse, und beim Kreuzverhör akzeptierte sie die Beschreibung »rasche Aufeinanderfolge« für die vier Schüsse, die sie gehört hatte.

Josephine Holt verpaßte gleichfalls das Geschehen, weil sie ihre Zeitung weiterlas, nachdem ihr die vier Jugendlichen aufgefallen waren, »die laut redeten und schmutzige Worte sagten«.[18] Auch sie hatte nur vier Schüsse gehört, und sie pflichtete Slotnicks Beschreibung bei, daß »alles sehr schnell und sehr rasch ging«.[19]

Derselbe Satz wurde von Solitaire McFoy und Andrea Reid bestätigt. Keiner von diesen Zeugen protestierte gegen Slotnicks systematischen Versuch, ein Bild von den Ereignissen zu entwerfen, bei dem es für Goetz zeitlich unmöglich war, eine Pause zu machen, ein paar Schritte zu gehen, und mit Cabey zu reden, bevor er den fünften Schuß abfeuerte. Als die Zeugen aus dem Wagen in den Stand traten, aussagten und wieder abtraten, wurde es klar, daß nur einer – Christopher Boucher – die auf dem Geständnis beruhende verbreitete Vorstellung, daß sich die Schüsse auf Darrell Cabey von den anderen unterschieden, eindeutig bestätigen konnte.

Christopher Boucher, ein redegewandter Schaufensterdekorateur aus San Francisco, war nach New York gekommen, um seinen Freund Loren Michals zu besuchen. Sie fuhren zusammen in der schicksalsträchtigen U-Bahn. Boucher bemerkte die vier Jugendlichen, »die laut sprachen und Witze machten«[20], sobald er die U-Bahn in der 96. Straße bestieg. Nachdem die U-Bahn die 14. Straße verlassen hatte, wurde seine Aufmerksamkeit davon gefangengenommen, daß Andrea Reid mit ihrem Kind aufstand und über Loren fiel, der neben ihm saß. Er hörte Pistolenschüsse, aber ihm war die Sicht versperrt. Nachdem Andrea Reid aufgestanden war, konnte er das nördliche Ende des Wagens sehen, und seine »Augen erfaßten direkt das Geschehen«.[21] Er sah, daß Goetz mit einer Pistole dastand – und noch mehr:[22]

F Und was ist Ihnen an Goetz aufgefallen, als Sie zu ihm hinsahen, was hat er gemacht?
A Er stand da und schaute runter auf den Mann in dem Sitz.
F Wo war der Mann in dem Sitz?
A Auf meiner Seite des Wagens am Ende, bei der Kabine für den Schaffner, auf der Bank mit zwei Plätzen, die am Ende ist.
F Was hat diese Person in dem Moment getan?
A Sie lehnte sich zurück.
F Können Sie der Jury genau zeigen, was sie getan hat?
A Sie lehnte sich zurück, die Hände schienen nach der Bank zu greifen, und das Gesicht hatte einen angsterfüllten Ausdruck.
F Wie weit war der Angeklagte von ihm weg?
A Ungefähr zwei bis drei Fuß...
F Haben Sie hingesehen, als der Schuß abgefeuert wurde?
A Ja.
F Saß die Person immer noch?
A Ja.
F Haben Sie die Pistole die ganze Zeit gesehen?
A Ja...
F Und was hat die Person, die saß, in dem Moment gemacht, als der Schuß abgefeuert wurde?
A Also, er saß da, griff nach der Bank, und er erstarrte.

Hier war also jemand, der tatsächlich gesehen hatte, daß Goetz genauso gehandelt hatte, wie er es in den beiden Geständnissen auf Tonband und auf Video selbst gesagt hatte. Es würde für die Verteidigung ein hartes Stück Arbeit sein, diese Bestätigung der Schüsse auf Darrell Cabey in Frage zu stellen. Slotnick versuchte bei seinem Kreuzverhör wirklich alles. Er versuchte anzudeuten, daß Boucher von den Berichten der Medien über die Schüsse beeinflußt war, aber Boucher sagte, er habe nicht ferngesehen und den Berichten der Medien keine Aufmerksamkeit geschenkt. Er versuchte, Boucher zu dem Zugeständnis zu bewegen, daß er von der Gewalttätigkeit »erschüttert und traumatisiert« gewesen sei, aber Boucher antwortete in aller Ruhe: »Eigentlich überhaupt nicht [er war in der Situation kein bißchen beunruhigt]. Das ist das Merkwürdige.«[23] Die Erschütterung kam dann im nachhinein.

Slotnick wechselte die Angriffsrichtung und konzentrierte sich auf kleinere Unstimmigkeiten zwischen Bouchers Aussage und dem Polizeiprotokoll, das von dem Beamten aufgenommen worden war, der ihn einige Stunden nach den Schüssen vernommen hatte. Dem Protokoll zufolge hatte Boucher gesagt, zwei junge schwarze Männer hätten auf der Bank direkt neben der Kabine gesessen, aber Boucher verneinte, daß er das gegenüber dem Beamten gesagt habe. Dann kam es zu einer langwierigen und detaillierten Auseinandersetzung darüber, daß Boucher in seiner ersten Darstellung gesagt hatte, Cabey habe neben der Kabine in einem Sitz für eine Person gesessen und dann, als er im März vor der Grand Jury als Zeuge auftrat, einsehen mußte, daß es ein Zweisitzer war. Nichts davon schien Zweifel an seiner Aussage zu wecken.

Das einzige, was in Slotnicks Kreuzverhör fehlte, war ein Angriff auf die Motive von Boucher, die ihn dazu veranlaßt haben konnten, eine Aussage zu machen, die für die Verteidigung derart schädlich war. Als Slotnick sich andere Zeugen der Anklage vornahm, hatte er großen Erfolg damit, ihre Motive bei der Aussage zu hinterfragen. So deutete er zum Beispiel an, daß Canty und Ramseur ein finanzielles Interesse daran hatten, zu lügen; beide hatten Goetz wegen ihrer Verletzungen auf Millionen von Dollar verklagt, und ihre Erfolgsaussichten würden sich mit einer Verurteilung wegen einer der Anklagepunkte, die sich auf die ihnen gegenüber ausgeübte Gewalt bezogen, gewaltig steigern. Er stürzte Andrea Reid in einen Sumpf von Eigeninteressen, indem er unterstellte, sie würde als Zeugin auftreten, um ihre Karriere als Polizeibeamtin zu fördern.

Dennoch konnte er kein Motiv finden, das Boucher dazu bewegt haben konnte, seine Zeugenaussage gegen Goetz zu erfinden.

Es schien, als habe sich Bouchers Aussage im Kreuzverhör als unanfechtbar erwiesen. Aber Slotnick hat letztlich eine kleinere Unkorrektheit und eine auffallende Unstimmigkeit ans Licht gebracht, die den Rest der Verhandlung durchziehen würde. Die kleinere Sünde bestand darin, daß Boucher darauf bestand, er und der mit ihm bekannte Zeuge Loren Michals hätten nicht über die Details ihrer Aussage gesprochen, die sie einige Tage vorher gemacht hatten, obwohl sie enge Freunde waren und Boucher zu dieser Zeit bei Michals wohnte. Als Slotnick Boucher fragte, wie weit er von Goetz entfernt war, als der auf Cabey schoß, antwortete Boucher ohne Zögern, »ungefähr 40 Fuß«.[24] Michals hatte dieselbe Schätzung abgegeben, aber erst nach einigen Zweifeln und Verwirrungen über die Entfernung.[25] Daß Boucher nun mit derselben Zahl ankam, schien mehr als nur ein Zufall zu sein. Slotnick griff diesen Hinweis auf eine Absprache sofort auf und erinnerte die Jury bei seiner Frage daran, daß Michals genau dasselbe gesagt hatte.

Die einzige höchst eklatante Unstimmigkeit trat zutage, als Slotnick Boucher aufforderte, aus dem Zeugenstand herauszutreten und zu zeigen, wie Goetz auf Cabey geschossen hatte. Boucher setzte sich gegenüber der Box der Jury in einen Stuhl und führte vor, wie er Cabey bewegungslos sitzen und mit den Händen die Vorderkante der Bank umklammernd gesehen hatte. Er brachte Slotnick an die Stelle, an der er Goetz stehen gesehen hatte, als er nach unten auf den sitzenden Cabey schoß. Die Position, die Slotnick auf Anweisung von Boucher einnahm, wird im Verfahrensprotokoll nicht wiedergegeben. Aber jeder, der dabei war, weiß, daß Goetz Bouchers Demonstration zufolge direkt vor Cabey gestanden haben muß, als er schoß. Boucher sagte weiterhin aus, daß Cabey weder mit seinem Arm gezuckt noch irgendeine andere Bewegung gemacht hatte, bevor die Pistole losging. Offensichtlich wußte Boucher nicht, daß sich aus der medizinischen Untersuchung eindeutig ergab, daß Cabey auf der linken Seite getroffen wurde und die Pistole von der Seite auf seinen Körper gerichtet gewesen sein mußte. Er konnte unmöglich von vorn getroffen worden sein, es sei denn, er war in letzter Sekunde zusammengezuckt, hatte seinen Körper gedreht und seine linke Seite dem Lauf der Schußwaffe dargeboten.

Unmittelbar nach Bouchers Aussage zeigte Waples der Jury die Videoaufnahme. Diese beiden Vorgänge zusammen gaben der im Namen des Volkes erhobenen Behauptung, daß Goetz sich tatsächlich über einen wehrlosen Cabey gebeugt und einen fünften Schuß auf ihn runtergefeuert hatte, der sein Rückenmark durchtrennt hatte, großen Rückhalt. Aber die Zeugen der Anklage hatten auch an wichtigen Fronten Zweifel geweckt. Die Aussage zahlloser Zeugen, daß sie vor dem fünften Schuß keine Pause gehört hatten, mußte die Jury verstört haben. Und Bouchers Aussage würde mit der Frage stehen oder fallen, ob der Widerspruch zu der medizinischen Untersuchung über den Schußwinkel von der Jury als ein Mangel aufgefaßt werden würde, der seine Glaubwürdigkeit untergrub, oder als eine normale Unstimmigkeit, wie sie bei einer Beobachtung aus einer Entfernung von 40 Fuß unter angespannten Bedingungen auftreten kann.

Als dann die Initiative zur Präsentation der Beweise von der Anklage auf die Verteidigung überging, bekam die Analyse der Schüsse auf Cabey eine neue Grundlage. Die Verteidigung wechselte von einer Beweisaufnahme, die sich auf Augen- (und Ohren-)Zeugen konzentrierte, zu den Sachverständigen für die Analyse von Schußwunden und die Rekonstruktion des Tatgeschehens. Slotnicks Experte, Dominick Dimaio, der frühere Medical Examiner* der Stadt New York, trug vor, daß Cabey angesichts des Eintrittswinkels und des Weges, den die Kugel quer durch den Rücken genommen hatte, nicht im Sitzen getroffen worden sein konnte. Wenn Cabey zum Zeitpunkt des fünften Schusses gesessen hatte, mußte er folglich von der vierten Kugel getroffen worden sein, als er noch stand – und dieses Ergebnis wurde als gesicherte wissenschaftliche Erkenntnis vorgetragen. Es gab in Bouchers Aussage eine interessante Bemerkung, die zu dieser Theorie paßte. Boucher gab an, daß Cabey zum Zeitpunkt des fünften Schusses bewegungslos dasaß und aussah, als sei er schon gelähmt. Slotnick hätte diese Bemerkung zu seinen Gunsten aufgreifen können, aber verständlicherweise hielt er sich zurück, Boucher als glaubwürdigen Zeugen zu bestätigen.

Die Frage, ob Cabey mit dem vierten oder dem fünften Schuß getroffen wurde, ob stehend oder sitzend, wurde für beide Seiten fast zur Hauptbeschäftigung, als sich die Verhandlung ihrem Ende näherte und daher die Besorgnis über den Ausgang des Verfahrens zunahm. Bei einer juristischen Betrachtungsweise kam es gar nicht so sehr darauf an, ob Goetz Cabey mit dem vierten oder dem fünften Schuß getroffen hatte. Sicherlich hatte Goetz eine bessere Chance, mit seiner Behauptung, er habe in Notwehr gehandelt, zu obsiegen, wenn es der vierte Schuß war und nicht der problematische fünfte, der mutmaßlich nach einer Pause und nachdem Goetz sich Cabey genähert hatte, abgegeben wurde. Wenn er jedoch bei dem fünften Schuß den Vorsatz gehabt hatte zu töten, dann würde

* Anm. d. Ü.: Ein Amtsarzt, der nach Gewaltverbrechen und Suizid die Leichenschau durchführt.

dic Anklage wegen versuchten Mordes, unabhängig davon, ob er Cabey mit dem fünften Schuß getroffen hatte oder nicht, an ihm hängenbleiben.[26] Läßt man diese juristischen Spitzfindigkeiten beiseite, dann hatte es offensichtlich eine Bedeutung, ob Goetz Cabey die dauerhafte Verletzung mit einem Schuß wie bei allen anderen zugefügt hatte – während Cabey stand – oder mit einem Angriff auf einen Sitzenden, der eindeutig einer anderen Kategorie zuzuordnen ist.

Dr. Dimaios Aussage schien Waples ganz unvorbereitet zu erwischen. Unfähig, das standhafte Beharren des Arztes auf seiner Ansicht zu erschüttern, es sei eine medizinische Tatsache, daß Cabey nicht getroffen worden sein konnte, während er saß, kürzte er sein Kreuzverhör ab. In nur wenigen Tagen stellte er ein Team von Ärzten zusammen, um Dimaios Argumentation zu widerlegen; die wichtigste Stimme der Anklage bei der Entkräftung von Dimaios Stellungnahme war Dr. Charles Hirsch, der Medical Examiner von Suffolk County. Seine Aufgabe war es, die Behauptung von Dr. Dimaio zu widerlegen, seine Feststellungen beruhten auf gesicherter medizinischer Erkenntnis, und er sagte aus, Cabey könne auch getroffen worden sein, als er saß, wenn er sich auf seinem Sitz zur Seite gedreht und seine linke Seite dem Schuß ausgesetzt habe. Unbeabsichtigt sorgte Waples für eine erheiternde Abwechslung, als er die verschiedenen Möglichkeiten demonstrierte, auf welche Weise und in welchem Winkel die Kugel in Cabeys Körper eingedrungen sein konnte. Er benutzte dazu eine Kleiderpuppe aus weichem Material, eine weibliche Figur mit stattlicher Brust. Er verdrehte die Kleiderpuppe in verschiedene Winkel und illustrierte mit der Unterstützung von Dr. Hirschs erläuternden Kommentaren, daß die Kugel in verschiedenen Winkeln eingetreten sein konnte, indem er lange Nadeln durch die Kleiderpuppe hindurchsteckte. Das Ziel dieser Demonstration bestand darin, vorzuführen, daß man mit den physikalischen Beweisen nicht die Streitfrage klären konnte, ob Cabey saß oder stand, als er getroffen wurde. Da sich der Skeptizismus von Hirsch und der Dogmatismus von Dimaio anscheinend gegenseitig aufhoben, war die Jury wieder auf die Unsicherheiten von Goetz' Geständnis und Bouchers Aussage zurückgeworfen.

Selbstverständlich hatten weder Dr. Hirsch noch Staatsanwalt Waples irgendeinen wissenschaftlichen Beweis dafür, daß Cabey saß, als er getroffen wurde. Jedenfalls hatte man diesen Eindruck.

Später, als Waples' Schlußplädoyer vor der Jury anstand, sollte er jedermann mit einer bemerkenswert originellen Interpretation der wissenschaftlichen Daten überraschen und genau zum gegenteiligen Ergebnis von Dr. Dimaio gelangen – daß Cabey gesessen haben mußte, als ihn die lebenslang schädigende Kugel traf.

Die grundlegende Strategie der Verteidigung bestand in dem versuchten Nachweis, daß sich der vierte und der fünfte Schuß von den ersten drei in nichts unterschieden. Wenn Goetz sich gegenüber Canty, Allen und Ramseur zu Recht auf Notwehr berufen konnte, dann mußte ihm die ganze Entlastung dieser Verteidigung auch bei seinem Angriff auf Cabey zugute gehalten werden. Das Geständnis von Goetz bot das Rohmaterial für eine solide Verteidigung, die sich auf seine Angst stützte, er könne beraubt oder – was für ihn ein brennenderes Problem war – zu Brei geschlagen oder zum Krüppel gemacht werden. Aber es blieb das Problem, daß diese Angst als unter den Umständen vernünftig bewertet werden mußte. Das war das Vermächtnis des langen Streits vor den Rechtsmittelgerichten, der den objektiven Maßstab der Vernünftigkeit zur Grenze der Notwehr erhoben hatte; da sie dieses Gefecht im Vorfeld verloren hatte, stand die Verteidigung vor der nicht leicht lösbaren Aufgabe, beweisen zu müssen, daß eine vernünftige Person sich bei dieser Konfrontation gefürchtet und so reagiert haben würde, wie es Goetz tat.

Aus der Perspektive der Verteidigung war die Angst das Grundmaterial für die Vernünftigkeit – und zwar die spezifische Angst vor vier jungen schwarzen Kids, die sich in der U-Bahn an einen heranmachen und nach Geld fragen. In seinem Eröffnungsplädoyer führte Slotnick die Angst als sein Thema ein, indem er vergrößerte Bilder der Jugendlichen vom Dezember 1984 zeigte. Das waren natürlich keine Posen in Barett und Talar und auch nicht die Sorte von Schnappschüssen aus Familienalben. Es waren auch keine Schwarzweißfotos der Polizei für die Datei. Die Einstellungen zeigten die Kids in ihrer Straßenaufmachung, und sie vermittelten sehr selbstbewußt den Eindruck, als könnten sie gleich losschlagen. Slotnick zeigte der Jury wiederholt diese Fotos, um den Geschworenen das Bild zu vermitteln, das sich Goetz wohl in der U-Bahn in den wenigen Minuten, bevor er seine Pistole zog, darbot.

Als Slotnick die Seite der Verteidigung darstellte, versuchte er die mißliche Lage von Goetz in dem U-Bahn-Wagen auf verschiedene Weise zu dramatisieren. Er wollte, daß die Jury den Wagen selbst aufsuchte, und er wollte, daß jeder Geschworene sich auf Goetz' Platz setzte und irgendwie die Szene nachempfand, die Goetz dazu gebracht hatte, »sich wie eine Ratte in der Falle zu fühlen«.[27] Nach einiger Diskussion konnte sich Waples mit seinen Einwänden nicht durchsetzen, und Slotnick bekam die Erlaubnis zu dem, was Baker den »Klassenausflug« in die U-Bahn nannte. Aber Richter Crane entschied zugleich, daß der Besuch unter einem Mantel des Schweigens durchzuführen war. Die Presse würde die Gelegenheit erhalten, außerhalb des Gerichtssaals Aufnahmen von den Geschworenen zu machen, aber Slotnick würde die Geschworenen nicht mit dem Schrecken der Konfrontation beeindrucken können.

Am Morgen, nachdem Richter Crane Theatervorführungen in der U-Bahn abgelehnt hatte, am Donnerstag dem 28. Mai, überraschte Slotnick alle im Gerichtssaal. Während die Öffentlichkeit darauf wartete, daß die Verhandlung wie vorgesehen um halb zehn begann, nahm er sich zusammen mit seinem Ermittler Frank King eine Stunde Zeit und entwarf auf dem Boden des Gerichtssaals mit Klebeband die Umrisse eines U-Bahn-Wagens in Originalgröße. Als die Verhandlung weiterging, saß die Jury an einem Ende des auf dem Boden ausgebreiteten Plans des Wagens. Die Tische der Anklage und der Verteidigung waren so ausgerichtet, daß sie den Plan voll im Blick hatten; beide Seiten akzeptierten die Klebebandlinien auf dem Fußboden als Nachbildung eines der gewöhnlichen Wagen der New Yorker U-Bahn, und Richter Crane gab die Anweisung, die Linien bis zum Ende der Verhandlung zu erhalten.

Slotnick rief einen Ballistik-Experten, Joseph Quirk, einen früheren Polizeibeamten, als seinen Zeugen in den Stand und brachte eine Reihe von Referenzen vor, die ihn als Experten für die Rekonstruktion von Tatortszenen auswiesen. Er sollte versuchen, die Konfrontation in der U-Bahn direkt vor den Augen der Jury nachzustellen. Slotnick schlug vor, vier »Statisten« als Hilfsmittel bei Quirks Aussage vor Gericht zuzulassen – vier junge Männer, deren Körper die Behauptungen des Zeugen illustrieren sollten, wo die vier Jugendlichen wahrscheinlich gestanden und welche Körperhaltung sie eingenommen hatten. Waples protestierte gegen den Plan, Außenstehende heranzuziehen; er bestand darauf, es sei vollkommen ausreichend, die uniformierten Gerichtsbeamten als Statisten zu benutzen. Slotnick bedrängte das Gericht, seine Leute seien ausreichend vorbereitet, und das würde Zeit sparen. Richter Crane stimmte ihm zu.

Slotnick forderte dann in der öffentlichen Verhandlung, daß seine vier Statisten die Erlaubnis bekamen, bis sie gebraucht werden würden, in der ersten Reihe zu sitzen, die an die Box der Jury angrenzte. Er lenkte die ganze Aufmerksamkeit auf den hinteren Teil des Gerichtsraums, wo vier junge schwarze Männer in Arbeitshosen und mit T-Shirts standen. Bei ihnen stand ein anderer junger Schwarzer, der eine Jacke der Guardian Angels* anhatte. Nachdem sie Goetz' Feuerstöße für eine Gerechtigkeit von unten befürwortet hatten, waren die vier Freiwilligen der Angels nun an seine Seite getreten.

Nachdem sein Antrag, die vier schwarzen Kids in den T-Shirts sollten direkt neben den Geschworenen sitzen, zurückgewiesen worden war, rief Slotnick seine lebenden »Statisten« nacheinander auf (»Nummer 1«, usw.) und wies ihnen eine Position in der Nähe seines weißen Ermittlers Frank King zu, der in der Verteidigungs-Version der Schießerei die Rolle von Goetz spielte. Der Experte Quirk versah das Ganze mit einem fortlaufenden Kommentar, wo die Jugendlichen gestanden haben mußten, um ihre Wunden zu erhalten. Dieser Kommentar beruhte auf den Informationen, die ihm Slotnick gegeben hatte. Canty wurde getroffen, während er vor Goetz stand, aber Allen, so Quirk, war nicht dabei, wegzurennen, als er getroffen wurde; vermutlich habe er sich zu Goetz hinübergebeugt, als die Kugel ihn oben in den Rücken traf. Das ist im Hinblick auf Allen eine wichtige Behauptung. Aber Slotnick verfolgte bei der Inszenierung seiner Demonstration offensichtlich ein anderes Ziel.

Als sich die vier schwarzen Jugendlichen in der Kleidung der Straßenrowdies in einer Gruppierung, die offensichtlich vorteilhaft für die Verteidigung war, um »Goetz« herum stellten, verdichtete sich in der Szene eine Atmosphäre von Gefahr. Die Jury hatte einen genauen Blick auf die schwarzen Jugendlichen, die für Canty und Allen auftraten. Dann, als Slotnick die »Nummer 3« aufrief, um Ramseur darzustellen, begriff Waples, daß diese Demonstration viel weiter reichen sollte, als die möglichen Folgerungen aufzuzeigen, die sich aus den Schußbahnen ergaben. Er mußte

* Anm. d. Ü.: Wörtlich: Wach-Engel – eine private Organisation, die sich zum Ziel gesetzt hat, gerade auch in der U-Bahn von New York für die Sicherheit der Passagiere zu sorgen.

den Versuch von Slotnick vereiteln, vier schwarze Kids in T-Shirts um einen weißen Statisten herum in dem engen Raum zu gruppieren, der von den Klebebandlinien auf dem Boden des Gerichtssaals eingegrenzt war.

Waples saß glücklicherweise auf der gegenüberliegenden Seite des imaginierten U-Bahn-Wagens, und so verhinderten die Darsteller von Canty und Allen seinen Blick auf die Position von »Ramseur« auf der anderen Seite von »Goetz«. Er bat darum, daß »Canty« und »Allen« sich hinsetzten, damit er das übrige sehen konnte. Nun folgte ein amüsanter Wortwechsel, in dem Slotnick Waples dazu zu bewegen versuchte, seinen Sitzplatz zu verändern, damit die Demonstration weitergehen und alle vier auf dem engen Platz rund um »Goetz« stehen konnten. »Vielleicht könnte sich Mr. Waples hier herübersetzen.«[28] Waples wehrte sich sichtlich dagegen, seinen Platz aufzugeben, und sein »Argumentieren mit seinem Sitz« wurde belohnt. Crane gab die Anweisung an »Canty« und »Allen«, sich am anderen Ende des Gerichtssaals hinzusetzen, und die Demonstration ging weiter.

Zweifellos wurde die dramatische Aussagekraft dieser Rekonstruktion des Tatgeschehens dadurch erhöht, daß vier im Stil der Straße gekleidete schwarze Kids die Stelle der vier mutmaßlichen Angreifer einnahmen. Wenn man den Vorfall auf einer Bühne rekonstruieren würde, dann würde man sich ohne Zweifel junge Schwarze als die Darsteller der Rollen von Canty, Allen, Ramseur und Cabey wünschen. Die Authentizität verlangt das. Aber der Zweck der Demonstration bestand allein darin, Quirks Behauptungen zu den möglichen Folgerungen aus der festgestellten Bahn der Kugeln zu verdeutlichen. Daher gab es keine rechtliche Rechtfertigung dafür, daß Slotnick schwarze Jugendliche herangezogen hatte – und er hatte die Guardian Angels eindeutig um vier Schwarze gebeten[29] –, um bestimmte Gesichtspunkte zu illustrieren, wie die Kugeln in die Körper der Menschen eingedrungen waren. Der Zeuge war nicht befugt, darüber auszusagen, ob es eine rationale Schlußfolgerung darstellt, vom Vorliegen einer Gefahr auszugehen, wenn man von vier jungen schwarzen Schlägertypen eingerahmt ist. Aber Slotnick entwarf die dramatische Szene auf eine Weise, die die implizite Botschaft von Bedrohung und Angst so stark werden ließ, daß ein Zeugnis dazu gar nicht mehr gebraucht wurde.

Richter Crane erkannte schnell, daß er einen Fehler begangen hatte, als er die Erlaubnis dazu gab, die vier Schwarzen als Darsteller der vier Opfer zu akzeptieren. Als das Gericht nach der Wochenendpause wieder zusammentrat, ordnete er an, daß nunmehr die Gerichtsbeamten während der Stunde, die diese Demonstration etwa dauern würde – und damit auch bei allen zukünftigen Demonstrationen –, als die Statisten dienen sollten.

Die Kunst ist manchmal viel aussagekräftiger als das rationale Argument, und bei einer tiefgehenden emotionalen Frage wie der nach der Angst, die eine normale Person in Goetz' Situation empfinden würde, gibt es wahrscheinlich kein besseres Mittel zur Kommunikation, als wenn man die Jury die Gefahr tatsächlich sehen und spüren läßt. Das Verhalten von James Ramseur im Gerichtssaal brachte die Jury vermutlich viel eher dazu, Goetz' Entscheidungssituation nachzuvollziehen, als irgendein anderes Ereignis in der Verhandlung. Waples hatte die Verteidigung gewarnt, daß Ramseur möglicherweise in der Verhandlung keine Aussage machen würde, obwohl ihm vor der Aussage vor der zweiten Grand Jury Immunität gewährt worden war.[30] Er könnte, wie man sagt, aufsässig gegen das Gericht sein; er könnte die Verpflichtung aller Zeugen zur Aussage unter Eid verletzen. Der Schutz vor Selbstbelastung durch den fünften Verfassungszusatz sieht zwar eine Befreiung von dieser Pflicht vor[31], aber diese Immunität wird genau deshalb gewährt, um diese zu überwinden und die Aussage eines wertvollen Zeugen herbeizuführen.

Ramseur hatte keinerlei triftige Begründung für seinen Wunsch, in der Hauptverhandlung nicht so auszusagen, wie er bei der Anhörung vor der Grand Jury ausgesagt hatte. Er hatte offenbar das Gefühl, man habe ihn bei seiner Verurteilung wegen Raub und analer Vergewaltigung, die sich nach den Feststellungen der Jury fünf Monate nach dem Schuß auf ihn in der U-Bahn ereignet hatten, »reingelegt« – man habe ihn verfolgt, um ihn als Zeugen auszuschalten. Kurz nachdem er aus dem Krankenhaus entlassen worden war, hatte er in einer Falschanzeige angegeben, er sei entführt worden. Es ist nicht klar, warum er das getan hat, aber er hat angedeutet, daß er derartige Angst davor hatte, Freunde von Goetz seien hinter ihm her, daß er ausprobieren wollte, wie weit sein Schutz durch die Polizei ging.

Bis zum 5. Mai, als die Aussage von James Ramseur vorgesehen war, hatte ein gutgekleideter und unauffälliger Troy Canty schon mehrere Tage im Zeugenstand verbracht. Es war für jedermann ein Schock, wie der mürrische und widerspenstige Ramseur in seiner

Gefängniskleidung in den Gerichtssaal geführt wurde – mit drekkigen Arbeitshosen und einer Windjacke. Es hatte den Anschein, als würden wir alle zurückversetzt werden in das Aufeinandertreffen in der U-Bahn im Dezember 1984.

Niemand wußte, was Ramseur tun würde. Er wurde zum Zeugenstand geführt, wobei man ihn fast dazu zwingen mußte, sich vorwärts zu bewegen, und dort sperrte er sich. Dann kam seine Rebellion: »Ich gehe nicht in den Zeugenstand. Ich weigere mich«[32], stieß er flüsternd hervor. Für den Fall, daß die Jury diesen trotzigen Akt nur wenige Fuß von der Jurybox entfernt nicht gehört hatte, schaltete sich Slotnick sofort ein:

»Entschuldigung, Ehrwürden, ich kann den Zeugen nicht hören.«[33] Ramseur wiederholte: »Ich weigere mich, in den Stand zu treten.«[34]

Es folgte eine angespannte Konferenz außerhalb der Verhandlung – Anwälte und der Richter außerhalb der Hörweite der Jury steckten ihre Köpfe zusammen. Waples gab zu verstehen, daß er Ramseurs Immunität auch auf einen möglichen Meineid ausdehnen würde, der normalerweise nicht von der Immunität erfaßt wird. Slotnick bestand darauf, daß er Ramseurs Aussage brauche. Schon seine Präsenz war für die Verteidigung vorteilhaft, so daß er ihn so lange wie möglich dabeihaben wollte. Als die Anwälte ihr Stelldichein auflösten und in die Arena zurückkehrten, platzte Slotnick heraus: »Ehrwürden, ist sich der Zeuge darüber im klaren, daß er Immunität erhalten wird?«[35], um die Jury mit der Nase auf Ramseurs risikolose Lage zu stoßen. Crane tadelte ihn: »Bitte jetzt keine Wortmeldungen.«[36] Slotnick wollte den Streit weiterführen. Aber Waples entschied sich schließlich dafür, seine Verluste zu begrenzen und protestierte dagegen, die Angelegenheit mit James Ramseur weiterzuverfolgen. Crane verurteilte diesen wegen Contempt of Court* und ließ ihn aus dem Gerichtssaal entfernen, und die Jury bekam dabei eine Vorstellung davon, wer James Ramseur war. Slotnick und Baker hatten sich hinter der Bühne harte Gefechte mit dem Ergebnis geliefert, daß sich nun genau diese Szene vor der Jury abspielte. Für die Verteidigung war es ein großer Gewinn, daß die Jury James Ramseur direkt kennengelernt hatte.

Jedermann ging nun davon aus, daß damit die Angelegenheit

* Anm. d. Ü.: Mißachtung des Gerichts, die einen Straftatbestand darstellt.

James Ramseur beendet war. Aber nachdem ihm Crane eine weitere Gelegenheit gegeben hatte auszusagen und sich von seinem Contempt of Court reinzuwaschen, kehrte er am 19. Mai in den Gerichtssaal zurück, und dieses Mal trug er einen Mantel und eine Krawatte und war darauf vorbereitet, für die Anklage auszusagen. Seine unmittelbare Aussage, bei der er verneinte, daß Canty ein bösartiges Ziel verfolgt habe, als er sich Goetz näherte, überraschte niemanden. Die Spannung steigerte sich, als Slotnick mit seinem Kreuzverhör begann. Ramseur war der erste Zeuge, der darauf vorbereitet war, mit dem kämpferischen Slotnick im Zeugenstand die Lanze zu kreuzen. In den heiklen Punkten hielt er stand. Als Slotnick ihn fragte, ob er in der Vergangenheit mit den drei anderen »gestohlen und geraubt« habe, griff er die sprachliche Wendung auf, die Waples hatte durchgehen lassen:[37]

RAMSEUR Wir haben niemals jemanden bestohlen und beraubt. Wir haben Maschinen aufgebrochen. Warum haben Sie »Rauben« eingefügt? Wir haben niemanden zusammen ausgeraubt.

SLOTNICK Wann habt ihr eine Maschine aufgebrochen?

RAMSEUR Versuchen Sie nicht, die Geschworenen davon zu überzeugen, daß ich ein Räuber bin.

Dann wurde es provokativer, als Ramseur und Slotnick sich gegenseitig beleidigten. Als Slotnick Ramseur höhnisch seine kriminelle Vergangenheit vorwarf, beschuldigte ihn Ramseur grundlos, als Anwalt für den Mob zu arbeiten.[38]

SLOTNICK Wann war das letzte Mal... daß Sie... ein Verbrechen an einem Menschen begangen haben?

RAMSEUR Wann war das letzte Mal, daß Sie einen Drogenhändler herausgeholt haben?

Slotnick gefiel jede Beleidigung. Als Ramseur ihn beschuldigte, seine Verurteilung wegen der Vergewaltigung von Gladys Richardson sei eine abgekartete Sache von Slotnick gewesen und er habe die Geschworenen dafür bezahlt, sich die Szene dann anzuschauen, gab Slotnick ihm gleich noch einen weiteren Aufhänger:[39]

SLOTNICK Mr. Ramseur, sind wir uns jemals begegnet?

RAMSEUR Nein, wir sind uns niemals begegnet, aber ich habe von Ihnen gehört.

SLOTNICK Ich hoffe, das war nichts Unangenehmes.

RAMSEUR Es war unangenehm. Ich weiß, was ich von dir zu halten habe.

Je mehr Slotnick den Zeugen provozieren konnte, um so wahrscheinlicher war es, daß der seine Fassung verlieren und selbst vorführen würde, daß er wieder einmal – mit dem von der *New York Post* bevorzugten Ausdruck – der »Rasende Ramseur«[40] war.

Die Spannung war groß, als Ramseur einmal einen Schuh auszog und sich am Fuß kratzte. Die drei oder vier Gerichtswachtmeister, die in der Nähe des Zeugenstandes standen, bewegten sich sofort auf ihn zu. Ramseur hat den Schuh nie hochgehoben. Er hat auch keine Bewegung gemacht, die den Eindruck erwecken konnte, daß er den Schuh werfen wollte. Dennoch war Slotnick sofort bereit, den Vorfall als einen lebensbedrohlichen Angriff zu interpretieren. Die *Post* und die *Daily News* hielten den Vorfall für berichtenswert, aber meinten, er sei nicht eindeutig. Bei seiner regelmäßigen Pressekonferenz nach den Tagesereignissen – der »Fünf-Uhr-Revue«, wie die Presse den Versuch der Verteidigung, das Verfahren auch in den Medien zu führen, bezeichnete – sagte Slotnick: »Wenn er eine Schußwaffe gehabt hätte, dann hätte er auf mich geschossen.«[41] Am nächsten Morgen begann er mit einer blumigen und einschmeichelnden Huldigung – glücklicherweise ohne Anwesenheit der Jury – an die Gerichtswachtmeister, die gegen den tückischen Zeugen zur Rettung geeilt seien. Waples konnte sich ein Grinsen nicht verkneifen.[42]

Die *Times* ignorierte den Vorfall bis auf den folgenden sarkastischen Kommentar in Kirk Johnsons »Reporter's Notebook« vom 24. Mai:[43]

Mr. Slotnick... begann sogar einige Tage später zu erzählen, ein Gerichtsbeamter sei vor die Zeugenbox gesprungen, um den Schuh für den Fall abzublocken, daß er geworfen werden würde. Weitere Zeugen zu diesem Aspekt der Zeugenbefragung werden immer noch gesucht.

An einem bestimmten Punkt, nach einem Tag Kreuzverhör und feindlicher Interaktion hatte Ramseur offenbar genug. Slotnick begann mit einer Form von Befragung, die ganz harmlos zu sein schien. Er fragte Ramseur, was er am Tag vor den Schüssen gemacht habe; Ramseur antwortete, daß er mit seiner Freundin zusammen gewesen sei. Was war am Tag vor diesem Tag? Die gleiche Antwort. Diese Art der Befragung ging weiter, Tag für Tag. Als der 19. Dezember an der Reihe war, weigerte sich Ramseur, weiterzumachen. Er hörte einfach auf. An der Frage war nichts besonders Provokatives, aber er weigerte sich zu antworten. Es scheint, daß Slotnick per Zufall die Frage traf, nach der er auf der Suche war. Er brachte Ramseur zu Fall und schaffte es, der Jury – live – einen irrationalen und wütenden Mann zu zeigen, der eher das Verbrechen des Contempt of Court beging, als eine Frage nach seinem Aufenthaltsort drei Tage vor den Schüssen zu beantworten. Ein Crane in Bestform wandte ganz ruhig seine gesamte Überredungskunst auf und bat Ramseur fast, seine Zeugenaussage fortzusetzen. Aber Ramseur erwiderte nur: »Bring mich hier raus.«[44] Richter Crane fügte sich dem, nachdem er ihn wegen Contempt of Court in fünf Fällen für verantwortlich erklärt hatte, weil er es abgelehnt hatte, fünf Routinefragen über seinen Aufenthaltsort und seine Begleitung zu beantworten.

Bei der Anhörung am 22. Mai über die Höhe der Strafe von Ramseur erteilte Crane Ramseur eine scharfe Rüge; er habe ganz irrational dem Mann geholfen, den er haßte. Der Richter meinte, sein Verhalten vor der Jury[45]

> habe seine Verderbtheit und Selbstsüchtigkeit effektiver vermittelt, als es Worte hätten tun können... Mit Ihrem Verhalten haben Sie dem Anwalt von Mr. Goetz direkt in die Hände gespielt. Er schuldet Ihnen eine Dankadresse. Die Geschworenen haben Ihr mißachtendes Verhalten gesehen. Dieser Eindruck kann niemals gelöscht werden.

Ramseurs Anwalt, Ronald Kliegerman, brachte vor, jene ausforschenden Fragen über sein Privatleben hätten nicht erlaubt werden sollen. Dieses Argument machte wenig Eindruck. Crane entschied, daß die Fragen relevant und zulässig waren und kam daher zum Ergebnis, daß Ramseur wegen Contempt of Court schuldig war. Er verurteilte ihn zu einer Geldstrafe von $ 1500 und einer zusätzlichen Freiheitsstrafe von 6 Monaten Gefängnis – dem Maximum, das ohne Juryverfahren zulässig ist. Am meisten ärgerte Richter Crane an dem ganzen Vorfall, daß er der Verteidigung die Möglichkeit einräumen mußte, die gesamte Aussage von Ramseur streichen zu lassen. Da Slotnick sein Kreuzverhör nicht beendet hatte, würde man Goetz sein verfassungsmäßiges Recht nehmen, einem der Zeugen, die (der Form nach) auf der Gegenseite standen, gegenübergestellt zu werden, wenn man das Zeugnis aufrechterhalten würde. Die Situation war schmerzlich für Richter Crane. Sie hatten nicht nur einige Verhandlungstage für die Aussage und das Aushandeln geopfert, wie sie mit Ramseurs drohender Widerspenstigkeit vor Gericht zu Rande kommen sollten; darüber hinaus würde Troy Canty, wenn man die Aussage von Ramseur streichen würde, als der einzige Zeuge übrigbleiben, der aus der Sicht der Opfer über seine Wahrnehmung von den Geschehnissen in der U-Bahn ausgesagt hatte.[46]

Eine einzige Botschaft an die Jury ergab sich daraus, daß Slotnick Ramseurs Wut entfacht und daß er das Verbrechen mit vier jungen schwarzen Guardian Angels als Darstellern für die vier Möchtegern-Angreifer auf die Bühne gebracht hatte. Die implizite Botschaft war ganz einfach: Bei einem Aufeinandertreffen in der U-Bahn mit diesen vier schwarzen Schlägern würde jede normale, vernünftige Person das Schlimmste befürchtet haben. Sie, Ladies und Gentlemen der Jury, Sie hätten sich gefürchtet.

Die Vernehmung und das Kreuzverhör von Andrea Reid intensivierten diese Angst-Botschaft. Sie war von dem Augenblick an nervös, als sie in den Stand trat. Slotnick verstärkte ihre Angst, indem er ihr gleich zu Beginn mitteilte, daß er und sein Ermittler die Befragung, die sie mit ihr eine Woche vor ihrer Zeugenaussage in ihrer Wohnung in der Bronx durchgeführt hatten, hinter ihrem Rücken heimlich auf Tonband aufgenommen hatten. Jedesmal, wenn sie sich auf eine bestimmte Version der Tatsachen festlegte, schüchterte Slotnick sie mit der Andeutung ein, sie habe dem Ermittler eine andere Version ihrer Erinnerungen von den Schüssen in der U-Bahn gegeben. Manchmal konnte Slotnick sein einschüchterndes Kreuzverhör mit dem Tonband untermauern. Manchmal ging das auch nicht. So setzte er sie zum Beispiel wiederholt damit unter Druck, sie habe dem Ermittler doch gesagt, daß sie sah, wie sich einer der Jugendlichen Goetz näherte und »direkt vor seinem Gesicht« stand. Wiederholt verneinte sie, das jemals gesagt zu haben, und als Slotnick den Inhalt des heimlich mitgeschnittenen Tonbandes abspielte, stellte sich heraus, daß es sein Ermittler gewesen war, der diese Worte benutzt hatte, und daß er erfolglos versucht hatte, sie dazu zu bringen, diese Worte zu übernehmen.

Zuerst stritt Andrea Reid ab, jemals jemandem erzählt zu haben, daß sie unmittelbar nach den Schüssen zu ihrem Ehemann gesagt hatte: »Diese Punks bekamen, was sie verdient haben.« Als sie sich dann selbst auf dem Tonband dem Ermittler dies mitteilen hörte, gab sie es zu. Slotnicks fragwürdiges Manöver, eine private Unterhaltung mit einer Zeugin mitzuschneiden, zahlte sich aus. Er versicherte sich so einer wichtigen Äußerung, die er ohne Unterlaß ausspielte, um das zu betreiben, was er zu Beginn der Verhandlung als seine Anklage gegen die vier Jugendlichen deklariert hatte. Goetz sollte nicht nur deshalb freigesprochen werden, weil er sich gefürchtet hatte, sondern weil er den Spieß gegen seine Angreifer umgedreht hatte. Er hatte diesen »Wegelagerern der Gesellschaft« zurückgegeben, was sie verdienten – genau das, »was nach dem Recht erlaubt war«.

Slotnick verwob seine Botschaft des »was jemand eben verdient« mit einem Appell an das Mitgefühl der Jury mit denen, die aus Furcht heraus handeln. Andrea Reid gab zu, daß sie Angst hatte, in den Fall verwickelt zu werden, weil sie Darrell Cabeys Mutter bei einer »Kristall-Party« in der Nachbarschaft getroffen hatte und einer ihrer Söhne zu dieser Zeit bei ihr gewesen war. Genauso wie sie Angst vor den Cabeys hatte, hatte Goetz verständlicherweise allen Grund dazu, sich vor Cabey und seinen Freunden zu fürchten. In seinem Schlußplädoyer vor der Jury kam Slotnick häufig auf die Furcht von Andrea Reid und darauf zurück, daß sie angeblich einige Punkte bei ihrer Aussage nicht richtig wiedergegeben habe. Er hatte einzelne Teile der Tonbandaufnahme in das Verfahren eingeführt, um die Widersprüchlichkeiten zu dokumentieren. Aber – und das war bei der Zusammenfassung sein Argument – Furcht ist der Vater ungewöhnlicher Reaktionen – im Fall von Andrea Reid genauso wie bei Bernhard Goetz.

Als die Beweisaufnahme geschlossen wurde, schienen die bedeutenderen Fragen eindeutig abgesteckt zu sein. Es gab überhaupt keinen Konflikt bei den Beweisen zu den Anklagevorwürfen wegen Waffenbesitz. Mary Friedman hatte ausgesagt, daß Goetz ihr am 30. Dezember die zwei Pistolen in einer Pappschachtel gegeben hatte, als er sich vor der Polizei versteckte, und sie diese dann ihrem Anwalt und der Polizei am 2. Januar übergeben hatte. Waffenhändler aus Connecticut und Florida sagten aus, daß sie exakt diese Waffen, die an ihrer Seriennummer erkennbar waren, 1970 und 1984 verkauft hatten. Es schien wenig Zweifel daran zu geben, daß Goetz sich der Ordnungswidrigkeit, eine Waffe ohne Lizenz zu Hause zu haben, strafbar gemacht hatte. Ebensowenig Zweifel bestanden darüber, daß er in der Öffentlichkeit eine geladene Waffe mit sich getragen hatte, was ihn der Begehung eines Verbrechens schuldig machte, das mit einer Höchststrafe von sieben Jahren Haft bedroht ist. Im Hintergrund des Verfahrens schlummerte der schwerwiegendere Vorwurf, er könne ebenso schuldig sein, eine geladene Waffe mit der Absicht, sie unrechtmäßig zu gebrauchen, im Besitz gehabt zu haben, aber es wurden keine Beweise vorgebracht, die für die Frage nach den Absichten von Goetz relevant waren, als er sein Apartment am 22. Dezember verließ und in Richtung U-Bahn losging.

Aus der Perspektive dessen, was die Jury hörte und sah, war es offensichtlich die Schlüsselfrage, ob gegenüber den vier jungen Männern, vor denen sich Goetz gefürchtet hatte, eine Notwehrlage gegeben war. Die weitreichende Frage, ob Goetz vernünftigerweise daran geglaubt hatte, er stehe unmittelbar davor, ausgeraubt oder mit tödlicher Gewalt angegriffen zu werden, und die Schüsse seien notwendig, war der Grund für den Disput über die Details der anfänglichen Interaktion zwischen Canty und Goetz, über das Problem, ob Barry Allen in den Rücken geschossen wurde, als er am Wegrennen war und – am wichtigsten – ob Goetz tatsächlich nach dem vierten Schuß eine Pause eingelegt hatte, an Cabey herangetreten war und gesagt hatte, »Dir scheint's ja ganz gut zu gehen; hier ist noch einer« und dann die Kugel abgefeuert hatte, die sein Rückenmark durchtrennt und ihn für den Rest seines Lebens zum Krüppel gemacht hatte.

Die Jury hatte auf der Grundlage dessen zu verfahren, was sie in der Verhandlung gehört und gesehen hatte. Die Geschworenen hatten bei ihren Beratungen kein Recht dazu, sich auf das zu beziehen, was sie vor Verhandlungsbeginn gehört oder gelesen hatten, und während der Verhandlung war es ihnen verboten, der Berichterstattung der Medien über den Ereignisrummel zu folgen, in dessen Mitte sie selbst standen. Es gab eine Menge von Material, das sie nicht kannten und das sie nicht kennen sollten. Ihnen stand nicht der Freiraum von Historikern zur Verfügung, die alle Informationen zusammentragen und sie als verantwortungsbewußte Forscher auswerten. Ihnen wurden die Informationen durch ein Sieb von rechtlichen Regeln zur Relevanz und Angemessenheit präsentiert. Ihnen wurde nicht mitgeteilt, welcher Rasse Goetz' Angreifer bei dem früheren Mugging-Vorfall angehörten, und ihnen wurde nicht mitgeteilt, daß Goetz angeblich einige Jahre vor den Schüssen bei einem Nachbarschaftstreffen die rassistische Bemerkung gemacht hatte, man solle die Nachbarschaft von den »Spics and Niggers« säubern. Und am wichtigsten – sie hatten gar keine Ahnung davon, was ihnen vorenthalten wurde und warum.

1 Ihre Rolle endet kurz vor dem Punkt, ab dem sie denen ihrer Zeugen vorsagen, die sich nicht so verhalten, wie sie sollen. Das Vorsagen fällt unter das Verbot, Suggestivfragen zu stellen. Wenn ein Anwalt von seinem Zeugen enttäuscht ist, darf er nicht versuchen, ihm seine Worte in den Mund zu legen. Er kann nicht fragen (angenommen, der Zeuge ist darauf eingestellt, mit »ja« zu antworten), »Ist es nicht richtig, daß Sie sahen, wie der Gunman grinste, als er schoß?« Er muß versuchen, diese Aussage herauszulocken, ohne von seinem Drehbuch abzuweichen. Aber wenn sie beim Kreuzverhör [der Vernehmung der von der anderen Partei benannten Zeugen, Anm. d. Ü.] die Rolle des Kritikers einnehmen, dann können die Anwälte jede Frage stellen, die sie wollen, und darauf bestehen, oft in verächtlicher Weise, daß die Zeugen mit »Ja« oder »Nein« antworten. Strafverteidiger sind, wie zu erwarten, beim Kreuzverhör besser als bei der direkten Vernehmung; sie verbringen ihre meiste Zeit damit, gegen die Zeugen der Anklage vorzugehen. Das war auch bei Waples und Slotnick so. Waples war bei der direkten Befragung effektiv, aber weniger beim Kreuzverhör; Slotnick war geschickt beim Kreuzverhör, aber bei der direkten Befragung fühlte er sich nicht wohl in seiner Haut.

2 »How are you«, Tonbandabschrift, S. 8. Vgl. Videoabschrift, S. 24 (danach war Cantys Spruch »How are you doing«).

3 Tonbandabschrift, S. 8.

4 A.a.O., S. 18. Vgl. die Videoabschrift, S. 28 (Canty wiederholt seine Forderung nach fünf Dollar).

5 Legt man die Videoabschrift zugrunde, S. 28 und S. 38, dann hat Goetz deutlich das Gefühl, er habe gesagt, »Ich werde euch fünf Dollar geben«, bevor er geschossen hat. Er verneint, gesagt zu haben, wie es die Zeitungen berichten, »Ich werde jedem von euch fünf Dollar geben«. Bei der Tonbandaufnahme erwähnt er diese Antwort nicht, und sie würde auch nicht zu seiner Aussage passen, daß Canty bei seiner zweiten Äußerung »Gib mir dein Geld« gesagt habe.

6 »You seem to be all right; here's another«, Tonbandabschrift, S. 25; vgl. die Videoabschrift, S. 30 (die Äußerung lautet hier »You seem to be doing all right; here's another«); vgl. zu diesem Unterschied Anm. 2 zu Kapitel 1.

7 Tonbandabschrift, S. 12.

8 A.a.O.

9 Videoabschrift, S. 11.

10 Videoabschrift, S. 27.

11 Tonbandabschrift, S. 11.

12 Videoabschrift, S. 31.

13 Protokoll bei 5250.

14 Wie schon oben in Anm. 1 angedeutet wurde, ist es den Anwälten bei der direkten Vernehmung nicht erlaubt, Suggestivfragen zu stellen, also Fragen, mit denen dem Zeugen Worte in den Mund gelegt werden. Der Zeuge soll die Geschichte ohne die Anleitung oder die Unterstellungen des Anwalts, der ihn befragt, erzählen. Beim Kreuzverhör, das dazu dient, die Wahrhaftigkeit und Genauigkeit der Aussage zu testen, ist das Verbot von Suggestivfragen aufgelockert.
15 Protokoll bei 5924.
16 Protokoll bei 5926.
17 Protokoll bei 6215.
18 Protokoll bei 6330.
19 Protokoll bei 6337.
20 Protokoll bei 6834.
21 Protokoll bei 6840.
22 Protokoll bei 6840-41.
23 Protokoll bei 6856.
24 Protokoll bei 6846.
25 Protokoll bei 6063.
26 Zu einer weitergehenden Diskussion der Relevanz des tatsächlichen Schadens vgl. Kapitel vier.
27 Das volle Zitat ist auf S. 24f. wiedergegeben.
28 Protokoll bei 7779-80.
29 Ein Vertreter der Guardian Angels hat mir das kurz nach diesem Vorfall mitgeteilt.
30 Eigentlich erhält jeder Immunität, der in New York vor einer Grand Jury aussagt, außer er verzichtet darauf. Der Distriktsstaatsanwalt wird nur Leute in den Zeugenstand rufen, die auf ihre Immunität verzichten oder bei denen er sich darauf einstellt, daß er ihnen Immunität »gewährt«, d. h. anordnet, daß die vom Gesetz vorgesehene Gewährung der Immunität in Kraft tritt. Die Immunität betrifft alle Straftaten, die bei der Zeugenaussage im Zusammenhang mit Fragen erwähnt werden, die im Verfahren vor der Grand Jury gestellt werden. Vgl. Criminal Procedure Law § 190.40. Die Immunität erstreckt sich auch auf die Zeugenaussage in der Hauptverhandlung, aber sie erfaßt keinen Meineid, weder vor der Grand Jury noch in der Hauptverhandlung.
31 Die einzige andere relevante Ausnahme hätte in der Privilegierung des Materials bestanden, das dem eigenen Anwalt vertraulich mitgeteilt worden ist.
32 Protokoll bei 5931.
33 A.a.O.
34 A.a.O.
35 Protokoll bei 5934.
36 Protokoll bei 5935.
37 Protokoll bei 7251.

38 Protokoll bei 7279.
39 Protokoll bei 7252.
40 *New York Post* vom 21. Mai 1987, Überschrift auf S. 1.
41 A.a.O., S. 7.
42 An dem Tag des Vorfalls mit dem Schuh hatte Ramseur dem Gerichtswachtmeister Dan Doelger im Fahrstuhl mitgeteilt, daß er ein Furunkel am Fuß habe, das ihn störe. Doelger stand unmittelbar bei Ramseur, als Ramseur seinen Schuh auszog. Doelger hat wiederholt gesagt, daß er davon überzeugt gewesen ist, daß das Ausziehen des Schuhs keine feindliche Handlung von Ramseur war.
43 *New York Times* vom 24. Mai 1987, S. 26.
44 Protokoll bei 7267-68.
45 *New York Times* vom 23. Mai 1987, S. 31.
46 Darrell Cabey war nicht in der Lage, in den Zeugenstand zu treten, und Barry Allen, der im Verfahren vor der Grand Jury keine Immunität erhalten hatte, berief sich bei nahezu jeder Frage auf den fünften Verfassungszusatz.

8.
Was die Jury nicht wußte

Das Strafverfahren mit Jury ist zugleich die höchste Form von Demokratie und die krudeste Form der Zensur. Die Jury ist bei der Beurteilung von Bernhard Goetz' Schuld oder Unschuld die Stimme der Allgemeinheit, aber sie ist andauernd einem Verfahren unterworfen, in dem der Stempel des Zensors provokatives Material mit der Warnung »Nicht für Ihre Augen oder Ihre Ohren« versieht. Manchmal findet die Zensur vor den Augen der Jury statt. Die Anwälte kommen auf die Seite der Richterbank und argumentieren privat mit Richter Crane. Wann immer die Auseinandersetzung vermutlich kompliziert ist und länger als einige wenige Minuten dauern wird, verlassen die Geschworenen den Gerichtssaal und nehmen ihre gewohnten Plätze rund um den Tisch im Beratungsraum ein; sie warten, bis sie zurückgerufen werden, aber nie wird ihnen mitgeteilt, was in ihrer Abwesenheit entschieden worden ist.

Die Debatten, die in ihrer Abwesenheit stattfinden, sind das juristische Herz des Verfahrens. Üblicherweise geht es bei ihnen darum, ob einem Zeugen erlaubt werden soll, über eine bestimmte Angelegenheit auszusagen. Bei der Entscheidung, ob eine Zeugenaussage als Beweis benutzt werden kann, wird der Inhalt der Zeugenaussage dem Richter bekanntgegeben, aber nicht der Jury. Wenn man die Jury nicht im dunkeln lassen würde, würde es keinen Sinn ergeben, später zu entscheiden, daß dieser spezifische Teil der Aussage von ihr ferngehalten werden soll.

In diesen Debatten darüber, was die Jury wissen darf, zeigt sich der unser Streit-System der Gerechtigkeit prägende Geist. Europäische Verfahren, in denen die Macht zur abschließenden Entscheidung niemals ausschließlich einer Jury von Laien übertragen wird, gehen nachlässiger mit der Frage um, welche Beweise im Verfahren gehört werden dürfen. In unserem Adversary-System haben die Anwälte mehr zu tun. Sie müssen nicht nur den Laien das Material präsentieren und sie von ihrer Position überzeugen, sondern sie müssen sich auf äußerst strittige Debatten über den Umfang der zulässigen Beweise für ihre Seite des Falles einlassen.

Das hohe juristische Niveau dieser Debatten ist eine Herausforderung für die Fähigkeiten der Anwälte. Diese Debatten führen auch dazu, daß ein Richter im Verlauf eines Verfahrens wie der Anklage gegen Goetz Hunderte von Entscheidungen über Rechtsfragen zu treffen hat. In der Tat drückt sich die Autorität eines Tatrichters im amerikanischen System zuallererst darin aus, daß er jene Entscheidungen trifft, die den Umfang der Beweisaufnahme im Verfahren festlegen.

Im Zentrum der Debatte im Fall Goetz war die Zulässigkeit der verschiedenen Äußerungen der vier Opfer kurz nach den Schüssen, einige davon gegenüber Zeugen aus dem U-Bahn-Wagen, andere gegenüber medizinischem Personal. Einige von diesen Äußerungen spiegeln die vollständige Verblüffung wider, daß Goetz auf sie geschossen hatte; andere räumen ein, daß wenigstens einige der vier einen Raub planten. Diese mutmaßlichen Äußerungen der Opfer sind offensichtlich relevant. Aber sie waren der Jury nur zur Kenntnis zu bringen, wenn einer der Jugendlichen im Zeugenstand zugab, daß er diese Äußerung von sich gegeben hatte, oder daß ein Zeuge einer solchen Äußerung vor Gericht aussagte, er habe gehört, wie Canty, Allen, Ramseur oder Cabey diese Worte von sich gegeben hatten.

Das Problem ist, daß diese Art der Zeugenaussage geradewegs in eine der formalen Regeln hineinführt, die das Adversary-System charakterisieren: das Verbot der Beweise vom *Hörensagen (hearsay).* Allgemein gesprochen verbietet diese Regel, daß Zeugen über etwas aussagen, was sie von anderen Leuten gehört haben. Aber wenn diese Regel eine Mauer bildet, dann ist sie völlig durchlöchert, und es gibt Tunnel unter ihr und Pfade um sie herum. Manchmal können Zeugen über Äußerungen aussagen, die sie außerhalb des Gerichtssaals gehört haben, ohne daß sie mit der Regel in Konflikt kommen. Das ist der Punkt, an dem die juristischen Fertigkeiten der Anwälte ins Spiel kommen.

Im Verbot des Hearsay drücken sich viele der Werte aus, die dem im sechsten Verfassungszusatz garantierten Recht eines Beschuldigten zugrunde liegen, daß ihm die Zeugen, die ihn belasten, gegenübergestellt werden müssen. Nehmen wir an, daß jemand in Goetz' U-Bahn-Wagen (nennen wir sie Mrs. Rider) gesagt hat, sie habe gehört, wie eine andere, nicht genau angebbare Person (nennen wir sie Mr. Gone), gesagt habe, »Das war fürchterlich. Er hat ihn in den Rücken geschossen.« Mrs. Rider wird in den Zeugenstand gerufen, und die Frage taucht auf, ob man ihr erlauben soll, vor der Jury über das auszusagen, von dem sie sagt, daß sie gehört hat, daß es Mr. Gone über die Schüsse gesagt hat. Wenn man ihr erlaubt, diese höchst belastende Äußerung offenzulegen, dann hat sich Goetz praktisch mit einem weiteren Ankläger namens Mr. Gone auseinanderzusetzen. Aber der ist nicht im Gerichtssaal; es gibt keine Möglichkeit, daß die Verteidigung sich mit ihm auseinandersetzen, ihn ins Kreuzverhör nehmen und die Richtigkeit seiner Behauptung überprüfen kann, daß Goetz jemanden in den Rücken geschossen hat. Ein Kreuzverhör mit Mrs. Rider würde nicht helfen, denn Mrs. Rider kann nur die Tatsache bezeugen, daß sie tatsächlich gehört hat, daß die Äußerung gemacht wurde. Sie hat keine Ahnung, ob Gone tatsächlich gesehen hat, daß Goetz jemandem in den Rücken geschossen hat und ob er sich korrekt an diesen Vorfall erinnert. Aus diesem Grund steht ein wichtiges Prinzip eines fairen Verfahrens auf dem Spiel, wenn man Rider erlaubt, der Jury mitzuteilen, was Gone gesagt hat. Im Prinzip sollte der Beschuldigte in der Lage sein, sich jeden Zeugen, der ihn belastet, gegenüberstellen zu lassen und ihn ins Kreuzverhör zu nehmen. In unserer Situation wäre Gone in der Tat ein Zeuge, der ihn belasten würde. Wenn seine Aussage auf die Weise zugelassen werden würde, daß Rider vor Gericht spricht, hätte Goetz keine Möglichkeit, sich gegen diese vernichtende Zeugenaussage zu verteidigen.

In dieser Auffassung spiegelt sich die sportliche Vorstellung von Gerechtigkeit. Wie relevant die Äußerung von Gone auch immer sein mag, sie darf nicht in die Beweisaufnahme hineingenommen werden, wenn man den Angeklagten damit einer fairen Chance berauben würde, sich gegen die beweiserhebliche Pointe der Aussage zu verteidigen. Die Dimension des Wettkampfs im Adversary-System wird gleichfalls deutlich an dem komplexen System von Löchern und Tunneln, das bei Manövern durch und um die Mauer herum, die vor dem Beweis vom Hörensagen steht, zu überwinden ist. Der Ausgangspunkt für diese Pfade um die Regel ist die formale Definition des *hearsay*. Dieselbe Äußerung, die außerhalb eines Gerichts gemacht wird, kann manchmal als Hearsay klassifiziert werden und manchmal nicht. Ob sie unter das Verbot fällt, hängt davon ab, welches Ziel der Anwalt, der die Äußerung in das Verfahren hineinbringen möchte, mit dem Beweis verfolgt. Wenn mit der Aussage Riders über das, was Gone gesagt hat, die Wahrheit von Gones Aussage (daß Goetz jemanden in den Rücken geschossen hat) bewiesen werden soll, dann würde die Aussage unter hearsay fallen; sie würde eingeführt werden, um »die Wahrheit der behaupteten Tatsache zu beweisen«. Aber wenn ihr Zweck ein anderer wäre, als die Wahrheit von Gones Aussage zu beweisen, würde die Aussage an der Regel vorbei in das Verfahren hineingleiten. Welchen alternativen Zweck könnte es jedoch geben? Wie kann eine Äußerung in einem Strafverfahren von Nutzen sein, wenn sie nicht dazu dient, die Wahrheit des in ihr Behaupteten zu belegen?

Die Äußerung eines Zeugen im Verfahren, die im Widerspruch zu einer seiner Äußerungen vor Beginn des Verfahrens steht, weckt den Verdacht, daß er sich bei dem einen oder dem anderen Mal geirrt oder sogar gelogen hat. Wenn der Zeuge in der Vergangenheit eine andere Geschichte erzählt hat, war das entweder damals falsch oder ist es jetzt. Die frühere widersprüchliche Aussage ist daher aus einem anderen Grund zulässig als dem, die Wahrheit der Äußerung zu beweisen. Es geht nicht darum, daß die frühere Aussage wahr ist, sondern darum, daß die Widersprüchlichkeit an sich die Glaubwürdigkeit des Zeugen untergräbt.

Troy Canty hatte zwei belastende Äußerungen von sich gegeben, die die Verteidigung möglicherweise durch diesen Tunnel unter der Regel einbringen konnte. Detective Charles Penelton hatte ausgesagt, daß Canty, als er im Krankenhaus mit ihm redete, gesagt hatte: »Wir haben den weißen Typen umstellt.« Penelton versuchte das genau zu klären: »Ihr alle?« Canty antwortete: »Wir alle.«[1] Detective Peter Smith hatte ausgesagt, daß Canty, während er noch auf dem Boden des U-Bahn-Wagens lag, gesagt hatte: »Wir waren dabei, ihn auszurauben, aber der weiße Typ hat vorher auf uns geschossen.«[2] Diese Aussagen konnten – offiziell – nicht als Beweis dafür benutzt werden, daß die vier Jugendlichen Goetz umzingelt und die Absicht gehabt hatten, ihn zu berauben. Aber sie konnten als Beweis dafür benutzt werden, daß Canty gegenüber verschiedenen Leuten verschiedene Geschichten erzählt hatte – das Märchen von den harmlosen Absichten bei seiner Aussage in der Verhandlung und das Eingeständnis eines versuchten Raubes gegenüber Peter Smith. Obwohl sich diese zwei Formen einer Verwendung derselben Aussage theoretisch unterscheiden, würde ein Geschworener schon recht klug sein müssen, um diesen Unterschied zu erfassen.

Diese Ausnahme von der Hearsay-Regel erfaßte nur die Aussagen von Canty, denn er war der einzige der vier, dessen Aussage offiziell als Beweismittel zählte (da Ramseur seine Aussage abgebrochen und damit Contempt of Court begangen hatte, war sie nicht verwertbar). Die Verteidigung hatte aber Zugang zu mehreren hochrelevanten Äußerungen von Darrell Cabey gegenüber verschiedenen Leuten. Er hatte zu John Filangeri, dem Sanitäter, der ihn auf dem Weg ins Krankenhaus behandelte, gesagt: »Diese Typen, mit denen ich zusammen war, die haben diesen Typ belästigt, sie haben ihn nach Geld gefragt. Der Typ hat uns bedroht, und dann hat er auf uns geschossen.«[3] Ende November 1985 hatte er im wesentlichen die gleiche Aussage gegenüber dem Kolumnisten Jimmy Breslin gemacht.[4] Angesichts der Entscheidung der Anklage, Cabey nicht als Zeugen zu rufen, konnte die Verteidigung diese Äußerungen aber nicht unter Bezug auf die Theorie, sie diene allein dazu, Cabeys Glaubwürdigkeit zu untergraben, in das Verfahren einführen oder sich auf sie beziehen. Dieser Weg zur Umgehung der Hearsay-Regel war der Verteidigung versperrt.

Die Verteidigung wollte diese Äußerung von Darrell Cabey aber unter allen Umständen in die Beweisaufnahme einführen. Die Verteidigung gegen die Anklagevorwürfe, die sich auf die Schüsse auf Cabey bezogen, war am schwierigsten; es konnte hilfreich sein, wenn Cabey als ein Teilnehmer der Belästigung von Goetz dargestellt wurde. Wenn man Cabeys Bemerkung über das »Belästigen dieses Typen« in das Verfahren einbringen konnte, war die Jury vielleicht dazu zu verleiten, in ihm einen Angreifer und nicht das gelähmte Opfer der Schüsse zu sehen.

Während die Geschworenen in der hermetischen Abgeschiedenheit ihres Beratungsraums nach Möglichkeiten suchten, um sich abzulenken, traten die Anwälte in eine lange Debatte ein, ob Filangeri aussagen durfte, was er Cabey sagen gehört hatte. Die Verteidigung erforschte alle möglichen Hintertürchen und Tunnel, um die Barriere des Hearsay zu überwinden. Die Argumente, die die Verteidigung heranzog, lesen sich wie ein Kurs in populärwissenschaftlicher Psychologie. Die Ausnahmen von der Hearsay-Regel beruhen auf handgestrickten psychologischen Urteilen über die Wahrscheinlichkeit, unter welchen Bedingungen die Menschen die Wahrheit sagen. Das Prinzip lautet, daß die Äußerungen von jemandem zugelassen werden sollten, wenn aufgrund der besonderen Situation eine große Wahrscheinlichkeit besteht, daß er die

Wahrheit sagt – und zwar selbst dann, wenn es keine Möglichkeit gibt, ihn ins Kreuzverhör zu nehmen.

Als erstes Argument wurde vorgebracht, die Aussage sollte als Beweis dafür zugelassen werden, daß die Jugendlichen Goetz »belästigt« hatten, weil es sich um eine Aussage gegen die »strafrechtlichen Interessen« von Cabey handelte –, d. h. daß sie Cabey tendenziell wegen einer Straftat belastete. Diesem Argument liegt die psychologische Annahme zugrunde, es sei unwahrscheinlich, daß die Leute so lügen, daß es gegen ihre Interessen verstößt. Das leuchtet ein, aber unzählige rechtliche Sperren für diese Ausnahme standen einer Zulassung der Aussage nach dieser Theorie im Weg. So hat Cabey sich durch die Aussage nicht direkt selbst belastet; er sagt: »Die Typen, mit denen ich zusammen war, haben belästigt...«, und somit versucht er, den Vorwurf auf die anderen drei abzuschieben. Dieser am eigenen Interesse orientierte Trick ist kaum so vertrauenswürdig wie ein reumütiges Schuldbekenntnis. Außerdem liegt dieses Eingeständnis unterhalb der Schwelle eines selbstbelastenden Geständnisses einer Straftat[5], es sei denn, das Wort »Schikanieren« habe in der Sprache der Straßenkids eine spezielle Bedeutung.[6]

Da keine große Hoffnung bestand, mittels dieser Theorie erfolgreich zu sein, verlagerte die Verteidigung ihre Argumentation auf eine andere psychologische Theorie, nach der Cabey die Wahrheit gesagt haben mußte. Die Aussage sollte im Rahmen einer Theorie der »erregten (Gefühls-)Äußerung« ihren Weg in das Verfahren finden: Da er infolge der Schüsse traumatisiert war, seien Cabeys normale Fähigkeit zur Reflexion und zum Erfinden von Geschichten außer Kraft gesetzt gewesen, und daher konnte er nicht die Fähigkeit gehabt haben, irgendeine, in seinem Interesse liegende Geschichte zu fabrizieren. Wenn »Rider« gehört hätte, daß Cabey nach dem vierten Schuß schrie: »Ich bin getroffen worden«, dann hätte sie fraglos aussagen können, daß sie diese Äußerung gehört hatte. Cabeys Erregung würde einen ausreichenden Grund dafür abgeben, die Äußerung für verläßlich zu halten. Das Problem bestand in diesem Fall aber darin, daß die Äußerung ungefähr eine Stunde nach den Schüssen gemacht wurde. Cabey konnte sich gut von dem Schock erholt und seine Fähigkeit wiedererlangt haben, eine Geschichte zu erzählen, die seinen Interessen diente.

Richter Crane entschied sich sowohl gegen die Zulässigkeit der Aussage aufgrund dieser beiden ersten Begründungen als auch aufgrund von formaljuristischen Theorien, die von der Verteidigung vorgebracht wurden.[7] An diesem Punkt entwickelten Slotnick und Baker das raffinierte Argument, Cabeys Aussage solle nicht als Beweis dafür gelten, daß die Jugendlichen Goetz belästigt hatten, sondern einfach als Beweis dafür, daß überhaupt eine Äußerung getan worden sei. Sie versuchten, die Hearsay-Regel mit dem Argument zu umgehen, es sei nicht ihr Ziel zu beweisen, daß die Aussagen wahr waren, sondern nur, daß sie überhaupt gemacht wurden. Dahinter verbirgt sich die Vorstellung, daß Filangeris Zeugenaussage – wenn man sie ihm erlauben würde – über Cabeys Äußerung sich auf diese nicht als aufrichtige Mitteilung, sondern nur auf einen Vorgang wie jeden anderen bezog, den ein Zeuge beobachten kann.

Wenn Filangeri gehört hätte, daß Cabey vor Schmerzen geschrien hatte, dann hätte er fraglos aussagen können, daß er den Schrei gehört hatte. Nach dem gleichen Maßstab konnte er zu verbalen Äußerungen aussagen, die nur als Ausdruck eines bestimmten Geisteszustands wie etwa Schmerz oder Furcht von Bedeutung wären. Die Unterscheidung zwischen einer Bezugnahme auf den Inhalt von Cabeys Äußerung und dem schlichten Zeugnis, daß die Äußerung tatsächlich stattgefunden hatte, mag philosophisch hintergründig sein, aber diese feine Unterscheidung ist signifikant. Im Prinzip sollten Cabeys Äußerungen weder zugunsten noch zuungunsten der Verteidigung benutzt werden, wenn Cabey nicht einem Kreuzverhör unterzogen werden konnte. Aber wenn jemand Geräusche gehört hatte, die von Cabey stammten, dann mußte diese Person in der Lage sein, aussagen zu können, daß sie Geräusche gehört hatte – wobei es auf den Inhalt nicht ankommen würde.

Die Anwälte versuchen im Verfahren oft den Problemen des Hearsay mit dem Argument zu begegnen, daß sie den Zeugen eigentlich nur im Stand haben wollen, damit er aussagt, daß er die Geräusche gehört hat. Typischerweise stellt sich bei diesem taktischen Verhalten jedesmal die Frage: Warum sollte sich jemand dafür interessieren, ob diese Person einfach jene Geräusche von sich gegeben hat? Wenn es nicht darum geht, die aggressiven Neigungen von Canty, Allen und Ramseur zu beweisen, warum sollte es dann relevant sein, daß Cabey Worte geäußert hat, wonach seine drei Partner Goetz belästigt hatten? Daß Cabey schlichtweg Worte geäußert hatte, konnte als Beweis dafür benutzt werden, daß Cabey zu dieser Zeit bei Bewußtsein war, aber das war keine für die Untersuchung von Goetz' Schuld oder Unschuld relevante Feststellung.

An diesem Punkt der Argumentation konstruierten Slotnick und Baker einen Begründungszusammenhang, warum die Tatsache, daß Cabey die Äußerung gemacht hatte, unabhängig davon wichtig war, ob die anderen tatsächlich Goetz belästigt hatten. Wenn es Cabeys subjektives Gefühl war, daß eine Belästigung stattgefunden hatte, dann konnte man daraus den Analogieschluß ziehen, daß Goetz dasselbe empfunden hatte. Und wenn jemand, der so eng mit der Sache verwoben war wie Cabey, das Gefühl hatte, daß die Situation auf einen Angriff zusteuerte, dann war das ebenso eine Grundlage für den Rückschluß, daß Goetz' Vorstellung, man wolle ihn ausrauben, vernünftig war (wenn man den logischen Sprung vom »Belästigen« zum »Raub« einmal beiseite läßt).

Das Argument war raffiniert, aber Richter Crane ging davon aus, daß mit diesem Schachzug indirekt bewiesen werden sollte, daß die drei Goetz belästigt hatten. Es drängte sich auf, Cabeys Äußerung zur Beweisaufnahme zuzulassen, aber die Beschränkungen der Hearsay-Regel erwiesen sich als zu mächtig. Die Raffinesse von Anwälten hat ihre Grenzen, und in diesem Fall konnte sie keinen Weg durch oder um den Buchstaben des Rechts herum finden.

Obwohl die Verteidigung diese Runde verlor[8], wurden bei diesem Streit viele der juristischen Schachzüge und Gegenangriffe eingeübt, die für das gesamte Verfahren wichtig sein würden. Slotnick und Baker waren besser vorbereitet, als dieselben Fragen das nächste Mal aufkamen. Die Anklage machte den Versuch, bestimmte entlastende Äußerungen vor die Jury zu bringen, die die verletzten Jugendlichen mutmaßlich gegenüber einem schwarzen Fahrgast, gegenüber Arnetha Gilbert, gemacht hatten. In Abwesenheit der Jury sagte Mrs. Gilbert aus, daß sie in dem sechsten Wagen der U-Bahn saß, die Schüsse hörte und direkt zum siebten Wagen ging, aus dem die Schüsse herzukommen schienen. Dort sah sie drei Jugendliche, die auf dem Boden lagen. Sie ging zu einem hin und fühlte seinen Puls, und dann sagte ein anderer, der neben ihm lag – es muß Troy Canty gewesen sein –: »Er hat wegen nichts auf mich geschossen, ich habe nichts gemacht, ich habe nur nach fünf Dollar gefragt.«[9] Dann ging sie zu einem anderen Jugendlichen, der am Ende des Wagens bei der Schaffnerkabine lag – vermutlich Cabey –, der zu ihr sagte: »Ich habe nichts gemacht, er hat wegen nichts auf mich geschossen.«[10]

Wenn diese Aussagen in die Beweisaufnahme kämen, dann würden sie dem Standpunkt der Anklage, daß die vier Jugendlichen tatsächlich nicht mehr vorhatten, als Goetz wegen ein paar Dollar unter Druck zu setzen, beträchtliches Gewicht verleihen. Sie hatten kein Geld, und, wie Canty ausgesagt hatte, es war ihr Plan, zu einer Ladenpassage zu gehen, dort die Videospielgeräte aufzubrechen und die Vierteldollarstücke aus den Münzbehältern zu stehlen, wie sie es häufig taten. Das war auch der Grund, warum sie die Schraubenzieher dabeihatten, und Canty zufolge brauchten sie noch ein paar Dollar, um am Videogerät spielen zu können, während sie den Münzbehälter aufbrachen.

Aus dem Mund von Arnetha Gilbert sind diese Äußerungen von Canty und Cabey, die ihren Interessen dienen, eindeutig Hearsay. Sie konnten nur in die Beweisaufnahme hineingenommen werden, wenn sie unter eine der Ausnahmen vom Hearsay-Verbot fielen, und die einzige dafür in Frage kommende Ausnahme war die Doktrin von der »erregten (Gefühls-)Äußerung«, mit der die Verteidigung bei ihrem Versuch, Filangeris Aussage für die Beweisaufnahme zu sichern, keinen Erfolg gehabt hatte. Ausschlaggebend für die Entscheidung, ob die Aussagen unter diese Ausnahme fielen, war die »gedankliche Kapazität« von Canty und Cabey zu dem Zeitpunkt, als sie die Äußerungen machten: war diese derart stark beeinträchtigt, daß die Äußerungen als so glaubwürdig anzusehen waren, daß man es der Jury erlauben konnte, sie zu hören, ohne daß sich Canty und Cabey einem Kreuzverhör zu der Frage, was sie angeblich gesagt hatten, stellen mußten.

Slotnick würde die Äußerungen mit den besten Erfolgsaussichten aus der Verhandlung heraushalten können, wenn er die Zeugin Arnetha Gilbert zu Zugeständnissen in bezug auf die Verfassung der Jugendlichen bewegen konnte, die Richter Crane zu der Feststellung veranlassen würden, daß die Jugendlichen ihre Fähigkeit zur Reflexion über das von ihnen Gesagte wiedergewonnen hatten und in der Lage gewesen waren, für sie günstige Äußerungen zu fabrizieren. Slotnick erreichte diese Zugeständnisse mit einem geschickten Kreuzverhör, das einem Lehrbuch hätte entnommen sein können. Zum Verständnis dieser Interaktion mit der Zeugin muß man sich vergegenwärtigen, daß die geistigen Fähigkeiten ein

Spektrum umfassen, das von dem einen Extrem der Halbbewußtheit, in dem der verwundete Jugendliche nicht weiß, was er sagt, bis zum genauen Gegenteil, der normalen Fähigkeit zum Nachdenken und Lügen, reicht. Der rechtliche Maßstab ist so konstruiert, daß sich die Debatte nahezu ausschließlich auf das »normale« Ende des Spektrums und nicht auf das »betäubte« Ende konzentriert. Die Zeugin konnte dies aber kaum wissen. Slotnick drängte die Zeugin zum »betäubten« Extrem:[11]

Und Sie glauben, daß er zusammenhängend denken konnte und daß er wußte, was er sagte, und daß er sie verstand?
Ist es nicht eine Tatsache, daß er [Canty] nur halb bei Bewußtsein war, daß seine Augenlider halb geschlossen waren?
Er hat gemurmelt, entspricht das nicht den Tatsachen?

Diese Fragen, gepaart mit Slotnicks Warnung an Mrs. Gilbert, keinen Meineid zu begehen, erweckten den Eindruck, als ginge es bei der Zulässigkeit der Aussage um die Frage, ob Canty zusammenhängend denken konnte. Slotnick bedrängte sie mit derselben Reihe von Fragen zu Cabeys Verfassung und unterstellte, daß er sich im Schockzustand befunden hatte, daß er »seine Worte verschluckte« und daß er »nicht wußte, was er sagte«. Diese Fragen brachten Mrs. Gilbert dazu, die Äußerungen als »klar und präzise« zu beschreiben und schließlich Slotnicks Charakterisierung zuzustimmen, daß »die Personen, mit denen Sie sprachen, logisch denken konnten und nicht mehr in der Verfassung wie bei dem Vorfall waren und dazu in der Lage, sich mit Ihnen zu unterhalten.«[12]

Bei seinen Rechtsausführungen, die auf dieser Zeugenaussage beruhten, bezog sich Slotnick vor allem auf Mrs. Gilberts Zugeständnisse. Wenn sie ihre Zeugenaussage der Jury hätte zu Gehör bringen wollen, hätte sie viel eher Erfolg gehabt, wenn sie das Gegenteil geantwortet hätte: Daß Canty und Cabey kaum bei Bewußtsein waren und im Zustand eines Schocks zu sein schienen. Aber Slotnicks Überredungskunst hatte sie dazu gebracht, dieses Extrem des Spektrums zu vermeiden und die Klarheit der Sprache und den Umstand zu betonen, daß sie ihre Äußerungen in einer Unterhaltung mit ihr gemacht hatten. Diese Faktoren ließen darauf schließen, daß sie ihre Äußerungen weitgehend unter Kontrolle gehabt hatten – jedenfalls so sehr unter Kontrolle, daß man nicht den Eindruck hatte, sie seien spontan und ohne Überlegung zustande gekommen.

Slotnick konnte bei seiner Argumentation noch einen Trumpf ausspielen. Filangeri hatte ausgesagt, Darrell Cabey sei im Zustand eines schweren Schocks gewesen, als sie das Krankenhaus erreichten, und Crane hatte dennoch entschieden, daß Cabeys Äußerung gegenüber Filangeri im Krankenwagen nicht als »erregte (Gefühls-)Äußerung« zu qualifizieren sei. Die Konsistenz seiner Entscheidungen schien zu erfordern, daß er zu den Äußerungen gegenüber Mrs. Gilbert die gleiche Entscheidung treffen würde. Obwohl die Äußerungen in der U-Bahn zeitlich viel näher an dem Vorfall lagen, konnte Waples Richter Crane nicht davon überzeugen, zwischen jenen belastenden Äußerungen, die er bereits ausgeschlossen hatte, und den entlastenden Äußerungen, um die es nun ging, einen Unterschied zu machen.[13]

Zunächst machte die Verteidigung einen Teil ihrer Verluste aus der Filangeri-Debatte wett, indem sie darauf bestand, daß die Entscheidung konsequenterweise auch auf die Äußerungen gegenüber Gilbert anzuwenden war, und dann machte sie weitere Punkte in einem wichtigen Gefecht, in dessen Verlauf die auf Hörensagen eines Zeugen beruhende Äußerung zugelassen wurde, die vier Jugendlichen seien »Punks«. Es ging um zwei Äußerungen von Andrea Reid, die zusammen mit ihrem Ehemann Garth Reid und ihrem Baby im U-Bahn-Wagen gewesen war. Die Verteidigung wußte aus dem Polizeiprotokoll, daß sie vor den Schüssen die Aufmerksamkeit ihres Ehemannes mit der Bemerkung »Sieh nur diese Punks, die den Weißen belästigen« auf die vier Jugendlichen gelenkt hatte. Und während des Verfahrens sagte sie zu einem von Slotnicks Ermittlern: »Diese Punks bekamen, was sie verdient haben.«[14] Die Verteidigung brauchte diese Äußerungen in der Beweisaufnahme, um ihre punitive Theorie der Notwehr auf die Gefühle gewöhnlicher Leute, wie es die Geschworenen waren, stützen zu können.* Nichts würde die Theorie, daß Goetz sich einfach nur gegen die Wegelagerer der Stadt zur Wehr gesetzt hatte, besser untermauern als ein Zeuge, der diese Jugendlichen als »Punks« beschrieb. Die Verteidigung stand aber vor dem Problem, daß diese Bezeichnung für keine der Rechtsfragen, die in dem Verfahren debattiert wurden, von Relevanz war.

Die junge, schwarze, attraktive Andrea Reid würde sich für die Verteidigung als ein effektives Beweismittel herausstellen. Ihre

* Zur Diskussion der punitiven Theorie der Notwehr vgl. S. 47ff.

feindselige Beschreibung der Jugendlichen als »Punks« schien die Gefühle einer schwarzen, gesellschaftlich aufstrebenden Frau gegenüber den Straßenschlägern, die wieder einmal die Vorurteile gegenüber Schwarzen bestätigten, widerzuspiegeln. Sie wollte Polizeibeamtin werden, und eine der Geschworenen, Erniece Dix, war ebenfalls eine junge schwarze Frau, die für das Polizeidepartment arbeitete, und die würde sich gewiß mit Andrea Reid identifizieren. Das Problem für Slotnick war, wie er die Aufmerksamkeit der Jury auf diese aufrührerischen Gedanken von Andrea Reid lenken konnte.

Die Anklage rief ihren Ehemann, Garth Reid, als ihren Zeugen in den Stand, aber bei seiner Aussage machte er einige Bemerkungen, die die Verhaltensweisen der Jugendlichen in der Zeit vor den Schüssen als ungebärdig und wild erscheinen ließen. Er sagte: »Die hängten sich an die Griffstange in der U-Bahn und schwangen hin und her.«[15] Diese Beobachtung bot Slotnick die Gelegenheit, um Andrea Reids Feindseligkeit gegenüber den vier schwarzen Jugendlichen ins Spiel zu bringen. Er erkundete die Gründe, warum es Garth Reid aufgefallen war, daß die Jugendlichen Unfug trieben. »Trifft es nicht zu«, fragte er, »daß Sie deshalb auf die vier Personen aufmerksam geworden sind, weil jemand gesagt hat, ›Sieh nur diese vier Punks, die den Weißen belästigen.‹«[16] Waples sprang auf, und Richter Crane war seinem Einspruch wohlgewogen. Die Konferenz am Richtertisch hatte plötzlich einen feindseligen Charakter:[17]

DAS GERICHT Gentlemen, ich dachte, wir hatten uns so weit verstanden, daß das nicht wieder passieren würde, Mr. Slotnick... Daß Sie nicht etwas öffentlich verbreiten würden, vor der Jury, öffentlich im Gericht, das nicht zum Gegenstand Ihres Kreuzverhörs gehört.[18]

SLOTNICK Richter, wenn Sie noch ein bißchen lauter reden, kann die Jury Sie hören.

DAS GERICHT Ich bin verärgert über Ihr Verhalten.

SLOTNICK Ich bin verärgert über Ihr Verhalten.

DAS GERICHT Ihnen ist bekannt, wo Sie damit hinkommen können.

Man sollte meinen, daß Slotnick danach wenig Chancen besaß, Richter Crane von der Begründetheit seiner Position zu überzeugen. Aber Slotnick und Baker hatten eine ungewöhnliche Fähigkeit, selbst angesichts einer drohenden Niederlage ihre Argumente zu vertreten. Zuerst kamen sie mit dem Argument, das als erstes in der Filangeri-Debatte genannt worden war. Jetzt behaupteten sie, die Äußerung sei als Beweis dafür wichtig, auf welche Weise und warum Garth Reid auf die vier Jugendlichen aufmerksam geworden war. Sie behaupteten, das sei so, als habe er einen Schrei gehört – und nicht eine Äußerung, die zeigen sollte, daß die Jugendlichen »Punks« waren. Nach einer langen Auseinandersetzung schien diese Behauptung zu Waples' Enttäuschung zum Erfolg zu führen. Crane sagte, er glaube Slotnick, daß »er es nicht vorgebracht habe, um die Wahrheit des Gesagten vorzuführen...« Slotnick war sich seines Manövers so sicher, daß er sich folgende Unterredung leistete:[19]

SLOTNICK Ich möchte Euer Ehrwürden nicht nur darum bitten, der Jury eine klarstellende Instruktion zu geben, sondern auch darum, daß Sie die Jury darauf hinweisen, daß Richter manchmal Fehler machen, wenn sie Anwälte anschreien.

DAS GERICHT Das habe ich getan, aber ich bleibe bei meiner Meinung. Wenn Sie plötzlich auf etwas Derartiges draufspringen...

SLOTNICK ...Ich ging nicht davon aus, daß ich plötzlich auf etwas draufspringen würde. Für mich hat das zum ABC des Verfahrensrechts gehört.

Als Waples begriff, daß die Auseinandersetzung am Umkippen war, fragte er anklagend, »Diesem Einspruch wird nicht stattgegeben?«[20] Crane sagte »Ja«. Waples legte vehementen Protest ein. Es würde einen negativen Einfluß haben, wenn die Jury auf die Äußerung aufmerksam würde, und sie würde zur Klärung keiner der Fragen, um die es in dem Verfahren ging, etwas beitragen. Selbst wenn man Garth Reids Zeugnis nur als Anzeichen dafür interpretieren würde, daß seine Frau die Äußerung von sich gegeben hatte, warum sollte dann diese Tatsache – daß sie diese bestimmte Äußerung gemacht hatte – für das Verfahren relevant sein? Warum sollte es jemanden interessieren, ob Garth Reid bestimmte Geräusche gehört hatte – wenn doch die Bedeutung dieser Geräusche für irrelevant erachtet wurde?

An dieser Stelle der Auseinandersetzung erntete Slotnick die Früchte einer früheren Serie unausgesprochener Übereinkünfte zwischen der Anklage und der Verteidigung in der Frage, ob sie untersuchen würden, ob die Fahrgäste der U-Bahn Angst vor den vier Jugendlichen gehabt hatten, die im nördlichen Ende des Wagens »Unfug trieben«. Als Waples diese Frage an zwei frühere Zeugen, an Victor Flores und Loren Michals, gerichtet hatte, hatte Slotnick zunächst Einspruch erhoben, dann aber seinen Widerstand aufgegeben. Er wollte seine Chancen wahrnehmen und mit diesen beiden Zeugen die Ängste der Fahrgäste erforschen. Es war klar, daß Richter Crane einer Beweisaufnahme über die Vorstellungen der Passagiere reserviert gegenüberstand. Er ging davon aus, daß es nicht möglich war, ein echtes Kreuzverhör über diese privaten Gefühle durchzuführen; niemand konnte in Frage stellen, was die Zeugen sagten. Er befürchtete ebenso, daß diese Art von Untersuchung die Jury nur verwirren würde. Aber Waples und Slotnick hatten sich über ihn hinweggesetzt. Sie hatten sich selbst die Tür geöffnet, und der Verlauf des Verfahrens würde erweisen, wer von diesem erweiterten Umfang der Untersuchung gewinnen und wer verlieren würde.

Bei der Debatte, ob Andrea Reids Hinweis darauf, daß die »Punks« Goetz belästigten, zugelassen werden sollte, wurde klar, daß Waples der Verlierer sein würde. Daß er die Tür geöffnet hatte, indem er damals auf eine Befragung von Michals gedrungen hatte, erwies sich nun als Falle:[21]

DAS GERICHT Ich war heute morgen Ihrer Auffassung, aber Sie haben den Vorschlag gemacht, an die Passagiere Fragen über ihre Vorstellungen zu richten.

WAPLES Richter, es steht außer Frage, daß diese Person hinübergesehen hat. Was ihn dazu genötigt hat, hinüberzusehen, ist vollkommen belanglos. Er hat aufgrund irgendeiner Mitteilung hinübergesehen. Darüber gibt es keinen Streit. Warum ist es dann erforderlich festzustellen, was es war? Das ist schädlich und ohne jeden Beweiswert.

DAS GERICHT Er ist dazu berechtigt festzustellen, daß Mr. Reid fast alarmiert war. Er ist dazu berechtigt, das ebenso durch Indizien zu beweisen wie mit einer Aussage des Zeugen. Zunächst einmal habe nicht ich mich dafür ausgesprochen, daß das Thema überhaupt behandelt wird. Ich habe Sie beide vielmehr dazu aufgefordert zu erwägen, das nicht zu tun, und Sie haben mich beide getadelt, ich würde versuchen, an Ihrer Stelle den Prozeß zu führen. Jetzt ist die Tür zu diesem Thema offen, und er geht hinein.

So erfuhr die Jury, daß Andrea Reid die vier schwarzen Kids für »Punks« gehalten hatte. Crane löste die Grenzfrage, ob Garth Reid aussagen durfte, was seine Frau zu ihm gesagt hatte, indem er Waples dafür verantwortlich machte, die gesamte Untersuchung über die subjektiven Befüchtungen und Ängste in dem Wagen überhaupt erst in Gang gesetzt zu haben.

Strafverfahren folgen ihrer eigenen Logik. Die Richter wollen in ihren Entscheidungen Konsistenz erreichen, vor allem um ihre Integrität zu wahren. Wenn daher die Debatte um die »erregte (Gefühls-)Äußerung« als Ausnahme von der Hearsay-Regel im Fall des Zeugen Filangeri in der einen Richtung entschieden worden war, dann würde sie wahrscheinlich genauso entschieden werden, wenn Gilbert zur Aussage bereit war. Aber auch eine andere Erwägung kommt immer wieder zum Tragen, wenn nämlich der Richter als der Schiedsrichter zwischen den widerstreitenden Positionen das Gefühl hat, die Fairneß erfordere im Verlauf des Verfahrens eine faire Verteilung der Vorteile. Das bedeutet, daß er sich, wenn er eine auf der Kippe stehende Frage in einem bestimmten Zusammenhang in die eine Richtung entschieden hat, beim nächsten Auftauchen des Problems auf der anderen Seite der Auseinandersetzung wiederfinden kann. Manchmal fällt die Notwendigkeit logischer Konsistenz mit dieser Strategie zusammen, die Vorteile und Nachteile gleichmäßig zu verteilen. In den Debatten zu Filangeri und Gilbert konnte Richter Crane konsistent entscheiden und gleichzeitig jeweils der Anklage (Ausschluß der belastenden Aussagen in der Filangeri-Debatte) und der Verteidigung (Ausschluß der entlastenden Äußerungen in der Gilbert-Debatte) einen Sieg zusprechen. In anderen Situationen kann die Konsistenz der Entscheidungen unter dem Interesse leiden, die Vorteile, die sich aus Grenzfragen ergeben, zwischen der Verteidigung und der Anklage zu verteilen. Ein gutes Beispiel dafür ist die lange Reihe von Entscheidungen, die von Ramseurs Ankündigung, er wolle keine Aussage machen, ausgelöst wurde.

Nach einer langen Debatte setzte die Verteidigung bei Richter Crane durch, daß die Anklage Ramseur vor die Jury zu bringen hatte, obwohl es sehr unsicher war, ob er nicht eher die Straftat des Contempt of Court begehen, als mit dem Gericht kooperieren würde. Die Verteidigung hatte offensichtlich eine Menge zu gewinnen, wenn der Jury von Ramseur vorgeführt werden würde, wie aufsässig und bösartig er sein konnte. Der für diese Frage in New York ausschlaggebende Fall, *Volk v. Berg*[22], legt fest, daß die Ermessensentscheidung des Richters, die Bereitschaft eines Zeugen zur Aussage unter Anwesenheit der Jury testen zu lassen, wohlbegründet sein muß.

Dennoch hatte der Court of Appeals in diesem Fall die Verurteilung des Angeklagten bestätigt, obwohl die Anklage vor der Jury die Verweigerung einer Zeugenaussage erwirkt hatte. Das Opfer der Körperverletzung hatte angedeutet, er könne nicht aussagen, da er sich an nichts erinnere. Die Anklage rief ihn dennoch in den Zeugenstand, obwohl seine Weigerung auszusagen bei der Jury den Eindruck erwecken konnte, er habe Angst vor dem Angeklagten. Wie sich dann herausstellte, verweigerte der Zeuge die Beantwortung von Fragen über seinen Aufenthaltsort zur Zeit der Körperverletzung, und wurde wegen Contempt of Court verurteilt. Die unausgesprochene Botschaft für die Jury war, daß der Zeuge Angst hatte.

Welche Folgerungen man aus einem Schweigen zieht, ist kein Gegenstand rationaler Überprüfung, und das ist exakt der Grund, warum der Court of Appeals den Richtern im Staat New York empfiehlt, die Bereitschaft des Zeugen zur Aussage außerhalb der Präsenz der Jury zu testen. Dennoch war das Gericht im Fall *Berg* selbst nicht davon überzeugt, daß die Anklage sich unrechtmäßig verhalten hatte, als sie auf dem Erscheinen des Zeugen vor der Jury bestand; der Staatsanwalt hatte seine Entscheidung damit gerechtfertigt, die formale Atmosphäre des Gerichtssaals und die Ermahnungen des Richters könnten ihn zur Aussage veranlassen.

Das dem Fall *Berg* zugrundeliegende Prinzip hätte Richter Crane eigentlich davon überzeugen müssen, nicht das Risiko einzugehen, daß Ramseur die Aussage verweigern und damit der Jury seinen rebellischen Charakter vorführen konnte. Die Verteidigung zielte exakt auf jene Form unartikulierter und nicht analysierbarer Kommunikation mit der Jury ab, die der Court of Appeals als für ein Strafverfahren unpassend bezeichnet hatte. Während der Staatsanwalt im Fall *Berg* ein solides Motiv hatte, weil er versuchen wollte, den Zeugen zu einer Aussage zu bewegen (eine Aussage über die Körperverletzung hätte seiner Sache geholfen), waren die suspekten Motive der Verteidigung leicht zu durchschauen (sie hatte offensichtlich nichts zu gewinnen, wenn Ramseur Cantys Darlegung der harmlosen Absichten bestätigen würde).

Die Verteidigung fand einen »Trumpf«, der den Sieg über diese ersichtlich vernünftigen Erwägungen davontrug. Sie argumentierte, der Zweck des *Berg*-Prinzips sei ausschließlich der Schutz der Verteidigung. Die Prinzipien des von der Verfassung garantierten fairen Verfahrens schützten die Verteidigung vor Benachteiligungen durch die Anklage, aber nicht die Anklage vor derselben Art von Verhalten durch die Verteidigung. Der Staatsanwalt dürfe nicht aus unlauteren Motiven heraus agieren, aber die Verteidigung dürfe das durchaus. Richter Crane fand das so überzeugend, daß er Ramseur in der Hoffnung vor Gericht brachte, er werde aussagen.

Es stimmt, daß unser System der Gerechtigkeit im Strafrecht der Verteidigung zuneigt. Die allgemein akzeptierte Maxime lautet: Es ist besser, wenn zehn Schuldige freikommen, als wenn ein Unschuldiger verurteilt wird. Die Staatsanwaltschaft kann kein Rechtsmittel gegen einen Freispruch der Jury einlegen, aber die Verteidigung verfügt gegen einen Schuldspruch über ein Rechtsmittel. Die Staatsanwaltschaft darf ihre endgültigen Ablehnungen nicht dazu benutzen, um bestimmte ethnische und rassische Gruppen von der Jury fernzuhalten, aber nach dem Recht von New York war das der Verteidigung bei einer Anklage wie der gegen Goetz erlaubt.[23] Wir handeln so, als ob allein die Verteidigung ein verfassungsmäßiges Recht auf ein faires Verfahren hat. Ignoriert man die Rechte der Anklage, dann grenzt dies an Hinterlist, wenn die Anklage, wie im Fall Goetz, weitgehend mit den Forderungen einer rassischen Minderheit nach rechtlicher Gleichbehandlung identifiziert wird.

Aber dennoch – wenn die Lehre des Falls *Berg* darin besteht, daß nur die Anklage keinen Nutzen davon haben darf, daß ein Zeuge vor der Jury die Aussage verweigert, dann hätte diese Lehre die nächste Entscheidung des Gerichts leiten müssen, als die Anklage plante, Barry Allen in den Stand zu rufen, und andeutete, er werde sich wahrscheinlich auf sein durch das fünfte Amendment garantierte Vorrecht, sich nicht selbst belasten zu müssen, berufen und die Aussage verweigern. Es war nicht einfach, zwischen Allens Fall und Ramseurs Fall zu unterscheiden. Zwar hatte Allen nicht vor der zweiten Grand Jury ausgesagt und daher nicht – anders als Ramseur – von der Anklage Immunität wegen der Taten erhalten, die er bei seiner Aussage aufdecken würde. Durch die Immunität geschützt, hatte Ramseur kein erkennbares eigennütziges Motiv, um die Aussage zu verweigern und sich einer Mißachtung des Gerichts schuldig zu machen; seine Niederträchtigkeit war dadurch um so auffälliger. Hingegen hatte Allen, der eine Anklage wegen Verschwörung zum Ausrauben von Goetz riskierte, einen guten Grund, sich auf den fünften Verfassungszusatz zu berufen. Wenn überhaupt, dann hätte jedenfalls dieser Umstand die Entscheidung in Allens Fall leichter machen müssen als in Ramseurs. Der Eindruck der Jury, daß der Zeuge einen üblen Charakter habe, würde weniger zwingend sein.

Aber nachdem die Verteidigung ihre Ernte in Form der unbestreitbaren Wirkung von Ramseurs üblem Charakter eingefahren hatte, schien der Maßstab für die Gerechtigkeit der Entscheidung ein anderer geworden zu sein. Mit einer direkten und schnellen Entscheidung[24] kam Richter Crane zu dem Ergebnis, daß er Allen keine Erlaubnis geben würde, vor der Jury zu erscheinen, bevor feststand, ob er aussagen würde. Er gab Slotnick und Baker keine Gelegenheit zu ihrer üblichen Taktik, im Anschluß an seine Entscheidung ihn mit Gegenargumenten zu einer Änderung seiner Meinung zu bewegen. Schließlich erschien Allen vor Gericht, legte den Eid ab und berief sich dann praktisch bei jeder Frage, die Waples an ihn richtete, auf den fünften Verfassungszusatz. Die Jury hatte keine Ahnung davon, daß er im Gerichtsgebäude war.[25]

Die Konsistenz der Entscheidungen erforderte, die beiden Zeugen auf dieselbe Art und Weise zu behandeln. Aber das war eine enge Entscheidung – ein Grenzfall. Vielleicht hätte man den Unterschied zwischen den beiden Fällen anhand der Differenz zwischen Contempt of Court und einer Inanspruchnahme des fünften Verfassungszusatzes herausarbeiten können. Aber bei der Abwägung der Faktoren trat die ausgleichende Gerechtigkeit hinzu. Anstatt der Verteidigung bei beiden Entscheidungen den Vorteil zuzuerkennen, entschied sich Richter Crane dafür, die Vorteile und Nachteile der Verweigerung der Zeugen vor der Jury beiden Seiten zuzuteilen. Die Verteidigung bekam einen und die Anklage bekam einen.

Ein Kompromiß ist aber eine bedenkliche Form des richterlichen Entscheidens. Es mag fair sein, beiden Seiten einen gleichen Anteil an den Vorteilen der Entscheidungen zu geben, aber dadurch ermuntert man beide Seiten, die Forderungen zu steigern, damit ihr Anteil der Entscheidungen größer wird. Als Nachwirkung der Entscheidung zu Allen argumentierte die Verteidigung damit, ihr stünde nunmehr ein kompensatorischer Vorteil zu. Sie war nicht bereit, die hintergründige Fairneß des »Ramseur für sie, Allen für die Anklage« zu akzeptieren. Für sie hatte der Prozeß der Zuteilung von Verfahrensvorteilen mit der Entscheidung, Allen von der Jury fernzuhalten, nicht aufgehört, sondern erst richtig angefangen.

Schnell brachten sie Waples in die Defensive, indem sie darauf bestanden, er müsse Allen Immunität garantieren, damit dieser sich nicht länger auf sein Vorrecht berufen könne, sich nicht selbst belasten zu müssen. Waples lehnte das ab – zweifellos mit Unterstützung seines Vorgesetzten, von Distriktsstaatsanwalt Morgenthau. Daraufhin startete die Verteidigung eine Kampagne, um Richter Crane zu der Weisung zu bringen, daß Waples Immunität zu gewähren habe. Für diese Forderung gab es keinerlei anerkannte rechtliche Begründung. Der einzige Präzedenzfall, *Volk v. Shapiro*[26], den die Verteidigung für ihre Forderung heranziehen konnte, war offensichtlich unpassend. In diesem Fall hatte der Court of Appeals entschieden, daß der Staatsanwalt einem Zeugen der *Verteidigung* (Allen war ein Zeuge der Anklage) zu Unrecht keine Immunität gewährt hatte – und zwar nachdem der Staatsanwalt den Zeugen immer wieder mit der Drohung einer Anklage wegen Meineid eingeschüchtert hatte. Die Verteidigung im Fall *Shapiro* hatte die Gewährung von Immunität wegen Meineids als ein Mittel gefordert, um die Einschüchterungen der Anklage abwehren zu können. Waples hatte Allen offensichtlich nicht eingeschüchtert, und somit war das kaum ein Standbein für ein analoges Argument.

Die Verteidigung stützte ihr Verlangen nach Immunität auch auf das Recht des Beschuldigten nach dem sechsten Verfassungszusatz, daß ihm sein Zeuge gegenübergestellt werde. Hier stellte sich natürlich das genau entgegengesetzte Problem: Allen war nicht als Zeuge aufgetreten, und er würde auch kein Zeuge gegen Goetz sein. Nichts von dem, was er gesagt hatte, würde gegen die Verteidigung verwendet werden. Aber indem sie diese unbegründete verfassungsrechtliche Interpretation mit Nachdruck und Leidenschaft entwickelten, erweckten Slotnick und Baker auf bemerkenswerte Weise fast den Eindruck, daß ihre Behauptung plausibel war. Ein angesehener Journalist berichtete sogar, die gesamte Kontroverse über Allen habe sich um ein Problem der Klausel über die Zeugenkonfrontation des sechsten Verfassungszusatzes gedreht.[27]

Richter Crane entschied schließlich gegen diese Auffassung, die er rücksichtsvoll als die »neuartige« Theorie der Verteidigung bezeichnete.[28] Aber die Verteidigung machte selbst dann Gewinne, als sie unterlag. Denn die Debatte über die Immunität hatte den Eindruck erweckt, Waples sei dafür verantwortlich, daß Allen nicht aussagte. Seine Weigerung, Immunität zu gewähren, schien zu bedeuten, den Zeugen überhaupt nicht in den Stand rufen zu wollen. Und er war doch verpflichtet, alle Zeugen aufzurufen, deren Aussagen für die Anklage vorteilhaft sein konnten. Als sich Crane am Ende des Verfahrens dafür entschied, die Jury zu instruieren, daß Allen praktisch ein »fehlender Zeuge«[29] war, ignorierte er den Versuch von Waples, Allen in den Stand zu rufen, sowie die Tatsache, daß sich dieser auf sein verfassungsmäßiges Recht zur Aussageverweigerung berufen hatte. Crane instruierte die Jury, der Anklage sei es nicht gelungen, »eine adäquate Erklärung« für die Abwesenheit von Barry Allen zu geben, und die Jury könne daraus den Schluß ziehen, daß Allen in einer Weise ausgesagt hätte, die der Seite der Anklage widersprochen hätte.

Damit kamen die Verhandlungen und das Feilschen um Verfahrensvorteile schließlich zu einem Ende. Die Verteidigung bekam Ramseur vor die Jury. Die Anklage hielt Allen von der Jury fern. Die Anklage lehnte die Immunität für Allen ab, und die Verteidigung bekam eine höchst vorteilhafte Instruktion der Jury. Diese Entscheidungen beruhten vor allem auf dem Impuls, jeder Seite einen fairen Anteil an den taktischen Vorteilen zu geben: Eine Entscheidung für die eine Seite löste die Notwendigkeit einer entgegengesetzten Entscheidung zur Kompensation für die andere Seite aus. Durch diese Vorgehensweise ging ein klares Verständnis für Prinzipien und Konsistenz verloren. Wenn Crane überzeugende Gründe dafür gehabt hätte, daß Allen sich nur in Abwesenheit der Jury auf den fünften Verfassungszusatz berufen sollte, wenn die Gebote eines fairen Verfahrens das verlangt hätten, dann hätte er Allens Unverfügbarkeit nicht als eine Konsequenz der Verfahrensstrategie von Waples behandelt, sondern als Schlußfolgerung aus der Interpretation des fünften Verfassungszusatzes durch das Gericht.

Dies sind also einige der Argumente und der Beweise, die die Jury nicht gehört hat. Die Geschworenen hätten die Hearsay-Äußerungen von Cabey und Canty verwenden können, um die Absichten der vier Jugendlichen bei der Konfrontation in der U-Bahn zu bewerten. Es ist aber unwahrscheinlich, daß die Kenntnis dieser Äußerungen ihr intuitives Gefühl beeinflußt hätte, ob sich Goetz in dem Wagen einer ernsthaften Gefahr gegenübersah. Die Äußerung, die einen aufhetzenden Effekt haben konnte – Andrea Reids Bemerkung über die »Punks« –, wurde ihr zur Kenntnis gegeben. Es wäre besser gewesen, wenn die Geschworenen nicht gesehen hätten, wie Ramseur beim ersten Mal dem Gericht seine Mißachtung zeigte, aber angesichts der Tatsache, daß er sein Verhalten am Ende seiner Aussage wiederholte, wäre ihr Eindruck von Ramseur nicht viel vorteilhafter gewesen, wenn sie den ersten Vorfall nicht mitbekommen hätten. Es wäre für die Anklage schädlich gewesen, hätten sie gesehen, daß Barry Allen genauso wie James Ramseur die Aussage verweigerte. Und es ist recht fragwürdig, wenn auch nicht illegal, wenn man es der Jury erlaubt, nur deswegen schlecht von jemandem – Barry Allen – zu denken, weil er sich auf sein verfassungsmäßiges Recht berufen hat, sich nicht selbst zu belasten. Die Beweisregeln haben Richter Crane bei einigen dieser Fragen den richtigen Weg gewiesen, aber der enorme Zeitaufwand für diese Fragen der Zulässigkeit führte kaum zu einem faireren, zu einem weniger mit Vorurteilen behafteten Verfahren.

Sicherlich wird die Jury wegen anderer Dinge neugierig gewesen sein. Ohne Zweifel wollte sie hören, was Goetz im Verfahren aus dem Zeugenstand heraus sagen würde. Aber es gab nie irgendeinen Anlaß für die Annahme, daß Goetz auf seine Rechte nach dem fünften Verfassungszusatz verzichten, einen Eid auf die Wahrheit schwören, und sich dann selbst einem Kreuzverhör über die Vorfälle in der Vergangenheit aussetzen würde, bei denen er genauso wie bei den Schüssen in der U-Bahn seine Waffe gezogen hatte. Er hatte wenig dabei zu gewinnen, wenn er die vier Stunden wiederholen würde, in denen seine Stimme und sein Bild bereits der Jury gezeigt worden waren. Und wenn er seine Meinung über das Geschehene ändern würde, hatte er viel zu verlieren, wenn sich Unstimmigkeiten herausstellen würden.

Der Jury wurde schnell klar, daß sie im Unterschied zu anderen, die die Wahrheit erforschen, nur eine rein passive Funktion als Richter über die Tatsachen hatte. Die Untersuchung der Vorfälle des 22. Dezember 1984 würde nicht auf die Tagesordnung kommen. Die Geschworenen würden abzuwarten haben, was die Verteidiger ihnen präsentierten und was ihnen nach den Regeln über die Beweisaufnahme zu hören erlaubt war. Daß sie andauernd aus dem Raum heraus- und wieder hineingeführt wurden, das Gefühl, daß die wichtigeren Fragen in ihrer Abwesenheit entschieden wurden, muß bei ihnen das starke Gefühl hervorgerufen haben, daß sie der Disziplinierung und Kontrolle durch die Anwälte und Richter Crane unterworfen waren. Sie haben kaum realisiert, wieviel Macht sie tatsächlich hatten. Sie hatten die Macht zur abschließenden Entscheidung, und – was sie nicht ahnten – der Richter und die Anwälte, die die Kontrolle über sie ausübten, waren zutiefst beunruhigt darüber, wie sie ihre Macht gebrauchen würden.

Anmerkungen

1 Protokoll bei 8211.
2 Protokoll bei 7487.
3 Das ist die Version, die im Protokoll bei 4942 wiedergegeben wird.
4 Diese beiden Äußerungen reichten aus, um Richter Crane davon zu überzeugen, daß Canty und Ramseur vor der zweiten Grand Jury einen Meineid begangen hatten. Er benennt diese Überzeugung als einen zusätzlichen Grund dafür, die Anklagepunkte fallenzulassen, die beim Vorliegen von Notwehr ausscheiden würden. Vgl. Cranes Begründung, S. 26-28; *People v. Goetz,* 133 Misc. 2d 1, 11-12 (1986).
5 Es gibt bei dieser Ausnahme noch eine weitere Voraussetzung, die für die Verteidigung ein Problem aufwarf. Die Ausnahme würde nur dann zum Tragen kommen, wenn Cabey nicht als Zeuge zur Verfügung stand. Wenn er zur Verfügung stand, dann konnte er selber aussagen, was er Filangeri und Breslin erzählt hatte; dann würde es keine Notwendigkeit dafür geben, die Äußerung aus dem Mund einer Person zu hören, der gegenüber die Äußerung gemacht worden war. Aber die Verteidigung wollte sich selbst die Möglichkeit offenhalten, Darrell Cabey als Zeugen zu rufen, und dann konnte es ihr gelingen, seine widersprüchlichen Äußerungen am Tag der Schüsse einzuführen, um seine Glaubwürdigkeit vor Gericht anzugreifen. Beides konnten sie nicht haben. Entweder stand Cabey zur Verfügung oder nicht. Wenn die Verteidigung versuchte, ihn zur Verfügung zu bekommen, dann konnte sie sich nicht auf diese spezifische Ausnahme von der Hearsay-Regel (Erklärung gegen die strafrechtlichen Interessen) berufen; wenn sie ihn für unverfügbar erklärte, dann würde sie die Möglichkeit verlieren, die Äußerung als die frühere widersprüchliche Äußerung eines Zeugen einzuführen.
6 Slotnick sagte, er würde einen Sachverständigen heranziehen, um zu zeigen, daß dieses Wort im Zusammenhang eine spezifische belastendere Bedeutung hat, aber das ist nie passiert.
7 Der Verteidigung wurde bekannt, daß Filangeri sich die Äußerung aus dem Krankenwagen notiert und dann einen Bericht davon weitergegeben hatte. Weil es zu den Pflichten von Sanitätern gehört, relevante Äußerungen von Verbrechensopfern ihren Vorgesetzten zu berichten, behauptete die Verteidigung, die Äußerung (oder der Bericht davon?)

sollte entsprechend der Ausnahme von der Hearsay-Regel für »Geschäftsunterlagen« als zulässig gelten. Aber diese Ausnahme erlaubt nur dann die Zulassung der Unterlagen, wenn die Äußerungen, die sie enthalten, alle unabhängig zulässig sind. Wenn die Äußerung selbst Hearsay ist, wie es Filangeris Aussage über Cabeys Aussage war, dann behebt die Ausnahme für Geschäftsunterlagen nicht den Mangel und macht nicht etwas zulässig, das sonst nicht zugelassen werden kann. Vgl. *McCormick on Evidence* 912 (3d ed., 1984, by K. Broun, G. Dix, and others). Die Verteidigung behauptete ebenfalls, daß Cabeys Äußerung eine »falsche entlastende Äußerung« war. Aber das ist keine anerkannte Ausnahme von der Hearsay-Regel.

8 Später im Verfahren unternahm die Verteidigung noch einen weiteren Versuch, um Cabeys Äußerungen in die Beweisaufnahme zu bekommen, indem sie sich auf das mysteriöse Argument von der »falschen entlastenden Äußerung« berief. Augenscheinlich war dies eine andere Version der Argumentation, daß die Äußerungen dazu dienen würden, den Bewußtseinsstand von Cabey zu verdeutlichen und nicht den Inhalt seiner Äußerungen.

9 Protokoll bei 6273.

10 Protokoll bei 6274.

11 Protokoll bei 6275-76.

12 Protokoll bei 6290.

13 Als ich diese Episode während des Verfahrens beobachtete, hatte ich das starke Gefühl, daß Richter Cranes Entscheidung zu einem großen Teil von seiner Einschätzung der Wahrscheinlichkeit abhing, ob diese entlastenden Äußerungen wahr waren. Crane hatte sich schon äußerst skeptisch zu Cantys und Ramseurs Aussagen vor der zweiten Grand Jury geäußert, wonach sie bei der Konfrontation in der U-Bahn kein Leid hatten zufügen wollen. Als dann im November 1985 widersprüchliche Beweise bekannt wurden (Cabeys Äußerung gegenüber Breslin und Cantys gegenüber Peter Smith), da war er ausreichend überzeugt, daß sie vor der zweiten Grand Jury Meineid begangen hatten, um die Anklage zum Teil deswegen fallenzulassen. Vgl. oben bei Anm. 2.

14 Protokoll bei 7008-10. Diese Äußerung wurde – formal gesehen – als frühere widersprüchliche Äußerung eingeführt, um die Glaubwürdigkeit von Andrea Reid anzugreifen. Einer von Slotnicks Ermittlern hatte die Äußerung bei einer Befragung von ihr in ihrer Wohnung heimlich aufgenommen. Als sie im Zeugenstand verneinte, diese Aussage gemacht zu haben, »frischte (Slotnick) ihre Erinnerung auf«, indem er sie das Tonband hören ließ, was sie dann dazu veranlaßte zuzugeben, daß sie die Äußerung gemacht hatte. Das Tonband wurde dann später als Beweismittel zugelassen.

15 Protokoll bei 6177.

16 Protokoll bei 6187.

17 Protokoll bei 6188-89.

18 Es gab unzählige Probleme damit, daß Slotnick die Äußerung vor der Jury herausposaunt hatte. Erstens war die Äußerung hearsay; zweitens war sie offensichtlich aufhetzend und schädlich für die Anklage; und drittens, worauf Crane hinweist, gehörte die Äußerung noch gar nicht zu den zugelassenen Beweisen.

19 Protokoll bei 6194.

20 Protokoll bei 6195.

21 Protokoll bei 6195-96.

22 59 NY2d 300 (1983).

23 Dieser Gesichtspunkt des Rechts von New York wurde in der Anklage im Fall von Howard Beach angegriffen, aber das Problem ist bis jetzt noch nicht vom Court of Appeals geklärt worden.

24 Crane bezog sich auf den Fall *People v. Thomas*, 51 NY2d 466 (1980), in dem entschieden wurde, daß es der Verteidigung nicht erlaubt ist, daß sich einer ihrer eigenen Zeugen vor der Jury auf den fünften Verfassungszusatz beruft. Obwohl Allen ein Zeuge der Anklage war und kein Zeuge der Verteidigung, liefert der Fall eine gute Begründung für Cranes Entscheidung. Im Fall *Thomas* betonte das Gericht aber auch, daß sich die Entscheidung, ob es dem Zeugen erlaubt ist, sich unter Anwesenheit der Jury auf den fünften Verfassungszusatz zu berufen, »innerhalb des begründeten Ermessens des Tatgerichts liegt«, a.a.O. bei 472. Das bedeutet, daß Crane auch eine Ermessensentscheidung mit dem entgegengesetzten Ergebnis hätte treffen können.

25 Bei seinem Schlußplädoyer sollte Slotnick den Geschworenen berichten, daß Allen da war.

26 50 NY2d 747 (1980).

27 Kirk Johnson in der *New York Times* vom 11. Mai 1987, S. B2.

28 Es ist daher erstaunlich, daß Crane den Fehler der Verteidigung bei der Erfassung des Problems als einen Fehler des Umgangs mit der »Konfrontationsklausel« des sechsten Verfassungszusatzes ansieht. Vgl. *People v. Goetz*, 135 Misc. 2d 888, 891 (1987). Die für Streitigkeiten zu der Frage, ob einem sich sträubenden Zeugen Immunität gewährt werden muß, relevante verfassungsrechtliche Klausel ist nicht die Konfrontationsklausel, sondern die davon getrennte Klausel des sechsten Verfassungszusatzes, die vorsieht, »daß der Angeklagte das Recht genießen soll... ein obligatorisches Verfahren dafür zu haben, daß er sich Zeugen zu seinen Gunsten verschaffen kann«. Crane nennt keinen Fall, und es scheint auch keinen Fall zu geben, der einen Streit über die Immunität für einen Zeugen mit dem Recht des Angeklagten, »daß ihm die Zeugen der Anklage gegenübergestellt werden«, in Verbindung bringt.

29 *People v. Goetz*, 135 Misc. 2d 888 (1987) (wo die Entscheidung, keine

Immunität zu gewähren, als eine Frage der »Verfahrensstrategie« charakterisiert wird). Soweit es überhaupt irgendwelche Präzedenzfälle zu der Frage gibt, ob als Reaktion auf die Entscheidung der Anklage, keine Immunität zu gewähren, die Erläuterung vom »fehlenden Zeugen« gewährt werden kann, scheint alles gegen die Entscheidung von Crane zu sprechen. Vgl. dazu *United States v. Morrison*, 365 F2d 521 (D.C. Cir., 1966); *United States v. Flomenhoft*, 714 F2d 708, 713 (7th Cir., 1983).

9.
Verbesserung des Rechts

Spätestens seit dem 17. Jahrhundert hat die Jury anerkanntermaßen die Macht, selbst angesichts gegenteiliger Instruktionen des Gerichts ihrem eigenen Gewissen zu folgen.[1] 1670, bei der Anklage gegen William Penn und William Mead wegen eines Auftritts als Redner auf einer gesetzeswidrigen Versammlung in einer Londoner Kirche, entschied sich die Jury anfänglich für ein »nicht schuldig«, und der Richter versuchte die Geschworenen einzuschüchtern, damit sie ihr Votum änderten. Er ordnete an, die Geschworenen ohne Essen und Wasser einzusperren, bis sie aufgeben würden. Die Geschworenen ertrugen lieber diese Entbehrungen, als ihre Voten zu ändern. Schließlich kamen sie durch eine vom König angeordnete Haftprüfung frei.[2] Ihr Mut stanzte ein fundamentales Prinzip in das englische Rechtsbewußtsein ein: Richter können Geschworene nicht mit Sanktionen belegen, weil sie beim Urteil ihrer eigenen Ansicht davon, was richtig und was falsch ist, folgen.[3]

Die Entscheidung einer Jury, die ihrem eigenen Gewissen folgt, wird konventionell als »jury nullification«* beschrieben. Diese Bezeichnung ist unglücklich und mißverständlich, denn sie suggeriert, daß die Jury dem Recht nicht den nötigen Respekt erweist, wenn sie ihrem Gewissen folgt. Der Freispruch, so wird unterstellt, annulliert das Recht. An die Stelle des Rechts, so heißt es, setzt die Jury ihr eigenes moralisches Urteil oder ihre politischen Präferenzen. Manche Stimmen verteidigen diese der Jury übertragene Macht als den höchsten Ausdruck von Demokratie und Kontrolle der Allgemeinheit über die Staatsmaschinerie, während andere dieselbe Macht als eine Einladung zur Anarchie diskreditieren.

Jury Nullification scheint mit dem Vorbehalt des Gesetzes nicht vereinbar zu sein, aber eine sorgfältige historische Reflexion unterstreicht den Eindruck, daß die Macht der Jury nicht dazu dient, das Recht außer Kraft zu setzen, sondern dazu, das Recht zu ver-

* Anm. d. Ü.: Nichtigerklärung (des Rechts) durch die Jury.

vollkommnen und die dem Recht inhärenten Werte zur Geltung kommen zu lassen. Bis zur Mitte des 19. Jahrhunderts brachten die wichtigen Fälle der Jury Nullification Rechtfertigungsgründe in die Debatte, die über den unvollkommenen Korpus der formalen Rechtsregeln hinausgingen. Heutzutage anerkennen wir zum Beispiel, daß sich der Beschuldigte bei allen strafrechtlichen und zivilrechtlichen Klagen wegen Verleumdung – das ist alles Gesagte oder Geschriebene, das einen anderen der Lächerlichkeit oder dem Spott aussetzt – zur vollständigen Rechtfertigung der Gefährdung des Ansehens anderer, die er angegriffen hat, auf die Wahrheit seiner Behauptungen berufen kann. Im 18. Jahrhundert und davor war die Wahrheit hingegen in Fällen von veröffentlichten Angriffen auf Regierungsbeamte nicht als Rechtfertigungsgrund anerkannt. Das Verbrechen des Verfassens einer aufrührerischen Schmähschrift bestand schlichtweg nur aus der Publikation von Angriffen, die die Beamten unerwünschter Kritik aussetzten.

In einem Fall, der zum Markstein für die Unabhängigkeit der Jury wurde, klagten die Kolonialbehörden 1735 in New York den Zeitungsherausgeber John Peter Zenger wegen Herstellung einer aufrührerischen Schmähschrift an. Sein Anwalt Andrew Hamilton überzeugte die Geschworenen im zündenden Finale seines Plädoyers, daß sie die letztentscheidenden Richter über das Recht wie über die Tatsachen waren. Das besondere Rechtsprinzip, zu dessen Anerkennung er sie aufforderte, war eines, das wir mittlerweile als Bestandteil des niedergeschriebenen Rechts für selbstverständlich halten: Die Jury sollte Zenger nicht dafür verurteilen, daß er wahre Angriffe auf korrupte öffentliche Angestellte veröffentlicht hatte. Indem sie den Herausgeber des *The New York Weekly Journal* freisprach, stellte sich die Jury eindeutig auf den Standpunkt, daß die Wahrheit gegenüber der Herstellung von aufrührerischen Schmähschriften als rechtfertigende Verteidigung gilt.

Mit Ende des 18. Jahrhunderts setzte sich die Konzeption durch, daß die Jury genauso Richter über das Recht sei wie über die Tatsachen, und dieses Verständnis wurde für die Fälle der aufrührerischen Schmähschrift zum rechtlichen Standard. Das Bundesrecht von 1798 über aufrührerisches Verhalten sah vor, daß »die Jury, die den Fall verhandelt, das Recht haben soll, über das Recht und über die Tatsachen zu entscheiden... wie in anderen Fällen«.[4] Mehr als ein Dutzend Staaten, darunter auch New York, verankerte dieses Prinzip, so wie es für die Fälle aufrührerischer

Schmähschriften galt, in ihren Verfassungen.[5] Ein paar Staaten weiteten dieses Recht der Jury, »über das Recht zu entscheiden«, auf alle strafrechtlichen Fälle aus. So sieht zum Beispiel die Verfassung von Maryland vor, daß »die Jury der Richter über das Recht und die Tatsachen«[6] sein soll. Diese Vorschriften erkennen die Funktion der Jury als die höchste Autorität im Recht nicht deswegen an, damit sie die Instruktionen des Richters »annulliert«, sondern damit sie, wo es erforderlich ist, das Recht vervollkommnet, indem sie über das geschriebene Recht hinaus den Prinzipien der Rechtfertigung eines Verhaltens zur Anerkennung verhilft. Es wäre besser, wenn wir auf die Bezeichnung »jury nullification« verzichteten und statt dessen davon sprechen würden, daß die Jury die Funktion hat, in diesen Fällen das von den Gerichten und dem Gesetzgeber anerkannte positive Recht zu vervollkommnen und zu perfektionieren.

In der gegenwärtigen Diskussion über die Unabhängigkeit der Jury unterscheiden die Autoren leider nicht zwischen der rechtmäßigen Autorität der Jury zur Anerkennung der dem Recht innewohnenden Werte und einer Entstellung dieser Macht, die die Geschworenen in die Lage versetzt, sich über die Instruktionen des Richters hinwegzusetzen. Wenn es nicht möglich ist, die Geschworenen mit Sanktionen zu belegen, wie auch immer sie abstimmen, dann haben sie in allen Fällen die Macht, einen Angeklagten freizusprechen, der nach den Regeln des Rechts eigentlich schuldig ist, und einen unschuldigen, aber unbeliebten Angeklagten zu verurteilen. Nichts hindert sie daran, diese Entscheidungen eher auf der Grundlage ihrer Gefühle als mit der Absicht zu treffen, eine begründete Verfeinerung des Rechts herbeizuführen. Diese Möglichkeit einer Perversion des Rechts kann sich für oder gegen einen Angeklagten auswirken, aber die Gefahren für einen unschuldigen Angeklagten treten weniger stark hervor als die möglichen Vorteile für einen, der schuldig ist. Wenn die Jury zu einem gefühlsgeleiteten Schuldspruch kommt, kann der Angeklagte dagegen Rechtsmittel einlegen und vorbringen, daß die Beweise nicht ausreichen, um das Urteil zu stützen. Aber wenn die Jury aus falschen Gründen zu einem Freispruch kommt, dann ist ihre Entscheidung über die Beweise endgültig. Die Anklage kann kein Rechtsmittel gegen einen Freispruch einlegen, der auf Voreingenommenheit oder irrationalen Motiven beruht.

Der Begriff der »jury nullification« umfaßt unglücklicherweise beide Dimensionen der Macht der Jury – sowohl ihre Macht, das Recht zu negieren, als auch ihre Macht, das Recht zu verfeinern und weiterzuentwickeln, sowohl die Macht, ihren Gefühlen freien Lauf zu lassen, als auch die Macht, ihrer Vernunft Stimme zu verleihen.[7] Die Verteidigung ging im Fall Goetz davon aus, an die der Jury eigene Macht appellieren zu können und die Jury selbst dann von einem Freispruch zu überzeugen, wenn die Beweislage nach den Regeln des Rechts eindeutig eine Verurteilung erfordern würde. Sie verfuhr, als ob die öffentliche Unterstützung für Goetz sich von allein als eine Gewissensfrage erweisen werde, die die Jury zu einem Freispruch bewegen würde. Aber die Angst vor dem Verbrechen und die Rassenantagonismen sind für ein staatsbürgerliches Gewissen kaum Motive. Die Behauptung, daß Goetz eine Waffe mit sich führen mußte, weil er, wenn er angegriffen werden würde, »diesen Punks geben mußte, was sie verdienten«, enthält auch nicht die Andeutung eines universellen Prinzips. Aber diese Argumentation war in ihren verschiedenen Variationen die Grundlage der Verteidigung von Goetz.

Das heißt nicht, daß die Verteidigung den Fall nicht so hätte aufbereiten können, daß man den Eindruck gehabt hätte, es werde eine grundlegende Frage des gesellschaftlichen Gewissens aufgeworfen. Goetz selbst glaubte und glaubt vermutlich immer noch fest daran, daß das Recht, Waffen zu tragen, ein Aspekt des grundlegenden Menschenrechts auf Selbstschutz ist. Nach seinem Erfolg vor der ersten Grand Jury begann er öffentlich die Verteilung von 25 000 Schußwaffen an gut ausgebildete Bürger zu fordern. Der nahezu in Vergessenheit geratene zweite Verfassungszusatz der Bill of Rights* schützt dieses Recht; auch wenn die vorherrschende Interpretation davon ausgeht, daß dieser Verfassungszusatz allein den Einzelstaaten das Recht garantiert, eine Bürgerwehr zu unterhalten, gibt es doch überzeugende Hinweise darauf, daß seine Urheber ein individuelles Recht vor Augen hatten.[8] In den Gründerjahren der amerikanischen Republik herrschte die alles überragende Befürchtung, daß die Zentralregierung eine Tyrannei ausüben würde. Eine bewaffnete und disziplinierte Bürgerschaft war die bestmögliche Verteidigung gegen eine Regierung, die versuchen könnte, uns zu versklaven. Die Anwälte von Goetz hätten den Versuch unternehmen können, ihre Verteidigung auf diese

* Anm. d. Ü.: Unter den Bill of Rights versteht man die 1791 in Kraft getretenen zehn Zusatzartikel (amendments) zur amerikanischen Verfassung von 1787.

plausible Interpretation des zweiten Verfassungszusatzes zu gründen. Diese Strategie hätte erfordert – und darauf verstand sich die Verteidigung –, die Medien dazu zu erziehen, in der Öffentlichkeit den Fall so zu präsentieren, als handele es sich um eine Probe auf eine der fundamentalen Fragen der menschlichen Freiheit.

Wäre der Fall so dargestellt worden, dann hätte sich die Verteidigung auf die Ebene eines universellen Prinzips begeben, das viel weiter reicht und die parteiische Frage, ob man sich gegen eine Klasse von »Wegelagerern« und »Aasgeiern« schützen darf, weit überragt. Wenn sie das universelle Recht auf Selbstschutz durch das Tragen von Waffen in Situationen, die Waffen erfordern, beschworen hätte, dann hätte sie vielleicht eine Chance gehabt, Richter Crane davon zu überzeugen, daß das geltende Recht von New York abgestumpft und unempfindlich für die umfassenderen moralischen Fragen war, um die es ging. Vielleicht hätte sie dann Richter Crane davon überzeugt, daß es ihr erlaubt sein müsse, die Jury auf ein »höheres Recht« hinzuweisen, das auf Goetz' Verschulden anzuwenden war – genauso, wie Peter Zengers Anwälte an die Jury appelliert hatten, sie solle ihrem Gewissen folgen und das unvollkommene Recht von der aufrührerischen Schmähschrift weiterentwickeln. Sie hätten ebenso Erfolg haben können wie die Verteidiger, die im Verfahren gegen die Camden 28, einer Anklage wegen Vernichtung von Einberufungsbescheiden, die Erlaubnis erlangt hatten, die Jury direkt anzusprechen. In diesem Verfahren, in dem indirekt die Frage nach der Legitimität des Vietnamkrieges aufgeworfen wurde, forderte der Verteidiger die Jury auf:[9]

> Sie sollen entscheiden, ob das Recht, wie es Ihnen der Richter erklärt, angewendet werden soll oder nicht. Nichts von dem, was der Richter zu Ihnen sagen wird, kann diese Macht beseitigen.

Nicht alle Richter würden es für richtig halten, daß die Jury dazu ermuntert werden sollte, auch nur indirekt ein Urteil über eine Frage der amerikanischen Militärpolitik oder über den zivilen Ungehorsam als einer Technik des Protests abzugeben.[10] Aber im Fall Goetz hatte es die Verteidigung versäumt, entweder in den Medien oder vor Gericht das Argument vorzubringen, daß es um eine Frage universeller menschlicher Freiheit ging, die über das Recht von New York zur Notwehr und den erlaubten Besitz von Waffen zur Selbstverteidigung hinausreichte.

Die Verteidigung mag aber auch gedacht haben, ein Appell an

das Recht zum Tragen von Waffen würde auf Angstgefühle stoßen und könnte sogar kontraproduktiv sein. Alle Umfragen zu den Reaktionen der Öffentlichkeit auf Goetz deuten darauf hin, daß wenige Leute seine politischen Überzeugungen über die Berechtigung und Notwendigkeit einer verantwortlichen Selbstbewaffnung der Bürgerschaft teilen, obwohl sich die Zustimmung zu den Handlungen, die er zur Selbstverteidigung begangen hat, quer durch alle Klassen und rassischen Grenzen zieht. Eine bundesweit im März 1985 von Gallup durchgeführte Umfrage ergab, daß eine beträchtliche Mehrheit von 57 Prozent der Bevölkerung Goetz unterstützte, daß sich aber eine überwältigende Mehrheit von 78 Prozent gegen noch mehr Schußwaffen auf den Straßen aussprach. Im Juni 1987, nachdem das Urteil gesprochen war, erbrachte eine andere Gallup-Umfrage die gleichen sich überschneidenden Mehrheiten. Deutlich mehr als die Hälfte unterstützte den Freispruch in den Anklagepunkten, die die Schüsse betrafen, aber nur 1 Prozent hätte einen Freispruch wegen des Waffenbesitzes befürwortet.

Als einer der möglichen Geschworenen bei seiner Befragung mit dem Text der Verfassung erschien und argumentierte, die Anklage gegen Goetz verletze den zweiten Verfassungszusatz, gelangten beide Seiten und auch der Richter schnell zum Ergebnis, daß dieser Mann viel zu exzentrisch und zu voreingenommen war, um ernsthaft als Geschworener in Erwägung zu kommen. Das Recht zum Tragen von Schußwaffen mag einigen Teilen der Bevölkerung lieb und teuer sein, aber dieses Recht schien sich für niemanden im Verfahren gegen Goetz – außer vielleicht für Goetz selbst – als eine ernst zu nehmende Frage anzubieten.

Die Verteidigung war daher in einer schwierigen Lage. Sie wollte auf irgendeine Weise an die Macht der Jury appellieren, ihrer Sympathie für Goetz zu folgen, aber sie konnte den Faktor Sympathie nicht zu einem moralischen Prinzip erheben. Sie konnte nicht überzeugend vortragen, daß es für sie notwendig war, an die Jury den Appell zu richten, das Recht, wie es in den Büchern stand, zu verfeinern und zu vervollkommnen.

Die Standardformulierungen für die Instruktionen an die Jury vor den New Yorker Gerichten machten der Verteidigung Hoffnung, daß sie auf jeden Fall, ob es nun ein moralisches Argument gab oder nicht, an die Macht der Jury appellieren konnte, ihrer Sympathie für Goetz, dem Volkshelden, zu folgen. Nach der in

New York wie in anderen Staaten üblichen Praxis wird die Jury instruiert, daß sie den Angeklagten verurteilen *darf*, wenn sie über jeden vernünftigen Zweifel hinaus feststellt, daß alle Elemente der Straftat gegeben sind. Die Verwendung des permissiven *darf* scheint merkwürdig, da die Standardinstruktionen auch sagen, daß die Jury zu einem Freispruch kommen *muß*, wenn sie einen der von der Verteidigung vorgebrachten Rechtfertigungsgründe wie Nötigung, Notstand oder Notwehr bestätigt.[11] Warum sollten die Standardinstruktionen einen Freispruch fordern, wenn die Jury sich für die Verteidigung entscheidet, aber eine Verurteilung nur *erlauben*, wenn sie sich auf gleiche Weise für das Volk entscheidet? Eine Antwort könnte lauten, daß das Rechtssystem eine ambivalente Lösung für die Frage bereitstellt, ob das Recht alle Faktoren erfaßt, die die moralische Schuld eines Angeklagten begründen und seine Verurteilung und Bestrafung erfordern. Selbst wenn der Beschuldigte das Recht verletzt hat und keine Verteidigung geltend machen kann, können die besonderen Umstände seiner Straftat seine moralische Schuld vermindern. Läßt man diese allerletzte Macht zum moralischen Urteil in den Händen der Jury, dann deutet das – selbst wenn es nur durch den geringfügigen Unterschied zwischen *darf* und *muß* ausgedrückt wird – darauf hin, daß die Jury die Macht hat, den Fall nach ihren eigenen Überzeugungen von richtig und falsch zu entscheiden.

Richter Crane war sich vollkommen darüber im klaren, daß die »jury nullification« in einem Fall, in dem der Beschuldigte die Gefühle der Öffentlichkeit auf seiner Seite hatte, eine ernsthafte Möglichkeit war. Aber er entschied schon früh im Verfahren, daß er der Jury nicht den geringsten Hinweis auf ihre Macht geben würde, seine Instruktionen zu umgehen. Wenn auch das Rechtssystem gegenüber der Frage ambivalent sein mag, ob das Recht die Gründe für eine gerechte Verurteilung vollständig erfaßt – er war es nicht. Er war davon überzeugt, daß das Recht vom versuchten Mord, von der Körperverletzung, von der rücksichtslosen Gefährdung, vom Waffenbesitz und von der Notwehr gerecht und vollkommen ist. Es gab keine schwerwiegende Frage nach einem moralischen Prinzip – wie nach der Legitimität des Vietnamkrieges –, die nicht in den konventionellen Regeln des Rechts ihren Ausdruck gefunden hatte. Die Verteidigung hatte kein Prinzip vom Selbstschutz in die Debatte gebracht, das weiter reichte als das geschriebene Recht. Daher bestand keine Notwendigkeit, die Möglichkeit der Jury, sich gegen das Recht zu entscheiden, zu betonen. Richter Crane nahm sich die Freiheit, vom Standard der Jury-Instruktion abzuweichen und klarzustellen, daß die Funktion der Jury ausschließlich darin bestand, das Recht nach den Instruktionen des Gerichts auf die von den Geschworenen festgestellten Tatsachen anzuwenden. Daher hatte Richter Crane interveniert, als Barry Slotnick den Versuch gemacht hatte, die möglichen Geschworenen daraufhin auszuhorchen, ob sie sich in jedem Fall zu einer Verurteilung verpflichtet fühlten, wenn sie zu dem Ergebnis kommen würden, Goetz sei über jeden vernünftigen Zweifel hinaus schuldig. Die Geschworenen bekamen keine Gelegenheit zur Beantwortung dieser Frage. Sie *waren* dazu verpflichtet – und das war alles, was es dazu zu sagen gab.

Es gab einen Punkt gegen Ende des Verfahrens, an dem Richter Crane sich dazu gezwungen sah, die Geschworenen zu instruieren, daß sie die »Pflicht« hatten, Goetz zu verurteilen, wenn sie zu der Feststellung kommen würden, daß er aufgrund der Tatsachen verantwortlich war. Aber Mark Baker brachte ihn dazu, eine unauffällige Änderung vorzunehmen und das permissive *darf* durch das verbindliche *muß* zu ersetzen. Daher sollte er sie praktisch so instruieren: Wenn Sie über jeden vernünftigen Zweifel hinaus zu der Feststellung gelangen, daß alle Elemente der Straftat vorliegen und daß es keine anerkannte Defense gibt, dann *müssen* Sie Bernhard Goetz verurteilen.

Die Jury hatte keine Ahnung davon, welche Verhandlungen im Hintergrund über die ihr zukommende Macht, ihren Gefühlen zu folgen und das Recht zu annullieren, stattgefunden hatten. Das war selbstverständlich der entscheidende Punkt. Je weniger sie um ihre Macht, sich über das Recht hinwegzusetzen, wußte, um so wahrscheinlicher war es, daß sie sich gewissenhaft dem Recht, wie es der Richter ihr erklärte, unterwerfen würde.

Die Berufung auf die »jury nullification« ist nicht die einzige Möglichkeit, wie man den Versuch einer Weiterentwicklung und Vervollkommnung des Rechts zum Tragen bringen kann. Man muß die Argumentation nicht außer- und unterhalb des Rechts betreiben; das Recht selbst läßt eine ständige moralische Weiterentwicklung und politische Argumentation zu. In den politischen Verfahren dieses Jahrhunderts erwies sich die Defense wegen Notstand als das für politische Bestrebungen am besten geeignete Rechtsinstitut. Diese Defense gibt eine Rechtfertigung für die Verletzung von nicht so wichtigen und manchmal auch von bedeutsamen Vorschriften des Strafrechts, wenn die Verfolgung eines wertvolleren Ziels die Handlung erfordert. Wenn die politischen Motive eines Angeklagten zu einer moralischen Gewissensfrage werden, können sie dazu beitragen, daß die Tat als das unter diesen Umständen weniger Böse charakterisiert wird. Bei jedem Sit-in, das mit einem politischen Ziel durchgeführt wird, können die Protestierer darauf bestehen – und tun das auch –, daß die Vermittlung ihrer politischen Botschaft den Ordnungsverstoß erfordert habe. Manchmal setzt sich die Verteidigung damit durch wie bei dem Freispruch von Abbie Hoffmann und Amy Carter in Massachusetts.[12] Bei anderen Fallgestaltungen wie zum Beispiel dem Versuch der Anti-Kriegs-Gruppe Silo Prunning Hooks*, die Abschußrampen für Raketen mit Vorschlaghammern unbrauchbar zu machen, bietet die Behauptung, es handele sich um eine Notstandssituation, der Verteidigung eine Plattform, um die Motive der Angeklagten für ihren zivilen Ungehorsam darzulegen.[13] Es mag ihr nicht gelingen, eine Instruktion der Jury zu dieser Frage zu bewirken, aber wenn man die Frage des Notstandes in die vorderste Linie stellt, profiliert man den Fall, denn dann geht es um ein »höheres Recht«, das über die konventionellen Formulierungen der Rechtsregeln hinausreicht.

Die Behauptung, es habe ein Notstand vorgelegen, kann auch bei Anklagen wegen schwerwiegenderer Straftaten für die Verteidigung hilfreich sein. In dem Fall *United States v. Tiede,* der im Sommer 1979 in West-Berlin vor einem Sondergericht verhandelt wurde, hatte die Regierung der Vereinigten Staaten einen ostdeutschen Beschuldigten angeklagt, der ein polnisches Flugzeug entführt hatte, um aus der DDR zu fliehen.[14] Tiede hatte die Crew mit einer Spielzeugpistole bedroht, die er in das Flugzeug geschmuggelt hatte. Er hatte niemanden verletzt, obwohl er eine der Stewardessen hart angepackt hatte. Das Flugzeug landete auf dem Flughafen Tempelhof in der amerikanischen Zone von West-Berlin, der rechtlich gesehen immer noch von den drei Westalliierten besetzt war. Da die westdeutschen Behörden keine Anklage erhoben hätten, griff die Regierung der Vereinigten Staaten zu der einzigartigen Initiative, in Berlin ein Gericht einzurichten, das unter

* Anm. d. Ü.: Wörtlich: Silo-(Raketenabschußrampen-)Heckensicheln.

Anwendung von amerikanischem Verfahrensrecht und westdeutschem Strafrecht ein Urteil über die Flugzeugentführung von Tiede fällen sollte.

Notstand war die vorrangige Verteidigung: Tiede hatte das Flugzeug entführt, weil ihm das als der einzige Weg erschienen war, um einer in der DDR ihm drohenden Anklage wegen seiner früheren Fluchtversuche in den Westen zu entgehen. Obwohl er wegen eines geringeren Vorwurfs verurteilt wurde, berief er sich erfolgreich auf Notstand und verließ den Gerichtssaal als freier Mann. Die Jury aus Westberlinern war davon überzeugt, daß es hier nicht einfach nur um eine Flugzeugentführung ging, sondern um eine Handlung, bei der zwar andere einer Gefahr ausgesetzt wurden, die aber das einzige zur Verfügung stehende Mittel war, um jene Freiheit zu erlangen, die nach Ansicht der Jury ohne jeden Zweifel Tiedes unveräußerliches Recht war.[15]

Notstand war die einzige Verteidigung, die Goetz vor der Anklage wegen illegalen Besitzes einer Schußwaffe dritten Grades bewahren konnte. Notstand ist eine Innovation des New Yorker Strafgesetzes von 1965[16], die direkt dem Model Penal Code entnommen wurde[17], und das ihm zugrunde liegende Prinzip ist die Abwägung von Übeln. Das Übel, das mit der Verletzung des Rechts einhergeht, wird gegen das Übel abgewogen, das eingetreten wäre, wenn der Täter nicht gegen ein gesetzliches Verbot verstoßen hätte. Mit anderen Worten: Die Verletzung des Rechts ist gerechtfertigt, wenn sie unter den Umständen das geringere Übel darstellt. Das Recht von New York verlangt darüber hinaus, daß derjenige, der sich auf diesen Rechtfertigungsgrund beruft, nicht dafür verantwortlich war, daß die Handlung notwendig geworden ist.

Die Regelung der Defense wegen Notstand ist genauso Ausdruck der Verpflichtung gegenüber dem öffentlichen Wohlergehen wie die Straftat des unerlaubten Waffenbesitzes. Im Fall des Verbotes findet das öffentliche Interesse oder Wohlergehen seinen Niederschlag in einem Vorteil für die öffentliche Sicherheit, der den Verlust an individueller Freiheit übersteigt, der sich aus der Unterdrückung des Waffenbesitzes ergibt. Kosten-Nutzen-Urteile dieser Art durchziehen die modernen regulatorischen Systeme. Sie setzen grundsätzlich nicht nur einfach die Beurteilung voraus, daß ein Verhalten wie der Besitz einer Schußwaffe für sich gesehen richtig oder falsch ist (weil er nämlich für sich gesehen nicht richtig oder falsch sein kann), sondern daß die von der Regulierung erwarteten Vorteile die erwarteten Nachteile übersteigen.

Analytiker dieser Kriminalpolitik, die diese Methode von Kriminalpolitik befürworten, scheuen nicht davor zurück, die erwarteten Vorteile eines regulatorischen Systems durch quantitative Schätzungen zu bestimmen. Gehen wir daher einmal davon aus, daß die erwartete Zunahme an Sicherheit, die aus einem Verbot von Handfeuerwaffen resultiert, mit 60 Einheiten bewertet wird und daß die körperlichen Nachteile für diejenigen, die wie Goetz Handfeuerwaffen haben wollen, sie aber nicht mit sich führen dürfen, mit 50 Einheiten an öffentlicher Wohlfahrt bewertet werden. Ökonomisch orientierte Rechtsanalytiker würden zu dieser Einschätzung kommen, indem sie feststellen würden, wieviel die widerstreitenden Gruppen – diejenigen, die Handfeuerwaffen unterdrücken wollen, und diejenigen, die sie besitzen wollen – zu zahlen bereit wären, um über den Ausgang des Streits bestimmen zu können. Wenn diejenigen, die Handfeuerwaffen unterdrücken wollen, zur Zahlung von insgesamt 60 Einheiten von Wohlstand bereit wären (eine Einheit setzen wir einfach mal bei einer Million Dollar fest), und diejenigen, die Waffen tragen wollen, zur Zahlung von insgesamt 50 Einheiten bereit wären, dann liegt es im öffentlichen Interesse, den Streit zugunsten derer zu entscheiden, die bereit sind, mehr zu zahlen. Legt man diese hypothetischen Zahlen zugrunde, übersteigt der öffentliche Vorteil der Kontrolle von Schußwaffen ihre Nachteile und stellt daher eine vernünftige Politik dar.

Aber ein generelles Verbot des Waffenbesitzes würde viele Einzelfälle und Kategorien erfassen, in denen der Vorteil, eine Waffe mit sich zu führen, eindeutig die Nachteile übersteigen würde. Das Verbot von Handfeuerwaffen ist nicht vergleichbar mit dem Verbot des Privatbesitzes von Nuklearwaffen oder selbst dem derzeit diskutierten Verbot des Besitzes von Bulldoggen, die zum Töten abgerichtet sind. Es gibt viele Situationen, in denen uns eine vernünftige Analyse der erwarteten Vorteile und Nachteile dazu bringen würde, Ausnahmen von dem generellen Verbot anzuerkennen. Deshalb enthält das Gesetz, das den Besitz einer geladenen Waffe in der Öffentlichkeit untersagt, einen Katalog von möglichen Ausnahmen, unter denen von einer besonderen Abteilung beim Polizeidepartment von New York eine Lizenz zum Besitz von Schußwaffen ausgestellt werden soll.

Keiner hat automatisch das Recht auf eine Erlaubnis, aber das Gesetz nennt unter anderem folgende Kategorien, bei deren Vorliegen im Regelfall eine Erlaubnis zum Tragen von geladenen Waffen in der Öffentlichkeit gewährt werden soll: Boten von Geldinstituten, Richterinnen und Richter an den Gerichten von New York, das Personal von Gefängnissen und anderen Institutionen, in denen Personen eingesperrt sind. Eine generelle Auffangkategorie sieht zusätzlich vor, daß eine Lizenz gewährt werden soll, »wenn für die Ausstellung ein angemessener Grund besteht«.[18] Personen, die vorbringen, daß sie einer besonderen Gefahr ausgesetzt sind, weil sie etwa prominent sind, berufen sich auf die letztgenannte Klausel. Hinter diesem System zur Erteilung von Lizenzen verbirgt sich die Einschätzung des Gesetzgebers, daß der gesellschaftliche Vorteil des Tragens von Waffen in einigen besonderen Fällen die Gefahr überwiegt, die für die Gesellschaft dadurch entsteht, daß sich eine weitere Schußwaffe im Umlauf befindet. Die Kritiker dieses Systems verweisen darauf, daß die Reichen und Mächtigen, die Trumps und die Rockefellers, keine Schwierigkeiten mit dem Nachweis haben, daß ein »angemessener Grund« dafür besteht, ihnen eine Lizenz auszustellen.[19] Aber viele andere Personen besitzen ebenfalls eine. Zur Zeit des Verfahrens gegen Goetz verfügten mehr als 18 000* Privatpersonen, die nichts mit den Strafverfolgungsbehörden zu tun hatten, über die Erlaubnis, eine Schußwaffe verdeckt mit sich zu führen, und 7000 hatten die beschränkte Erlaubnis, Handfeuerwaffen zu Hause zu haben.[20]

In der gleichen Weise wie eine individualisierte Beurteilung des öffentlichen Wohls es rechtfertigt, die Erlaubnis bestimmten Personen zu erteilen, beruht die Defense wegen Notstand auf einem generellen Appell an das öffentliche Wohl, eine begrenzte Ausnahme von dem gesetzlichen Verbot zu rechtfertigen. So wie in 18 000 besonderen Fällen die Vorteile des verdeckten Tragens einer Schußwaffe die Nachteile überwiegen, sollte die gleiche Interessenabwägung für eine begrenzte Gruppe von Personen das Tragen verdeckter Schußwaffen rechtfertigen, wenn es die Zeit oder andere Umstände verhindern, ihnen eine Lizenz auszustellen. Das Ziel des regulatorischen Systems ist es schließlich nicht, alle Handfeuerwaffen zu unterdrücken, sondern nur die Waffen von denen

* Das sind 0,2 Prozent der 7 200 000 Einwohner der Stadt.

fernzuhalten, die bei einer Benutzung vermutlich das öffentliche Interesse verletzen würden.

Generell beruht die Defense wegen Notstand auf der Prämisse, daß das Strafrecht dem öffentlichen Wohl zu dienen hat; Taten sollen nur dann bestraft werden, wenn sie einen Typus von Verhalten repräsentieren, vor dem das Recht abschrecken sollte. In besonderen Untergruppen der Fälle, die von den ausgedehnten regulatorischen Systemen wie dem Verbot des Besitzes von Handfeuerwaffen miterfaßt werden, ist dem öffentlichen Interesse immer dann, wenn die Vorteile des Tragens der Waffe die Nachteile überwiegen, nicht durch eine Verdammung und Bestrafung gedient, sondern durch eine Rechtfertigung und eine Herausnahme dieser Fälle aus dem Anwendungsbereich der Vorschrift.

Notstand ist vor allem deswegen eine problematische Defense, weil das Verhalten in vielen der Fälle, auf die Notstand zutreffen kann – wie der Entführung eines Flugzeuges, um aus der DDR zu fliehen –, vollkommen unschuldigen Unbeteiligten Nachteile zufügt. In einem Fall von Notwehr fügt sich der Angreifer den Schaden selbst zu: Mit seinem aggressiven Verhalten verleitet er den Verteidiger dazu, mit Gewalt zu reagieren. Aber die Passagiere in dem Flugzeug, das Tiede entführte, hatten selbst nichts getan, was sie den Risiken aussetzte, die sein Kommando über das Flugzeug mit sich brachte. Daß eine vollkommen unschuldige Person wegen des Wohls anderer leidet, war der Grund dafür, daß Juristen bis vor fünfzig Jahren zurückhaltend waren, eine generelle Defense wegen Notstand anzuerkennen. In England ist sie bis auf den heutigen Tag nicht akzeptiert worden.

Die spezifischen Gebiete, auf denen diese Defense Terrain erobert hat, sind die Abtreibung (wenn es erforderlich ist, das Leben und die Gesundheit der Mutter zu schützen) und die Zerstörung von Besitz (wenn es erforderlich ist, wertvollere Interessen zu schützen). Im Fall eines unschuldigen Opfers bereitet die Anwendung der Doktrin vom Notstand auf einen Totschlag, einen versuchten Totschlag, eine Körperverletzung und andere Straftaten mit Angriffen auf Dritte große Schwierigkeiten. Der Respekt für die Autonomie der unschuldigen Personen läßt uns davor zurückschrecken, ihre Tötung oder Verletzung wegen des Vorteils für irgendeinen anderen zu rechtfertigen. Bezeichnenderweise laden diese Straftaten, die einen Angriff auf andere Personen beinhalten – unter den entsprechenden Bedingungen –, zur Anwendung der

Notwehr als Rechtfertigung ein. Es kommt offensichtlich darauf an, ob die Person, die die gerechtfertigte Gewalt erleidet, eine unschuldige Person oder ein unrechtmäßiger Angreifer ist.

Zwei verschiedene philosophische Grundlagen der Defense wegen Notstand haben sich herausgebildet. Nach der einen Theorie ist die Defense eine Weiterentwicklung und Förderung des gesetzgeberischen Zwecks, der beim Erlaß der grundlegenden Vorschrift Ausdruck gefunden hat – das ist im Fall Goetz das Verbot, eine geladene Waffe in der Öffentlichkeit mit sich zu führen. Der Gesetzgeber habe den Gerichten die Befugnis eingeräumt, von dem generellen Verbot Ausnahmen vorzusehen. Es dürfte aber schwierig sein, dieses Argument auch auf die Gesetze von New York über die Kontrolle von Schußwaffen zu beziehen, denn der Gesetzgeber scheint die sachliche Befugnis zur Anerkennung von Ausnahmen der Abteilung des Polizeidepartments verliehen zu haben, die die Lizenzen ausstellt.

Die andere Begründung für die Defense wegen Notstand besagt, daß ein Verhalten, das gesellschaftlich vorteilhaft ist, aus seiner Natur heraus und ganz unabhängig vom gesetzgeberischen Zweck nicht kriminell ist und daher nicht bestraft werden sollte. Diese Defense sei auf ein »höheres Recht« davon, was richtig und was falsch ist, gegründet, und dieses Recht entscheide darüber, was strafbar sein sollte. Diese Auffassung vom Notstand verleiht der Defense ihre moralische Kraft und macht sie zu einem effektiven Mittel, um die Dynamik zur Vervollkommnung des Rechts in die Kriterien des Rechts selbst einzubringen. Wenn sich diese Version vom Notstand durchsetzt, werden die Argumente für eine »jury nullification« als Argumente eines höheren Rechts vom Notstand innerhalb des Rechts eingefangen. Das ist der Grund dafür, warum wir in diesem Jahrhundert so viele politische Verfahren beobachten konnten, in denen die Defense wegen Notstand die Rolle spielt, die einst der Appell an die Jury, ohne Rücksicht auf das Recht ihrem Gewissen zu folgen, innehatte.[21]

Die Vorschrift von New York über den Notstand beruft sich auf keinerlei Prinzip als Grundlage der Defense. Obwohl der Model Penal Code vorsieht, daß Notstand nur dann als Defense zulässig ist, »wenn die gesetzgeberische Absicht, daß die vorgebrachte Rechtfertigung ausgeschlossen sein soll, sich nicht anderweitig deutlich zeigt«[22], hat der Gesetzgeber von New York die Formulierung des Model Penal Code über die Defense so modifiziert, daß jede Bezugnahme auf die gesetzgeberische Absicht entfallen ist. In New York sollte daher wenig Gewicht auf das Argument gelegt werden, daß der Gesetzgeber beabsichtigt habe, dem Polizeidepartment die ausschließliche Befugnis über die Festlegung der Ausnahmen von dem generellen Verbot im Strafgesetz einzuräumen.

Es gibt im Prinzip keinen Grund, warum die Defense wegen Notstand in New York nicht auch eine Verletzung umfassen sollte, die durch einen Verstoß gegen das Verbot, eine geladene Schußwaffe in der Öffentlichkeit mit sich zu führen, herbeigeführt wurde. Das Gesetz erkennt die Defense im Prinzip immer dann an, wenn die Handlung »als eine Notmaßnahme erforderlich (ist), um eine unmittelbar drohende öffentliche oder private Verletzung zu vermeiden« und die

> Erwünschtheit und Dringlichkeit, eine solche Verletzung zu vermeiden, eindeutig die Verletzung überwiegt, die das Gesetz zu verhindern sucht, das die fragliche Straftat definiert.[23]

Im Fall von Goetz ist es aber schwierig zu bestimmen, worin diese Verletzung besteht. Er wurde angeklagt, am 22. Dezember 1984 in der Öffentlichkeit eine geladene Waffe getragen zu haben. Die Straftat dauerte vermutlich nicht mehr als eine halbe Stunde. Die Verletzung bestehe aus dem Risiko, daß er per Zufall die Waffe auslösen oder mit ihr einem anderen ohne Rechtfertigung einen Schaden zufügen würde. In seinem spezifischen Fall war das Risiko, daß er die Waffe zufällig auslösen würde, angesichts seiner Kenntnis vom Umgang mit Schußwaffen minimal. Es mag das Risiko gegeben haben, daß er ohne Rechtfertigung willentlich Schüsse abfeuerte, aber es gab keine Hinweise darauf, daß Goetz – abgesehen von den Schüssen in der U-Bahn – tatsächlich Gebrauch von der Waffe gemacht hätte – und ob er die Waffe bei den Schüssen in der U-Bahn unzulässig benutzt hatte, bildete den Gegenstand des Strafverfahrens. Aus diesem Grund war es in Goetz' Fall schwierig, »die Verletzung, die das Gesetz zu verhindern sucht, das die fragliche Straftat definiert«, zu benennen.

Der Vorteil, den Goetz mit der Verletzung der Vorschriften über den Waffenbesitz erreichen konnte, war der Schutz vor einem Angriff. Wenn die Verteidigung diesen Vorteil aufgreifen wollte, mußte sie ein Bild von den Gefahren in den U-Bahnen von New York in den dunkelsten Farben malen.

Verbrechensstatistiken würden genauso relevant werden wie

Sachverständigenaussagen darüber, wieviel Zuwachs an Sicherheit es mit sich bringen würde, wenn ausreichend ausgebildete Personen Waffen tragen würden. Wenn die Verteidigung dieses Argument ausbauen würde, dann konnte sie die öffentliche Aufmerksamkeit auf Goetz' politische Ansichten über die Erwünschtheit einer weitreichenden Verteilung von Schußwaffen in der gesamten Öffentlichkeit lenken. Das ist schließlich sein vorrangiges politisches Engagement. Das Verfahren würde für ihn zu einer Arena seiner eigenen Rechtfertigung werden – und zwar nicht nur nach dem Notwehrrecht, sondern anhand der Prinzipien von Moral und öffentlicher Sicherheit, die, wie er behauptet, in der Tat sein Leben gesteuert haben.

Wenn die Verteidigung auf den Gedanken eines universellen Rechts auf Selbstschutz, der in bestimmten Fällen das Tragen von Waffen erfordert, zurückgegriffen hätte, hätte sie sehr wohl eine begrenzte Defense wegen Notstand konstruieren und dadurch dem Einwand entgegentreten können, daß eine Anerkennung der Defense wegen Notstand das gesetzgeberische Programm zur Unterdrückung von Handfeuerwaffen außer Kraft setzen würde. Es gab in Goetz' Situation einige wichtige limitierende Fakten: erstens, daß er im Gebrauch von Schußwaffen gut geübt war; zweitens, daß er schon einmal Opfer eines Angriffs gewesen war und Angst davor hatte, sich auf die Straßen zu begeben; und drittens, daß er, obwohl er bei einer Gelegenheit seine Waffe zu schnell gezogen hatte[24], keinerlei Anzeichen zu erkennen gab, seine Waffen bei Straftaten gegen vollkommen unschuldige Bürger zu gebrauchen. Wenn Richter Crane die Geltendmachung von Notstand in einem Umfang anerkannt hätte, der von diesen Faktoren begrenzt war, dann hätte kein Grund zur Besorgnis bestanden, daß ein Freispruch in dieser winzigen Gruppe von Fällen das gesetzgeberische Verbot außer Kraft setzen würde.

Die größere rechtliche Hürde bei der Anerkennung dieser Defense wäre die in New York geltende Voraussetzung einer »unmittelbar bevorstehenden öffentlichen oder privaten Verletzung« gewesen. Die vage Möglichkeit eines zukünftigen Schadens kann nicht die gegenwärtige Verletzung der Interessen rechtfertigen, die die anderen an den unmittelbaren Vorteilen – wie gering die auch sein mögen – einer Kontrolle über die Schußwaffen haben. Diese Defense sollte nur ins Spiel kommen, wenn keine Zeit mehr bleibt, auf andere Mittel zurückzugreifen, um die Verletzung zu verhindern. Die Voraussetzung der unmittelbaren Bedrohung macht viele der Versuche zunichte, sich in Fällen von politischem Protest und zivilem Ungehorsam auf Notstand zu berufen. Die Standarderwiderung der Regierung bei Anklagen gegen Mitglieder der Friedensbewegung, die Regierungsbesitz beschädigt haben, besteht darin, daß das Risiko eines Krieges nicht so unmittelbar droht, um undemokratische Mittel des Protests rechtfertigen zu können.

Das Gesetz verlangt die unmittelbare Drohung einer »öffentlichen oder privaten Verletzung«. Der schwerwiegendste Schaden, den Goetz befürchtete, war eine Wiederholung des Mugging in der U-Bahn von 1981. Er konnte nicht auf die Straße gehen oder die U-Bahn benutzen, ohne Angst vor einem Angriff zu haben. Aber stand dieser Schaden unmittelbar bevor? Er trug die Waffe schon drei Jahre bei sich, bevor er die Notwendigkeit verspürte, sie zu benutzen. Ein Schaden, der unmittelbarer bevorstand, wäre die Angst gewesen, die er erlitten hätte, wenn er ohne eine Waffe auf die Straße gegangen wäre oder die U-Bahn benutzt hätte. Wenn das Gericht diese Angst als eine private Verletzung anerkannt hätte, dann hätte er eine plausible Basis für die Abwägung gehabt, die bei der Defense wegen Notstand verlangt wird.

Es ist wichtig, sich daran zu erinnern, daß Goetz nichts weiter tun mußte, um der Jury die Frage des Notstandes zur Kenntnis zu bringen, als im Einklang mit der gesetzlichen Definition von dieser Defense die plausible Behauptung aufzustellen, er habe in Notstand gehandelt. Das Gericht hätte dann der Verteidigung die Erlaubnis gegeben, sich in dieser Frage an die Jury zu richten, und die Jury hätte die Bewertungen vornehmen müssen, die bei dieser Defense erforderlich werden. Von einer Jury, die Goetz wohlwollend gegenüberstand, hätte man durchaus erwarten können, daß sie die im Widerstreit liegenden Verletzungen, um die es ging (der Schaden für die Öffentlichkeit, wenn Schußwaffen getragen werden, gegenüber dem Schaden für ihn, keine tragen zu dürfen), zu seinen Gunsten abgewogen hätte.

Eine grundlegende Frage, die dafür hätte entscheidend sein können, ob Goetz eine Instruktion der Jury zum Notstand hätte erlangen können, wäre gewesen, ob die Abwägung der gegenüberstehenden Interessen nur nach objektiven Maßstäben vorgenommen werden sollte oder ob Goetz' angstgesteuerte Wahrnehmungen den Ausschlag hätten geben können. Wenn Richter Crane sich für eine objektive Abwägung ausgesprochen hätte, dann hätte er wohl entschieden, daß der öffentliche Schaden durch die Rechtsverletzung den Nachteil für Goetz überwogen hätte, sich der Vorschrift zu fügen. Aber die in New York entschiedenen Fälle hätten Goetz an diesem spezifischen Punkt rechtliche Unterstützung geben können. Drei unlängst ergangene Präzedenzentscheidungen aus New York, darunter eine Entscheidung des Court of Appeals, heben die Entscheidung des Tatgerichts auf, weil es versäumt hat, dem Angeklagten eine Instruktion über den Notstand zu gewähren. Alle diese Entscheidungen heben die Relevanz der subjektiven Wahrnehmungen des Angeklagten hervor und geben zu verstehen, daß schon wenige Beweise für das Vorliegen einer Notstandssituation eine Instruktion der Jury über diese Frage erfordern.

Das allen diesen Entscheidungen gemeinsame Thema ist, daß bei dem Bestreben, einen Angriff zu vermeiden oder ihm zu entkommen, nominell Straftaten begangen werden. So hat zum Beispiel der Beschuldigte in *Volk v. Padgett*, einer Entscheidung des Court of Appeals aus dem Jahre 1983[25], Notstand als Defense gegen den Vorwurf einer böswilligen Sachbeschädigung geltend gemacht, weil er eine Glastür zerstört hatte, um sich vor einem Angriff zu retten. Das Tatgericht erkannte die Defense nicht an, und der Angeklagte wurde verurteilt. Der Court of Appeals hob das Urteil auf, weil der Richter die Instruktion über den Notstand hätte geben müssen, »wenn derjenige, der über die Tatsachen entscheidet [die Jury oder ein Richter, der die Funktion der Jury wahrnimmt], angesichts des Beweismaterials unter irgendeinem vernünftigen Blickwinkel zu der Entscheidung hätte kommen können, daß die Handlungen des Angeklagten gerechtfertigt waren«.

In *Volk v. Green*[26], ebenfalls 1983 von der Appellate Division entschieden, glichen die Umstände viel eher den im Fall Goetz vorliegenden. Dem Beschuldigten, einem Gefangenen, wurde der »Besitz gefährlicher Schmuggelware« im Gefängnis vorgeworfen, weil er sich ein Messer geschnappt, das sein Angreifer im Kampf verloren hatte, und sich geweigert hatte, es sofort den Gefängniswärtern zu übergeben. Er konnte sich nicht auf Notwehr berufen, um seine Weigerung zur Herausgabe des Messers zu rechtfertigen (denn die Wärter, die das Messer von ihm verlangt hatten, hatten ihn nicht angegriffen). Aber er behauptete, »er habe um sein Leben gefürchtet und das Messer an sich genommen, um seinen Angreifer davon abzuhalten, sich das Messer zu verschaffen und den Angriff fortzusetzen«. Angesichts seiner subjektiven Wahrnehmung einer

Gefahr entschied das Gericht, es sei ein Fehler des Tatgerichts gewesen, nicht die Instruktion zu geben, daß der illegale Besitz im Fall von Notstand gerechtfertigt sei.

Der dritte Fall, der 1973 von der Appellate Division entschieden wurde[27], betraf eine komplizierte Situation, in der der Angeklagte Angst vor einem bewaffneten Mann hatte, der ihn verfolgte, und sich zur Rechtfertigung für seine unberechenbare und gefährliche Fahrweise, mit der er dem Verfolger entkommen wollte, auf Notstand berief. Die Anklagevorwürfe in diesem Fall waren rücksichtslose Gefährdung und fahrlässige Körperverletzung eines Polizeibeamten, der versucht hatte, den Angeklagten wegen seiner wilden Fahrweise festzunehmen. Wenn seine Verstöße gegen die Regeln des Straßenverkehrs durch Notstand gerechtfertigt waren, dann ist davon auszugehen, daß die Polizei keinen Rechtsgrund für seine Festnahme hatte. Und wenn die Festnahme nicht zulässig war, wäre seine daraus folgende Körperverletzung des Beamten nicht illegal. Die Begründung dieses Falles läßt einige Wünsche offen[28], aber die Entscheidung ist unter einer wichtigen Perspektive hilfreich für Goetz. Das Gericht betont den subjektiven Charakter der Defense wegen Notstand. Als Voraussetzung dafür, daß der Jury eine Instruktion über die Frage des Notstandes erteilt werden mußte, hielt es für ausreichend, daß sich der Angeklagte davor gefürchtet hatte, »ein Fremder mit einer Schußwaffe wolle sich ihm nähern«. Wenn Goetz Angst um sein Leben hatte, solange er keine Waffe bei sich trug, und daher das Recht über die Erteilung einer Lizenz verletzte, dann hatte er nach dieser Entscheidung eine gute Grundlage, um eine Instruktion über die Frage des Notstandes zu fordern.

Auf der anderen Seite gibt es auch einige Entscheidungen aus New York, die dafür sprechen, daß die Forderung nach solchen Instruktionen bei einer Anklage wegen Waffenbesitzes dritten Grades (eine geladene Waffe in der Öffentlichkeit) zurückgewiesen werden sollte. Eine Entscheidung der Appellate Division[29] lehnt die Defense wegen Notstand in einem Fall illegalen Waffenbesitzes ab, obwohl sich der Angeklagte einer aktuellen Bedrohung seines Lebens gegenübersah. Und in einer noch bedeutsameren Entscheidung, in *Volk v. Almodovar*[30], der neuesten für diese Frage relevanten Entscheidung des Court of Appeals, erörtert das Gericht das Problem, daß jemand im Verlauf eines Kampfes seinem Angreifer eine Schußwaffe abnimmt, und kommt in diesem

Fall und im Hinblick auf ähnliche Fälle eines kurzfristigen Besitzes zu dem Ergebnis, der Angeklagte solle sich nicht auf einen Rechtfertigungsgrund berufen, sondern auf die von den Gerichten entwickelte Doktrin des »temporären und rechtmäßigen Besitzes«.[31] Das Gericht fährt dann fort:[32]

Jemand besitzt eine Waffe entweder rechtmäßig oder er tut es nicht, und daher soll er einen strafrechtlichen Vorwurf nicht mit der Behauptung vermeiden, er habe die Waffe zu seinem Schutz besessen. Eine Rechtfertigung kann einen auf andere Weise unrechtmäßigen Gebrauch einer Waffe entschuldigen[33], aber man kann sich nur schwer Umstände vorstellen, unter denen eine Rechtfertigung den unrechtmäßigen Besitz einer Waffe entschuldigen könnte (vgl. *Volk v. Padgett*).

Im folgenden deutet das Gericht an, daß der Rechtfertigungsgrund, an den es gedacht hatte, eher Notwehr als Notstand war.[34] Und es herrscht weithin Übereinstimmung darüber, daß Notwehr auf Fälle des Besitzes nicht anwendbar ist.[35] Was für die Notwehr gilt, braucht aber nicht unbedingt für den Rechtfertigungsgrund des Notstands zu gelten.

Es ist bemerkenswert, daß das Gericht zustimmend die Entscheidung im Fall *Padgett* zitiert, in der der Court of Appeals eine Verurteilung wegen des Versäumnisses aufgehoben hatte, eine Instruktion über die Defense wegen Notstandes zu geben. Der auffälligste Punkt ist, daß es keine plausible Begründung für die Doktrin vom »temporären und rechtmäßigen Besitz« gibt – außer der Erforderlichkeit, daß man die Waffe zeitweilig an sich nimmt. Und wenn die Erforderlichkeit den kurzfristigen Besitz rechtfertigen kann, dann ist es schwer einzusehen, warum sie nicht auch in Form des Notstandes prinzipiell für den längerfristigen Besitz relevant sein soll.

Es ist nicht vorhersagbar, wie das Gericht auf einen präzise dargestellten und gut begründeten Versuch reagiert hätte, den Notstand als eine Defense gegen den Anklagepunkt des unerlaubten Tragens einer geladenen Schußwaffe in der Öffentlichkeit einzubringen. Es gibt deutliche Anzeichen dafür, daß Richter Crane der Argumentation nicht mit Wohlwollen begegnet wäre.[36] Aber wenn die Argumente im Verfahren in angemessener Weise vorgetragen worden wären, hätte die Verteidigung eine solide Grundlage gehabt, um gegen die offenbar unausweichliche Verurteilung in diesem Anklagepunkt Rechtsmittel einzulegen.

Ein ernsthafter Versuch, die Instruktionen zum Notstand herbeizuführen, ist der einzige Weg, den die Verteidigung hätte einschlagen können, um den Fall in eine politische Herausforderung des regulatorischen Systems zu verwandeln, das Bernhard Goetz am meisten gestört und verärgert hatte. Auf diesem Weg hätten die Statistiken über Verbrechen in der U-Bahn für das Verfahren relevant werden können. Auf diesem Weg hätte man jenem grundlegenden Antrieb sich zuwenden können, der Goetz' Verhalten über mehrere Jahre hinweg beherrscht hatte. Und – was am wichtigsten ist – die Defense wegen Notstand hätte der Verteidigung die Gelegenheit gegeben, den politischen Kräften Gehör zu verschaffen, die Goetz angetrieben und die Welle öffentlicher Sympathie in Bewegung gebracht hatten.

Aber das alles sind Spekulationen: Die Verteidigung zog es vor, die Faktoren, die Goetz zu einem Volkshelden machten, nicht in den Vordergrund zu stellen. Sie setzte darauf, daß die allgemeine Sympathie mit ihrem Klienten eine trotzige Abwehrhaltung gegenüber den Instruktionen des Richters und einen vollständigen Freispruch als Reaktion gegen das Verbrechen auslösen würden. Aber sie vermied lieber eine systematische Argumentation zu den elementaren Fragen dieses Falls. Als die abschließende Argumentation gegenüber der Jury heranrückte, konzentrierte sie ihre Energien auf die Anklagevorwürfe wegen der Schüsse und die Rechtfertigung wegen Notwehr. Sie hatte die Hoffnung, es werde in dem Anklagepunkt wegen unrechtmäßigen Waffenbesitzes dritten Grades einen Freispruch geben, aber sie hat weder ihre Hoffnungen noch die Popularität von Goetz in ein Argument übersetzt, auf das die Jury einen Freispruch stützen konnte.

Anmerkungen

1 Zur Frühgeschichte der rechtlichen Kontrolle von Entscheidungen der Jury und generell zur Thematik dieses Kapitels vgl. M. Kadish und S. Kadish, *Discretion to Disobey* (Ermessen zum Ungehorsam), S. 45-66 (1973).
2 Vgl. Bushnells Fall, 6 *Howell's State Trials* 999 (1670).
3 Ein Beitrag, der den Geschworenen in Old Bailey Achtung zollt, sagt, sie hätten »das Recht der Jury (etabliert), ihre Entscheidung nach ihrer

Überzeugung zu treffen«. Vgl. Scheflin und Van Dyke, »Jury Nullification: The Contours of a Controversy«, 43 *Law & Contemporary Problems* 51, 57 n. 19 (Herbst 1980).

4 1 Stat. 596 (1798). Der Teil, der im Zitat weggelassen wurde, bezieht sich mit zweideutigen Folgen für die Autorität der Jury auf ihre Befugnis zur Entscheidung über das Recht und die Tatsachen »unter der Leitung des Gerichts«.

5 Artikel 1, § 8 der Verfassung von New York. Vgl. Scheflin, »Jury Nullification: The Right to Say No«, 45 *Southern California Law Review* 168, 204 n. 130 (1972).

6 Artikel 15, § 5 der Verfassung von Maryland. Vergleiche Artikel 1, § 19 der Verfassung von Indiana (»Die Jury soll die Befugnis haben, über das Recht und die Tatsachen zu entscheiden.«).

7 Beide Aspekte der Nullification werden unter der vagen Ratio der »Herbeiführung von Gerechtigkeit« im Einzelfall behandelt. Vgl. dazu Wigmore, »A Programm for the Trial of a Jury«, 12 *American Judicature Society* 166 (1929).

8 Vgl. Kates, »Handgun Prohibition and the Original Meaning of the Second Amendment«, 82 *Michigan Law Review* 204 (1983).

9 *United States v. Anderson,* Crim. No. 602-71 (D.N.J. 1973), Abschrift bei 8396-94, nach dem Zitat von Scheflin und Van Dyke (oben Anm. 3) auf S. 53.

10 Zu einem Beispiel für eine enge Kontrolle des Umfangs der Erwägungen der Jury in einem Fall von politischer Überzeugung vgl. die Anklage gegen Benjamin Spock, William Sloane Coffin, Jr., Mitchell Goodman und Michael Ferber wegen Verschwörung zur Befürwortung von Verletzungen des Einberufungsrechts. Der Richter erlaubte es der Jury nicht, Fragen zu berücksichtigen, die sich auf die Motive der Angeklagten, gegen den Krieg in Vietnam zu protestieren, bezogen. Vgl. J. Mitford, *The Trial of Dr. Spock* (1969). *United States v. Spock*, 416 F2d 165 (§d Cir., 1969).

11 Wenn die Verteidigung eine Defense ist, die wie die Defense, man sei genötigt worden, vom Angeklagten glaubhaft zu machen ist, lautet die angemessene Entscheidungsformel, daß die Jury aufgrund eines überzeugenden Beweises überzeugt ist; wenn es sich bei der Verteidigung um eine gewöhnliche Defense handelt, dann besteht die erforderliche Schlußfolgerung einfach darin, daß die Jury wenigstens einen vernünftigen Zweifel daran hat, daß die Defense gegeben ist.

12 Associated Press vom 16. April 1987. (Es ging um einen Akt zivilen Ungehorsams, Anm. d. Ü.)

13 Zu dem Versuch, die Verteidigung wegen Notstand in diesem Zusammenhang geltend zu machen, vgl. *United States v. Kabat*, 797 F2d 580 (1986) mit abgelehntem Antrag auf Revision, 101 S. Ct. 1958 (1987).

14 Zu einer Darstellung dieses Falles aus der Perspektive des Vorsitzenden

Richters vgl. H. Stern, *Judgement in Berlin* (1984). Ich war in diesem Fall als Verteidiger tätig und für die Begründung der Defense wegen Notstandes verantwortlich.

15 Die Defense wegen Notstand würde natürlich nicht die übliche Flugzeugentführung und Geiselnahme von Passagieren durch Araber rechtfertigen. Unterschiede bei den tatsächlichen Zusammenhängen und beim Zweck der Aktion unterscheiden Tiedes Situation eindeutig von dem Vorfall, als ein Flugzeug der TWA in Beirut zur Landung gezwungen und seine Passagiere als Geiseln für die Forderung genommen wurden, palästinensische Gefangene in Israel freizulassen. Tiedes Absicht bestand allein darin, sich Zugang nach West-Berlin zu verschaffen, und er hatte nicht vor, Kontrolle über das Flugzeug zu bekommen, um andere Forderungen stellen zu können. Es lag nicht in seiner Absicht, die Passagiere und die Crew auch nur einen Moment länger als erforderlich festzuhalten, um nach Berlin zu fliegen und dort zu landen. Am wichtigsten ist es aber, daß er davon ausgehen konnte, daß die meisten seiner Opfer mit seinem persönlichen politischen Ziel, der Flucht nach West-Berlin, übereinstimmen oder wenigstens damit sympathisieren würden.

16 NYPL § 25.05(2).

17 MPC § 3.02.

18 Alle diese Vorschriften befinden sich in NYPL § 400.00(2).

19 Vgl. Kates, »The Battle over Gun Control«, 84 *The Public Interest* 42, 45 (Sommer 1986).

20 Diese Zahlen wurden in *USA Today* vom 20. Oktober 1987, S. 3A berichtet.

21 Manchmal ist die Berufung auf Notstand etwas weit hergeholt wie zum Beispiel im Verfahren von Susan (Katya) Komisaruk in San Francisco wegen Zerstörung von Regierungsbesitz. Sie hatte einen Anschlag auf den Computer auf der Vandenberg Air Force Basis unternommen, um – wie sie sagte – die Drohung eines Nuklearkrieges abzuwenden. Sie berief sich zur Verteidigung auf das höhere Recht vom Notstand. Vgl. den Bericht in der *Los Angeles Times* vom 14. November 1987, S. 32.

22 MPC § 3.02(1) (c).

23 NYPL § 35.02(2).

24 Damit ist der »Vorfall in der Sixth Avenue« gemeint, der in der Videoabschrift auf den Seiten 23 und 24 beschrieben wird.

25 60 NY2d 143 (1983).

26 98 AD2d 908 (3d Dept., 1983).

27 *People v. Moore,* 42 AD2d 268 (2d Dept., 1973).

28 Es überzeugt mich weder, daß (1) die Festnahme unzulässig gewesen sein soll, wenn die Fahrweise gerechtfertigt war, noch (2) daß eine unzulässige Festnahme sich auf die darauf folgende Körperverletzung auswirken würde, die der Angeklagte dem Beamten zugefügt hatte.

29 *People v. Beineck*, 60 AD2d 718 (4th Dept., 1977).
30 62 NY2d 126 (1984).
31 A.a.O. bei 130.
32 A.a.O.
33 Der Gebrauch dieser Wendung, »eine Rechtfertigung kann entschuldigen«, zeigt, welche Verwirrung bei dem Gericht über die Natur der Rechtfertigung und den Unterschied zwischen Rechtfertigung und Entschuldigung herrscht.
34 Die im Text zitierte Stelle geht in 62 NY2d 130-31 folgendermaßen weiter: »Dementsprechend durfte gegen den Angeklagten im vierten Punkt der Anklage allein der Vorwurf des temporären schuldlosen Besitzes erhoben werden; der einzige Vorteil, der ihm aufgrund der von ihm geltend gemachten Notwehr zustand, betraf den Gebrauch der Waffe, und diesen Vorteil hat er erhalten, als das Gericht darüber belehrt hat, daß im Zusammenhang mit den Anklagepunkten wegen versuchten Mordes und Körperverletzung eine Rechtfertigung in Betracht komme.«
35 Vgl. *People v. Pons*, 68 NY2d 264 (1986).
36 In *People v. Jose C.*, 127 Misc. 2d 689 (1985) interpretiert Richter Crane die oben genannte Entscheidung *People v. Almovodar* als ein Verbot jeder Art von Rechtfertigungsgründen, und zwar auch von NYPL 35.05 (Notstand), in Fällen eines unerlaubten Waffenbesitzes dritten Grades.

10.
Auf dem Weg zum Urteil

Wenn wir die Unmenge von Details, die uns im Verfahren gegen Goetz entgegenströmen, beiseite lassen, stellt sich eine grundlegende Frage: Warum sollte irgend jemand dem Geständnis von Goetz nicht glauben? Die vier Stunden des auf Band aufgenommenen Geständnisses sind unser bester Leitfaden durch die Geschehnisse auf der IRT-Strecke am Samstag, dem 22. Dezember 1984. Das Geständnis ist derartig belastend, daß kaum jemand auf die Idee kommen konnte, Goetz halte irgendwelche Informationen zurück. Nicht ein einziges Mal ist die Vermutung geäußert worden, daß die Polizei ihn dazu verleitet habe, eine bestimmte Geschichte zu erzählen, oder daß er unschuldig war und alles nur erfunden hatte.

Würden die Geschworenen dem Geständnis Glauben schenken, war es nahezu ausgeschlossen, daß sie zu dem Ergebnis kommen würden, Goetz habe gegenüber Darrell Cabey vernünftig gehandelt. Selbst wenn sie zu dem Ergebnis gelangten, daß er im Hinblick auf seine ersten drei Opfer nicht wegen Körperverletzung und versuchten Mordes schuldig war, dann waren doch der vierte und der fünfte Schuß anders gelagert. Wenn Goetz tatsächlich nach dem vierten Schuß eine Pause gemacht hatte, sich Darrell Cabey genähert und gesagt hatte, »Dir scheint's ja ganz gut zu gehen; hier ist noch einer«, war es fast unmöglich, diesen Schuß als eine vernünftige Notwehrhandlung zu begreifen. Es gab keinen unmittelbar bevorstehenden Angriff, es bestand keine Notwendigkeit, sich gegen einen passiv auf dem Sitz einer U-Bahn verharrenden jungen Mann zu verteidigen.

Wäre die Frage von Schuld oder Unschuld allein auf der Grundlage des Geständnisses zu entscheiden gewesen, dann wäre eine vorurteilslose Jury, die das Recht beachtet, dazu gezwungen gewesen, für eine Verurteilung zu votieren. Und man kann sehr wohl davon ausgehen, daß diese Jury, die über Goetz zu befinden hatte, ihn in den Anklagepunkten wegen Cabey für schuldig befunden hätte. Aber zum Leidwesen der Anklage gab es in dem Fall noch andere Beweise, von denen nicht alle mit der Geschichte zusammenpaßten, die Goetz auf dem Tonband und der Videoaufnahme erzählt.

Goetz sagte, daß er zu Cabey hinüberging. Aber wenn er das getan hatte, müßte zwischen dem vierten und dem fünften Schuß eine Pause gewesen sein. Die Zeugen in dem Wagen hätten die Pause hören müssen. Aber acht Zeugen sagten aus, daß sie keine Pause gehört hatten. Sie alle sagten aus, daß sie die Schüsse – in Slotnicks Worten – »in rascher Aufeinanderfolge« gehört hatten. Die Aussagen der Zeugen und das Geständnis stimmten einfach nicht überein. Wenn Goetz tatsächlich zu Cabey hinübergegangen war, ihn angesehen hatte und einen Satz geäußert hatte, müßte das jemand gehört haben.

Christoph Boucher, der Starzeuge der Anklage, sagte nicht nur aus, daß er die Pause gehört hatte, sondern auch, daß er gesehen hatte, wie Goetz über Cabey gebeugt stand und von oben auf den Sitz gefeuert hatte. Boucher war sich ganz sicher, daß Goetz Cabey direkt von vorn in die Brust geschossen hatte. Das widersprach eindeutig der unwiderlegten medizinischen Untersuchung, wonach die Kugel in die linke untere Hälfte von Cabeys Rücken eingetreten war. Boucher verneinte ebenso, daß Cabey sich in letzter Sekunde gedreht oder gezuckt habe, was Goetz selbst auf dem Band angibt und was die einzige Möglichkeit gewesen wäre, um die von Boucher behauptete Wahrnehmung des Vorfalls mit den wissenschaftlichen Ergebnissen in Einklang zu bringen.

Offensichtlich gab es unter den Beweisen Anomalien. Wenn sich solche kleineren Widersprüche bei einer wissenschaftlichen oder historischen Untersuchung ergeben, ist man versucht, sie zu möglichen Wahrnehmungsfehlern oder Randproblemen zu erklären, auf die man ein anderes Mal eingehen kann. Anomalien ergeben sich nur durch den Bezug auf eine bestimmte Hypothese. Und die Hypothese, die die »rasche Aufeinanderfolge« der Schüsse widersprüchlich erscheinen ließ, war die vermutete Richtigkeit des Geständnisses. Wenn die Geschworenen an dem Geständnis als Ausgangspunkt für die Beurteilung von Goetz festhalten wollten, mußten sie die Anomalien als unwesentliche Randprobleme abtun.

Wenn Leute dazu tendieren, Anomalien zu ignorieren oder als unwesentlich abzutun, dann werden sie mit Sicherheit einen Weg dafür finden. Schließlich gibt es kein Forschungsgebiet, in dem sich die Beweise wie bei einer doppelten Buchführung aufführen lassen. Widersprüchliche Wahrnehmungen sind im wirklichen Leben normal. Wenn Boucher exakt das ausgesagt hätte, was Goetz gestanden hatte, hätte man zu Recht einen Trick vermutet – daß die Anklage ihm vielleicht vor seiner Aussage das Videoband vorgeführt hatte. Die talmudischen Rechtsgelehrten waren sich dieser Gefahr so bewußt, daß sie zwei Zeugen, die vor der Ratsversammlung in jedem Detail übereinstimmend aussagten, als unzuverlässig entließen. Im wirklichen Leben sehen und erleben zwei Leute den gleichen Vorgang nie auf dieselbe Art und Weise.

Die Geschworenen waren mit diesem Phänomen im Gericht unmittelbar bekannt gemacht worden. Bei dem Versuch, ihre Erinnerung davon wiederzugeben, wie sie die Schüsse gehört hatte, wiederholte eine der Zeuginnen, Sally Smithern, einige Male ihr »bum, bum«. Es folgte eine Kontroverse zwischen den Anwälten und Richter Crane über den Rhythmus und die Abstände zwischen den Schüssen.[1] Die Vertreter der Medien waren sich ebenfalls unsicher, wie viele Schüsse sie simuliert hatte. Wenn sich die im Gerichtssaal Anwesenden nicht sicher waren, was sie gehört hatten, wie konnten dann die Geschworenen erwarten, daß die U-Bahn-Passagiere exakt wiedergeben würden, wie viele Schüsse sie gehört hatten und nach welchem Schema sie abgefeuert worden waren?

Die gleiche Unsicherheit herrschte bei der Wahrnehmung der Beobachter, welche Absichten Ramseur verfolgt hatte, als er seinen linken Schuh auszog. Hatte er die Absicht, den Schuh zu werfen, oder wollte er sich nur am Fuß kratzen? Slotnick und einige der Beobachter beharrten unnachgiebig darauf, er habe eine feindselige Handlung vorgehabt. Andere, unter ihnen auch der Gerichtsbeamte, der am nächsten bei Ramseur stand, sagten, er habe einfach nur seinen Fuß massiert.[2] Wenn wir davon ausgehen, daß jemand aggressive Absichten verfolgt, ist das häufig eine Frage der Projektion unserer Ansichten über den Typus des mutmaßlichen Angreifers. Er ist daher keine Überraschung, daß vernünftige Leute unterschiedlicher Meinung sein können, welche Absichten Canty verfolgte, als er Goetz nach fünf Dollar fragte oder sie von ihm forderte.

Wenn Leute dazu neigen, Anomalien zu vernachlässigen, dann besteht kein Mangel an Argumenten, um die Bedeutung der inkonsistenten Daten herunterzuspielen. Aber die Verteidigung behandelte diese Anomalien auf andere Art und Weise. Sie wollte die Zahl und die Bedeutung der Anomalien bis an den Punkt steigern, an dem sie nicht mehr ignoriert werden konnten. Würden die Widersprüche, die sich ergaben, wenn man das Geständnis akzeptierte, Oberhand gewinnen, dann würden die Geschworenen nicht länger davon ausgehen, daß das Geständnis und insbesondere der Teil, in dem Goetz beschreibt, wie er sich Cabey nähert und auf ihn schießt, exakt war. Würde die Verteidigung Erfolg haben, würden die Anomalien die Hypothese, von der sie abwichen, zum Einsturz bringen und dann an ihre Stelle treten.

Wenn das versammelte Gewicht der Anomalien eine herrschende Weltsicht umstößt, tritt ein Paradigma oder eine Weltsicht an die Stelle einer anderen. Die Terminologie vom Paradigmenwechsel hat ihre Ursprünge in der Wissenschaftsgeschichte, in der Forscher entgegen der allgemeinen Ansicht Anomalien tolerieren – solange sie nicht zu sehr in den Vordergrund treten. So lieferte zum Beispiel die ptolemäische Konzeption des Universums, die auf der These beruhte, daß die Welt das Zentrum des Universums sei, eine vollkommen ausreichende Erklärung für die meisten beobachtbaren Daten. Die Konzeption, wonach Satelliten die Erde umkreisen, konnte alles erklären, was im Weltall gesehen werden konnte; nur die Erklärung für die Bahnen, auf denen sich die Monde der Planeten, insbesondere die Monde von Jupiter, bewegten, bereitete einige Schwierigkeiten. Diese Monde erschienen manchmal auf der einen und manchmal auf der anderen Seite des Planeten. Das waren Anomalien, aber sie waren bis zu einem bestimmten Punkt tolerierbar.

Als das Gewicht dieser Anomalien den Punkt erreicht hatte, daß man sie nicht mehr ignorieren und als »Epizykel«* abtun konnte, brach die ptolemäische Hypothese schlicht in sich zusammen; ein Paradigmenwechsel in unserem Verständnis der Erde und ihres Platzes im Universum trat ein.[3] Das kopernikanische System mit der Sonne als Mittelpunkt konnte die Umlaufbahnen der Monde einfacher und eleganter erklären und wurde daher zur herrschenden Konzeption des Sonnensystems. Wie jede andere Hypothese, die die Welt vereinfacht, brachte das kopernikanische System einige Anomalien hervor[4], die aber zu seiner Zeit nicht störend waren.

Der revolutionäre Übergang von der ptolemäischen zur koper-

* Anm. d. Ü.: Ein Kreis, dessen Mittelpunkt sich auf einem anderen Kreis bewegt oder auf einem anderen Kreis abrollt – eine Erklärung für die Umlaufbahnen der Planeten.

nikanischen Konzeption des Universums war ein Paradigmenwechsel von großem Ausmaß; die Verteidigung von Goetz versuchte einen Wechsel herbeizuführen, der innerhalb des Universums des Verfahrens gegen Goetz von ähnlich großen Proportionen zu sein schien. Die Verteidigung unternahm den Versuch, das Geständnis als den Ausgangspunkt für jede Reflexion über die Schüsse in der U-Bahn umzustürzen, indem sie mit größtem Nachdruck die Widersprüche in Bouchers Aussage und die Anomalien, die sich in der These von der »raschen Aufeinanderfolge« zeigten, herausstellte. Sie steuerte auf einen Paradigmenwechsel zu: vom Geständnis als der Hypothese zu der alternativen These, daß Goetz in einer durchgehenden Abwehrreaktion die fünf Schüsse abgefeuert hatte. Wenn sie diesen Einstellungswechsel herbeiführen konnte, würde die Jury alle Anklagevorwürfe wegen der Schüsse gemeinsam beurteilen. Sie würde zwischen den Opfern keinen Unterschied machen und nicht zwischen der Notwehr gegenüber Canty und der Notwehr gegenüber Cabey differenzieren.

Um ihre alternative Hypothese zu begründen, stützte sich die Verteidigung stark auf die Aussage ihres Experten, des früheren Medical Examiner von New York City, von Dr. Dominick Dimaio, der auf der Grundlage des Eintrittswinkels der Kugel und ihres Verlaufs quer durch den Rücken behauptete, es sei nach den Gesetzen der Physik ausgeschlossen, daß auf Cabey geschossen worden war, als er saß. Er war sich als Mediziner sicher, daß ein stehender Schütze bei diesem Winkel nicht auf einen sitzenden Mann geschossen haben konnte. Nach seiner Logik ergab sich daraus, daß Goetz Cabey mit dem vierten Schuß getroffen haben mußte, als beide standen; der fünfte Schuß ging vorbei und traf die Kabinenwand. Wenn Dimaio recht hatte, dann hatte die Verteidigung die größte Anomalie überhaupt hervorgebracht. Goetz' Geständnis konnte bei der Schilderung von seiner Interaktion mit Cabey nicht exakt sein, denn Goetz hatte gesagt, daß er auf ihn geschossen hatte, während er saß. Entweder hatte Goetz recht oder Dimaio.

Dimaio war sich seiner so sicher, daß Waples beim Kreuzverhör wenig Chancen hatte, um seine Position gegen diesen wissenschaftlichen Moloch zu behaupten. Als er mit seiner Entgegnung an der Reihe war, präsentierte er seinen eigenen Experten, Dr. Charles Hirsch, der aussagte, es sei selbstverständlich für Goetz möglich gewesen, Cabey zu treffen, während dieser saß. Vielleicht hatte Waples das Loch wieder verstopft, das Dimaio in das Geständnis gebohrt hatte, aber es blieben andere störende Anomalien.

Slotnick und Waples widmeten ihre Schlußplädoyers an die Jury dem Angriff auf das Geständnis und seiner Verteidigung. Slotnick gründete seinen Angriff auf zwei griffige Schlagworte: die »rasche Aufeinanderfolge« und den »Autopilot«. Das erste war eine Zusammenfassung der Aussagen der acht Zeugen, die nach dem vierten Schuß keine Pause gehört hatten; und das zweite griff auf die Aussage von Dr. Yudwitz zurück, der eine Erklärung dafür gegeben hatte, warum Goetz seine Waffe leergeschossen haben konnte, ohne eine Pause zu machen.[5] Diese beiden Thesen zusammen stellten die Gegen-Hypothese der Verteidigung dar. Wenn die Jury das Gewicht der von dem Geständnis hervorgerufenen Anomalien spüren würde, dann würden die Geschworenen angesichts der Widersprüche rebellieren und Slotnicks alternative Version der Ereignisse akzeptieren. Um seinen Fall abzusichern, versuchte Slotnick außerdem, seine Hintergrundwahrheit zu bestätigen, wonach die vier Jugendlichen die »Bande der vier«, »Wegelagerer« der Gesellschaft waren, »die bekamen, was das Recht erlaubt«.

Als Waples mit seiner Erwiderung begann, stand ihm ein mühsamer Kampf bevor, das Geständnis als die beste Erklärung für die Ereignisse zu rechtfertigen. Ohne Goetz' selbstbelastende Beschreibung seiner Tat und insbesondere des Schusses auf Cabey konnte die Anklage wenig ausrichten. Ganz anders als bei seinem Eröffnungsplädoyer, wo er »zitterte wie ein Blatt im Wind«[6], trat Waples selbstbewußt vor die Box der Geschworenen und begann sein vorbereitetes Plädoyer mit ausdrucksstarker Rhetorik, die Slotnicks Behauptung entgegentreten sollte, daß die vier »Wegelagerer« bekommen hatten, was sie verdienten:[7]

> Fast ein Jahrhundert ist es her, daß das höchste Gericht in New York schrieb: »Der schlechteste Mann hat dasselbe Recht zum Leben wie der beste, und niemand soll einen anderen angreifen, weil sein allgemeines Ansehen schlecht ist. Das Recht schützt jedermann ohne Ansehen seines Charakters vor unrechtmäßiger Gewalt.« Ich gebe zu, daß dieser Fall eine monumentale Herausforderung an dieses wertvollste Dogma einer freien und demokratischen Gesellschaft darstellt.

Waples fuhr fort, Slotnick sei nicht dem Prinzip gleicher Gerechtigkeit für alle verpflichtet. Die Verteidigung versuche durchzusetzen, daß einige »Personen über den Sanktionen des Rechts stehen – und, schlimmer, daß einige Leute außerhalb des Schutzes durch das Recht stehen«.[8] Das war im gesamten Verfahren der deutlichste Hinweis auf die unausgesprochene rassische Dimension des Falles.

Waples wandte sich dann sofort seinem Hauptproblem zu: dem fünften Schuß, der Darrell Cabey zum Krüppel gemacht hatte, und insbesondere dem Geständnis als zentralem Aufhänger für seine Theorie des Falls. Er versuchte die generelle Verläßlichkeit des Geständnisses damit zu belegen, daß er Punkt für Punkt die Fakten von Goetz' Beschreibung der Konfrontation in der U-Bahn durchging und demonstrierte, daß jede dieser 17 aufgelisteten Komponenten durch das Zeugnis von anderen, die dabei waren, bestätigt wurde. Diese 17 Punkte behandelten Details, von der Frage, ob Goetz aufgestanden war, bevor er mit dem Schießen begonnen hatte, bis zu der Art und Weise, wie er sich von der Szene der Schießerei entfernt hatte.[9] Bei dieser Vorführung ging es um die Demonstration, daß es keinen Grund gab, wenn das Geständnis in so vielen Punkten verläßlich war, an seiner Gültigkeit in der entscheidenden Frage zu zweifeln, ob Goetz an Cabey herangetreten war und gesagt hatte: »Dir scheint's ja ganz gut zu gehen; hier ist noch einer.«

Obwohl dieser Versuch, das Geständnis abzustützen, voller analytischer Finesse war, gab es in Waples' Argumentation ein bedeutsames Zugeständnis, das seine Bemühungen unterminiert haben dürfte. Bei dem Versuch, Slotnicks Behauptung für den Fall entgegenzutreten, daß die Jury dem Bericht der Zeugen glauben würde, daß es keine Pause und damit auch keine Zeit für diese Interaktion gegeben hatte, räumte Waples ein:[10]

> Alles spricht dafür, daß der Angeklagte diese Worte nur zu sich selbst gesprochen und wahrscheinlich nicht einmal mit den Lippen geformt hat, sondern nur in seinen Gedanken vor sich hingesagt hat, als er das fünfte Mal den Abzug durchgezogen hat.

Waples mag gedacht haben, daß es seine Glaubwürdigkeit stärken würde, wenn er auch einen schwachen Punkt auf seiner Seite einräumte. Aber indem er insoweit von dem Geständnis zurücktrat, ermunterte er die Jury zu der Überlegung, daß das Geständnis vielleicht nicht so verläßlich war, wie er es in den anderen Teilen seiner Zusammenfassung behauptet hatte.[11]

Um einen Paradigmenwechsel hin zur Doppelthese von der »raschen Aufeinanderfolge« und dem »Auto-Pilot« zu verhindern, mußte Waples der abträglichen Aussage von Dr. Dimaio entgegentreten. Wenn die Jury Dimaios Behauptung Glauben schenken würde, es sei physikalisch unmöglich, daß ein stehender Goetz auf einen sitzenden Cabey geschossen hatte, dann wäre das Geständnis über den Haufen geworfen. Bei dem Versuch, Dr. Dimaios Aussage auf den Kopf zu stellen, konstruierte Waples eine ganze Theorie um die unbestreitbare Tatsache herum, daß Cabeys Jacke zwei Schußlöcher hatte.

Am zweiten Tag der Verhandlung sagte der ballistische Sachverständige der Anklage, Detective Charles Haase, aus, daß es auf der einen Seite der Jacke zwei Eintrittslöcher und auf der anderen Seite zwei Austrittslöcher gab.[12] Eines der Löcher hatte um den Rand herum Blut. Haase machte diese Aussage am zweiten Tag der Verhandlung, und keiner bemühte sich danach darum, die offen zutage getretene Anomalie zu erklären. Cabey hatte nur eine Schußwunde! Da waren zwei Löcher in der Jacke, aber nur ein Loch im Körper.

Waples nahm sich diese Tatsache vor und machte daraus ein Problem, das auf den Rest der Verhandlung und die Beratungen der Jury seinen Schatten warf. Er führte die neuartige Theorie ein, daß der vierte Schuß die Jacke durchbohrt hatte, ohne Cabey zu treffen, und daß ihn der fünfte Schuß traf, als er saß – exakt so, wie die Anklage die ganze Zeit argumentiert hatte. Mit schnellen Bewegungen, wie ein unerfahrener Schauspieler, der Angst hat, ob er seine Sätze schafft, begann er seine Behauptung zu demonstrieren, daß beide Kugeln die Jacke durchbohrt hatten. Er nahm einen Stuhl, stellte ihn vor die Box der Geschworenen, griff nach Cabeys Jacke und zog sie plötzlich über, obwohl es sich doch um einen besudelten Gegenstand handelte, mit dem jeder äußerst behutsam umgegangen war. Er stand so da, wie Cabey vermutlich dastand, als die vierte Kugel sein Jackett durchbohrte, dann setzte er sich hin in der hilflosen Haltung, die Cabey eingenommen hatte, als die fünfte Kugel von links vermutlich in seinen Rücken eindrang und sein Rückenmark durchtrennte.

Aber Waples beließ es nicht bei der simplen Behauptung, daß zwei Löcher zwei Kugeln erfordern. Er entwickelte eine Begründung für einen Angriff auf Dimaios Position, daß Cabey nicht getroffen worden sein konnte, als er saß. Waples ging von der folgenden Grundannahme aus: Wenn die Kugel, die die Kabinenwand getroffen hatte, ebenso durch das Jackett hindurchgegangen war, dann mußte diese Kugel abgefeuert worden sein, als Cabey noch stand. Der Winkel, mit dem die Kugel auf die Wand geschlagen war, schloß aus, daß sie nach unten auf den sitzenden Cabey abgefeuert worden war.[13] Ausgehend von dieser bedenkenswerten, aber keineswegs unwiderstehlichen Prämisse machte Waples einen gigantischen logischen Sprung: »Und der Schuß, von dem Dominick Dimaio, dieser Sachverständige, sagte, er könne nicht abgegeben worden sein, während Darrell Cabey saß, der wurde abgeschossen, als Darrell Cabey saß.«[14] Diese Demonstration sollte nicht nur das wissenschaftliche Argument von Dimaio widerlegen, sondern auch zeigen, daß das Geständnis richtig sein mußte: Cabey wurde getroffen, als er saß.[15]

Slotnick hörte sich die Begründung an, ohne zu protestieren. Aber sobald das Plädoyer vorbei war, benahm er sich, als habe Waples eine für die Anklage unverzeihliche Sünde begangen. Kein einziges Mal im Verlauf des Verfahrens hat Slotnick so vor Wut und Empörung gekocht wie angesichts von Waples' Demonstration. Er hatte schon sein Plädoyer gehalten und würde keine weitere Chance erhalten, sich an die Jury zu wenden. Er forderte, daß das gesamte Verfahren für ungültig erklärt werde und – falls das Gericht das nicht tun würde – daß er wenigstens die Gelegenheit bekäme, einen Sachverständigen in den Zeugenstand zu rufen, um die These von den zwei Kugeln zu entkräften und – falls das Gericht ihm auch hierin nicht folgen würde – daß er wenigstens eine Chance bekäme, sich in dieser Frage an die Jury zu wenden.

Der Kampf um die These von den zwei Kugeln tobte während der gesamten restlichen Tage des Verfahrens – als ob Goetz' Schuld oder Unschuld auf Messers Schneide stünde. Es war nicht ersichtlich, ob Slotnick ernsthaft entrüstet war, oder ob es ihm einfach nur darum ging, mittels dieses Themas noch einmal das Recht zu bekommen, sich an die Jury zu wenden. Am Anfang schienen weder die Verteidigung noch Richter Crane die Begründung von Waples zu verstehen. Mit Hilfe seines Ermittlers Frank King trug Slotnick vor, Waples habe unzuverlässigerweise bei seinem Plädoyer neue Beweise eingeführt – Waples bestand darauf, seine Theorie sei eine zulässige Bezugnahme auf die Beweise – und daß Waples der Jury etwas geschildert habe, was physikalisch unmöglich sei. Nach der Auffassung der Verteidigung, die der Jury nie vorgetragen wurde, hatte eine Kugel zu beiden Löchern geführt. Aber wenn irgendeine Theorie unmöglich ist, dann diese, denn es ist ausgeschlossen, daß eine einzige Kugel zu zwei und nur zwei Löchern in einer Jacke führt; das ist nur möglich, wenn die Jacke gefaltet ist und die Kugel erst von der Innenseite und dann ein zweites Mal von der Außenseite die Jacke durchbohrt. Detective Haase hatte aber ausgesagt, daß die beiden Löcher außen an der Jacke Löcher waren, bei denen die Kugel in die Jacke eingedrungen war, und daher war es unmöglich, die Hypothese von der einen Kugel mit den Beweisen in Einklang zu bringen, die im Verfahren als gültig anerkannt worden waren und an die sich die Theorien zu halten hatten, die der Jury von den Anwälten präsentiert werden durften.[16]

Die Demonstration hatte eine ungeheure dramatische Wirkung. Nicht so sehr die Lösung des logischen Puzzles, ob es eine oder zwei Kugeln waren, stand im Vordergrund, sondern Waples' Darstellung – daß er die Jacke anzog, daß er, wenn auch nur für einen Augenblick, in den Augen der Jury zu Darrell Cabey wurde. Die Jacke war zerlumpt und dreckig; auf ihr waren die Blutspuren eines Mannes, der für den Rest seines Lebens gelähmt war. Daß Waples die Jacke anzog, ließ Cabey, den man in der Verhandlung nie gesehen hatte, um vieles wirklicher werden. Daß Waples sich so in den Stuhl setzte, verärgerte Slotnick nicht wegen der logischen Taschenspielerei, sondern weil die Jury vielleicht zum ersten Mal sehen konnte: Das war einer von uns, der die Jacke anhatte und von einer Kugel getroffen wurde, als er saß.

Während Slotnicks fortdauernder Proteste gegen Waples' Aktion gab er einmal zu:[17]

> Ich könnte mir sicherlich eine Million Dinge vorstellen, die ich im Schlußplädoyer hätte sagen können und die einen dramatischen Eindruck gemacht hätten ... Ich glaube, die eindrucksvollste Sache, die Waples gemacht hat, war, daß er die Jacke angezogen hat, sich hingesetzt und über zwei Kugeln geredet hat.

Welches auch immer die Gründe für Slotnicks offensichtliche Entrüstung waren, er kam immer wieder auf diese Angelegenheit zurück. Richter Crane lehnte seine Anträge ab, das Verfahren neu zu eröffnen und sich in der Frage, ob es einen oder zwei Schüsse gegeben hatte, an die Jury wenden zu können. Aber seine Vehemenz hinterließ ihre Spuren. Auch Richter Crane war von der Argumentation verwirrt. Crane ging offenbar davon aus, Waples habe behauptet, daß beide Kugeln die Jacke durchbohrt hatten, während Cabey saß, und er hielt diese Behauptung für unvereinbar mit den physikalischen Beweisen über den Winkel, aus dem die Kugel auf die Wand des Wagens aufgeprallt war. Crane dachte, die Demonstration könnte die Jury zu der Annahme verleiten, daß es sechs Kugeln gab – eine zusätzliche, die für das zweite Loch verantwortlich war. Er teilte der Jury diese Bedenken schon sehr bald bei seiner Belehrung mit, auf welcher rechtlichen Grundlage sie ihre Entscheidung zu treffen hatte:[18]

Ich mache Ihnen keine Vorschriften, welche Beweise nicht zutreffen, und dieses Beispiel ist auch keinerlei Zustimmung zu irgendeiner Begründung oder Ablehnung von irgendeinem Argument im Plädoyer des jeweiligen Anwalts... Aber Sie haben zum Beispiel von Detective Haase gehört, daß in Darrell Cabeys Jacke zwei Löcher waren. Die Anklage *postuliert* in ihrem Plädoyer, daß das eine Loch unter dem Arm von der ersten Kugel stammt und daß Cabey währenddessen stand, und daß das zweite Loch auf einer Linie mit der Kugel liegt, die seinen Körper traf. Sie haben die Aussagen gehört, daß die Kugel, die nicht in seinen Körper eindrang, mehr oder weniger flach auf die Wand der Schaffnerkabine auftraf. Sie sollen nicht darüber spekulieren, ob dafür noch eine weitere Kugel verantwortlich war...

Der Gebrauch des Wortes »postulieren« anstelle von »folgern« oder »den Schluß ziehen« ist ein Zeichen dafür, daß Crane der Beschwerde der Verteidigung, Waples' Begründung gehe weiter als die vorliegenden Beweise, zustimmte. Daß er auf die Möglichkeit hinwies, die Begründung könne eine weitere Kugel erforderlich machen, mußte gegenüber der Jury den Eindruck verstärken, daß an dem Vorgehen der Anklage irgend etwas suspekt war. Aber selbst mit diesem Zugeständnis war Slotnick nicht zufrieden. Als sich die Jury zurückzog, um mit ihren Beratungen zu beginnen, setzte die Verteidigung ihre Offensive fort, um in letzter Minute noch einige Vorteile aus Waples' mutmaßlicher Sünde, aus den Beweisen ein neuartiges Argument gemacht zu haben, zu ziehen.[19] Waples hatte sich große Mühe gegeben, um das Geständnis als die herrschende Hypothese des Falles zu retten und abzusichern, aber die Überraschung und der dramatische Eindruck seiner Demonstration führten zu einer Gegenreaktion der Verteidigung und des Gerichts. Er löste eine Debatte aus, die ein Eigenleben annahm.

Das Ergebnis war eine Instruktion gegenüber der Jury, die auf subtile Weise seine Glaubwürdigkeit als Advokat untergrub.

Ein Paradigmenwechsel kommt weder in der Wissenschaft noch im Recht allein aus rationalen Erwägungen zustande. Wenn die Wissenschaftler sich allein auf die Daten und die Konstruktion einer begründeten Hypothese stützen würden, könnten die Wissenschaftler immer noch das ptolemäische System benutzen, um die Bewegungen der Planeten zu erklären. Das kopernikanische System ist einfacher und eleganter, und aus diesem Grund hat es in der Geschichte der Wissenschaft triumphiert. Aber weder diese noch andere wissenschaftliche Revolutionen werden einfach nur durch die »Wahrheit« der widerstreitenden Hypothesen angeheizt. Immer sind es auch persönliche und psychologische Faktoren, die eine jüngere Generation von Wissenschaftlern dazu verleiten, sich einer neuen Hypothese zuzuwenden, die einfachere Erklärungen für die Anomalien findet, die das alte System hervorgebracht hat.

Auf vergleichbare Weise würde ein Wechsel vom Geständnis als der herrschenden Erklärung für die Schüsse auf Cabey zur Theorie der Verteidigung – »rasche Aufeinanderfolge« und »Autopilot« – kaum allein aus rationalen Erwägungen zustande kommen. Selbstverständlich ist es die Rolle der Vernunft, die Unstimmigkeiten aufzuzeigen. Aber das Problem ist immer: Wie viele Unstimmigkeiten können wir tolerieren, bevor wir eine neue Hypothese akzeptieren? Das Maß unserer Toleranz unterliegt unausweichlich persönlichen Einflüssen.

In einem Strafverfahren, in dem sich die Geschworenen ununterbrochen darauf konzentrieren, was die miteinander streitenden Anwälte tun und sagen, kann ein kleinerer Ausrutscher, eine persönliche Verärgerung bewirken, daß die Geschworenen für eine entgegengesetzte Hypothese zu den Beweisen aufnahmebereiter werden. Waples unterlief ein solcher Ausrutscher. Es läßt sich nicht feststellen, ob dieser Ausrutscher tatsächlich einige dazu gebracht hat, sich der Theorie der Verteidigung zu den Beweisen anzuschließen. Aber zu einer Verärgerung kam es.

Waples gab zu verstehen, daß Goetz das Problem vielleicht selbst verursacht habe. An einer Stelle in seinem Schlußplädoyer sagte er:[20]

Man muß sich wirklich wundern, warum sich der Angeklagte freiwillig in einen Bereich des Wagens hingesetzt hat, der sich nicht nur inmitten dieser

Gruppe lärmender Teens befindet, sondern... auch an einen Ort, wo er zumindest psychologisch von allen anderen Passagieren in der Bahn isoliert ist.

Damit wurde angedeutet, daß Goetz den U-Bahn-Wagen den »lärmenden Teens« hätte überlassen sollen. Aber für die meisten der New Yorker, die dem Fall mit Interesse folgten, ging es gerade um das Recht der anständigen Bürger, sich gegenüber den terrorisierenden Auswirkungen der Subkultur des Mugging zu behaupten. Waples machte den Fehler noch schlimmer:[21]

Wenn dieser Angeklagte einfach deswegen, weil er in der Vergangenheit von einer Gruppe junger Teens ausgeraubt worden ist, nun so sehr um seine eigene Sicherheit fürchtet, daß er jede unangenehme Begegnung als eine so verhängnisvolle Bedrohung empfindet, daß sie mit dem Feuer von Schußwaffen und mit möglichem Tod beantwortet werden muß, dann schlage ich vor, daß die Lösung für den Angeklagten nicht darin besteht, seine Waffe schon beim geringsten Hinweis darauf, daß sich eine Gefahr nähert, herauszuziehen. Ich schlage als Lösung für den Angeklagten vor, daß er seine Taschen packt und irgendwo anders hingeht, wo seine fragilen Empfindungen nicht so leicht in Mitleidenschaft gezogen werden.

Selbstverständlich traf Waples einen Punkt, aber es war die richtige psychologische Einsicht zur falschen Zeit. Der Richter hatte die Geschworenen strikt angewiesen, den Fall nicht zu diskutieren, bevor sie mit den formellen Beratungen begannen, aber einer der Geschworenen, Michael Axelrod, reagierte, als Waples einen Teil der Schuld für die Konfrontation auf Goetz schob, mit dem Gemurmel: »Dieser Kerl beleidigt meine Intelligenz.« Carolyn Perlmuth, die Waples' Schlußplädoyer beeindruckend fand, hielt die Bemerkung von Waples nicht für »unangemessen«, aber ein anderer Geschworener, Mark Leslie, dachte, daß der Wink, man habe hart zu sein, um in New York leben zu können, »jeden befremdet«.[22]

Waples hatte sich auf tückisches Gebiet gewagt. Er hatte die Grenze zwischen psychologischer Analyse und der Diskussion über persönliche Rechte überschritten. Die Jury war vermutlich mehr mit der Frage beschäftigt, ob Goetz das Recht hatte, sich selbst zu verteidigen, als mit seiner Neigung, sich vermeidbaren Problemen auszusetzen. Aber nur die Beratungen würden erweisen, ob dieser Ausrutscher seinen Tribut forderte, indem er die Jury dazu bewegte, das Geständnis zurückzuweisen und das Paradigma der Verteidigung davon zu akzeptieren, was sich bei den Schüssen auf Darrell Cabey ereignet hatte.

Nach den zweitägigen Schlußplädoyers und der fast einen ganzen Tag beanspruchenden Erläuterung der Elemente der Strafbarkeit und der Notwehr durch Richter Crane zog sich die Jury schließlich am Freitag, dem 12. Juni, in ihren fensterlosen Raum hinter dem Gerichtssaal zurück. Sie kannten den Ort gut – die zusammengewürfelten Stühle, von denen nicht einer dem anderen glich, der den Raum beherrschende Seminartisch, dessen lackierte Holzkanten absplitterten, die zwei winzigen Toiletten am anderen Ende des Raumes. Sie hatten hier schon jeden Tag einige Stunden verbracht, wenn die Anwälte und Richter Crane um die Form der Beweise kämpften, die sie hören durften.

Während der sechs Wochen rigoroser Disziplin durften sie keine Zeitungen lesen oder die Berichterstattung der Medien über den Fall verfolgen. Sie durften weder miteinander noch mit Freunden oder der Familie über die Sache sprechen, die sie am meisten beschäftigte – der Flut von Beweisen und versteckten Anspielungen, der sie den ganzen Tag über ausgesetzt waren. Nach Auskunft der beiden Geschworenen, die ausführlich befragt wurden[23], hielt sich die Gruppe im großen und ganzen an diese Vorschriften. Während des Verfahrens beschäftigten sie sich im Juryraum, indem sie Karten spielten und mit Papierbällen wie beim Basketball in einen Ring warfen, der an der Stirnseite des Raumes montiert war. Als sie nun den Raum am 12. Juni betraten, wurden die Vorschriften gelockert. Zeitungen waren weiterhin verboten, aber sie konnten frei miteinander reden. Sie konnten sich endlich ihre Gefühle und ihre Gedanken mitteilen, ob Goetz ein Verbrechen begangen oder in Notwehr gehandelt hatte.

Wie sollten sie anfangen? Die einzige Regel, über die sie verfügten, lautete, daß ihr Urteil, schuldig oder nicht schuldig, einstimmig zu sein hatte. Ihnen wurde ein Formular mit den Anklagepunkten ausgehändigt, das eine Verurteilung oder einen Freispruch wegen der ursprünglichen 13 Anklagepunkte[24] sowie wegen fünf geringerer Anklagepunkte verlangte, die ins Spiel kommen würden, wenn sie Goetz wegen der schwerwiegendsten Verbrechen freisprechen würden.[25] Sie hatten keines der Beweisstücke, die im Verlauf der Verhandlung benutzt wurden, und sie besaßen auch keine Kopie von Richter Cranes weitschweifiger Belehrung über die rechtlichen

Grundlagen ihrer Entscheidung. Sie mußten sich auf ihre Erinnerungen verlassen, aber sie wußten, daß sie sich bestimmte Beweisstücke in den Juryraum bringen lassen oder daß sie in den Gerichtssaal zurückkehren und sich einzelne Passagen der Mitschrift vorlesen lassen konnten, wenn sie ihre Erinnerung im Stich lassen würde oder wenn sie über die Beweise keine Einigkeit erzielen konnten.

Der erste Geschworene, dessen Name gezogen wurde, war James Hurley, ein 29 Jahre alter weißer Finanzanalytiker, und er wurde ihr Obmann. Er würde für die Jury sprechen, wenn sie in den Gerichtssaal zurückkehrten, um Informationen zu verlangen oder ihre Entscheidung zu verkünden. Es war von Beginn an klar, daß den Geschworenen sehr viel an einem geordneten Verfahren ihrer Beratungen gelegen war. Sie einigten sich darauf, daß sie die Hand heben und auf Aufforderung sprechen würden. Und sie nahmen sofort ein Problem in Angriff, das sie leicht hätten aufschieben können. Sollten sie geheim oder offen abstimmen?

Dieses Thema stand zur Entscheidung an. Eine der Geschworenen, Catherine Brody, eine 59 Jahre alte Englischlehrerin an einem technischen College in New York, hatte sofort das Gefühl, sie könne einer Minderheit angehören, die zu einer Verurteilung tendierte. Wenn sie sozialem Druck ausgesetzt sein würde, konnte sie bei anonymer Abstimmung leichter zu ihrer Position stehen. Sie bedrängte ihre Mitgeschworenen, sich für eine geheime Abstimmung zu entscheiden, und die stimmten zu. Aber in diesem Moment war Carolyn Perlmuth, eine 31 Jahre alte Lektorin von der Upper West Side, in der Toilette am Ende des Juryraums. Als sie zu den Beratungen zurückkehrte, wurde sie von der Entscheidung informiert. »Was soll denn das, geheime Abstimmung?« protestierte sie. »So haben wir entschieden«, antwortete Brody. Auf Perlmuths Drängen hin wurde die Frage wieder aufgenommen, und sie trat vehement dafür ein, daß sie wissen sollten, wer von ihnen an seiner Meinung festhielt und warum er das tat. Dies sei die einzige Möglichkeit, behauptete sie, um sich mit den Einwänden der Minderheit auseinanderzusetzen. Einer der anderen Geschworenen berichtete von seinen Erfahrungen mit der geheimen Abstimmung bei der Beratung in einem anderen Verfahren; sie wußten nie, wer auf seiner Position bestand, bis die Mehrheit in ihrer Verzweiflung eine offene Abstimmung erzwang. Die Jury von Goetz entschied sich schließlich trotz einiger Einwände, ihre Voten offen bekanntzugeben.

Die Anklagepunkte, die der Jury übergeben wurden, waren nach folgendem Prinzip aufgeführt: Zuerst kamen die Punkte der ersten Anklage und dann die der zweiten Anklage, beide jeweils in der Reihenfolge abnehmender Schwere. Die schwerwiegendste Anklage, die die Grand Jury im Januar aufrechterhalten hatte, war der unerlaubte Besitz einer Waffe dritten Grades. Die Behauptung, daß Goetz wissentlich außerhalb seiner Wohnung oder seines Büros eine geladene Waffe besessen hatte, war kaum in Frage zu stellen. Daß er die Waffe in der U-Bahn abgefeuert hatte, stand fest. Die Verteidigung hatte weder behauptet, daß er eine Erlaubnis hatte, noch daß er die Waffe mit sich trug und sich wegen des erforderlichen Selbstschutzes im Notstand befand. Es gab keine faktische oder rechtliche Frage, auf die sich mit Goetz sympathisierende Geschworene hätten beziehen oder auch nur eine spekulative Argumentation für einen Freispruch entwickeln können. Die Jury brauchte ungefähr 15 Minuten, um in dem ersten Anklagepunkt zu einer Verurteilung zu kommen.

Eigentlich hätten die Anklagepunkte wegen unerlaubten Besitzes vierten Grades, die sich auf den Besitz der Schußwaffen aus Myra Friedmans Apartment am 30. Dezember 1984 bezogen, gleichermaßen unkompliziert sein müssen. Carolyn Perlmuth sagt, sie sei am Anfang überzeugt gewesen, daß die Anklage in diesem Punkt »sonnenklar« war; dementsprechend entschied sie sich bei den ersten beiden Abstimmungen für ein »schuldig«. Myra Friedman hatte ausgesagt, daß Goetz am 30. Dezember mit den Waffen in einer Hutschachtel aus Pappe in ihr Apartment gekommen war und daß sie die Schachtel aufbewahrt hatte, bis sie sie drei Tage später in das Büro ihres Anwalts brachte und Detective Clark die Schachtel öffnete und die beiden Waffen fand. Die beiden Waffenhändler hatten ausgesagt, daß Goetz exakt diese beiden Schußwaffen, die an ihren Seriennummern identifiziert worden waren, bei ihnen gekauft hatte – ein spezieller 38er Revolver, ein Smith & Wesson-Modell von 1960 (ähnlich der Waffe, die bei den Schüssen benutzt wurde), den er 1970 bei einem Händler aus Connecticut gekauft hatte, und eine 9-mm-Halbautomatik, die er 1984 ein paar Monate vor den Schüssen in Florida gekauft hatte. Somit hatte die Jury eine vollständige Darstellung, wie Goetz die Waffen erworben hatte und wie sie in die Hände der Polizei gelangt waren. Es schien in der Tat ein »sonnenklarer« Fall zu sein.

Aber im Unterschied zu dem ersten Anklagepunkt, in dem das Recht auf die Tatsachen paßte wie ein Handschuh auf eine fette Faust, eröffnete das Recht bei diesem Anklagepunkt die Möglichkeit für Spekulationen. Wenn die Jury Myra Friedmans Aussage, daß Goetz ihr die Waffen gegeben habe, keinen Glauben schenkte, dann konnte der für die Anklage so klare Fall verschwinden. Richter Crane selbst hatte der Jury ein Rechtsrätsel aufgegeben, das leicht Zweifel an Friedmans Aussage wecken konnte. Wenn die Geschworenen zu dem Ergebnis kommen sollten, daß Myra – so wurde sie von jedem genannt – eine Tatbeteiligte war, dann sollten sie ihre Aussage nicht akzeptieren, wenn sie nicht durch unabhängige Beweise bestätigt würde, »die darauf hindeuten würden, daß der Angeklagte mit der Begehung des Verbrechens etwas zu tun hatte«.[26] Ein Tatbeteiligter ist jemand, der an der Begehung eines Verbrechens beteiligt ist, und seine Aussage gilt allein deswegen als fragwürdig, weil er versuchen kann, die Verantwortlichkeit auf die andere Partei zu schieben.

Um die Bereitschaft der Jury zu wecken, Myra nicht zu glauben, bedurfte es nur eines minimalen Anstoßes. Schon früh in den Beratungen erklärte Robert Leach, ein schwarzer Busfahrer aus Harlem in den Mittfünfzigern, er glaube Myra nicht. Wie konnte er ihr nicht glauben? Sie hatte die Waffen unbestreitbar ihrem Rechtsanwalt und der Polizei übergeben: Hatten die auch gelogen? Nein, als die Jury in der Darstellung der Anklage herumzustochern begann, ging es um das Problem, ob Goetz ihr die Waffen an dem angegebenen Datum ausgehändigt hatte. Vielleicht hatte er sie ihr zu einem früheren Zeitpunkt verkauft. Carolyn Perlmuth berichtet, daß die Juroren an diesem Punkt

> die wildesten Szenarien als Grund für einen Zweifel entwarfen. Einige Leute bezweifelten Detective Clarks Aussage, daß sie die Schachtel mit den Waffen im Büro des Anwalts geöffnet hatten. Einige gingen davon aus, daß Clark bei allem, was er gesagt hatte, gelogen habe. Das... konnte ich überhaupt nicht verstehen...

Die Mehrheit war immer noch für eine Verurteilung, aber die Zweifel wuchsen. Noch am selben Tag ließ die Jury Richter Crane die Nachricht zukommen, in der sie um eine Klarstellung der rechtlichen Konzeption bat, die der Anklage wegen unerlaubten Besitzes vierten Grades zugrunde lag. Sie mußten mehr darüber wissen, was ein Tatbeteiligter und was eine Bestätigung der Beweise ist. Außerdem waren sie so verwirrt von der geheimnisvollen rechtlichen Ausdrucksweise, mit der der »mittelbare« Besitz definiert wird[27], der seinerseits dazu benutzt wird, um den Umfang des vom Gesetz verbotenen Besitzes zu definieren, daß sie das Problem kaum identifizieren konnten.[28]

Die Instruktion einer Jury ist eine Übung im Unterrichten. Aber dieser Unterricht ist auf Vorträge ohne Rückkoppelung und Fragen eingeschränkt. Der Richter als Lehrer kann nicht eine Erklärung ausprobieren und dann fragen: »Haben Sie das jetzt verstanden?« Wenn die Geschworenen als die Schüler etwas nicht verstehen, können sie nicht die Hand heben und Fragen stellen. Ihnen bleibt die Möglichkeit, eine Frage in einer Mitteilung zu formulieren, die an den Richter weitergeleitet wird; die Frage gibt dem Richter die Gelegenheit, seine ursprünglichen Instruktionen klarzustellen. Die Jury muß dann in ihren Beratungsraum zurückkehren, die Antwort abwägen und – wenn sie immer noch verwirrt ist – eine weitere Mitteilung schreiben. Die Formalisierung der Kommunikation soll während der Dauer der Beratungen die Ungestörtheit der Jury und ihre Abschottung von improvisierten Stellungnahmen des Richters, der Anwälte und von anderen sicherstellen.[29]

Richter Crane versuchte die Verwirrung der Jury abzubauen, indem er die vage, gesetzliche Definition vorlas, wonach ein Tatbeteiligter jemand ist, der an dem Verbrechen partizipiert, und dann die Definition des Wörterbuchs von »Partizipation« hinzufügte, wonach sich jemand an der Begehung eines Verbrechens »beteiligt«. Es schien eindeutig so zu sein, daß Myra sich an dem Besitz der Waffen beteiligt hätte; Richter Crane hatte der Jury aber nicht mitgeteilt, daß sie keine Tatbeteiligte war, wenn sie die Waffen nur kurzfristig und mit der Absicht besessen hatte, sie bei der ersten passenden Gelegenheit der Polizei zu übergeben. Die Klarstellung des Gerichts, was mit einer »Bestätigung« der Beweise gemeint war, war hilfreicher, denn Richter Crane teilte der Jury mit, was auf dem Spiel stand:[30]

> Solche anderen [bestätigenden] unabhängigen Beweise müssen die Jury insoweit überzeugen, als sie dazu tendieren, den Angeklagten mit der Begehung eines Verbrechens in einer Weise in Verbindung zu bringen, daß sie die Jury vernünftigerweise davon überzeugen, daß der Tatbeteiligte die Wahrheit erzählt.

Er ergänzte seine Instruktion mit der Andeutung, daß entweder die Aussage der zwei Waffenhändler oder die Einziehung der zwei Waffen durch die Polizei ausreichen könnten, um Myras Aussage zu bestätigen. Aber der Zweifel war schon gesät und keimte in den Beratungen der Jury. Es zeigte sich schnell, daß Mark Leslie, eines der jüngeren Mitglieder der Jury, in den Diskussionen großes Gewicht hatte. Er konzentrierte sich auf Myras Motive:

Nun zu Myra, sie ist eine Schriftstellerin. Wir wissen aus Goetz' Stellungnahme [gemeint ist: Geständnis], daß Goetz zum Selbstkostenpreis Waffen an seine Freunde verkauft hat. Nehmen wir einmal hypothetisch an, daß die Myra diese Waffen vor zwei Jahren von ihm gekauft hat. Dann findet sie heraus, daß er der U-Bahn-Vigilant ist. Ihr wißt, wenn ich aus dieser Sache eine Geschichte mache[31], kann ich einen Artikel auf der ersten Seite im *New York Magazine* bekommen und damit einige tausend Dollar machen. Ich sage nicht, daß das passiert ist. Aber es ist ein nachvollziehbares Motiv für ihre Lügen.

Das ist kein absurdes Szenarium. Myra Friedman hatte tatsächlich ihr Telefongespräch mit Goetz, das stattfand, kurz bevor er sich selbst gestellt hatte, auf Band aufgenommen und, wie den Geschworenen mitgeteilt wurde, dieses Gespräch als Grundlage für einen Artikel im *New York Magazine* benutzt.[32] Es ist aber dennoch nicht einleuchtend, auf welche Weise es – wenn die Waffen ihr gehört haben sollten – der Verkäuflichkeit ihrer Geschichte genützt haben würde, die Waffen der Polizei auszuhändigen und zu sagen, ihr Freund Bernie habe sie ihr gegeben. Und warum sollte man eher spekulativen Theorien über Myras Motive glauben als ihrer unwidersprochenen Aussage? Aber auf der anderen Seite – wenn Goetz sich die Mühe gab, seine Kleider zu verbrennen und einen 38er Smith & Wesson-Revolver in den Wäldern von Vermont auseinanderzunehmen und wegzuwerfen (denjenigen, den er bei den Schüssen benutzt hatte), warum sollte er den anderen seiner Nachbarin in einer Hutschachtel übergeben?

Inmitten dieser Kontroverse, ob Myra gelogen hatte, wandte sich die Jury wiederum an das Gericht mit der Bitte, ihre Aussage zu verlesen und alles hören zu können, was Goetz darüber gesagt haben mochte, daß er ihr die Waffen am 30. Dezember gab. Wenn Goetz zu diesem Punkt etwas gesagt hätte, dann hätte das für die Jury wahrscheinlich die Angelegenheit erledigt. Aber das hatte er nicht. Und damit ruhte auf Myra – die Frau, die schon ihre Freundschaft mit Goetz ausgebeutet hatte – das Gewicht der Anklage. Am Samstagmittag, dem zweiten Tag der Beratungen der Jury, kam eine dritte Mitteilung aus dem Juryraum, in der wiederum gefordert wurde, alle Hinweise auf Myra in den vier Stunden des auf Band aufgenommenen Geständnisses vorzuführen. Es gab keine. Die Zweifel wuchsen. Am Ende konnte Myra das Gewicht des phantasievollen Brainstorming über die Frage, warum eine Zeugin, der niemand widersprochen hatte, lügen mochte, nicht mehr halten. Die 12 Geschworenen wurden schließlich zu Skeptikern und votierten zur Überraschung der Beobachter des Verfahrens einstimmig, daß Goetz nicht wegen unerlaubten Besitzes vierten Grades schuldig war.

Obwohl es hier nur um eine Anklage wegen eines Vergehens ging (was die Jury nicht wußte), muß die Methode, mit der sie ihre Beratung durchgeführt hatte, der Jury das Gefühl gegeben haben, daß sie sich auf ihre Fähigkeit verlassen konnte, die Sachen gemeinsam zu durchdenken und – wenn sie das wollte – die Aussage eines Zeugen, dem sie nicht glaubte, zurückzuweisen. Die Beratungen über die nächste Reihe von Anklagepunkten, dem versuchten Mord an jedem der vier Jugendlichen, bestärkten sie in ihrer Fähigkeit, ein Problem gemeinsam zu durchdenken. Jeder ging davon aus, daß das Problem sowohl bei den Anklagepunkten wegen versuchten Mordes wie auch denen wegen Körperverletzung die Notwehr sein würde. Bevor sie sich aber mit den Fragen der Notwehr bei der Anklage wegen versuchten Mordes beschäftigen konnten, mußten die Geschworenen davon überzeugt sein, daß die Schüsse von Goetz die grundlegenden Merkmale der Straftat erfüllten, wozu auch der Vorsatz zählte, mit den Schüssen den Tod jedes der Opfer zu verursachen.

Die Verteidigung hatte die Frage, ob Goetz den Vorsatz gehabt hatte, Canty, Allen, Ramseur und Cabey zu töten, nur indirekt angesprochen. Mark Baker hatte gegenüber dem Gericht (nicht gegenüber der Jury) folgendermaßen argumentiert: Wenn Waples die geistige Instabilität von Goetz hervorhob, dann behaupte er zugleich, er sei zum Zeitpunkt der Tat geisteskrank gewesen, und Waples könne nicht gleichzeitig vortragen, Goetz sei geisteskrank gewesen und er habe die Absicht gehabt, die vier Jugendlichen zu töten. Baker berief sich auf eine umfassendere Konzeption des Vorsatzes, die eine verantwortliche Entscheidung zum Handeln beinhaltete. Weil ein geisteskranker Täter für seine Entscheidungen nicht verantwortlich ist, kann er nach dieser komplexen Version vom strafrechtlichen Vorsatz keinen Vorsatz hegen. Zwar gibt es einige Entscheidungen und Belege, die Bakers Sichtweise unterstützen, aber die Juristen haben generell einen engen Begriff vom Vorsatz, der von der Verantwortlichkeit getrennt wird. Dementsprechend gab Richter Crane die Definition, daß Vorsatz nicht mehr bedeutet als »die Absicht oder das bewußte Ziel zu haben«, einen bestimmten Erfolg herbeizuführen. Selbst wenn die Unzurechnungsfähigkeit in diesem Verfahren zur Debatte gestanden hätte, hätte man von der Jury zuerst die Entscheidung erwartet, daß Goetz in diesem begrenzten Sinn den Vorsatz hatte, zu töten und daß sie erst dann seine Verantwortlichkeit oder Zurechnungsfähigkeit zur Zeit der Tat feststellen würde.

Abgesehen von diesem indirekten rechtlichen Einwand hatte die Verteidigung niemals ernsthaft in Frage gestellt, daß Goetz den Vorsatz gehabt hatte, den Tod der vier Jugendlichen zu verursachen, als er die Schüsse auf sie abfeuerte. Die Jury hatte nie das Argument vernommen, daß Goetz vielleicht nicht »die Absicht oder das bewußte Ziel« gehabt habe, zu töten. Die Verteidigung schien in der Tat bereit zu sein, Goetz' Geständnis in diesem Punkt gelten zu lassen. Sie unternahm keinerlei Anstrengung, sein wiederholtes Eingeständnis zu interpretieren, es sei seine Absicht gewesen, »alles zu tun, was er konnte, um ihnen weh zu tun ... sie zu ermorden, ihnen weh zu tun, sie soviel wie irgend möglich leiden zu lassen«. Goetz hatte keine Zweifel daran gelassen, daß er in seinem Herzen ein Mörder war. Die Verteidigung schien bereit zu sein, die Frage des Vorsatzes abzuhaken und ausschließlich auf die Rechtfertigung wegen Notwehr zu setzen.

Die objektiven Tatsachen und Goetz' eigene Erklärungen ergaben eindeutig, daß er das Ziel hatte, seine vermeintlichen Angreifer zu töten – und sei es nur, um den Angriff abzuwehren. Betrachtet man dieses Problem aus der Perspektive von Juristen, dann müßte man, wenn man seinen Tötungsvorsatz ablehnt, die Hypothese aufstellen, Goetz habe nur den Vorsatz gehabt, die Jugendlichen zu verletzen. Das wäre möglich gewesen, wenn er auf ihre Beine geschossen hätte, aber er hatte absichtlich und systematisch direkt auf ihre Körpermitte geschossen. Sie wurden alle in die Brust oder in den Rücken getroffen. Abgesehen von der Behauptung Bakers, daß die Geisteskranken nicht den Vorsatz haben, ihre Taten zu begehen, schien die Vorsatzfrage unstrittig.

Aber die Geschworenen dachten ganz anders über den Vorsatz zum Töten. Offenbar war es D. Wirth Jackson, ein 74 Jahre alter ehemaliger Ingenieur, der die Frage aufwarf: »Wo haben sie den Vorsatz zum Mord bewiesen?«[33] Die Geschworenen begannen auf eine Art und Weise, die die Anwälte nicht im entferntesten für möglich gehalten hatten, ernsthaft darüber nachzudenken, daß Goetz vielleicht nicht den erforderlichen Vorsatz gehabt hatte. Mark Leslie berichtet, er habe zunächst gegenüber seinen Mitgeschworenen die Auffassung vertreten, daß »man immer versucht, jemanden zu töten, wenn man eine Schußwaffe, die mit keiner geringeren Munition als Hohlraumgeschossen geladen ist, auf jemanden richtet«. Er änderte aber seine Auffassung und kam zu der Überzeugung, daß es keinen Vorsatz zum Töten gab, solange nicht ein eindeutiges Motiv für einen Mord vorlag: »Wir brauchten ein Motiv für einen Mord. Das einzige Motiv, das Waples uns präsentiert hatte, war die Rachsucht. Aber das haben wir ihm nicht abgenommen.«

Indem die Jury die Fragen nach dem Motiv und nach dem Vorsatz miteinander vermischte, bewegte sie sich in die Richtung eines moralischen Begriffs vom Vorsatz. Die kalte sachliche Beurteilung, ob ein Täter einen bestimmten Erfolg bewirken wollte, reichte nun nicht mehr aus, um den Vorsatz zum Töten oder zum Mord festzustellen. Nach dem Laienverständnis der Jury muß der Vorsatz ein Impuls sein, der die Handlung moralisch verwerflich macht. Wenn das Motiv zum Töten nicht abscheulich ist, liegt kein Vorsatz vor, der einen moralischen Tadel verdient.

Carolyn Perlmuth stimmte dieser Gedankenfolge zu:

Es ist offensichtlich, daß man, wenn man auf jemanden schießt, das Risiko eingeht, ihn zu töten. [Goetz] war sich dieser Möglichkeit bewußt, aber ich glaube nicht, daß das für ihn die Sache war, die er wollte, als er auf sie schoß.

Mrs. Perlmuth interpretierte die Definition des Vorsatzes als »die Absicht oder das bewußte Ziel« nicht in dem Sinn, daß der Vorsatz einem schlichten Motiv zu dienen hatte, sondern so, daß das erwünschte Ende der Handlung der Tod und nur der Tod zu sein hatte. Daß Goetz seine Absicht zu töten zugegeben hatte, überzeugte sie nicht, denn sie hatte schon einmal selbst die Erfahrung gemacht, daß man nach einem Mugging in eine mörderische Wut geraten kann:

Ich hatte diesen Vorfall erlebt, als meine Mutter ausgeraubt wurde... wir waren zusammen, und meine Mutter wurde ausgeraubt. Als das geschah, hatte ich einfach nur Angst, aber hinterher hatte ich wirklich das Gefühl, daß ich den Kerl töten wollte. Ich hätte nicht im Traum daran gedacht, daß ich mir einmal ernsthaft wünschen würde, jemanden zu töten... das hat mich [bei den Beratungen] beeinflußt.

Eine andere Geschworene, Diana Serpe, eine 33jährige Angestellte bei einer Fluglinie, kam mit einer weitgehend gleichen Begründung zu dem Schluß, daß Goetz' Erinnerungen an seine Absichten sehr wohl eine Wut reflektieren konnten, die sich erst nach dem Vorfall eingestellt hatte. Schließlich fand eine Mehrheit zu dieser Position, und sie entschieden, daß Goetz in allen vier Fällen des versuchten Mordes nicht schuldig war. Sie waren nie bis zu dem Punkt gelangt, der von allen für die entscheidende Frage gehalten wurde: der Notwehr. Ihr moralistisches Konzept von dem für einen versuchten Mord erforderlichen Vorsatz führte sie zu der Auffassung, daß er nicht den Vorsatz zum Töten gehabt haben konnte.

Sie übernahmen den Umstand, daß Goetz sich selbst verteidigen wollte, indirekt und implizit bei der Prüfung seines Vorsatzes entsprechend ihren verschiedenen Konzepten vom Vorsatz. Es wäre schwierig gewesen, etwa Leslie davon zu überzeugen, daß Goetz ein bösartiges Motiv zum Töten hatte, denn sein offensichtliches und zu vermutendes Motiv bestand darin, den Angriff abzuwehren. Aus der Perspektive von Perlmuth war es mit der Selbstverteidigung als Motiv ausgeschlossen, daß Goetz sich den Tod der Opfer als die »Sache (ersehnte)..., die er sich wünschte, als er auf sie schoß«. So fanden die Überlegungen zur Notwehr durch die Hintertür ihren Weg in die Beratungen der Jury – als ein Faktor, der sich auf den »Vorsatz, den Tod zu verursachen«, bezog.

Indem die Notwehr bei der Frage des Vorsatzes relevant wurde, erzielte die Verteidigung einen konzeptionellen Vorteil, den sie schon verloren geglaubt hatte. Das Büro des Distriktsstaatsanwaltes hatte über fast ein Jahr hinweg einen Kampf vor den Rechtsmittelgerichten geführt, damit bei der Feststellung der Notwehr der objektive Maßstab zur Anwendung gelangen würde. Die Ängste und die gewalttätige Reaktion eines Menschen, der sich selbst verteidigt, durften nicht allein anhand seiner eigenen Motive beurteilt werden, sondern anhand der Ängste und der Reaktion einer vernünftigen Person unter den gegebenen Umständen. Aber als die Jury das Motiv von Goetz, sich selbst zu verteidigen, als einen Faktor zur Beurteilung seines Vorsatzes zu töten heranzog, verlagerte sie die gesamte Last ihrer Prüfung auf seine subjektiven Wahrnehmungen und Motive. Allein diese subjektiven Motive – und nicht die moralische Qualität seiner Handlung unter Anlegung des Maßstabes der Vernünftigkeit – konnten die Prüfung beeinflussen, ob er bei den Schüssen ein schlechtes Motiv hatte. Selbst ein unvernünftiger Glaube an die Notwendigkeit der Selbstverteidigung war ein überzeugter Glaube, und wenn Goetz in gutem Glauben gehandelt hatte, dann hatte er keine kriminellen Motive. Dementsprechend hatte er nicht den Tod gewünscht – in Perlmuths Worten als die »Sache..., die er sich wünschte, als er auf sie schoß« –, wenn es ihm darauf ankam, sich selbst zu verteidigen.

Die sorgfältigsten Konstruktionen juristischer Gebilde zerbröckeln, wenn sie auf den Alltagsverstand der Jury treffen.

Ihre Überlegungen waren nicht einfach nur ein Ausdruck von Sympathie mit Goetz. Ihr Konzept des Vorsatzes, der für einen versuchten Mord erforderlich ist, stimmt sehr wohl mit dem überein, wie normale Menschen über den Mord denken. Die Geschworenen versahen die Wendung »Absicht oder bewußtes Ziel« nicht mit der Bedeutung, die ihr üblicherweise von den Juristen beigelegt wird.[34] Aber es ergibt durchaus einen Sinn, diese Wendung so zu lesen, daß der Angeklagte den Tod nicht als ein Mittel zur Selbstverteidigung gewollt haben muß, sondern als ein Ziel an sich. Es ergibt einen Sinn zu verlangen, daß der Vorsatz beim Versuch des abscheulichen Verbrechens des Mordes so beschaffen sein muß, daß der Täter deswegen Tadel verdient und Schuld auf sich nimmt. So wie die Jury das Problem sah, konnte man Goetz wegen der Schüsse keinen Vorwurf machen, wenn er gute Motive hatte. Goetz mochte gedacht haben, er sei in seinem Herzen ein Mörder, aber in den Augen der Jury war er das nicht.

Indem die Jury die subjektive Theorie zur Notwehr durch die Hintertür wieder hereingelassen hatte, wich sie bei ihrer Beurteilung von der Aufgabe ab, die der Court of Appeals ihr gestellt hatte. Sie sollte nicht nur prüfen, ob Goetz gute Motive hatte, sondern auch, ob er überreagiert hatte, als er diesen Motiven nachgab. Ihre Aufgabe war es, über seine Absichten hinauszugehen und zu beurteilen, ob eine vernünftige Person die Schüsse unter den gegebenen Umständen für erforderlich gehalten hätte. Aber sie brachten ihren Alltagsverstand und ihre moralische Empfindung in die Instruktionen von Richter Crane ein, und das Ergebnis war, daß sie in einer Form prüften, mit der niemand gerechnet hatte.

Es ist schwer zu sagen, wieviel von den Instruktionen die Jury aufnehmen konnte, als ihr einfach die geheimnisvollen und gewundenen rechtlichen Wendungen vorgelesen und nochmals vorgelesen wurden. Es scheint, daß die Geschworenen die subtilen Änderungen nicht bemerkt haben, die bei den Instruktionen zur Notwehr jedesmal, wenn sie ihnen vorgelesen wurden, eintraten. Denn selbst als sie sich schon in der Beratung befanden, tobte im Gerichtssaal eine Kontroverse über diese Instruktion.

Bei der ersten Instruktion zu den Kriterien und dem Umfang der Notwehr illustrierte Richter Crane das Prinzip, daß der Angeklagte nicht mehr Gewalt benutzt haben durfte, als er vernünftigerweise für erforderlich hielt. Er hatte zum Beispiel kein Recht dazu, die Schüsse abzugeben, wenn er »vernünftigerweise glaubte [im Sinne von: hätte glauben müssen], er könne jede Bedrohung abwehren, ohne seine Waffe abzufeuern, wenn er seine Waffe zum Beispiel nur zog und sehen ließ«.[35] Dieses Beispiel elektrisierte die Verteidigung und veranlaßte sie zu einer schier endlosen Kampagne mit dem Ziel, daß die Instruktionen abgewandelt und die Unterstellung gestrichen würde, es sei ausreichend gewesen, mit der Pistole herumzufuchteln, um den Angriff abzuwehren. Sie behauptete, indem er diese Beweise eingeführt habe und insbesondere dadurch, daß er die Jury darüber instruiert habe, welche Beweise jeweils welche Seite der Argumentation unterstützten, habe Richter Crane »die Beweise arrangiert«. Eine Kommentierung der Beweise wird für unangemessen erachtet, da der Richter dabei unbewußt eine besondere Interpretation der Beweise hervorheben kann.

Die Kampagne zur Änderung der Instruktionen begann ernsthaft am Nachmittag des 13. Juni, einem Samstag, als die Jury verlangte, daß ihr die Belehrungen über den versuchten Mord und die Rechtfertigungsgründe vorgelesen würden. Slotnick und Baker drängten beide darauf, den Hinweis auf das »Ziehen und Sehenlassen seiner Waffe« fallenzulassen und einen Hinweis auf die Sachverständigenaussage von Dr. Yudwitz einzufügen, daß manche Menschen auf »Autopilot« schalten, wenn sie unter Streß zu schießen beginnen. Es war keine Theorie ersichtlich, nach der sie auf diesen beiden Änderungen bestehen konnten. Wenn der Hinweis auf das »Ziehen und Sehenlassen der Waffe« zu detailliert war, wenn er zu sehr in Richtung einer Kommentierung der Beweise abschweifte, welche mögliche Rechtfertigung konnte es dann dafür geben, Dr. Yudwitz' Aussage herauszustellen und der Jury zu signalisieren, daß sie für die Frage der vernünftigen Notwehr relevant war? Aber die Debatte zu dieser Frage verlief einseitig. Waples sagte einfach nur, er gehe davon aus, die ursprüngliche Belehrung sei korrekt; Slotnick und Baker verlangten unermüdlich die Änderungen.

Crane »kapitulierte«[36] dann vor der Forderung der Verteidigung, wie er es später selber ausdrückte. Er veränderte die Belehrung über die Rechtfertigung, indem er das »Sehenlassen der Waffe« wegließ und zweimal folgende neue Instruktion zur Relevanz der Aussage von Dr. Yudwitz wiederholte:[37]

> Wenn Sie die Vorstellungen [des Angeklagten] und ihre Vernünftigkeit untersuchen, dann sollten Sie die Aussage von Dr. Yudwitz bedenken, die die Funktionsweise des autonomen Nervensystems und seine Auswirkungen auf das Abfeuern einer Waffe unter den Bedingungen, denen sich der Angeklagte nach Ihrer Auffassung gegenübersah, betrifft.

Richter Crane rechtfertigte diese Änderung mit der Behauptung, sie sei allein eine »Klarstellung«[38] der Belehrung und gebe eine »Erweiterung der Passage, die den Punkt behandelt, daß alle Umstände und Tatsachen zu erwägen sind«.[39] Er hatte aber dennoch viel mehr als nur das getan. Abgesehen davon, daß allein schon die Änderung eine bestimmte Signalwirkung hat, enthielt die Instruktion über die Aussage von Yudwitz eine ungerechtfertigte faktische Annahme, nämlich daß Goetz zu jenen zu rechnen war, deren psychische Disposition dem Schema automatischer Reaktion entsprach, über das Yudwitz berichtet hatte. Er hatte keine Grundlage für die Folgerung, daß Goetz in das generelle Schema paßte, das er beschrieb, und dennoch wurde die Jury in der Instruktion davon informiert, daß die Aussage von Yudwitz über die Folgen des autonomen Nervensystems jedermann »unter den Bedingungen, denen sich der Angeklagte nach Ihrer Auffassung gegenübersah«, erfaßte.

Indem Richter Crane dieser Änderung von seinen Instruktionen zustimmte, schien er eine Vorliebe für die Verteidigung anzudeuten, was wahrscheinlich nicht seine Absicht war. Das führte zu einem unvorteilhaften Image in der öffentlichen Meinung – im schlechtesten Fall einer möglichen Parteilichkeit für die Verteidigung und im besten Fall von Schwäche und Unentschlossenheit.[40] Die schwerwiegendste Auswirkung aber war, daß Slotnick und Baker nun wußten, daß sie den Richter zu einer Änderung der Instruktionen bewegen konnten, und sie von jetzt an ohne Unterlaß auf weitere Änderungen drängen würden. So beschwerten sie sich tatsächlich unmittelbar, nachdem Crane mit der Verlesung der abgeänderten Instruktion fertig war, er sei nicht weit genug gegangen: Er hätte sich ausdrücklich auf ihre Theorie von der »raschen Aufeinanderfolge« beziehen sollen, als er die Relevanz von Yudwitz' Aussage erklärte.

Am Montagmorgen, nach einem Tag Pause, an dem jeder darüber nachgrübeln konnte, was sich am Samstagnachmittag ereignet hatte, kehrten alle gewappnet für weitere Konfrontationen über die Instruktionen zurück ins Gericht. Falls Crane dazu tendieren würde, seine abgeänderten Instruktionen zu widerrufen, würde die Verteidigung mit Sicherheit größeren Druck auf ihn ausüben, damit er sogar noch weiter gehen würde. So versuchten sie tatsächlich Richter Crane davon zu überzeugen, daß er die Jury in den Gerichtssaal rufen und ihr eine zusätzliche Instruktion vorlesen sollte, die ihre Theorie von der »raschen Aufeinanderfolge« untermauerte. Richter Crane für seinen Teil schien verdrossen zu sein, daß er überhaupt irgendeine Änderung vorgenommen hatte. Er bestand darauf, daß seine ursprüngliche Belehrung fair war, und beschrieb seine Entscheidung vom Samstag als eine Reaktion auf Slotnicks »leidenschaftliche«[41] Forderung. Ich habe dann, sagte er, »das Handtuch hingeworfen, um es mal so zu nennen«.[42] Er deutete an, daß er von nun an unbeeinflußbar sein würde.

Aber schon die nächste Nachricht von der Jury ließ die Wunden wieder aufbrechen, die Waples' Argumentation zu den zwei Schußlöchern in Darrell Cabeys Jacke aufgerissen hatte. Die Jury wollte sowohl die Jacke als auch die Schraubenzieher sehen und die Aussagen über die Schußlöcher vorgelesen bekommen. Es war klar, daß sie sich entweder auf die Anklage wegen versuchten Mordes oder auf die wegen Körperverletzung gegenüber Cabey konzentrierten. Die Möglichkeit, daß die Jury Waples' These, daß zwei Kugeln durch die Jacke hindurchgegangen waren, akzeptieren könnte, führte bei Slotnick zu einem erneuten Gefühlsausbruch. Und dieses Mal war Richter Crane ihm wohlgesonnener. Auch er war zu der Auffassung gekommen, Waples' Demonstration werfe ein physikalisches Problem auf. Er konnte nicht recht sehen, daß dieselbe Kugel, während Cabey stand, in die linke Seite seiner Jacke eingetreten, dann, ohne ihn auch nur zu streifen, vor seiner Brust entlanggeflogen und schließlich flach auf die Wandverkleidung am Ende des Wagens aufgeprallt sein sollte. Das brachte ihn zu der Befürchtung, die Jury könnte davon ausgehen, ein sechster Schuß sei erforderlich gewesen, um alle Angaben erklären zu können – die zwei Löcher in der Jacke wie auch den flachen Aufprall auf der Kabinenwand.[43]

Die Jury hatte nichts weiter verlangt, als Cabeys Jacke zu sehen und die Aussagen zu hören, die die Jacke betrafen. Dennoch erlaubte sich Richter Crane, nachdem er die Jury in den Gerichtssaal zurückgerufen hatte, einige grundlose Bemerkungen zu der Wahrscheinlichkeit, daß Waples' These korrekt war. Er betonte, es gäbe keine Beweise, die Waples' Demonstration unterstützten, so daß sie »auf Folgerungen aus den Fakten aus der Beweisaufnahme beruhen muß, und zwar vor allem auf der Aussage von Detective Haase [daß es zwei Schußlöcher gab]«[44]. Und dann wiederholte er eine frühere Ermahnung:[45]

Wo vernünftigerweise zweierlei Schlußfolgerungen gezogen werden können, von denen die eine mit der Unschuld übereinstimmt und die andere mit der Schuld, hat der Angeklagte einen Anspruch auf die Schlußfolgerung, die zur Unschuld führt.

Er fügte Warnungen der Art hinzu, daß man nicht »spekulieren« solle, ob es mehr als fünf Kugeln gegeben habe, oder Schlußfolgerungen ziehen solle, die physikalisch unmöglich waren. Die Jury mußte fast den Eindruck gewinnen, daß Richter Crane gegenüber der gesamten Demonstration von Waples skeptisch war. Waples selbst war außer sich vor Wut über den ununterbrochenen Angriff auf seine Argumentation, der schließlich in einem Sieg der Verteidigung endete. Nachdem die Jury den Raum verlassen hatte, explodierte er:[46]

Was ich gerade gehört habe, das war die einseitigste und grundloseste Instruktion gegenüber einer Jury, die ich jemals gehört habe. Sie ist absolut unfair. Ich habe eine rundum zulässige Argumentation entwickelt, die auf den Beweisen beruht, die hier wiederholt worden sind, und ich kann mir beim besten Willen nicht erklären, wie Euer Ehren guten Gewissens diese Instruktion an die Jury geben kann.

Die Jury war zu dieser Zeit in der Tat mit der Anklage wegen Cabey beschäftigt, und der exakte Ablauf der Schüsse stand ganz oben auf der Liste der ungeklärten Fragen. Sie waren schon zu einem Freispruch in den vier Fällen von versuchtem Mord gekommen und waren nun dabei, sich über die Anklage wegen Körperverletzung gegenüber Cabey klarzuwerden. Sie waren schon zu dem Ergebnis gekommen, daß die Handlung von Goetz die Elemente einer Körperverletzung ersten Grades erfülle[47] – und daß er auch den Vorsatz hatte, eine schwerwiegende körperliche Verletzung zu verursachen.

Es fällt schwer zu erklären, warum die Argumente zum Vorsatz, die den Tag der Diskussion über den versuchten Mord bestimmt hatten, bei der Prüfung der Körperverletzung nicht zu einer ähnlichen Schlußfolgerung führten. Es scheint logisch zu sein, daß ein gutes Motiv den Vorsatz zur Verletzung als des Ziels, das letztendlich angestrebt wird, genauso ausschließt, wie es den Vorsatz zum Tod als des Ziels, das letztendlich angestrebt wird, negiert. Aber vielleicht ist der Verletzungsvorsatz moralisch neutraler, und dies gab bei den Überlegungen der Jury den Ausschlag. Worin auch immer die Logik bestand – die Jury war nicht bereit, den Vorsatz zum Töten bei einer Handlung in Selbstverteidigung für möglich zu halten; hätte sie das anders gesehen, dann hätte sie den Vorsatz bejaht und sich dann der Frage der vernünftigen Notwehr zugewandt. Aber sie war dazu bereit, sich mit dem Vorsatz zu einer schwerwiegenden Körperverletzung als einem der Schritte innerhalb der komplexen Handlung einer Selbstverteidigung zu befassen. Somit bestätigte sie den Vorsatz und wandte sich dem besonderen Problem der Rechtfertigung durch Notwehr zu.

In diesem Zusammenhang hatte sie sich mit dem Rätsel zu befassen, auf welche Weise Goetz den Cabeys Wirbelsäule durchtrennenden Schuß abgegeben hatte. War es mit dem vierten oder dem fünften Schuß? Stand Cabey oder saß er? Von der Beantwortung dieser Fragen würde das Urteil der Jury über die Vernünftigkeit von Goetz' Reaktion abhängen.

Waples' schnelle und nervöse Demonstration der Behauptung, daß zwei Kugeln Cabeys Jacke durchbohrt hatten, hatte den Geschworenen Leslie in ihren Bann gezogen. Er verstand Waples' These so, daß Cabey beim vierten Schuß mittelbar vor der Wagenwand und ihr zugewandt stand, dann herumwirbelte und sich vor dem fünften Schuß hinsetzte. Das muß nicht präzise die Abfolge gewesen sein, die Waples bei seiner Demonstration vor Augen gehabt hatte, aber es war eine gute Erklärung dafür, daß die Kugel direkt auf die Kabinenwand aufgeprallt war.[48] Auf der Grundlage dieses Szenariums von den Schüssen, berichtet Leslie, »hätte ich in dem Fall von Cabey gegen Goetz entschieden«.

Als Leslie Cabeys Jacke im Juryraum sah und die Zeugenaussagen hörte, änderte er seine Meinung. Sein Verständnis von Waples' These setzte voraus, daß der vierte Schuß von innen nach außen durch Cabeys Jacke hindurchgegangen war. Aber Detective Haase hatte ausgesagt, daß beide Eintrittslöcher an der Außenseite der Jacke waren.[49] Als Leslie dies während des Verlesens der Aussagen bemerkte, war seine Sicht des gesamten Falles durcheinandergebracht:

> Als ich herausfand, daß nach der Aussage des Sachverständigen der Anklage diese beiden Kugeln von außen nach innen durch die Jacke gegangen waren, da war bewiesen, daß das, was Waples gesagt hatte, nicht passiert sein konnte. Damit sage ich nicht, daß wir ihn allein deswegen nicht für schuldig befanden.

Der ausschlaggebende Punkt bei den Überlegungen von Leslie war der Winkel des Aufpralls auf die Kabinenwand. Wenn beide Kugeln von außen in die Jacke eingedrungen waren, dann mußte Cabey mit dem Rücken dicht an der Wand gestanden haben, als die vierte Kugel die Jacke durchdrang, ohne ihn zu streifen. Aber wenn sein Körper zwischen der nahen Wand und der Kugel war, die ihn nicht traf, dann konnte die Kugel nach Leslies Ansicht nicht gerade auf die Kabinenwand aufgeprallt sein. Das reichte aus, um ihn davon zu überzeugen, daß das, »was Waples gesagt hatte, nicht passiert sein konnte«. Wir können fest davon ausgehen, daß Leslie die anderen Geschworenen mit seiner Sinnesänderung nicht in Ruhe gelassen hat. Er war bei den Beratungen so beredt, daß die anderen Geschworenen ihn unter Anspielung auf Barry Slotnick »Barry, Jr.« nannten. Auf jeden Fall mußte Richter Crane bei Geschworenen mit Leslies Klugheit und sorgfältigem Umgang mit den Details nicht befürchten, daß Slotnick oder Waples die zwölf Laien, die den Fall zu entscheiden hatten, verwirren könnten.

Die beiden Geschworenen Perlmuth und Leslie waren sich über den taktischen Vorteil vollkommen im klaren, den Waples erzielt hatte, indem er seine Demonstration der Schüsse auf Cabey erst in seinem Schlußplädoyer veranstaltet und damit eine Reaktion von Slotnick verhindert hatte. Perlmuth fand dieses Manöver gelinde gesagt unangemessen. Sie war »ziemlich geschockt« von der Demonstration, »da es doch gar keine Beweise gab, auf die sie sich stützen konnte«. Leslie hatte erkannt, daß Waples »ganz offensichtlich« die Demonstration gemacht hatte, »weil er wußte, daß

Slotnick keine Gelegenheit mehr haben würde, sie zu entkräften«.

Cranes endgültige Instruktion zu der Debatte um die zwei Kugeln hatte wahrscheinlich weniger Einfluß auf diese kluge Jury, als Waples befürchtete. Die Geschworenen schienen die physikalischen Beweise und die Folgerungen, die aufgrund der Beweislage logisch möglich waren, besser zu überblicken als der Richter und das Team der Verteidigung, die immer noch herauszufinden versuchten, worum es Waples eigentlich ging. Waples verfolgte nur ein begrenztes Ziel. Er wollte mit seiner komplizierten Demonstration einfach Dr. Dimaios wissenschaftliche Argumente entkräften und zeigen, daß es durchaus möglich war, daß Cabey zum Zeitpunkt des fünften Schusses gesessen hatte.

Aber die Geschworenen waren von Dimaios dogmatischen Behauptungen viel weniger beeindruckt, als Waples dachte.[50] Sie hatten sich darauf eingestellt, es als Tatsache zu akzeptieren, daß Cabey von dem fünften Schuß die entscheidenden Verletzungen davontrug, während er saß. Aber das löste keines ihrer Probleme. Sie waren vielmehr mit der allem anderen zugrundeliegenden Frage beschäftigt, ob Goetz tatsächlich eine Pause gemacht hatte, an Cabey herangetreten war und aus kurzer Distanz auf ihn geschossen hatte. Das – und nicht, ob eine oder zwei Kugeln die Jacke durchdrungen hatten – war der Kern des Problems mit der Notwehr.

Als die Jury sich diesem Komplex zuwandte, konnte sie bereits auf eine gemeinsame Geschichte zurückblicken, in der sie eine Zeugenaussage nahezu vollständig zurückgewiesen (Myra Friedman), ernsthaft die Glaubwürdigkeit eines Polizeibeamten bezweifelt (Michael Clark) und die Voraussetzungen des Vorsatzes beim versuchten Mord neuformuliert hatte. Die Geschworenen hatten schon neunmal einstimmig für unschuldig votiert.[51] Sie erlebten ihre intellektuelle Unabhängigkeit. Auch wenn die Medien die Verläßlichkeit des Geständnisses während der letzten zwei Jahre akzeptiert hatten, würden sie das noch einmal selbst durchdenken müssen. Sie würden nichts auf den ersten Blick akzeptieren, und sie würden sich nicht auf die Argumente beschränken, die sie im Gerichtssaal gehört hatten.

Sie hatten sich inzwischen so auf die Anomalien unter den Beweisen konzentriert, daß sie sie nicht als Unstimmigkeiten abtun konnten, wie sie normalerweise bei unterschiedlichen Perspektiven auftreten. Carolyn Perlmuth war insbesondere davon beeindruckt, daß niemand zwischen dem vierten und dem fünften Schuß eine Pause gehört hatte. Mark Leslie hat das so zusammengefaßt:

> Wir hatten acht weitere Zeugen [in der U-Bahn]. Niemand hat gesagt, daß er einen einzelnen fünften Schuß gehört hat. Jeder hat gesagt, daß es vier oder fünf in rascher Aufeinanderfolge waren.

Leslie war sich bewußt, daß er bei seiner Zusammenfassung der Beweisaufnahme die Floskel von der »raschen Aufeinanderfolge« übernommen hatte, die die Verteidigung so trickreich benutzt hatte, um die Zeugenaussagen unter einer Bezeichnung zu vereinen. Nur ein Zeuge hatte diese Worte tatsächlich benutzt, aber alle stimmten Slotnick zu, als er diese Bezeichnung benutzte, um ihre Aussage zu charakterisieren. Leslie fuhr fort:

> Ich habe schon verstanden, was Slotnick da versucht hat [als er die Zeugenaussagen mit seiner Bezeichnung von der »raschen Aufeinanderfolge« versah]. Keiner von ihnen hatte irgendeine Trennung zwischen den Schüssen gehört... Wir hatten im nächsten Wagen Armando Soler. Es war laut genug, daß er es im nächsten Wagen hören konnte. Josephine und Mary Grant, die auf dem Boden des U-Bahn-Wagens lagen, hörten keine Trennung. Niemand außer Boucher hat es gehört.

Leslie hatte recht. Alles konzentrierte sich auf Boucher. Wenn man ihm glaubte, hätten die Geschworenen eine Grundlage für die Annahme, daß Goetz sich die Zeit nahm, um zu Cabey hinüberzurennen und den letzten Schuß direkt in seine Seite abzufeuern. Aber das Problem mit Bouchers Aussage war, daß er beschrieben hatte, Goetz habe Cabey von vorne in die Brust geschossen und nicht in seine linke hintere Seite, wie es die Schußwunde unbestreitbar zeigte. Perlmuth dachte, er war »aufrichtig in dem, was er sagte«, aber seine Aussage hatte »eine ganze Menge von Löchern«.

Mark Leslie tendierte dazu, Bouchers Geschichte insgesamt abzulehnen. Er hatte seit dem Augenblick erste Zweifel an Bouchers Glaubwürdigkeit, als er während seiner Vernehmung sagte, er habe – obwohl sein Freund Loren Michals, mit dem er lange zusammengelebt hatte, zuerst ausgesagt hatte – nicht mit ihm über ihre Aussage gesprochen; und dann kam er später, als er gefragt wurde, wie weit er von den Schüssen entfernt war, mit der Zahl von 40 Fuß – derselben Entfernung, die Michals erst nach längerem Zögern genannt hatte. Wenn es für Michals schwierig war, sich auf die Entfernung von 40 Fuß festzulegen, konnte Leslie es nicht – wenigstens nicht ohne Vorbehalt – akzeptieren, daß Boucher ohne jedes Zögern auf dieselbe Zahl kam. Leslie stieß sich in der gleichen Weise an der scheinbaren Sicherheit, mit der Boucher behauptet hatte, daß Cabey in der letzten Sekunde vor dem Schuß nicht gezuckt oder sich bewegt habe:

Er hat nicht einmal gesagt: »Ich bin mir nicht sicher.« Ich glaube, daß er sich das ausgedacht hat. Der Grund, warum er das gesagt hat, ist, daß er es vollkommen ausschließen wollte, daß er sich auf die Waffe gestürzt oder irgendeine gefährliche Bewegung gemacht hat. Und das ist der Grund, warum er gesagt hat: »Oh, nein, er hat sich nicht bewegt, er hat sich nicht herumgedreht.« Er hat nicht nur Slotnick direkt davorgestellt [bei der Nachstellung im Gerichtssaal], sondern er hat gesagt: »Ich habe sein Profil genau gesehen.«

Leslies Überlegungen zu Bouchers Aussage warfen das Problem auf, daß er sich kein Motiv vorstellen konnte, warum Boucher im Zeugenstand gelogen haben sollte. Bislang hatte das generelle Schema zur Diskreditierung eines Zeugen darin bestanden, ein Motiv zu postulieren, warum nicht die Wahrheit gesagt worden war. Und die Jury ließ sich auf eine wilde Spekulation ein, warum Boucher ein Motiv gehabt haben könnte, es Goetz zu zeigen.[52] Eigentlich war Boucher ein ausgezeichneter Zeuge – ruhig, nicht von seiner Geschichte abzubringen[53], und – wie Perlmuth aus seinem Beruf als Schaufensterdekorateur folgert – »er war wahrscheinlich ein guter Beobachter«. Dennoch kam Leslie zu dem Ergebnis:

Ich habe das Gefühl, daß Christopher Boucher diese Geschichte erfunden hat. Warum er das gemacht hat, weiß ich nicht. Aber er hat diese Geschichte erfunden, ohne wirklich zu wissen, wo sich die Wunden befanden… mit der Absicht, Goetz fertigzumachen.

Für sich allein ist diese Schlußfolgerung verblüffend. Dieser Geschworene scheint von seiner Vorstellungskraft mitgerissen worden zu sein. Aber die phantasiereiche Unterstellung, Boucher habe mit bösen Absichten gegenüber Goetz gehandelt, muß im Zusammenhang damit gesehen werden, daß die Jury alles erklären wollte – jedesmal, wenn sie einen Beweis nicht akzeptierte, eine Begründung dafür geben wollte. Aus einer Vielzahl von Gründen waren weder Leslie noch der Rest der Jury bereit, Bouchers Aussage als eine Bestätigung des Geständnisses anzusehen. Aber damit hatten sie sich eine Anomalie eingehandelt: Warum hatte Boucher gesagt, was er gesagt hatte? Um den Fall, der sich in ihren Köpfen herauskristallisierte, rund zu machen, mußten sie die Unstimmigkeiten ausräumen. Boucher schlechte Motive zu unterstellen, war für Leslie der Weg, um sich die Anomalie zu erklären.

Bei der ersten Abstimmung über den Fall von Cabey votierten acht Geschworene für unschuldig und vier waren unentschieden. Die Auseinandersetzung wurde nicht einfach dadurch beigelegt, daß ernsthafte Zweifel daran aufkamen, ob es zwischen den Schüssen eine Pause gegeben hatte und indem Boucher diskreditiert wurde. Um die unentschiedenen Stimmen auf ihre Seite zu ziehen, mußte die Mehrheit eine Erklärung für die Anomalien finden, die sich bei der alternativen Perspektive ergaben, daß Goetz, »auf Autopilot« geschaltet, seine Waffe in rascher Folge abgefeuert hatte, ohne sich von seinem ursprünglichen Standort wegzubewegen. Nun hatte sich die Angelegenheit umgekehrt: Das Geständnis war nicht länger die herrschende Hypothese; es war die hervorstechende Anomalie, die die neue Theorie hervorbrachte. Wie konnte die Mehrheit sie aus dem Weg räumen? Es gab keinen Hinweis darauf, daß Goetz gelogen hatte. Sie brauchten irgendeine Erklärung dafür, warum Goetz seinen letzten Schuß falsch wahrgenommen haben konnte, warum seine Erinnerung dieses – und allein dieses! – Detail der Schießerei verzerrt haben konnte.

Slotnick hatte das in seinem Plädoyer damit begründet, daß Goetz sich bis zu dem »Zeitpunkt der Angst« an alles erinnern konnte. Dann seien seine Wahrnehmungen schief geworden. Aber Waples hatte 17 Punkte und darunter zahllose Details nach Beginn der Schießerei zusammengetragen, in denen das Geständnis anscheinend exakt war. Die Jury war von Waples' Versuch, das Geständnis zu retten, beeindruckt, aber sie war auf der Suche nach einem Ansatzpunkt für einen »vernünftigen Zweifel« im Hinblick auf die Interaktion mit Cabey. Als Erklärung schälte sich heraus, daß Goetz außer sich und verwirrt war, nachdem er neun Tage auf der Flucht gewesen war und sich einige Stunden mit der Polizei von New Hampshire unterhalten hatte, bevor sein Geständnis auf Band aufgenommen wurde. Die meisten der Geschworenen glaubten, daß Goetz ebenso wie Boucher von Presseberichten, die sie zu Unrecht in den Tagen nach den Schüssen ansiedelten, beeinflußt worden war, wonach Goetz einen fünften Schuß nach unten auf jemanden abgefeuert hatte, der saß.[54] Ihre Zweifel wurden genauso dadurch genährt, wie Perlmuth berichtet, daß Waples in seinem Plädoyer eingeräumt hatte, Goetz habe vielleicht nur zu sich selbst gesagt: »Dir scheint's ja ganz gut zu gehen; hier ist noch einer.« Sie sagte: »Das brachte jedermann auf die Idee, daß dieser Vorgang wohl eher im Kopf als in der Realität stattgefunden haben konnte«.

Diese Zweifel waren ausreichend, um die Jury zu einem einstimmigen »nicht schuldig« in dem Anklagepunkt der Körperverletzung ersten Grades zu bringen. Der Maßstab des »vernünftigen Zweifels« wies ihnen den Weg aus den Unsicherheiten über die gegensätzliche Beweislage. Es ist nicht klar, ob sie sich auf dieselbe Weise entschieden hätten, wenn Goetz bezüglich der Notwehr die Beweislast zugefallen wäre, wie das bei den zivilrechtlichen Klagen gegen ihn der Fall ist. Als sie gefragt wurden, wie sie sich entschieden hätten, wenn Goetz diesen zusätzlichen Beweis hätte antreten müssen, seine Geschichte plausibel zu machen, sträubten sich die meisten Geschworenen. Von ihnen wurde nur verlangt zu entscheiden, ob die Anklage das Fehlen von Notwehr über jeden vernünftigen Zweifel hinaus bewiesen hatte. Und sie hatten vernünftige Zweifel. Sie bestehen darauf, daß man daraus nicht schließen kann, daß sie davon überzeugt waren, daß Goetz insbesondere bei dem Schuß auf Cabey tatsächlich in vernünftiger Notwehr gehandelt hatte.

Die Vorstellung mag naheliegen, daß die Geschworenen Sympathie für Goetz hatten. Es gibt keinen Zweifel, daß sie sich mit seiner Situation zum Zeitpunkt der Konfrontation in der U-Bahn identifizierten – und sie sollten sich auch damit identifizieren, wenn die Beweisaufnahme diese Identifikation bewirkt hatte. Aber es gibt keinerlei Hinweise darauf, daß sie aufgrund von Vorurteilen oder einer persönlichen Beziehung zu dem Angeklagten gehandelt haben. In der Tat dachten viele der Geschworenen, er sei ein bißchen sonderbar. Perlmuth dachte, »daß er auf dem Band gestört war«, und weiter, »daß es offensichtlich war, daß er auch schon vorher so eine schrullige Person gewesen war«. Waples mag die Jury davon überzeugt haben, daß Goetz nicht die durchschnittliche vernünftige Person war, die den IRT in Richtung Downtown benutzt. Aber das war für die Jury nicht genug, um die Anzeichen zu mißachten, nach denen seine abwehrende Reaktion unter den gegebenen Umständen vernünftig gewesen sein konnte.

Nachdem sie in der generellen Frage der Notwehr zu einem Konsens gelangt waren, gab es keine ernsthaften Meinungsverschiedenheiten mehr. Die Jury entledigte sich der subsidiären Anklagepunkte der Körperverletzung zweiten Grades und der rücksichtslosen Gefährdung ersten und zweiten Grades. Den unerlaubten Besitz einer Waffe zweiten Grades erledigten sie ebenso schnell, denn sie waren zu dem Schluß gekommen, daß Goetz die Waffe ausschließlich zur Selbstverteidigung besessen hatte. Wenn er nur zu diesem Zweck in der U-Bahn eine geladene Waffe mit sich geführt hatte, dann konnte er nicht einen »unrechtmäßigen Zweck« verfolgt haben. Am 16. Juni, einem Dienstagnachmittag, war die Jury bereit, ihr Urteil mitzuteilen.

Ein hektisches Raunen ging durch die Hallen vor dem Gerichtssaal. Die Journalisten und die anderen Beobachter, die sich dort seit Beginn der Beratungen am Freitag aufgehalten hatten, gierten nach jedem Hinweis, daß der zweieinhalb Jahre andauernde Prozeß des Urteilens zu einem Ende gekommen war. Innerhalb von wenigen Minuten hatten die Beobachter voller Vorerwartung den Gerichtssaal bis auf den letzten Platz besetzt. Die Geschworenen traten nacheinander ein, so wie sie es unzählige Male bei ihren Fragen an Richter Crane getan hatten. Ihre Gesichter waren versteinert. Kein Lächeln, kein flüchtiger Blick zum Angeklagten. Ihr feierlicher Ernst entsprach der Spannung, mit der jeder auf ein Urteil aus einem oder zwei Worten wartete – schuldig oder nicht schuldig.

So wie jedesmal, wenn die Jury mit einer Frage in den Gerichtssaal getreten war, fragte der Gerichtsbeamte, Bob Hamkalo, ob sie zu einem Urteil gekommen war; dieses Mal antwortete ihr Obmann, Lesley Hurley, »ja«. Mr. Hamkalo begann damit, die Anklagepunkte zu verlesen. Mr. Hurley hob die Liste mit den Anklagepunkten hoch, um die Antworten der Jury zu verlesen. Würde das Urteil so kompliziert sein, daß er sich nicht daran erinnern konnte, wie die Jury zu jedem Anklagepunkt entschieden hatte? Dann die Antworten: Schuldig wegen unerlaubten Waffenbesitzes dritten Grades, aber dann, zu jedermanns Überraschung, nicht schuldig in den zwei Fällen unerlaubten Waffenbesitzes vierten Grades. In diesem Moment, sagte Mark Baker später, wußte er, daß er entspannen konnte. Goetz blieb so passiv, wie er es die ganze Verhandlung hindurch gewesen war. Die Worte »nicht schuldig« erklangen eines um das andere Mal in dem stillen, höhlenartigen Gerichtssaal. Versuchter Mord gegenüber Darrell Cabey? Bei den folgenschweren Worten »nicht schuldig« hörte man im Zuschauerraum ein tiefes Durchatmen. Alles war vorbei. Journalisten eilten zu den Telefonen. Mark Baker fing an zu weinen, und Goetz lächelte, schwach.

Anmerkungen

1 Protokoll bei 5207.
2 Vgl. Anm. 42 zu Kapitel 7.
3 Vgl. T. Kuhn, *The Structure of Scientific Revolutions*, 2. Aufl. 1970, S. 68-69 (dt. Übersetzung: *Die Struktur wissenschaftlicher Revolutionen*, Frankfurt/M. 1973).
4 Es konnte zum Beispiel nicht die elliptischen Umlaufbahnen der Planeten erklären. Vgl. dazu a.a.O., S. 156.
5 Carolyn Perlmuth hat Slotnicks Schlußplädoyer so beschrieben: »Er ist wirklich vom Thema abgeschweift, und es war irgendwie unorganisiert. Und alle sind dabei eingeschlafen. Mark Baker ist dabei eingeschlafen und einige der Geschworenen. Das ist der Grund, warum der Richter immer wieder diese Unterbrechungen gemacht hat.« Alle Bezugnahmen auf Äußerungen von Carolyn Perlmuth beruhen auf einem auf Band aufgenommenen Interview, das ich am Freitag, dem 3. Juli 1987, durchgeführt habe.
6 Interview mit Carolyn Perlmuth.
7 Protokoll bei 8825.
8 A.a.O.
9 Das folgende ist die vollständige Liste der 17 Komponenten und der Zeugenaussagen, die Goetz' eigene Version der Ereignisse bestätigten:
   1. Wer wo saß, als er den Wagen bestieg.
      – Bestätigt durch Troy Canty.
   2. Troy Canty und Barry Allen traten zu ihm hin.
      – Drei Zeugen – Josephine Holt, Garth Reid und Mary Grant – sagten aus, daß sie nur zwei Leute sahen, die vor ihm standen.
   3. Troy Canty fragte nach fünf Dollar.
      – Bestätigt durch Troy Canty.
   4. Er stand auf.
      – Bestätigt durch Troy Canty.
   5. Er schoß zuerst auf Canty.
      – Bestätigt durch Troy Canty.
   6. Die zweite Person, auf die er schoß, war die zweite Person, die auf ihn zugetreten war.
      – Es muß Barry Allen gewesen sein.
   7. Barry Allen rannte durch die Gruppe, als er getroffen wurde.

– Bestätigt durch die Zeugen Victor Flores und Andrea Reid und durch das medizinische Gutachten, dem zufolge Allen in den Rükken getroffen wurde.

8. Nachdem er die ersten beiden Schüsse abgefeuert hatte, drehte er sich nach rechts herum und schoß noch zweimal.
   – Bestätigt durch Garth Reid.
9. Er feuerte den dritten Schuß auf jemanden, der versuchte, »durch die Wand zu klettern«.
   – Das muß James Ramseur gewesen sein.
10. Er feuerte zweimal auf Darrell Cabey.
   – In Cabeys Jacke waren zwei Kugellöcher, worauf Detective Charles Haase hingewiesen hatte.
11. Er feuerte den ersten Schuß auf Cabey, während dieser stand.
   – Bestätigt durch den Sachverständigen der Verteidigung Dominick Dimaio.
12. Er feuerte den zweiten Schuß auf Cabey, als dieser saß.
   – Bestätigt durch Christopher Boucher.
13. Er feuerte fünf Schüsse ab.
   – Bestätigt durch die polizeilichen Ermittler, die die Kugeln sicherstellten.
14. Nach den Schüssen ging er zu Troy Canty hinüber und sagte etwas zu ihm.
   – Bestätigt durch Victor Flores.
15. Nach den Schüssen bemerkte er, daß zwei Frauen auf dem Boden des Wagens knieten.
   – Bestätigt durch den Schaffner Armando Soler und durch Mary Grant, eine der Frauen.
16. Er sagte zu dem Schaffner: »Diese Kerle haben versucht, mich zu berauben.«
   – Bestätigt durch den Schaffner.
17. Er verließ den Wagen, indem er auf die Gleise runtersprang.
   – Bestätigt durch Flores und den Schaffner Soler.
   Protokoll bei 8856-64.

10 Protokoll bei 8893.

11 Goetz hatte selbst eine Reihe von Bemerkungen gemacht, die für die Interpretation sprachen, daß er nicht zu Cabey hingegangen war und nicht zu ihm gesprochen hatte. Vgl. die Tonbandabschrift auf S. 26 (»Hinsehen und Handeln ist hier praktisch dasselbe«).

12 Slotnicks Kreuzverhör von Detective Haase führte zu dem folgenden Wortwechsel (vgl. bei 5096-97 des Protokolls):

F Können Sie der Jury das erklären und ihr [die Jacke] zeigen – können Sie aufstehen und das Jackett der Jury vorführen, damit sie sehen kann, wo die Eintrittswunde [!] in der Jacke ist.

A Eintrittsloch.

F Eintrittsloch.
A Es gibt zwei Eintrittslöcher. Hier ist das eine, das obere, an der linken Rückseite; und dann ist hier eines, unter der linken Achsel...
F Und hat das Jackett nun auf der anderen Seite irgendwelche entsprechenden Löcher?
A Ja.
F Okay. Können wir es herumdrehen, und vielleicht die anderen Löcher sehen?
A Sie sind mit Tape markiert.
F Okay. Und ich gehe davon aus, weil dies die Eintrittslöcher sind, daß das die Austrittslöcher sind, ist das korrekt?
A Das ist korrekt.

13 Protokoll bei 8872: »Wenn Dominick Dimaios Hypothese korrekt war, daß Darrell Cabeys Wirbelsäule von dem ersten Schuß durchtrennt wurde und daß er auf den Sitz fiel, und daß er auf dem Sitz saß, als der zweite Schuß abgefeuert wurde, dann würde das bedeuten, daß der Schuß, der Darrell Cabey nicht getroffen hat, seine Jacke durchbohrte und hier diese simulierte Wand traf, aber das ist unmöglich... der Angeklagte stand und hielt die Waffe höher als die Stelle, wo die Kugel in die Jacke eindrang, so daß sie schräg nach unten gehen mußte... Es ist vollkommen ausgeschlossen... daß eine Kugel auf einer abwärts gerichteten Flugbahn diese Jacke durchbohren kann und... auf wundersame Weise einen Winkel macht und die Wand in dem U-Bahn-Wagen trifft.«

14 Protokoll bei 8875. Die Begründung geht von der Annahme aus, daß Goetz den fünften Schuß nicht aus einer Höhe und aus einem Winkel auf den sitzenden Cabey geschossen haben konnte, der es möglich gemacht hätte, daß die Kugel die Jacke durchbohrte, an seiner Brust vorbeizischte und direkt auf die Kabinenwand aufprallte.

15 Das war aus dem Mund von Waples ein seltsames Argument, denn er vertrat in seiner Entgegnung auf Dimaio, die von Hirschs Aussage gestützt wurde, die generelle Linie, daß jede Höhe und jeder Winkel für die Pistole in Frage kamen.

16 Aber man beachte, daß die Geschworenen nicht notwendigerweise auf die Aussage von Haase festgelegt waren. Vgl. die Theorie von Leslie auf S. 284ff.

17 Protokoll bei 9120.

18 Protokoll bei 9127-28 (die Hervorhebung ist hinzugefügt).

19 Die einzige Entscheidung, auf die sich die Verteidigung berief, war *People v. Griffin*, 29 NY2d 91 (1971), in der der Court of Appeals entschieden hatte, es sei ein Fehler gewesen, daß der Ankläger in seinem Schlußplädoyer – ohne daß er sich dabei auf die Beweise stützen konnte – gesagt hatte, der Angeklagte habe sich selbst eine Wunde beigebracht, so daß sein Gesicht von dem Aussehen abweiche, das es zum

Zeitpunkt des Verbrechens hatte. Das höchste Gericht vertrat die Ansicht, das Tatgericht hätte der Verteidigung die Erlaubnis geben müssen, neu in die Verhandlung einzutreten, um diese Äußerung entkräften zu können. Wenn Richter Crane davon ausgegangen wäre, daß Waples tatsächlich eine nachteilige Tatsachen-Behauptung aufgestellt hatte, die nicht auf den Beweisen beruhte, hätte er eine rechtliche Grundlage gehabt, um der Verteidigung die geforderte Abhilfe zu gewähren.

20 Protokoll bei 8938.

21 Protokoll bei 8977.

22 Alle Hinweise auf die Ansichten von Mark Leslie beruhen auf einem Tonbandinterview, das ich am 2. Juli 1987, an einem Donnerstagabend, durchgeführt habe.

23 Die mit Carolyn Perlmuth und Mark Leslie in der Woche nach dem Urteil aufgezeichneten Interviews ergaben bei der Abschrift mehr als 80 Seiten.

24 Die erste Anklageerhebung enthielt zwei Fälle des unerlaubten Waffenbesitzes vierten Grades und einen Fall desselben Verbrechens dritten Grades. Die zweite Anklageerhebung enthielt vier Fälle von Körperverletzung ersten Grades und vier Fälle eines versuchten Mordes (jeweils einen für jedes Opfer), einen Fall von rücksichtsloser Gefährdung dritten Grades und einen Fall unerlaubten Waffenbesitzes zweiten Grades.

25 Wenn sie bei der Körperverletzung ersten Grades für nicht schuldig votierten, mußten sie gegenüber jedem der Opfer die leichtere Anklage wegen fahrlässiger Körperverletzung zweiten Grades erwägen. Wenn sie bei der rücksichtslosen Gefährdung ersten Grades zu einem nicht schuldig kamen, dann mußten sie die leichtere Anklage wegen rücksichtsloser Gefährdung zweiten Grades erwägen.

26 Criminal Procedure Law § 60.22.

27 Mittelbarer Besitz ist im Vergleich zur tatsächlichen körperlichen Kontrolle eines Gegenstandes eine Erweiterung. Wenn jemand das Recht zum Zugang zu Waffen hat, dann hat er an ihnen, unabhängig davon, wo er sich befindet, mittelbaren Besitz.

28 Die Mitteilung las sich so: »Dritter Punkt, definieren Sie (rechtlich) Bestätigung, dominion [tatsächliche Gewalt über eine Sache, Anm. d. Ü.], domain [Verfügungsgewalt, Anm. d. Ü.]; konstruieren Sie, was diese Begriffe ausmacht.« Protokoll bei 9270.

29 Aus ebendiesen Gründen geben Richter häufig die Anordnung, daß die Jury während ihrer Beratungen in einem Hotel einquartiert wird. Diese Jury wurde von Mittwoch, dem 10. Juni, dem Beginn der Schlußplädoyers, bis zum 16. Juni, dem Tag des Urteils, in einem Hotel einquartiert.

30 Protokoll bei 9282.

31 Das war ein Motiv, das Leslie gut nachvollziehen konnte. Er diktierte jeden Abend während des Verfahrens Notizen auf Band und verkaufte dann seine Bänder für $ 4000,- an die *New York Post*. Die *Post* machte eine Serie von Artikeln über Leslies Innenansichten des Verfahrens.

32 Weder diese Schilderung noch die Tonbänder von ihrer Unterhaltung mit Goetz wurden als Beweismittel zugelassen.

33 So das Zitat von Perlmuth.

34 Ihre Theorie hat eine gewisse Ähnlichkeit mit der engen Theorie vom Vorsatz, die innerhalb der Doktrin von der zweifachen Folge Anwendung findet. Vgl. die Diskussion in Kapitel vier, S. 121f.

35 Protokoll bei 9223.

36 Protokoll bei 9374.

37 Protokoll bei 9357-58.

38 Protokoll bei 9319.

39 Protokoll bei 9374.

40 Vgl. die Kommentare von Benjamin Ward nach der Urteilsverkündung, *New York Daily News* vom 18. Juni 1987, S. 5.

41 Protokoll bei 9396.

42 Protokoll bei 9396-97.

43 Es schien Richter Crane nicht zu beeindrucken, daß die alternative Erklärung der Verteidigung, daß nämlich eine Kugel für beide Löcher verantwortlich sei, nicht nur unwahrscheinlich war, sondern angesichts der Beschränkungen, die sich aus den Beweisen und insbesondere aus der Aussage von Detective Haase ergaben, wonach beide Löcher in der Außenseite der Jacke Eintrittslöcher waren, eindeutig unmöglich war. Es ist ausgeschlossen, daß eine Kugel zweimal von außen in eine Jacke eindringen kann, wenn sie nicht ein drittes Mal durch eine Falte der Jacke hindurchgeht. Diese Hypothese war der Jury nicht präsentiert worden. Wenn das aber die einzige andere Erklärung für die Tatsachen war, dann mußte sie Waples' Theorie weniger weithergeholt erscheinen lassen.

44 Protokoll bei 9412.

45 A.a.O.

46 Protokoll bei 9416.

47 Die fünf Elemente bestehen nach der Darlegung von Richter Crane aus folgendem: 1) Der Angeklagte hat mit einer Pistole auf das Opfer geschossen, 2) mit dem Vorsatz, eine »schwerwiegende Körperverletzung« zu verursachen, 3) dem aktuellen Auftreten einer »schwerwiegenden Körperverletzung«, 4) der Angeklagte hat die Verletzung mittels einer Pistole »verursacht«, und 5) die Pistole war eine »tödliche Waffe«. Die in Anführungszeichen gesetzten Begriffe werden von dem Gesetz benutzt, das das Verbrechen definiert, NYPL § 120.10(1).

48 Wenn die Kugel ihren Weg durch den engen Zwischenraum zwischen Cabeys Körper und der Wand des Wagens genommen hätte, würde

sich der Winkel, mit dem die Kugel auf die Kabinenwand aufgeprallt war, besser mit der Feststellung decken, daß es auf der Wand eine kreisförmige Einbuchtung gab, die eine im Verhältnis zur Wand mehr oder weniger rechtwinklige Flugbahn nahelegt. Wenn die Kugel auf der anderen Seite von Cabeys Körper durch die Jacke hindurchgegangen wäre, dann wäre ihre Flugbahn im Verhältnis zu demselben Punkt auf der Kabinenwand schiefwinkelig verlaufen. Ein schräger Aufprall hätte sich nicht mit den physikalischen Beweisen gedeckt.

49 Vgl. bei Anm. 12.

50 Mark Leslie faßt seine Reaktionen auf Dimaios Aussage und die Sachverständigenschlacht so zusammen: »Man kann einfach nicht sagen, daß das unmöglich ist. Aber Gott sei Dank brachte [Waples] Dr. Hirsch, der sagte: ›Selbstverständlich, es ist möglich.‹ Und darauf sage ich: ›Okay. Ja. Du hast genau das gesagt, was ich ohnehin gefühlt habe.‹«

51 Sie hatten in zwei Fällen von unrechtmäßigem Besitz einer Waffe vierten Grades, vier Fällen von versuchtem Mord und drei Fällen von Körperverletzung ersten Grades (gegenüber Canty, Allen und Ramseur) auf nicht schuldig entschieden.

52 Einige Geschworene dachten, wie Perlmuth berichtet, »er hat das gemacht, um einen kostenlosen Trip nach New York zu bekommen... Oder daß er es gemacht habe, um Aufmerksamkeit zu erregen.« Ein anderer Geschworener – es war nicht Leslie – brachte eine weithergeholte Theorie auf, die auf der Annahme beruhte, Michals und Boucher seien schwul. Leslie setzte sich folgendermaßen mit diesem Argument auseinander: »Er ist ein Schwuler, und Schwule sind in diesem Land eine verfolgte Minderheit, gerade wie die Schwarzen... vielleicht, ich spekuliere mal, hat er sich mit einer anderen Minderheit identifiziert. Vielleicht war es auch viel einfacher. Er hatte ihm einen heillosen Schrecken eingejagt, und er wollte ihm [Goetz] das heimzahlen. Ich weiß nicht. Ich mußte im Hinblick auf die Motivation nicht unbedingt zu einem Ergebnis kommen.« Perlmuth sagte, sie habe gedacht, alles dies sei »irgendwie krumm«. Diese Spekulationen sind ein deutlicher Hinweis auf die Bemühungen der Geschworenen, eine Erklärung für das Verhalten des Zeugen und für die Aussage, die sie eigentlich zurückweisen wollten, zu finden.

53 Zu weiteren Details von Slotnicks Kreuzverhör vgl. Kapitel 7, S. 187.

54 Soweit ich weiß, gab es bis zum 3. Januar, als die Associated Press und *New York Times* von den Bemerkungen berichteten, die Susan Braver bei der Anklageerhebung in New York gemacht hatte, keine Presseberichte über einen fünften Schuß.

11.
Gemischte Botschaften

Als das Urteil ergangen war, überschlugen sich die Versuche, seine Bedeutung zu interpretieren. Schwarze Politiker und schwarze Journalisten protestierten gegen das Urteil. Es sei ein Ausdruck von Feindseligkeit gegenüber ihrer Rasse:[1]

Es gibt keinen Zweifel, wie das Urteil ausgesehen hätte, wäre Goetz ein Schwarzer gewesen, der in einem U-Bahn-Wagen auf vier weiße Jugendliche geschossen hat. Der Fall Goetz ist nur ein weiterer Beweis dafür, daß Schwarze in New York City nicht sicher sind.

Bei dem Versuch, das Urteil am nächsten Tag vor einem Publikum von schwarzen Geistlichen zu verteidigen, traf Bürgermeister Koch auf so viel Wut über rassistische Komponenten, daß er sich hastig durch die Hintertür der Kirche zurückziehen mußte.[2] Es herrschte die allgemeine Befürchtung, daß als unmittelbare Reaktion auf das Urteil vom Juni, das anscheinend rechtfertigte, daß ein Weißer auf vier Schwarze geschossen hatte, die Spannungen in den »langen, heißen« Monaten Juli und August aufbrechen würden.

Tatsache ist, daß die große Mehrheit der Bürger der Stadt das Urteil unterstützte. Eine Gallup-Umfrage ergab, daß die Mehrheit unter den Weißen nicht-spanischer Abstammung (83 Prozent) und Hispanics (78 Prozent) erheblich größer war als unter den Schwarzen (45 Prozent).[3] Aber unter den Schwarzen, die das Urteil befürworteten, war die Zustimmung oft ungeheuer groß. Am Tag nach dem Urteil meldete sich ein Schwarzer in der Sherrye Henry-Show am Telefon und erzählte folgende packende Geschichte:

ANRUFER Ich bin New Yorker, schwarz. In den letzten sieben Jahren sind drei Mitglieder meiner Familie, Jungen, getötet worden – der letzte wurde von einem Killer erschossen, den wir wöchentlich – heute – herumlaufen sehen. Meine Frau ist, seitdem das passiert ist, völlig verstört, weil keiner von denen eingesperrt worden ist. Mitglieder meiner Familie sind beraubt worden, zwei Mädchen sind vergewaltigt worden, und niemand ist dafür eingesperrt worden. Die Frage ist: Wo bleibt die Gerechtigkeit? Cuomo* hat gesagt, daß er gegen die Todesstrafe ist. Er hat gesagt, was wir tun sollten, ist, daß wir unsere Mitbürger für immer wegstecken, wenn sie jemanden getötet haben. Meine Jungs sind tot. Niemand ist irgendwann eingesperrt worden. Die wußten, wer es getan hat, und sie sagen, »nicht genug Beweise«, und aus diesem Grund oder aus irgendeinem anderen ist das so. Meine Frau ist verrückt, weil sie diesen Kerl täglich sieht. Er hat sie ein paarmal angesprochen. Und das war ihr jüngster Sohn... es war der letzte. Und die Frage ist: Wo bleibt die Gerechtigkeit? Müssen wir ruhig abwarten, bis wir beraubt werden? Ruhig abwarten, bis wir vergewaltigt werden? Ruhig abwarten, bis wir getötet werden?

SHERRYE HENRY Ich darf Sie etwas fragen, Sir. Ich denke, daß ich die Antwort weiß. Was empfinden Sie gegenüber dem Urteil von Goetz?

ANRUFER Ich denke, Goetz hat das Richtige getan, als er sich verteidigt hat.

SHERRYE HENRY Was für eine schreckliche, tragische Geschichte. Wir wissen aus den Statistiken, daß die Straftaten von Schwarzen normalerweise gegenüber der schwarzen Bevölkerung begangen werden. Hier haben wir einen Mann, der ist die lebende Verkörperung davon.

ANRUFER Man kann nichts dagegen tun, bis sie dir etwas antun. Man muß dasitzen und darauf warten, bis sie einen angreifen.

INTERVIEWER** Sir, darf ich Ihnen diese Frage stellen? Ich bin von Ihrer Geschichte sehr bewegt. Warum haben Sie keine Sympathie mit den vier Opfern von Goetz' Schüssen in der U-Bahn? Es sind schwarze Kids, die Ihre Söhne gewesen sein könnten. Warum haben Sie kein Mitgefühl mit ihnen und ihren Familien?

ANRUFER Also, so wie es einige Male dargestellt wurde, war der eine auf Bewährung und hat dagegen verstoßen. Der hätte überhaupt nicht da sein dürfen. Und der andere hätte im Gefängnis sein müssen. Mit anderen Worten, das ist eine »Drehtür-Gerechtigkeit«, wo sie uns gleich wieder an die Kehle gehen. Wenn die Jungs da gewesen wären, wo sie sein sollten, dann wäre erstens nicht auf sie geschossen worden und zweitens hätten sie nie vorgehabt, irgend etwas zu tun. Der Punkt ist, daß die Justiz sie wieder rausge-

* Anm. d. Ü.: Gouverneur des Staates New York.

** Ich war in dieser Show der zusätzliche Interviewer.

lassen hat und daß sie uns wieder an die Kehle gegangen sind... Sie geben zu, daß sie losgezogen waren, um zu klauen...

Als die vorrangigen Opfer der Gewalttätigkeit haben die Schwarzen, die in Armut leben, allen Grund dazu, sich mit Goetz' Schlag gegen den Ursprung ihrer Ängste zu identifizieren. Diejenigen, die schon einmal Opfer gewesen sind, und auch diejenigen, die große Angst vor gewalttätigen Verbrechen haben, nehmen gegenüber dem Fall Goetz eine entschiedene Haltung ein. Sie beginnen die Unterhaltung über den Fall mit ihrer Erinnerung an die Angst, die sie verspürt haben, als der Mugger sein Messer gezogen hat oder der Einbrecher das Glas an der Küchentür eingeschlagen hat. Bei einem solchen überraschenden Vorfall werden die menschliche Autonomie und das Selbstwertgefühl durch die Herrschaft animalischer Instinkte zerstört. Personen, die normalerweise Wert auf ihre Würde legen, ducken sich unter der brutalen Macht, die sich durch Verletzung der Ordnung und auf der gesetzeslosen Suche nach jedem Vorteil durchsetzt.

Es ist die elementare Aufgabe der Regierung, uns vor diesen Augenblicken der Angst zu schützen. Als Austausch dafür, daß wir alle unsere Mittel zum Selbstschutz abgegeben haben, sollten wir wie Thomas Hobbes in seiner Rechtfertigung des staatlichen Machtgebrauchs formuliert hat, Sicherheit im Krieg »aller gegen alle« erhalten. Aber es ist offensichtlich, daß es der Regierung im gegenwärtigen urbanen Amerika nicht gelungen ist, ihre elementare Funktion der Friedenssicherung zu erfüllen. Viele der Bürger New Yorks aus den Mittelschichten ignorieren das Risiko, Opfer eines Verbrechens zu werden, aber andere leben in konstanter Furcht. Die Gruppe, die Angst hat, hat schließlich in Bernhard Goetz ihren Volkshelden gefunden. Er war der Jedermann in einem modernen Stück von der Moral, in dem das Richtige und die Ordnung über die Mächte des Bösen und der Zerstörung triumphieren. Er hatte sich nicht nur gegen die Elemente gewehrt, die nach Ansicht vieler die Stadt terrorisieren, sondern Goetz hatte die Unfähigkeit der Durchsetzung des Rechts demonstriert. Ein einzelnes Individuum, gut bewaffnet und hinreichend ausgebildet, leistet bessere Arbeit als alle diese Männer in Blau, die von Zeit zu Zeit in den U-Bahn-Wagen patrouillieren, und macht dem Verbrechen einen Strich durch die Rechnung.

Die Stimmung in der Öffentlichkeit gibt der Text der von

Ronny and the Urban Watchdogs aufgenommenen Single, dem »Subway Vigilante«, wieder:

He's the subway vigilante
The brave subway vigilante
Where law and order can't
he showed us how to take a stand
He had enough and came out fightin'
Drove the rats back into hidin'
Let's cheer the subway vigilante
He's one special kind of man
Er ist der U-Bahn-Rächer
der brave U-Bahn-Rächer
Wo Recht und Ordnung versagen
zeigt er uns, wie man's muß machen
Er hatte genug und kämpfte schließlich
schlug die Ratten zurück in ihr Versteck
Laßt ihn hochleben, den U-Bahn-Rächer
Er ist ein ganz besonderer Mann.

Würde es andere »ganz besondere Männer« geben? Würden Goetz' Taten Nachahmer hervorlocken, so wie bei der Flut von politischen Mordanschlägen in den sechziger Jahren? Major Owens, ein schwarzer Kongreßabgeordneter aus Brooklyn, meinte, die Weißen, die sich mit Goetz identifizierten, würden mit einem »Yeah, wir haben recht gehabt, laßt uns losziehen und sie drankriegen«[4], reagieren. Als Sprecher der Guardian Angels wiederholte Curtis Sliwa in selbstbewußtem Ton diese Meinung: »Das war eine Botschaft an alle anständigen Leute, daß es okay ist, zurückzuschlagen.«[5]

Jeder hat darauf gewartet, aber in den zweieinhalb Jahren zwischen den Schüssen und dem Verfahren gab es keine Wiederholungen, die von der Presse als von Goetz inspiriert gebrandmarkt werden konnten, und in dem auf das Urteil folgenden Sommer nahmen das Leben und das Verbrechen ihren gewöhnlichen Gang. Die Öffentlichkeit bewahrte ihre Faszination von dem moralischen Drama der U-Bahn-Schüsse und der Beurteilung von Goetz, aber seine Tat löste kein aufgestautes Bedürfnis der Bürgerschaft aus, sich selbst zu bewaffnen und den vermeintlichen Sieg über die Mugger der City zu wiederholen.

Obwohl Barry Slotnick selbst versuchte, den mutmaßlichen rassistischen Untertönen des Urteils ihren Nimbus zu nehmen, sagte er öffentlich, daß Urteil stünde für das »Recht«, sich selbst gegen die Art von Bedrohung zu verteidigen, der sich Goetz gegenübersah.[6] Das war eine unglückliche Interpretation der Entscheidung der Jury, daß Goetz in den Anklagepunkten wegen der Schüsse nicht schuldig war. Das Urteil gibt nur die Schlußfolgerung der Jury wieder, daß die Anklage sie nicht über jeden vernünftigen Zweifel hinaus davon überzeugt hatte, daß Goetz *nicht* in vernünftiger Notwehr gehandelt hatte.

Selbst wenn man das Urteil als Beweis dafür heranzieht, daß Goetz nach dem Gesetz von New York gerechtfertigt gehandelt hat, findet sich in den Worten des Gesetzes nicht der geringste Hinweis darauf, daß »Rechtfertigung« mit dem Recht zur Anwendung von Gewalt gleichgesetzt wird. Die Rechtfertigung der Verteidigung mit Notwehr kann nach dem Gesetz genauso auch für jemanden vorgebracht werden, der sich darüber irrt, ob ihm ein Raub droht. Aber selbst dann, wenn man aus guten Gründen einen Irrtum begeht, hat man nicht das Recht, auf vermeintliche Angreifer zu schießen und sie zu verletzen. Es ist richtig, daß diejenigen, die sich einem unmittelbar drohenden tatsächlichen Angriff gegenübersehen, das Recht dazu haben, den Angriff mit der geringsten Gewalt, die unter den Umständen erforderlich ist, abzuwehren. Dieses Recht entspringt dem Unrecht, das die Angreifer tatsächlich bewirken. Aber wo es kein Unrecht gibt, keinen tatsächlichen Raub, nur eine irrtümliche Angst vor einem Raub, da gibt es kein Recht zur Erwiderung. Das äußerste, was wir im Falle eines Irrtums sagen können, ist, daß der Verteidiger die Situation *schuldlos* falsch wahrgenommen hat: Es wäre nicht richtig, ihm für seinen Fehler einen Vorwurf zu machen. Im Gesetz von New York fallen diese beiden Dimensionen der Rechtfertigung und der Entschuldigung innerhalb der einen Vorschrift von dem »vernünftigen Glauben« an die Erforderlichkeit der Notwehr zusammen. Man kann daher allein sagen, daß die Jury keine Verurteilung aussprechen sollte, wenn sie zu dem Ergebnis kommt, daß der Irrtum unter den gegebenen Umständen vernünftig war (oder daß sie in dieser Frage einen vernünftigen Zweifel hat). Es ist eine grobe Fehlinterpretation des Rechts als auch des Freispruchs im Fall Goetz, von einem Recht darauf zu sprechen, auf jemanden schießen zu dürfen, der in der U-Bahn nach fünf Dollar fragt oder fünf Dollar fordert.

Bedauerlicherweise interpretiert die Öffentlichkeit die Entscheidungen der Jury in Fällen mit Gewaltanwendung häufig so, als seien es Urteile über den Wert der Opfer. Als Dan White in San

Francisco angeklagt wurde, den Bürgermeister George Moscone und den Landrat des Countys Harvey Mild getötet zu haben, entschied die Jury wegen Whites Geistesverfassung zum Zeitpunkt der Schüsse auf Totschlag in einem minder schweren Fall. Weil sich Harvey Mild für jeden erkennbar als Aktivist der Schwulenbewegung betätigt hatte, interpretierte die Öffentlichkeit das Urteil als Erklärung, daß das Leben von Schwulen weniger wert sei als das Leben anderer. Dieselbe Verzerrung scheint im Fall Goetz unausweichlich zu sein. Selbst wenn die Jury ihre Entscheidung ausschließlich auf die subjektiven Umstände der Schüsse von Goetz gestützt hätte, auf seinen vernünftigen Irrtum, auf seine persönliche Angst, würden große Teile der Öffentlichkeit das Urteil unverändert als eine öffentliche Erklärung über den moralischen Wert von schwarzen Opfern verstehen.

Die undifferenzierte Unterstellung von Rassismus im Fall Goetz – und generell im amerikanischen System der Strafjustiz – kann man nicht einfach abtun. Es reicht nicht aus, wenn die Geschworenen, wie im Fall Goetz, öffentlich erklären, daß die Rasse für ihre Entscheidung kein Faktor war. Es kann sein, daß sich die Geschworenen der rassischen Faktoren nicht bewußt sind, die ihre intuitive Beurteilung der Fakten beeinflussen. Und es reicht auch nicht aus, den Freispruch in Fällen hervorzuheben, in denen das Schema von den Hautfarben auf den Kopf gestellt wird. Ein Jahr vor dem Verfahren gegen Goetz wurde in Brooklyn ein junger Schwarzer, der einen weißen Priester erschossen hatte, wegen Notwehr freigesprochen. In San Diego, Kalifornien, wurde Sagon Penn, ein junger Schwarzer, einen Monat nach dem Urteil von Goetz gleichfalls wegen Notwehr von der Anklage freigesprochen, einen weißen Polizeibeamten getötet und einen anderen weißen Beamten sowie einen Zivilisten verletzt zu haben, die sich zum Zeitpunkt der Auseinandersetzung in einem Streifenwagen befanden.[7] In dem Howard Beach-Verfahren, das sechs Monate nach dem Urteil gegen Goetz zu Ende ging, wurden drei junge Weiße wegen Totschlags verurteilt, weil sie einige Schwarze, die durch ihr Wohnviertel kamen, angegriffen hatten und einen von ihnen fatalerweise in ein entgegenkommendes Auto gehetzt hatten.[8] Aber jeder dieser Fälle ist aus einer einzigartigen Ansammlung von Fakten entstanden. Man wird nie feststellen können, daß irgendein anderes Verfahren genau denselben Konflikt wie der Fall Goetz aufwirft, nur mit umgekehrter Verteilung der rassischen Zugehörigkeit. Daß Schwarze häufig von mutmaßlich an Weißen begangenen Verbrechen freigesprochen werden und Weiße häufig wegen Verbrechen an Schwarzen verurteilt werden, besänftigt nicht die Ängste derjenigen, die annehmen, daß rassische Faktoren das Urteil der Jury zugunsten von Goetz beeinflußt haben.

Es mag durchaus zutreffen, daß rassische Ängste unverändert in der amerikanischen Gesellschaft die alltäglichen Beurteilungen dessen beeinflussen, welche Art von Handlungen eine ernsthafte Gefahr heraufbeschwört und welche Art von gewalttätigen Reaktionen als vernünftige Notwehrhandlung angesehen werden sollte. Die Hautfarbe von Troy Canty, Barry Allen, James Ramseur und Darrell Cabey würde unausweichlich im Bewußtsein einer jeden Jury aus durchschnittlichen New Yorkern eine Rolle spielen. Bei dem gegebenen tragischen Mißverhältnis von Verbrechen, die von schwarzen Jugendlichen begangen werden, können es durchschnittlich sensible Leute nicht vermeiden, daß sie die Rasse genauso wie die Jugend, das Geschlecht, die Kleidung und die augenscheinliche Ausbildung mitbedenken, wenn sie ein Urteil darüber fällen, ob eine Gruppe von Jugendlichen in der U-Bahn Gefahren heraufbeschwört. Man muß diese Kids nicht als »Punks« bezeichnen, wie es die schwarze Zeugin Andrea Reid getan hat, aber die Überlebensinstinkte des Großstädters würden jeden fraglos wachsam werden lassen.

Das ist selbstverständlich ein rassisches Stereotyp, denn es führt dazu, daß der Unschuldige, der dem Stereotyp des »schwarzen Straßenrowdys« entspricht, genauso behandelt wird wie der Schuldige. Aber dieses Stereotyp beruht ebenso auf der Rasse wie auf der Jugend, dem Geschlecht, der Kleidung und anderen Zeichen, die dem Großstädter Gefahren signalisieren. Wir alle könnten uns fairer zueinander verhalten, wenn es solche Zeichen nicht gäbe, die auf verallgemeinerter Erfahrung beruhen, aber was können wir von einer durchschnittlichen Person erwarten, die sich in der U-Bahn einen Sitzplatz aussucht? Es ist keine Ungerechtigkeit gegenüber Troy Canty, wenn ein Fahrgast entscheidet, sich nicht neben ihn zu setzen. Aber jene Faustregeln, die angemessen sind, um die eigene Sicherheit zu beurteilen, können in einem Gerichtssaal nicht als Richtlinien für die Entscheidung gelten, wer schuldig ist und wer eine Bestrafung verdient. Wenn ein Richter oder ein Geschworener auf der Grundlage eines auch nur partiell rassisch beeinflußten Persönlichkeitsbildes zu dem Schluß käme, daß Troy

Canty die Absicht gehabt haben mußte, einen gewalttätigen Raub zu begehen, würde seine Faustregel zu einer rassisch inspirierten Ungerechtigkeit führen.

Strafverfahren können die Vorurteile gegenüber Rassen in unserer Gesellschaft nicht lösen, aber sie sollten sie wenigstens nicht vermehren. Zu welcher Beurteilung des Verfahrens gegen Goetz führt uns dieser Maßstab? An den einzelnen Verfahrensschritten gegen Goetz ist bemerkenswert, daß sie zumindest auf der verbalen Ebene farbenblind waren. Richter Crane gab der Anklage nicht die Erlaubnis, eine öffentliche Äußerung von Goetz in die Beweisaufnahme einzubringen, die er ein paar Jahre früher gemacht hatte und die ein krasses Vorurteil gegenüber Schwarzen zeigte.[9] Wenn diese Äußerung überhaupt relevant war, dann als Beleg dafür, daß Feindseligkeit gegenüber der Rasse ein Motiv für die Schüsse war. Hätte man der Anklage erlaubt, Beweise zu Goetz' rassischen Vorurteilen einzubringen, dann hätte man die Verteidigung dazu eingeladen, einen Zeugen nach dem anderen mit der Aussage beizubringen, daß Goetz eine tadellose Einstellung gegenüber Schwarzen hatte. Das Verfahren hätte sich in eine lächerliche Schlacht zwischen den Zeugen für und gegen den Charakter des Gunman aus der U-Bahn verwandelt.

Das vierstündige, auf Band aufgenommene Geständnis vermittelte eine ebenso gute Einsicht in die Persönlichkeit von Goetz, wie es irgendein Aufgebot von Zeugen liefern könnte, die über ihre Beobachtungen von seinem Verhalten unter normalen Umständen aussagen. Hätte Goetz gegenüber seinen mutmaßlichen Angreifern einen rassischen Gegensatz verspürt, würde man erwarten, daß ihm bei seinem gequälten Bericht von der Geschichte irgendeine Bemerkung zur Rasse herausgerutscht wäre. Aber er sagt nichts, was mit der Rasse zu tun hat. Ohne Aufforderung gibt er nicht einmal an, welcher Rasse die vier Jugendlichen angehörten. Erst als ein Polizeibeamter aus New Hampshire ihn direkt danach fragt, antwortet er, daß sie schwarz waren. Als er schildert, wie er 1981 von drei Schwarzen überfallen wurde, läßt er ebenso das bedeutsame Detail aus, daß auch sie schwarze Jugendliche waren. Selbst wenn Goetz von den sichtbaren Merkmalen, die er bei den vieren, von denen er 1984 einen Angriff befürchtete, wahrnahm – Jugend, Geschlecht, Rasse –, daran erinnert wurde, wie er 1981 schmerzhaft zusammengeschlagen wurde, so sagt er in seinem Geständnis nichts, was das Herstellen einer solchen Verbindung ermöglicht.

Es wurde die Auffassung vertreten, dieses systematische Verschweigen offenbare, wie sensibel Goetz gegenüber den Rassenfragen war und wie sehr er sich darum bemühte, das zu verbergen. Die Begründung lautet, es sei einfach nicht normal, daß ein weißer New Yorker, der sich vor der Gewalt auf den Straßen fürchtet, derart farbenblind ist, wie es das Bild von Goetz in seinem aufgezeichneten Geständnis suggeriert. In den zwei Stunden nicht auf Band aufgenommener Unterhaltung mit der Polizei von New Hampshire, die unmittelbar vor der auf Band aufgenommenen Unterhaltung lagen, macht er im Zusammenhang mit dem Mugging von 1981 die Bemerkung (laut Polizeibericht):[10]

> Ich denke, es ist ein bißchen lächerlich, davon auszugehen, daß jemand – sagen wir mal in meiner Lage –, der Sachen mit sich trägt, allein mit drei Schwarzen etwas innerhalb der U-Bahn anfängt.

In seinem auf Video aufgenommenen Geständnis wiederholt Goetz nahezu denselben Satz, aber er ersetzt das Wort »Schwarze« durch »Leute«.[11] Vielleicht war er sich des Images, das er auf dem Band herstellte, derart bewußt, daß er seine Worte sorgfältig auswählte. Aber diese Interpretation strapaziert die Fakten. Goetz vermittelt im Verlauf des Geständnisses und insbesondere in seiner Auseinandersetzung mit der assistierenden Distriktsstaatsanwältin Susan Braver einen so gestörten und verärgerten Eindruck, daß es schwerfällt zu glauben, er könne seine Ausdrucksweise gewählt haben, um einen bestimmten Eindruck hervorzurufen. Wir müssen die Folgerung akzeptieren, daß Rassenbewußtheit und rassische Animositäten zumindest zum Zeitpunkt seines Geständnisses für Goetz kein großes Gewicht hatten.

Der Verteidigung muß man bedauerlicherweise in der Rassenfrage ein gemischtes Zeugnis ausstellen. Sie unternahm nicht den Versuch, Schwarze systematisch von der Jury fernzuhalten. Nach dem Recht von New York und dem Verfassungsrecht des Bundes, wie es zur Zeit des Verfahrens galt, hätte sie – wie es die Verteidigung im Howard Beach-Verfahren versuchte – ihre endgültigen Ablehnungen bei der Auswahl der Geschworenen dazu benutzen können, um sich einer Jury zu versichern, die die gleiche Rasse hatte wie der Angeklagte.[12] Zwei Schwarze saßen auf der Bank der Jury, und einer von ihnen erwies sich – wie die Beratungen zeigten – als starker Befürworter eines Freispruchs.[13]

Es gab Momente in dem Verfahren, in denen eine rassisch motivierte Verteidigungsstrategie bestimmte Vorgehensweisen verlangt hätte, auf die Slotnick und Baker jedoch nicht zurückgriffen. Als der Gesundheitsbeamte, der Goetz bei dem Mugging von 1981 zu Hilfe gekommen war, in den Zeugenstand trat, hätte die Verteidigung den Versuch unternehmen können, ihm Aussagen zu entlocken über die Rasse Fred Clarks und der beiden anderen Jugendlichen, die dafür verantwortlich waren, daß Goetz zusammengeschlagen wurde und dauerhafte Verletzungen davontrug. Aber sie tat das nicht. Soweit die Jury das nach den Beweisen beurteilen konnte, die in das Verfahren eingeführt wurden, war die Rasse der früheren Angreifer entweder unbekannt oder irrelevant.[14]

Das Schweigen über die Rasse der früheren Mugger ist insbesondere deswegen bemerkenswert, weil es gute Gründe dafür gibt, daß alle früheren Erfahrungen von Goetz, die seine Ängste formten und zu seiner gewalttätigen Reaktion führten, als Troy Canty am 22. Dezember 1984 auf ihn zutrat, rechtlich relevant sind. Beeinflußt es nicht die Vernünftigkeit seiner Reaktion, daß er schon einmal von Jugendlichen überfallen worden war, die in Alter, Geschlecht und Rasse denen entsprachen, mit denen er beim zweiten Mal konfrontiert war? Einige darüber befragte Richter haben geantwortet, sie hätten es für zulässig gehalten, wenn der Zeuge des früheren Mugging der Jury die Rasse der Angreifer mitgeteilt hätte.[15] Andere Anwälte, die häufig die Vertretung in Bürgerrechtsfällen übernehmen, betonen, daß das Prinzip einer farbenblinden Gerechtigkeit die Zurückhaltung aller rassischen Faktoren im Zusammenhang mit Goetz' Taten erfordert hätte, obwohl die Rasse von Fred Clark im technischen Sinn relevant für die Reaktionen einer vernünftigen Person in Goetz' Situation war.[16]

Die Frage, ob die Rasse für eine vernünftige Person, die die von vier Jugendlichen in der U-Bahn möglicherweise ausgehende Gefahr abschätzt, von Bedeutung ist, betrifft den Kern dessen, was das Recht verlangt. Der statistisch gesehen durchschnittliche New Yorker würde sich mehr Sorgen um die »Art von Leuten« machen, die ihn schon einmal überfallen haben, und es ist kaum möglich, in unseren Zeiten nicht von einer durchschnittlichen Person zu erwarten, daß sie die Rasse als einen – nur einen – der Faktoren wahrnimmt, die jene »Art« von Leuten definieren, die eine Gefahr darstellen. Das Recht mag dennoch von uns verlangen, daß wir unsere Intuition über eine Gefahr, die aus der Zugehörigkeit zu einer

Rasse resultiert, überwinden. Obwohl diese Frage im Fall Goetz nicht geklärt wurde und obwohl dieses Problem rechtlich noch nicht geklärt ist, kann der Maßstab der Vernünftigkeit von uns verlangen, daß wir besser sein sollen, als wir tatsächlich sind.

Liest man das Protokoll des Falles Goetz, findet man kaum einen ausdrücklichen Hinweis auf die Rasse irgendeiner Person. Aber indirekt und verdeckt benutzte die Verteidigung den rassischen Faktor. Slotnicks Strategie, unablässig die »Bande der vier«, die »Wegelagerer« der Gesellschaft zu attackieren, sie »Aasgeier« und »Wilde« zu nennen, hatte unbestreitbar rassische Untertöne. Diese Verbalattacken signalisierten, daß die vier Jugendlichen nicht allein als vier Individuen verstanden wurden, die einen Angeklagten angegriffen hatten. Diese Wahrnehmung verlangt nach einer Hochrechnung ihrer Charakteristika auf die Klasse von Individuen, die sie repräsentieren. Zweifellos ist eines der Charakteristika, das bei dieser impliziten Hochrechnung zählt, ihre schwarze Hautfarbe.

Der verdeckte Appell an die rassischen Vorurteile kam höchst dramatisch bei der Nachstellung des Ablaufs der Schüsse zum Vorschein, die vorgenommen wurde, während Joseph Quirk seine Aussage machte. Der Angeklagte ließ vier Statisten auftreten, die die Rolle der vier Opfer Canty, Allen, Ramseur und Cabey einnahmen. Das nominelle Ziel dieser Demonstration bestand darin zu zeigen, auf welche Weise jede der Kugeln in den Körper eines jedes der Opfer eingedrungen war. Tatsächlich verfolgte die Verteidigung aber das Ziel, so dramatisch wie möglich vor der Jury die Szene zum Leben zu erwecken, der sich Goetz gegenübersah, als die vier jungen schwarzen Passagiere ihn umzingelten. Aus diesem Grund bat Slotnick die Guardian Angels, ihm vier junge Schwarze als Statisten bei der Demonstration zu schicken. Die vier jungen schwarzen Guardian Angels kamen herein, durchtrainiert und muskulös, in T-Shirts, um im Gerichtssaal in einem Minidrama die Rollen der vier Opfer zu spielen.[17]

Die Journalisten, die das Verfahren beobachteten, hatten nicht einmal eine vage Vorstellung von der Schwere dieser Verletzung eines fairen Verfahrens. Es schien selbstverständlich zu sein, daß die vier Jugendlichen von vier Schwarzen gespielt wurden. Schließlich hatte auch die Fernsehshow »20/20«, als sie eine Nachstellung der Schießerei zeigte, vier schwarze junge Männer die Rollen der Opfer darstellen lassen. Warum sollte Barry Slotnick als der

Regisseur dieser Nachstellung nicht dieselbe dramaturgische Freiheit genießen? Die meisten Beobachter meinten, er dürfe das, und Richter Crane stimmte dem zeitweise zu.[18]

Man könnte sich ein Strafverfahrenssystem vorstellen, bei dem jede Seite ein kleines Schauspiel aufführt, um ihre Version der Tatsachen zu zeigen. Aber zu den fundamentalen Prinzipien unseres Systems gehört die Zurückweisung dieser Form, die Jury zu überzeugen. Gewiß erlaubt unsere Konzeption der Beweisaufnahme auch eine wissenschaftliche Demonstration, um der Jury zu zeigen, wie etwas passiert ist oder passiert sein könnte (so ließ sich Slotnick von Boucher bei seiner Demonstration leiten, wie Goetz angeblich auf Cabey geschossen hatte). Aber im amerikanischen Strafverfahrenssystem versucht man, so weit wie möglich, jene Formen nichtverbaler Kommunikation auszuschließen, die sich einem Kreuzverhör und einer rationalen Bewertung durch die Jury entziehen.[19] Der Fall *Berg* weist die Tatrichter in New York an, Zeugen, die wie James Ramseur möglicherweise rebellisch sind, nicht vor der Jury zu überprüfen (sie sollen nicht vor der Jury erscheinen, bis ihre Bereitschaft zur Aussage feststeht): Die Bedeutung, die der rebellische Akt der Aussageverweigerung haben kann, gilt nicht als eine Behauptung, auf die sich ein Kreuzverhör beziehen kann.[20] Es kann der Eindruck entstehen, daß der Zeuge vor dem Angeklagten Angst hat, wie es das Gericht im Fall *Berg* angedeutet hat. Oder es kann der Eindruck entstehen, daß der Zeuge schlichtweg einen bösartigen, rebellischen Charakter hat, wie es der Fall war, als James Ramseur vor den Augen der Jury Contempt of Court beging. Auf ähnlich Weise konnte der Eindruck, den die dramatische Nachstellung der Schüsse von Goetz hervorrief – der Eindruck, daß jeder Angst davor gehabt hätte, von vier jungen schwarzen Straßenrowdies teilweise umgeben zu sein –, nicht einem Kreuzverhör unterzogen werden und war rationaler Bewertung nicht zugänglich.

Ob die Botschaften an die Jury Behauptungen enthalten, die einem Kreuzverhör zugänglich sind, läßt sich daran überprüfen, ob diese Botschaften in der Mitschrift des Verfahrens auftauchen. In der Mitschrift wird nicht erwähnt, daß die Statisten schwarz waren. Wenn die Mitschrift die beste Wiedergabe des Verfahrens ist, dann wird diese wichtige Tatsache den Forschern, die die Mitschrift in hundert Jahren lesen werden, verborgen bleiben.[21] Die verdeckte Botschaft der Verteidigung von der Rassenfurcht fand in der Tarnung eines dramatischen Realismus ihren Weg in das Verfahren. Vielleicht hätte Richter Crane die Tragweite von Slotnicks Manöver erkannt und seine Durchführung abgelehnt, wenn er sich der Mühe unterzogen hätte, für das Protokoll zu formulieren, was sich ereignete, als die Verteidigung vier junge Schwarze als Statisten auftreten ließ.[22]

Am Ende hatte Slotnicks verdeckter Appell an rassisch bedingte Ängste möglicherweise gerade deswegen größere Auswirkungen auf die Jury, weil er sich hinter Anspielungen und Unterstellungen verbarg. Er richtete sich an jene Persönlichkeitsschicht der Geschworenen, die ihnen nicht unmittelbar bewußt war. Paradoxerweise mag Slotnick dadurch einen größeren Vorteil errungen haben, daß er keine Fragen zu Fred Clarks Rasse gestellt hat, als wenn er dessen Rasse thematisiert hätte. Ein offenes Gespräch im Gerichtssaal über rassisch bedingte Ängste hätte der Jury zu einem rationaleren Umgang mit ihren eigenen Vorurteilen gegenüber Rassenfragen verhelfen können.

Der Fall Goetz hat eine andere rassische Dimension, die im Verfahren nie ausgesprochen und in der Presseberichterstattung von dem Aufeinandertreffen in der U-Bahn und der nachfolgenden juristischen Schlacht kaum erwähnt wurde. Der eindeutige Zusammenhang zwischen der Rasse und dem Milieu aus Armut und Deprivation, der vier Herumtreiber wie Troy Canty, Barry Allen, James Ramseur und Darrell Cabey hervorgebracht hat, läßt sich kaum ignorieren. Diese jungen Männer, die nur eine geringe Grundschulausbildung, keine Zukunft und keinen Antrieb zu einer Zukunftsplanung haben, leben in einer Gegenwart, die von den Versuchungen durch Drogen und leichten illegalen Gewinnen beherrscht ist. Sie sind schlau genug, wie uns Troy Canty unwiderlegbar aus dem Zeugenstand mitgeteilt hat, ihre Straftaten so zu planen, daß sie das Risiko einer schwerwiegenden Gefängnisstrafe minimieren. Das Aufbrechen von Videospielen und der leichte Diebstahl aus Lebensmittelgeschäften definieren ihre Rolle in der Gesellschaft.

Diese menschliche Tragödie sollte unser Mitleid wecken und unser Interesse an der Korrektur der strukturellen Probleme in unserer Gesellschaft verstärken, die die Minderheiten der Unterschichten im Rahmen eines Systems von gesicherten Eigentumsrechten und friedfertiger öffentlicher Ordnung ihres Platzes beraubt. Das Buch von Lilian Rubin über die frühen Phasen des

Verfahrens gegen Goetz[23] analysiert den sozialen und familiären Hintergrund der vier Opfer. Die feindselige öffentliche Reaktion auf ihr Eintreten für eine umfassendere Sicht der Ursachen der Verbrechen, die von schwarzen Jugendlichen begangen werden, macht den Unterschied zwischen der Einstellung der sechziger und der achtziger Jahre amtlich.[24] Vor zwanzig Jahren hätten die liberalen Intellektuellen auf ihre Aufforderung reagiert, größere Anstrengungen zu unternehmen, um mit den Gettos der Großstädte die Brutstätten des Verbrechens zu eliminieren. Ein führender Richter dieser Zeit, David Bazelon, schlug vor, daß soziale Deprivation als eine Entschuldigung für kriminelles Verhalten anerkannt werden sollte.[25] Heutzutage zieht niemand Bazelons Argument ernsthaft in Erwägung: da die sozialen Bedingungen in ähnlicher Weise wie die geistige Einstellung zu kriminellem Verhalten führen, sollten, so seine Überlegung, diese beiden kriminogenen Faktoren rechtlich gleich behandelt werden. Vorherrschend scheint nun die Sorge zu sein, wie wir uns vor den Auswirkungen jener sozialen Kräfte schützen können, die außerhalb unserer Kontrolle zu stehen scheinen.

Die Beschäftigung mit der Korrektur der Wurzeln von Verbrechen ist Ausdruck eines liberalen Interesses an sozialem Handeln, das – leider! – nicht länger dem Zeitgeist entspricht. Die Liberalen und die Konservativen haben sich freilich angesichts der Anklage gegen Goetz in gegensätzliche Lager eingereiht. Aber mit den Begriffen »liberal« und »konservativ« verbinden sich in diesem Zusammenhang Konnotationen, die genau das Gegenteil ihrer üblichen Richtung bedeuten. Konservative stehen normalerweise auf der Seite der Regierungsbemühungen, das Verbrechen einzudämmen. Aber hier finden wir die Konservativen Seite an Seite mit einem Angeklagten, der wegen gewalttätiger Verbrechen angeklagt ist. Die Liberalen treten üblicherweise für die Verteidigung ein – für den Underdog, der sich gegen die anmaßende Macht des Staates zu schützen versucht. Aber hier finden wir Liberale, die die staatliche Macht gegen die »Anarchie« verteidigen, die entsteht, wenn die Leute zu Schußwaffen greifen und in zweifelhaften Situationen drauflosschießen.

William Kunstler, ein berühmter Verteidiger und politischer Aktivist, steht gewöhnlich auf seiten der Verteidigung, die sich einer unterdrückenden Regierung widersetzt. Nunmehr, als Anwalt von Darrell Cabey bei seiner Multi-Millionen-Dollar-Schadensersatzklage gegen Goetz, fand er sich selbst nachdrücklich auf der Seite der Anklage wieder und trat für eine Verurteilung und Inhaftierung von Goetz ein, den er als »triggergeilen Rächer« bezeichnete, der selbst nach dem Verfahren darauf vorbereitet sei, wenn es denn sein müsse, »insbesondere wenn Angehörige von Minderheiten beteiligt sind, eine andere Waffe aus einem anderen Schnellziehhalfter zu zücken, eine Kampfhaltung einzunehmen und ein weiteres Mal zu schießen, um zu töten«.[26] Kunstlers durchgehende Maxime ist der Schutz der Minderheitenrechte. Manchmal erfordert das einen Kampf gegen und manchmal die Unterstützung der Anklage.

Die Verteidigung von Bernhard Goetz war in dem Sinne deutlich politisch, als sie sich von einer Welle von populärem Enthusiasmus für die symbolische Bedeutung tragen ließ, daß jemand den Spieß gegen die Jugendlichen umgedreht hatte, die so viele gesetzestreue Bürger bedrohen. Die Verteidigung spekulierte auf die tiefgehenden Frustrationen derer, die, wie der schwarze Anrufer in der Sherrye Henry-Talkshow, die Opfer von Goetz als beispielhaft für jene Gruppe ansehen, die von der »Drehtürjustiz« wiederholt aus dem Gefängnis herausgelassen werden, die andauernd »uns an die Kehle« gehen. Die Strategie der Verteidigung von Goetz war populär, aber sie erreichte nie die Ebene, auf der das Gewissen oder ein Prinzip thematisiert wurden.

Wenn die Verteidigung versucht hätte, sich auf ein universelles Prinzip von menschlicher Freiheit zu beziehen, insbesondere des Rechts, in besonderen Situationen die notwendigen Mittel zur Selbstverteidigung mit sich zu führen, dann wäre sie sowohl bei ihren Bemühungen, die Jury auf die ihr eigene Macht, ihrem Gewissen zu folgen, anzusprechen, als auch bei der Entwicklung eines überzeugenden Arguments für die Verteidigung wegen Notstandes besser gefahren. Beide Argumente hätten eine prinzipielle Frage aufgeworfen, an der die Jury ihren politischen und moralischen Einstellungen Gewicht hätte verleihen können. So wie sich der Fall Goetz tatsächlich entwickelte, dachten Slotnick und Baker hingegen, sie könnten an eine »jury nullification« appellieren, ohne einen spezifischen Mangel im vorherrschenden Recht herauszuarbeiten. Sie hatten keinen Einwand gegen das New Yorker Recht zur Notwehr. Sicherlich, sie hatten eine Schlacht über subjektiven versus objektiven Maßstab für Notwehr vor den Rechtsmittelgerichten geführt und verloren, aber diese relativ esoterische

Frage konnte kaum dafür ausschlaggebend sein, daß die Jury die Instruktionen des Richters über das Recht nicht befolgte.

Die Verteidigung hatte auch keine ersichtlichen Einwände gegen die Rechtsvorschriften, wonach der Besitz einer geladenen Waffe in der Öffentlichkeit ohne Erlaubnis verboten ist. Das war der Anklagevorwurf, in dem Goetz am verwundbarsten war und wegen dem er letztendlich für schuldig befunden und zu einer Strafe verurteilt wurde. Die Verteidigung brachte keinen Schriftsatz dagegen vor. Sie erhob keinen Einwand dagegen. Sie berief sich weder auf das Zweite Amendment, das Recht zum Tragen von Waffen, noch auf Notstand nach dem Recht von New York.[27] Sie schien davon auszugehen, die Sympathie der Jury für Goetz' Tat werde sich als so stark erweisen, daß sie ihren Klienten an dem engen Begriff von Schuld, wie er in den Instruktionen des Richters gegeben wurde, vorbeitreiben werde.

Paradoxerweise geht man ohne größere Bedenken in der Öffentlichkeit allgemein davon aus, daß sowohl in der U-Bahn in einer Situation wie der von Goetz als auch bei der Abwehr von Einbrechern das Recht zur Notwehr gegeben ist[28], hat zur gleichen Zeit aber Angst davor, daß mit der Verbreitung von Pistolen und anderen Schußwaffen immer mehr Menschen in die Lage versetzt werden, ihr Recht zur Notwehr wirklich wahrzunehmen. Diese sich überschneidenden Mehrheiten werden verständlich, wenn man sie aus dem Blickwinkel der vorherrschenden, nahezu endemischen Angst betrachtet, die das urbane Leben unserer Zeit prägt. Die allgegenwärtige Angst vor einem Überfall mündet in die Unterstützung für jemanden wie Goetz, der zurückschlägt, aber sie flößt den Menschen auch die Furcht ein, daß sich jeder Fremde und insbesondere jeder Fremde auf den Straßen, der Angehöriger einer Minderheit ist, eine geladene Waffe einsteckt. Schußwaffen erleichtern die Notwehr, aber sie machen es den Kriminellen auch leichter, die Opfer von Raub und Vergewaltigung einzuschüchtern. In unseren Zeiten überwiegt die Angst davor, was die Leute mit den Schußwaffen tun werden, den Vorteil, daß die Fähigkeit zur Selbstverteidigung derer, die angegriffen werden, durch Schußwaffen gesteigert wird.

Angesichts der tiefgehenden Abneigung gegen die Verbreitung von Schußwaffen, die von vielen der potentiellen Geschworenen bestätigt wurde, die sagten, sie könnten es leicht nachvollziehen, daß Goetz aus Gründen der Selbstverteidigung dazu gezwungen gewesen sein könnte zu schießen, die aber dennoch die Kontrolle von Schußwaffen befürworten, kann es eine einfühlsame taktische Entscheidung von Slotnick und Baker gewesen sein, den Fall nicht so herauszustellen, als ginge es um eine grundlegende Frage nach dem Recht zum Tragen von Waffen. Wenn die Geschworenen gedacht hätten, es ginge um generellere Probleme, hätten sie darauf möglicherweise zuungunsten von Goetz reagiert und wären zu der Entscheidung gekommen, daß er bei dem Aufeinandertreffen in der U-Bahn schießwütig gewesen war und in unverhältnismäßiger Weise auf die Anzeichen von Gefahr reagiert hatte; sie hätten ihn möglicherweise genauso in einigen der Anklagepunkte wegen der Schüsse wie in dem einzigen Punkt des unerlaubten Waffenbesitzes verurteilt.

Es scheint auf der Hand zu liegen, daß sich in unserer Einstellung zum Umgang mit Waffen und zur Notwehr seit der Abfassung des zweiten Verfassungszusatzes eine grundlegende Veränderung vollzogen hat. Das Recht des zweiten Verfassungszusatzes, Waffen »zu besitzen und mit sich zu tragen«, ist eine Reaktion auf die Ängste vor der Tyrannei; es ist klar, daß wir eine andere Philosophie brauchen, um auf die Ängste der achtziger Jahre zu reagieren. Wir sind heutzutage überzeugt, daß unser Rechtssystem uns verläßlicher vor Unterdrückungsmaßnahmen der Regierung schützen kann, als das unsere Fähigkeit, Schußwaffen auf ein Ziel zu richten und abzufeuern, tun könnte. Aber wir sind nicht in derselben Weise davon überzeugt, daß unser Rechtssystem ein sicherer Wall gegen die kriminellen Elemente ist, die sich auf den Straßen herumtreiben.

Die Werte, die im zweiten Verfassungszusatz ihren Ausdruck finden, haben eine politische Metamorphose erfahren – von einer universellen Freiheitsgarantie für die Linke zu einem Anspruch auf Klasseninteressen für die Rechte. Das Recht zum Tragen von Waffen ist nicht länger Ausdruck einer generellen Sorge um den Schutz einer freien Gesellschaft vor der Gefahr der Tyrannei; es wird im öffentlichen Bewußtsein mit dem parteiischen Interesse verknüpft, daß man sich entrechtete kriminelle Elemente vom Leib hält. Heutzutage steht die Linke – mit einigen beachtenswerten Ausnahmen – auf der Seite der Waffenkontrolle und der Anwendung von regulatorischen Straftaten[29], um zu verhindern, daß Schußwaffen und andere Waffen in die Hände der falschen Leute gelangen.

Diese politische Transformation lehrt uns, wie schwierig es ist, den zweiten Verfassungszusatz im Einklang mit der ursprünglichen Intention seiner Verfasser zu interpretieren. Das Gebot der Vernunft im Verfassungsrecht verlangt, daß wir die dem 18. Jahrhundert entstammenden Ursprünge des Rechts zum Tragen von Waffen überwinden und im Kontext unserer gegenwärtigen Sorgen und Ängste über dieses Recht nachdenken. Vielleicht wäre eine gut ausgebildete Bürgerschaft, die Waffen trägt, nicht schädlicher für das öffentliche Interesse als der weitverbreitete Besitz einer anderen tödlichen Waffe: des Automobils. Mit adäquater Übung können die meisten Leute zu einigermaßen sicheren Fahrern werden. Wenn man genauso viel Zeit und Energie in die Ausbildung der Menschen im Umgang mit Schußwaffen stecken würde, dann würden wir das Risiko, daß es zu versehentlichen Schüssen kommt, sicherlich vernachlässigen.

Aber es besteht ein bedeutsamer Unterschied zwischen Automobilen und Schußwaffen. Abgesehen von seltenen Fällen sind Automobile nicht das Mittel zu Einschüchterungshandlungen. Sie können das Entkommen von einem Verbrechen leichter machen, aber sie fördern nicht die Durchführung von gewalttätigen Verbrechen, indem sie die Opfer dazu zwingen, keinen Widerstand zu leisten. Aus diesem und aus anderen Gründen spielen wir den Schaden herunter, der von Automobilen herbeigeführt wird, und überschätzen vielleicht die Gefahr, die von Fremden ausgeht, die Schußwaffen besitzen.

Bei diesem und bei vielen anderen von der Anklage gegen Goetz aufgeworfenen Themen ist die Stimme der Vernunft im Recht aufgrund der Probleme der Moderne brüchig geworden. Eine lange Schlacht vor den Rechtsmittelgerichten in der Phase, in der die Hauptverhandlung noch nicht begonnen hatte, führte zu einem eindeutigen Ergebnis: Der objektive Maßstab verlangt von der Jury eine moralische Entscheidung darüber, ob die aktuellen Ängste und Vorstellungen des Angeklagten unter den gegebenen Umständen vernünftig waren. Aber als die Jury zu ihrem eigenen Verständnis vom Recht über den Vorsatz gelangte, der für versuchten Mord erforderlich ist, bestimmte der abgelehnte subjektive Maßstab die Beratungen.* Viele konkurrierende Theorien zur Notwehr erstreben eine Dominanz – die punitive Theorie, die

* Vgl. Kapitel 10, S. 276ff. zu den Details.

Theorie, daß jemand, der einem Angriff ausgesetzt ist, keine andere Wahl hat, die »individualistischen« und die »sozialen« Theorien von der Notwehr als Rechtfertigungsgrund[30] – aber im Verlauf des Verfahrens gewann keine die Oberhand. Die ersten drei kämpften in dem Prozeß, der zu den Zweifeln der Jury über die Begründetheit der Anklage führte, um die Vorherrschaft.

Das moderne Rechtsdenken kreist um die Frage, ob schädigende Folgen einer Handlung mit bösartigen Absichten diese gravierender macht. In den Argumenten im Verfahren gegen Goetz wurden besonders die Folgen für Darrell Cabey von den Anwälten betont. Aber in den Augen der Jury lautete die vorrangige Frage, welche Sicht Goetz vom Geschehen hatte und mit welcher Intention er gehandelt hatte. Vor dem Fall Goetz wurde über diese Fragen gestritten, und dieser Streit ist immer noch nicht geschlichtet.

Die konfligierenden Ziele des Rechts wurden in dem langerwarteten letzten Stadium des Verfahrens gegen Goetz deutlich – der Strafzumessungsentscheidung von Richter Crane. Richter Crane stand allein vor der grundlegenden Frage, ob Goetz ins Gefängnis zu gehen hatte. Die Entscheidung der Jury sollte ihn nur insoweit beeinflussen, als er ihre Entscheidung akzeptierte, daß ein vernünftiger Zweifel daran bestand, ob die Folgen von Goetz' Schußwaffen-Tragen für die vier Opfer rechtmäßig oder unrechtmäßig waren. Der Gesetzgeber hat dem Richter, der die Strafzumessungsentscheidung trifft, Richtlinien für die Entscheidung über die angemessene Dauer der Haftzeit vorgegeben. Das komplizierte Strafzumessungsschema für die Straftat des Besitzes einer geladenen Waffe in der Öffentlichkeit verlangt, daß der Richter entweder eine zeitlich unbegrenzte Strafe mit einem Minimum von zweieindrittel Jahren im Gefängnis[31] oder eine bestimmte Strafe von nicht weniger als einem Jahr[32] festsetzt, und es enthält die Klausel, daß der Richter eine Strafe von weniger als einem Jahr anordnen kann, wenn er »der Auffassung ist«, daß die Strafe von einem Jahr »angesichts der Art und der Umstände der Straftat und der Vorgeschichte und des Charakters des Angeklagten übermäßig hart wäre«.[33] Am Ende würden die Optionen bei der Strafzumessung auf die Frage zulaufen, ob Richter Crane sich entschließen würde, daß das gesetzgeberisch vorgeschriebene Minimum von einem Jahr unter den Umständen zu streng oder zu hart war.

Es gibt kein Rechtsgebiet, das unsere Konfusion über die vom Recht verfolgten Ziele deutlicher offenbart als die Strafzumessung.

Wir neigen zu der Auffassung, daß die Leute als Folge eines Gefängnisaufenthalts gebessert werden und als nützliche und produktive Bürger in die Gesellschaft zurückkehren. Auf dem Höhepunkt dieses Glaubens an die Resozialisierung hat praktisch jeder Staat ein Modell zur individualisierten Strafzumessung eingeführt, unterstützt von »Experten zur psychischen Gesundheit«, die den Angeklagten im Vorfeld der Strafzumessung befragten und eine Empfehlung abgaben, welche Strafe die beste für ihn wäre.

Strafzumessung war damit keine Angelegenheit der Gerechtigkeit mehr, sondern wurde zu einer Verwaltungsangelegenheit, durch die die Mittel des Staates zum mutmaßlichen Wohlergehen des verurteilten Straftäters eingesetzt wurden. Der Glaube an die Strafzumessung als ein Instrumentarium zur psychischen Gesundung erlitt das gleiche Schicksal wie andere liberale Ansichten der letzten dreißig Jahre. Mittlerweile wissen wir, daß kein therapeutischer Nutzen sich ergibt, wenn wir die verurteilten Angeklagten in unsere überfüllten Gefängnisse schicken. Wir glauben genausowenig daran, daß wir die grundlegende Wertestruktur von Kriminellen ändern können, wie daran, daß wir die sozialen Probleme von Armut und Verzweiflung lösen können, die hauptsächlich die Kriminalität verursachen.

Der rechtliche Rahmen der zeitlich unbegrenzten, individualisierten Strafzumessung ist in New York in Kraft geblieben, aber das System ist nun kompliziert, weil es von einer wiedererstarkten Sorge um den Schutz der Gesellschaft und von dem Bemühen, dem Opfer und dem Straftäter Gerechtigkeit zuteil werden zu lassen, überlagert ist. 1982 hat der New Yorker Gesetzgeber seine Vorstellungen in einem Zusatz in das Strafgesetz eingefügt und es als eines seiner Ziele deklariert, »daß auf bestimmte Straftaten eine angemessene öffentliche Reaktion erfolgt«.[34] Der bürokratische Begriff von der »angemessenen öffentlichen Reaktion« steht in unserem derzeitigen verlegenen Sprachgebrauch für die reine Vergeltung – dafür, daß man dem Übeltäter zurückzahlt, indem man ihn leiden läßt. Der Zusatz reflektiert das dominierende Bemühen, den Opfern Gerechtigkeit widerfahren zu lassen, die sich stets ungerecht behandelt vorkommen, wenn diejenigen, die sich an ihnen vergangen haben, ihrer verdienten Strafe entkommen. Der Zusatz von 1982 betont, daß die »angemessene« Reaktion die »Folgen der Straftat für das Opfer, einschließlich der Familie des Opfers, und die Allgemeinheit« beachten muß.[35]

Wenn man diese Richtlinie auf die Straftat anwendet, wegen der Goetz verurteilt wurde, entsteht das Problem, daß das Mitsichführen der geladenen Schußwaffe in der Öffentlichkeit für sich genommen gar kein Opfer hervorbrachte. Die Jury hat ihn wegen aller Anklagepunkte freigesprochen, die sich auf bestimmte Opfer bezogen. Der gebotene Respekt für das Urteil der Jury, die in allen Anklagepunkten wegen der Schüsse zu einem nicht schuldig gekommen war, machte es Richter Crane unmöglich, bei der Festsetzung der Strafe die Folgen für die vier Jugendlichen in Betracht zu ziehen. In der öffentlichen Wahrnehmung hingegen waren die Folgen für die vier Opfer unbestreitbar Bestandteil des Prozesses der Festlegung der Strafe. So bemerkte die *New York Times*: »Aber nicht alle [die illegal eine Waffe besitzen] schießen mit ihren illegalen Waffen oder verursachen Verletzungen, wie es Mr. Goetz tat.«[36] Für viele interessierte Bürger bot die Festsetzung der Strafe die Möglichkeit, um nochmals nachzuprüfen, ob das Urteil den vier schwarzen Opfern Gerechtigkeit zuteil werden ließ.

Wenn jeder andere Zweck des Strafens versagt, dann greifen die Gesetzgeber und die Richter auf die Logik der allgemeinen Abschreckung zurück. Straftäter ins Gefängnis zu schicken, mag sie zwar nicht bessern, aber das Beispiel ihres Leidens wird die anderen dazu veranlassen, zweimal über die Risiken einer Rechtsverletzung nachzudenken. Der Gesetzgeber hat eine Strafe von einem Jahr für die opferlose, regulatorische Straftat des Mitsichführens einer Waffe festgesetzt und damit dem regulatorischen Verbot großen Nachdruck verliehen. Wenn die Menschen nicht die Fairneß und die moralische Notwendigkeit des Rechts einsehen, das von ihnen verlangt, auf ihre Waffen zu verzichten, können sie zumindest verstehen, daß es nicht zu ihrem Vorteil ist, sich auf eine Weise zu verhalten, die schwere Strafen nach sich zieht.

Ironischerweise ging Goetz, als er sich systematisch über das Recht, das Schußwaffen in New York unterdrückt, hinwegsetzte, davon aus, daß diejenigen, die ihn überfallen könnten, vor der Verletzung desselben Gesetzes zurückschrecken würden. Er hatte keine Angst, daß sie – als professionelle kleine Diebe – bewaffnet sein würden. Er wußte, daß sie ihrem gesetzlosen Geschäft nachgehen würden, ohne sich dem Risiko auszusetzen, in ein Staatsgefängnis zu kommen. Bei seiner aufschlußreichen Aussage im Verfahren bestätigte Troy Canty, daß er und seine Freunde zu der rationalen Kalkulation der strafrechtlichen Kosten von bestimmten Verbrechen fähig waren. Wenn einfache Diebe abgeschreckt werden und wenn Goetz mit den Regeln der Straße hinreichend vertraut war, um das zu erkennen, warum wurde er selbst nicht am 22. Dezember 1984 und bei den unzähligen Gelegenheiten vor diesem Datum davon abgeschreckt, sein Apartment mit einer geladenen Schußwaffe im Schnellzieh-Halfter zu verlassen? Die Antwort ist einfach die, daß Goetz sich im Recht glaubte. Die vier Jugendlichen wußten, daß sie einem illegalen Erwerb nachgingen, und sie sahen keinen Grund dafür, unnötige Risiken einzugehen. Aber Goetz glaubte fest daran, daß das auf ihn anwendbare Recht falsch war. Ihm ging es nicht darum, sich mit einem Instrument zum illegalen Verdienst zu bewaffnen, sondern er wollte sich mit den notwendigen Mitteln zur Selbstverteidigung ausrüsten.

Der Prozeß der Strafzumessung selbst gleicht eher einer Stadtversammlung als einem kontrollierten rechtlichen Verfahren und ist von geheimnisvollen Ritualen und stilisierten Reaktionen auf das Urteil durchdrungen. In den drei Monaten zwischen dem Urteil und der Festsetzung der Strafe konnte jeder in dem Verfahren intervenieren und Richter Crane Ratschläge zur gewünschten Strafe geben. Am 19. Januar, dem Tag der Entscheidung, enthielt die Akte sechsunddreißig Vorschläge, einige in Form von Briefen, andere in Form von juristischen Schriftsätzen. Richter Crane gab bekannt, daß sich 25 gegen eine Haftstrafe für den Angeklagten aussprachen; 11 befürworteten einen Freiheitsentzug. Verschiedene Institutionen hatten interveniert und ihre Dienste angeboten, falls sich der Richter anstelle einer Gefängnisstrafe für eine gemeinnützige Arbeit entscheiden würde. Wie auch immer die Strafe ausfallen würde, die Stimmen vieler Gruppen würden in die Erwägung des Richters über die richtige Strafe eingehen.

Die Auseinandersetzung zwischen Waples und Slotnick rekapitulierte viele Themen des Verfahrens. Waples betonte die geistige Instabilität von Goetz und seine Gefährlichkeit, die mangelnde Reue wegen seiner Tat und seine unveränderte Überzeugung, er habe das Recht, Waffen zu besitzen und mit sich zu tragen. Demzufolge habe Richter Crane keine ausreichende Grundlage, um vom gesetzlichen Minimum von einem Jahr Gefängnis abzuweichen. Slotnick brachte eine Reihe von gegensätzlichen Argumenten für Milde vor. Richter Crane sollte Goetz in der gleichen Weise wie einen gewöhnlichen Straftäter mit einem Vorstrafenregister behandeln, von denen grob die Hälfte für das Verbrechen des Waffenbesitzes anstelle einer Gefängnisstrafe Bewährung erhält. Aber dennoch sollte der Richter zugleich beachten, daß Goetz, da er dem Ansturm der Öffentlichkeit und den Belastungen von nahezu drei Jahren Verfahrensdauer ausgesetzt gewesen war, genug erlitten hatte. Und wenn ihn das nicht überzeugen würde, sollte Richter Crane die Popularität von Goetz beachten: Eine Strafe mit Freiheitsentzug würde, behauptete Slotnick, »das Herz von New York brechen«.

Der informelle Charakter der Auseinandersetzung über die Strafe weckte nostalgische Erinnerungen an die Formalisierung der Beweisaufnahme in der Hauptverhandlung. Waples belegte seine Behauptung von Goetz' Gefährlichkeit, indem er verschiedene Vorfälle von angeblicher Gewalttätigkeit in seinem Wohnviertel anführte – das Niederbrennen eines Zeitungskiosks, das Anzünden der Besitztümer einer wohnungslosen Frau –, und er unterstützte seine Behauptung mit der Beteuerung, er habe verläßliche Zeugen dieser Vorfälle vernommen. Was Slotnick vorbrachte, war ebenfalls weit hergeholt. Er führte verschiedene Erfahrungen unterschiedlicher Gruppen an, die ihm für die Verteidigung alles Gute gewünscht hatten. Er schien es für ein gutes Argument zu halten, daß die Gewerkschaft der Lastwagenfahrer oder eine Gruppe von Studenten einer kleinen, lokalen Law School ihre Ablehnung eines Freiheitsentzugs für ihren Helden geäußert hatten.

Unmittelbar, nachdem Slotnick seinen Vortrag beendet hatte, erhob sich im hinteren Teil des Gerichtssaals ein junger Schwarzer mit Dreadlocks* und schrie: »Wenn ich das vorgeschriebene Jahr bekommen habe, warum er nicht?«

Obwohl dies ein offensichtlich unzulässiger Einwurf war, unterstrich er doch die Notwendigkeit von gleichem Recht für alle, die jeden beschäftigte.

Es war ein ganz offensichtliches Versäumnis von Slotnick – und zwar bei der Festsetzung der Strafe wie während der Verhandlung –, daß er sich nicht dazu äußerte, was Recht und was Unrecht war, wenn Goetz mit einer geladenen Schußwaffe unter seinem Gürtel auf den Straßen herumgelaufen war. Während der Verhandlung hätte er vorbringen können, daß das Verhalten von Goetz durch Notstand gerechtfertigt war, aber er verpaßte diese Gelegen-

* Anm. d. Ü.: Zusammengedrehte Haarsträhnen, wie sie zuerst von den Rastas aus Jamaika bekannt wurden.

heit und setzte seinen Mandanten einer nahezu automatischen Verurteilung aus. Während des Verfahrens zur Festsetzung der Strafe hatte er die Chance vorzutragen, Goetz habe eingesehen, daß sein Verhalten falsch war und er werde diese Straftat nicht wiederholen. Aber nicht ein einziges Wort zur Beschwichtigung der Bedenken des Richters war zu vernehmen, daß Goetz einfach zu seinem früheren Verhaltensmuster zurückkehren und das tun würde, was er für richtig hielt, ohne Rücksicht auf das Gesetz.

Goetz hatte das Recht zum letzten Wort. Er hatte die Chance, das Gericht davon zu überzeugen, daß er durch den Ablauf des Verfahrens und durch das Urteil etwas dazugelernt hatte. Er würde die Entscheidung des Gesetzgebers und der Jury akzeptieren und dem Gesetz über den Besitz und das Mitsichführen von Waffen gehorchen. Aber er erhob sich in seiner üblichen Aufmachung, den Blue jeans und einem Hemd mit offenem Kragen, und sagte nichts. Er würde weiterhin im Schatten des Ringens um die richtige Moral verbleiben, das seine Taten uns allen hinterlassen hatte.

Richter Crane hätte den Weg mit dem geringsten Widerstand gehen und Goetz zur Ableistung einer bestimmten Zahl von gemeinnütziger Arbeit verurteilen können. Die Bewährungsbehörden hatten schon einen Bericht zur Strafzumessung vorbereitet, in dem sie eine Strafe ohne Freiheitsentzug empfahlen. Richter Crane widersetzte sich dem populären Geschrei, wich aber auch von dem gesetzgeberischen Minimum ab und erließ eine Kompromißentscheidung. Nachdem er eine detaillierte Rechtfertigung seiner Entscheidung abgegeben hatte, in der er die Wichtigkeit der Gleichheit bei der Strafzumessung betonte und die Politik des Gesetzgebers von New York, den unerlaubten Waffenbesitz zu unterdrücken, hochhielt, verurteilte er Goetz zu sechs Monaten Haftstrafe, einer Geldstrafe von $ 5075,- und zusätzlichen viereinhalb Jahren Bewährungszeit. Während er der Überwachung der Bewährungsbehörden unterstand, sollte Goetz in einem Zentrum zur medizinischen Rehabilitation 280 Stunden gemeinnützige Arbeit erbringen und psychiatrische Beratung durch einen Therapeuten seiner Wahl erhalten.

Der Richter hatte sich dafür entschieden, daß ein Jahr Gefängnis zu hart wäre, aber er ging davon aus, daß die von ihm festgesetzte Strafe für Goetz genauso belastend sein würde wie das gesetzgeberische Minimum. Eine Auswirkung der gespaltenen Strafe – Gefängnis plus Bewährung – ist, daß Goetz selbst dann, wenn er wegen guten Verhaltens in der Haft die höchstmögliche Anrechnung erhalten würde, erst nach einem tatsächlichen Minimum von vier Monaten hinter Gittern entlassen werden konnte. Wenn er zu einem Jahr ohne nachfolgende Bewährung verurteilt worden wäre, hätte er schon nach zwei Monaten Haft Bewährung – oder »bedingte Entlassung«, wie es in New York genannt wird – erhalten können. Slotnick erkannte diesen Nachteil für seinen Mandanten, wandte sich sofort an die Richterbank und bat den Richter, die gespaltene Strafe durch das gesetzliche Minimum von einem Jahr zu ersetzen. Richter Crane lehnte das ab, und die Verteidigung verkündete ihre Absicht, Rechtsmittel einzulegen.

Die Verteidigung hatte in der Tat gute Gründe dafür, Rechtsmittel dagegen einzulegen, daß Richter Crane anstelle des gesetzlichen Minimums von einem Jahr eine gespaltene Strafe ausgesprochen hatte. Das Gesetz schreibt vor, daß man die Mindeststrafe nur dann umgehen kann, wenn man diese Strafe für übermäßig hart erachtet. Richter Crane hatte praktisch vorgeschlagen, daß ihm und anderen Richtern die Entscheidung zustehen sollte, wann eine Strafe genauso belastend ist wie ein Jahr Gefängnis. Wenn die Appellate Division Cranes Strafzumessung aufrechterhalten würde, würde sie Zustimmung zu dieser Technik signalisieren, mit der die vom Gesetzgeber festgelegte obligatorische Mindesthaftstrafe untergraben wird. Ende Februar 1988, als sich die Frist für die Schriftsätze im Rechtsmittelverfahren ihrem Ende näherte, war das Schicksal von Goetz immer noch unklar. Wann und wie lange er ins Gefängnis gehen würde, blieb unentschieden; er befand sich auf Kaution in Freiheit und betrieb weiterhin in seinem vollgestopften Apartment in der 14. Straße seinen Reparaturservice für Elektronikartikel.

Das juristische Nachspiel des Verfahrens würde sich noch einige Zeit hinziehen, aber die öffentliche Debatte, die von den Schüssen auf Troy Canty, Barry Allen und James Ramseur ausgelöst wurde, wird noch längere Zeit andauern. Das Strafverfahren gegen Bernhard Goetz wird bei allen unseren Bemühungen, eine gerechte Antwort auf das Problem der Notwehr gegen vermutete Gefahren auf den Straßen zu finden, im Zentrum unseres Interesses bleiben. Das Rechtssystem hat die Energien der Öffentlichkeit erfolgreich von der Vergeltung zur rechtlichen Argumentation gelenkt. Aber die Probleme sitzen zu tief, die Ängste sind zu groß, als daß die

Auseinandersetzung mit einem Urteil und einer Bestrafung zu einem Ende gelangen könnte. Solange wir vor dem Mugging in der U-Bahn Angst haben, solange werden wir uns den Mühen der Abwägung unterziehen müssen, wann die Selbstverteidigung ein Verbrechen sein sollte.

Anmerkungen

1 Albert Vann, Abgeordneter aus Brooklyn, nach den *New York Daily News* vom 18. Juni 1987, S. 5.
2 A.a.O.
3 Die Umfrage, an der 1013 Bürger von New York, die älter als 17 Jahre waren, teilgenommen hatten, wurde in *Newsday* vom 28. Juni 1987, S. 6 veröffentlicht.
4 Nach *New York Daily News* vom 18. Juni 1987, S. 5.
5 A.a.O.
6 Sherrye Henry-Show vom 17. Juni 1987.
7 *Los Angeles Times* vom 17. Juli 1987, S. 1.
8 *New York Times* vom 22. Dezember 1987, S. 1.
9 Diese Äußerung erfolgte, wie Myra Friedman in ihrem Artikel im *New York Magazine* vom 18. Februar 1985 berichtete, ungefähr 1981 auf einem Nachbarschaftstreffen, auf dem Goetz dem Bericht zufolge gesagt hat: »Die einzige Möglichkeit, die Straßen sauber zu bekommen, ist, daß wir diese Nigger und Spics loswerden.«
10 Vgl. *New York Daily News* vom 3. Januar 1985, S. 30.
11 Videoabschrift, S. 21 (»Ist es vorstellbar, daß eine Person, die sich allein in der U-Bahn befindet und ein Paket trägt, mit drei Leuten etwas anfangen würde?«).
12 Der Tatrichter entschied, daß dieser Gebrauch der endgültigen Ablehnung gegen die Verfassung verstößt: die Verteidigung legte dagegen Rechtsmittel beim Court of Appeals ein, aber das Problem bleibt ungelöst. Vgl. *New York Times* vom 20. September 1987, S. E6.
13 Robert Leach wirkte mit, die Jury zu einem Freispruch in den Anklagepunkten wegen unerlaubten Besitzes einer Waffe vierten Grades zu bewegen.
14 Wie sich aber ein paar Tage nach dem Urteil bei seinen Äußerungen in der »Donahue«-Show herausstellte, war sich der Geschworene Mark Leslie durchaus bewußt, daß Fred Clark ein Schwarzer war. Carolyn Perlmuth sagte, sie sei überrascht gewesen, als sie das erfuhr.
15 In einem Interview nach dem Verfahren vertrat Richter Crane die Posi-

tion, er würde es dem Zeugen nicht erlaubt haben, eine Nachfrage nach Fred Clarks Rasse zu beantworten. Cranes Beurteilung, daß die Rasse in einem Strafverfahren nicht offen diskutiert werden sollte, beruht zum Teil auf der Entscheidung der Appellate Division in *People v. Dexter Thomas, New York Law Journal* vom 18. April 1987, einem Verfahren wegen unerlaubten Waffenbesitzes, in welchem der Angeklagte, ein Schwarzer, gesagt hatte, er habe zur Waffe gegriffen, als er sah, wie zwei Weiße in seiner schwarzen Wohngegend auf ihn zukamen. Diese Männer waren Undercover-Agenten der Polizei. Der Staatsanwalt bezog sich wiederholt darauf, daß die Beamten Weiße waren, um zu suggerieren, daß die Furcht des Angeklagten unvernünftig war.

16 Jack Greenberg, der früher Vorsitzender des Legal Defense Fund [eine Stiftung, deren Aufgabe die Wahrnehmung von (meist Minderheiten-) Rechten ist, Anm. d. Ü.] war, nahm diese Position ein.

17 Zu den weiteren Details dieser Nachstellung vgl. Kapitel 7.

18 Nachdem die Verhandlung unterbrochen worden war, bestand Crane, als man wieder zusammenkam, darauf, daß Gerichtsbeamte die Rollen der vier Opfer übernahmen.

19 Es gibt einige unumgängliche Ausnahmen von diesem Prinzip. Gegenstände, die als Beweismittel dienen, wie etwa die zwei Pistolen, die Myra Friedman der Polizei übergeben hatte, lassen sich nicht präzise in verbale Behauptungen übersetzen, aber sie sind dennoch zulässig. Ebenso bewertet die Jury die Glaubwürdigkeit der Zeugen auf der Grundlage von nonverbalen Anhaltspunkten, die sich im Verlauf ihrer Aussage ergeben.

20 Zur weiteren Diskussion des Falls *Berg* und dazu, auf welche Weise sich Richter Crane dafür entschied, Ramseur vor der Jury testen zu lassen, vgl. Kapitel 8.

21 Wer der Sache nachgehen will, wird sich entweder auf diesen Bericht von der Verhandlung verlassen müssen oder ironischerweise auf die Pro-Goetz. *New York Post* vom 29. Mai, S. 13, die einen exakten Bericht von den Komponenten der Demonstration gibt, die die Rasse betreffen.

22 Vergleiche aber Richter Cranes Beschreibung des Ausdrucks der Gesichter der beiden Frauen, die Slotnick vor Gericht brachte, um Troy Cantys Behauptung zu widerlegen, daß er keine der beiden kannte: »Fairerweise muß festgehalten werden, daß diese Zeuginnen [damit sind die beiden Frauen gemeint, die im technischen Sinn keine Zeugen waren], als der Zeuge [Canty] behauptete, er könne sich an keine der beiden erinnern, sichtlich mit etwas wie einem Ausdruck von ungläubigem Erstaunen reagierten.« Protokoll bei 5773.

23 L. Rubin, *Quiet Rage: Bernie Goetz in a Time of Madness* (New York 1986).

24 Mein Eindruck, daß es eine »feindselige öffentliche Reaktion« gegeben hat, beruht vor allem auf Zeitungskommentaren und auf Diskussionen mit jenen, die das Buch gelesen haben. Das Buch enthält andere Aspekte, die für einige der ablehnenden Reaktionen verantwortlich sein könnten. Rubin unternimmt den Versuch einer Erklärung von Goetz' Taten, indem sie eine Psychohistorie seines Lebens schreibt. Sie gräbt viele interessante Details aus, aber der Bericht enthält einige Übertreibungen in der psychologisch-deterministischen Betrachtung kriminellen Verhaltens. Vgl. meine Rezension, »Goetz on Trial«, *New York Review of Books,* Vol. 34, Nr. 7, S. 22 (23. April 1987).

25 Vgl. Bazelon, »The Morality of the Criminal Law«, 49 *Southern California Law Review* 385 (1976).

26 Das sind Zitate aus Papieren, die Richter Crane während seiner Überlegungen zur Strafzumessung übergeben wurden.

27 Die Verteidigung machte gegenüber der Anklage wegen unerlaubtem Waffenbesitz zweiten Grades, der den Besitz einer geladenen Waffe mit »der Absicht, sie unrechtmäßig zu gebrauchen«, voraussetzt, Notstand geltend. Aber in diesem Fall war Notstand mit Sicherheit nicht einschlägig. Wenn der Angeklagte die Absicht hatte, die Waffe für einen unrechtmäßigen Zweck zu verwenden, dann konnte er nicht gleichzeitig die guten Ziele verfolgen, die beim Notstand Voraussetzung sind. Daß die Verteidigung in diesem Zusammenhang auf Notstand bestand, erweckt den Eindruck, daß sie keine genaue Vorstellung von der Theorie hatte, die hinter diesem Einwand der Verteidigung steht.

28 Vgl. die Bemerkungen in Kapitel 2 zu der Ausdehnung des Notwehrrechts, unter das auch Schüsse auf eindringende Einbrecher fallen.

29 Vgl. die Arbeiten von Donald Kites, die in den Anmerkungen 8 und 19 zu Kapitel 9 zitiert werden.

30 Für eine genauere Behandlung des Themas vgl. Kapitel 2.

31 Der unerlaubte Waffenbesitz dritten Grades ist ein Verbrechen der Kategorie D, was bedeutet, daß die Höchststrafe bei sieben Jahren Haft liegt. NYPL § 70.02(2) (d). Er wird genauso als ein »gewalttätiges Verbrechen« eingestuft, NYPL § 70.02(1) (c), was dazu führt, daß die Mindeststrafe für eine Strafe von unbestimmter Dauer ein Drittel der Höchststrafe, also zweieindrittel Jahre betragen muß. NYPL § 70.02(4).

32 NYPL § 70.02(c).

33 NYPL § 70.02(c) (i).

34 NYPL § 1.05(5).

35 A.a.O.

36 *New York Times* vom 20. Oktober 1987 auf der Seite des Herausgebers.

Nachtrag

26. April 1988

Waples legt eine 70 Seiten umfassende Beschwerde bei der Appellate Division des Supreme Court des Staates New York ein und rügt, daß Richter Crane Goetz zu einer Strafe von sechs Monaten verurteilt hat.

28. Juni 1988

Das Gericht hebt den Strafausspruch auf, weil er nicht vom Gesetzeswortlaut gedeckt ist. Nach dem Gesetz des Staates New York muß auf eine Mindeststrafe von einem Jahr erkannt werden.

27. Juli 1988

Richter Joseph Bellacosa vom Court of Appeals, dem Rechtsmittelgericht in Albany, nimmt das Rechtsmittel (der Verteidigung) zur Entscheidung an. Slotnick behauptet, Richter Crane habe bei seiner Instruktion der Jury zu Unrecht gesagt, die Jury »müsse« zu einem Schuldspruch kommen, wenn der Staatsanwalt alle Merkmale der Straftat des Waffenbesitzes beweisen könne. Richtig wäre die Instruktion gewesen, die Jury »dürfe« zu einem Schuldspruch kommen, wenn ...

4. August 1988

Nach Streitigkeiten wegen seines Honorars legt Slotnick das Mandat nieder.

17. Oktober 1988

Mard Baker, der Slotnicks Platz eingenommen hat, trägt vor dem Court of Appeals vor, Cranes' Gebrauch des »müsse« anstelle eines »dürfe« habe der Jury das ihr von der Verfassung eingeräumte Ermessen bei der Entscheidung genommen. Greg Waples hält dagegen, wenn man die Tatsachenrichter zu einem Gebrauch des »dürfe« zwinge, dann wäre das in einigen Fällen wie eine rote Flagge für die Geschworenen, die Fälle entsprechend ihren Vorlieben und nicht nach dem Recht zu entscheiden.

22. November 1988

Der Court of Appeals bestätigt die Verurteilung mit 7:0 Stimmen.

13. Januar 1989

Crane setzt die Strafe für Goetz im neuen Verfahren auf das obligatorische eine Jahr fest. Goetz tritt seine Strafe in Rikers Island

Correctional Facility im Stadtteil Queens an. Er ist New York City-Prisoner Nummer 78900316. Er kommt in eine Abteilung mit besonderen Schutzvorkehrungen für die Gefangenen und landet in demselben Flügel des Gefängniskrankenhauses, in dem Joel Steinberg ist, der wegen Mißbrauch und Mord seiner acht Jahre alten Tochter Lisa verurteilt wurde.

27. Februar 1989

Der U.S. Supreme Court nimmt die Beschwerde gegen die Verurteilung wegen Waffenbesitzes nicht zur Entscheidung an.

3. März 1989

Bewährung wird im Hinblick auf die Umstände und die Gewichtigkeit der Straftat abgelehnt. Irgendwann zwischen dem 3. März und seiner Entlassung wird Goetz in das Brooklyn House of Detention verlegt.

7. März 1989

Barry Allen wird in der Bronx wegen Raub dritten Grades verhaftet.

29. August 1989

Die Entlassung von Goetz wird wegen Verstoßes gegen die Anstaltsordnung vom 6. September auf den 20. September verschoben, weil er sich geweigert hat, einen Wegwerfrasierer zurückzugeben. Der Sprecher des Gefängnisses behauptet, der Rasierer könnte als Waffe benutzt werden. Goetz glaubt, die Gefängnisbeamten würden ihm gebrauchte Rasierer geben, so daß er in die Gefahr käme, sich mit dem AIDS-Virus zu infizieren.

20. September 1989

Bernhard Goetz wird nach Verbüßung von acht Monaten der Verurteilung zu einem Jahr entlassen.

2. November 1989

Goetz reicht eine Klage über 1 Million Dollar gegen New Yorks Distriktsstaatsanwalt Robert Morgenthau ein und behauptet, er sei das Opfer einer politisch motivierten Anklage.

2. September 1990

Unter Eid revidiert Goetz in Cabeys Zivilverfahren wegen Schadensersatz frühere Aussagen, stellt sich in Widerspruch zu der Verteidigungslinie, die zu seinem Freispruch geführt hat, und äußert genauso wie im Polizei-Video von New Hampshire: »Ich bin direkt zu dieser Person hingegangen, habe ihr die Pistole in die Rippen gestoßen und noch einmal mit den Worten: ›Du siehst nicht allzu schlecht aus, hier hast du noch einen‹ den Abzug durchgezogen.« Er gibt ebenso zu, daß er in der Zeit vor seinem Angriff auf die Jugendlichen rassistische Äußerungen von sich gegeben hat. Er hat zu Nachbarn gesagt: »Wir kriegen die Straßen nur dann sauber, wenn wir die Latinos und Nigger loswerden.«

Klaus Lüderssen
Nachwort

George P. Fletcher analysiert eines der großen Probleme des vergangenen und gegenwärtigen Strafrechts mit Blick auf ein berühmt gewordenes Strafverfahren, in dem es um die Frage ging, ob ein Fall berechtigter Notwehr vorlag. Sich gegen einen Angreifer zu wehren, ist in einfachen Gesellschaften etwas Selbstverständliches oder doch jedenfalls Elementares, kaum Umstrittenes. Existiert aber eine fortgeschrittene Herrschaftskultur, so konkurriert die Notwehr mit dem staatlichen Gewaltmonopol. Die damit gegebenen Abgrenzungsfragen sind in Deutschland bisher nur abstrakt erörtert worden. Natürlich haben auch Gerichtsentscheidungen ihren Platz; aber die Einzelheiten der Sachverhalte oder gar der Charakter und die Hintergründe der handelnden Personen kommen weniger in Betracht. Das mag darin liegen, daß unser Strafprozeß als Instrument aufgefaßt wird, die Wahrheit – die irgendwo bereits vorhanden ist – zu ermitteln. In Ländern mit angelsächsischer Rechtstradition ist der Strafprozeß dynamisch, kreativ, von ihm wird erwartet, daß er rivalisierende Wahrheitsbehauptungen in einem vernünftigen Kompromiß ausgleicht, Vernunft erscheint förmlich als Gegenbegriff zur Wahrheit.[1] Für die Beantwortung schwieriger juristischer Fragen kann auf deren Konkretisierung im Verfahren also eigentlich gar nicht verzichtet werden. In den »casebooks«, mit denen die Studenten arbeiten, finden sich denn – wenn auch fragmentarisch, zugespitzt auf »das Problem« – immer wieder auch mehr oder weniger breit geschilderte Verfahrensverläufe. Materiell-strafrechtliche Überlegungen, wie wir sagen, treten dort von vornherein nur in Gestalt einer parteilichen Stellungnahme auf. Insbesondere der Beschuldigte wird mit seiner Konzeption ernst genommen. Der Beschuldigte kann den Fall genausogut gewinnen[2] wie der Ankläger. Deshalb haben Strategien nicht nur eine instrumentelle, sondern konstituierende Funktion.

1 Vgl. auch die Gegenüberstellung Fletchers (Kapitel 1, S. 18ff.) von neutral, objektiver Untersuchung und Adversary-System.

2 »Gewinnen« meint natürlich nur ein Urteil, »not guilty«, nicht den Unschuldsbeweis (»innocent«).

Erst wenn man das alles zusammen sieht, entsteht das richtige Bild.

Die Aussichten, mit seinem Buch eine weitreichende Aufklärung zu leisten, waren für George P. Fletcher also groß. Hinzu kommen mußte aber das Talent, wissenschaftlich hochdifferenzierte Argumentationen zu den spontanen, von großer Überzeugung getragenen Urteilen juristisch nicht ausgebildeter Personen in Beziehung zu setzen. Denn – wie George P. Fletcher selbst in seinen Mitteilungen über die Personen, die ihm beim Arbeiten über die Schulter gesehen haben, anschaulich macht – jedermann hat eine Ansicht auf diesem Gebiet. Die Juristen, vor allem aber die Strafjuristen müßten sich damit abfinden, daß, anders als in der Chirurgie oder Mikrobiologie, fachmännische Kompetenz nicht alles ist. Auch Kunsthistoriker und Literaturwissenschaftler mögen dieses Problem haben, doch spüren sie – vielleicht – eher die Berechtigung, sich von den Ansichten des Durchschnittsbetrachters oder -Lesers zu distanzieren. Die Juristen zögern, zu vital sind die Interessen, über die sie urteilen müssen. Darum brauchte man sich nicht weiter zu kümmern, wenn Rechtsfragen ohnehin nur »vom Volke« oder den Betroffenen allein entschieden würden. Indessen haben wir – seit Jahrhunderten – den »gelehrten Richter« und die Rechtswissenschaft. Keine Disziplin, auch nicht die Volks- und Betriebswirtschaft (deren Vertreter nicht die geringste Konzession an den »Durchschnittsmenschen« zu machen brauchen, weil dieser sich mächtig anstrengt, etwas von Finanzen etc. zu verstehen), steht vor einem derartigen Vermittlungsproblem. Der juristische Laie will Laie sein, als Laie sprechen, und er ist stolz darauf. Da das sein gutes Recht ist, geht es übrigens nicht (nur) um Vermittlung; auch nicht (nur) darum, daß die Fachjuristen sich verständlich machen, sondern um Integration zweier Welten. Vielleicht ist das ein »uphill work«, aber versucht werden muß es. Nicht nur, weil auch die strafjuristische Fachwelt ein Stück Irrationalismus, den man gern beim Laien lokalisiert, mit sich trägt bei ihrem Geschäft[3], sondern auch und in erster Linie wegen der handfesten Argumente, die aus der Laiensphäre kommen. (Davon zeugen aufs beste die Berichte über die – gemessen an den Aufgaben der Anklage und Verteidigung – zusätzlichen Einfälle der Geschworenen während der Beratung[4]).

3 Vgl. Lüderssen, *Produktive Spiegelungen*, Frankfurt/M. 1991, S. 11.
4 S. oben Kapitel 10, S. 269ff.

Das heißt nicht, die gelehrte Reflexion müsse darüber notfalls zuschanden werden oder hätte zum mindesten keinen aufklärenden Einfluß. Dann hätten wir es ja nicht mit Integration zu tun; dieses Kunstwort ist mit Bedacht gewählt. Von Fall zu Fall mag schwankend sein, wer die Oberhand gewinnt und ob mit Recht – in vielen Materien bedarf es sicher der belehrenden Arbeit durch die Fachleute, die in demokratischen Ländern immer ein wenig liberaler zu sein pflegen als die übrigen Meinungsträger –, die Aufgabe kann nicht geleugnet werden. Sie ist für manche freilich zu schwer; daher haben wir so viel fruchtlose Gelehrsamkeit in unserer Zunft.

Für George P. Fletcher ist die Aufgabe nicht zu schwer gewesen. Er hat sie – wenn man das angesichts der traurigen Vorgänge, die zu beurteilen waren, sagen darf – mit Lust, wie es scheint, gesucht. Er durfte es, weil er – das macht ihm so leicht niemand nach – gleichermaßen prinzipiell wie assimilierend-kasuistisch orientiert ist. George P. Fletcher gehört zu der – wohl immer noch kleinen – Gruppe ausländischer Strafrechtswissenschaftler, die zunächst ihr Studium und später ihre Gastprofessuren in Europa, nicht zuletzt in Deutschland, dazu benutzt haben, sich auch mit den kontinentalen *Wurzeln* des Rechtsdenkens gründlich vertraut zu machen. Kant geht Fletcher geläufiger von der Lippe als Peirce, und es sind noch keine zwei Jahre her, daß er die versammelten deutschen Strafrechtslehrer eindrucksvoll gewarnt hat, nicht zu sehr den »Schlangenwindungen der Glückseligkeit« zu vertrauen. Eines der ernstesten und originellsten Kant-Symposien der letzten Jahre ist von ihm ausgerichtet und in der *Columbia Law Review* sorgfältig dokumentiert worden. Jahre davor hat er *Rethinking Criminal Law* veröffentlicht, ein Werk von nahezu tausend Seiten, das, in ständiger Auseinandersetzung mit der Literatur, wiederum insbesondere der deutschen, die Grundfragen des Strafrechts hin und her wendet und mit mutigen, oft durch direkte Fortführung der Philosophie gefundenen Antworten versieht. Seine deutschen Gesprächspartner, um Soziologie, Psychologie oder gar Psychoanalyse bemüht, waren manchmal irritiert von so viel Absolutheit und dann wieder fasziniert durch den Gestus des Beobachters, dessen Intuition und antizipierende Erfahrung auch vor dem Exotischen nicht haltmacht, es einbezieht in das schillernde Bild vom durch die Verhältnisse geprägten, leidenden, mit der Freiheit zum Bösen ausgestatteten Menschen.

Diese Fähigkeit, weit Auseinanderliegendes miteinander zu verknüpfen, bewegt sich nun in einem Strafrechtssystem, das ebenso fundamentalistisch, auch unter streng religiösem Einfluß stehend ist, wie dem Common sense hingegeben, repräsentiert durch die Jury der Geschworenen, welche die professionelle Anklage und Verteidigung zu überzeugen versuchen müssen. Fletchers Buch führt durch die Stationen dieses Kampfes; von Kapitel zu Kapitel, die, obwohl sie der zeitlichen Abfolge des Prozesses folgen, in konzentrischen Kreisen um das Problem gelagert sind, verfeinert und erweitert sich das Koordinatennetz, in das der Beschuldigte ebenso wie die anderen Prozeßbeteiligten gespannt sind.

Die Jury muß belehrt werden über das, was an den Tatsachen, über die sie – und nur darüber – allein zu entscheiden hat, strafrechtlich bedeutsam sein könnte. Diese Arbeit macht der Richter. George P. Fletcher referiert das nicht unmittelbar, sondern entfaltet selbst die wesentlichen Aspekte. Es ist erstaunlich, in welchem Maße sich die Rechtsordnungen bei der Regelung der Notwehr ähneln. Das Strafrecht von New York[5] setzt einen gegenwärtigen Angriff voraus, die Verteidigung muß zu seiner Abwendung erforderlich sein, außerdem statuiert es ausdrücklich, daß dieser Angriff auch rechtswidrig ist, das heißt, seinerseits ein Rechtsgut zu verletzen droht und nicht seinerseits durch Notwehr gerechtfertigt ist. Man kann unterstellen, daß dies stillschweigend auch eine Voraussetzung des Strafrechts von New York ist.

Ob überhaupt ein Angriff seitens der vier schwarzen jugendlichen U-Bahn-Fahrer vorlag und ob er unmittelbar bevorstand, ist eigentlich die Hauptfrage im Fall Goetz. Weil hierüber nur gleichsam durch eine Röntgenaufnahme des Inneren jener Jugendlichen Aufschluß zu erreichen gewesen wäre, geht der Streit um mögliche objektive Indikatoren einer Angriffsabsicht bzw. die Kriterien einer entsprechenden normativen Zuschreibung. Die beiden Perspektiven werden, wie auch im deutschen Strafrecht (obwohl dieses insofern von einer radikalen, das Zuschreibungs-Paradigma hochhaltenden Kriminologie sehr provoziert wird, während die parallele Kriminologie in den USA sich dieses Einflusses nicht rühmen kann, ihn vielleicht nicht einmal anstrebt),

5 Die amerikanische Besonderheit, daß elementare Fragen des Strafrechts in den einzelnen Bundesstaaten unterschiedlich geregelt sind, ist allgemein bekannt. In Fragen untergeordneter Bedeutung gibt es auch in der Bundesrepublik voneinander abweichendes Landesstrafrecht.

nicht klar auseinandergehalten. Die Parteien lassen denn auch keinen Weg – zurück in das Leben der Jugendlichen – unbeschritten, um Punkte für das Pro und Contra zu sammeln.[6]

Wenn ein Argument nur schwer zu verifizieren ist, versucht man gern die Unsicherheit im Speziellen durch Sicherheit im Allgemeinen aufzufangen, um sich dann freilich neue Unsicherheiten – auf höheren Ebenen – einzuhandeln. Die Sicherheit wird für den vorliegenden Fall gesucht durch Überlegungen zur Legitimation der Notwehr. Eigentlich muß der Bürger in allen Lebenslagen den Schutz des Staates nachfragen, es soll kein Faustrecht geben. Aber oft ist man allein, der Staat nicht da. Hilft man sich selbst? Hat man sogar – stellvertretend – eine strafende Funktion? Das wird ernstlich gefragt; wie mir scheint, in den USA mehr als bei uns. Wir haben dafür eher mit dem – in den USA wiederum nicht auftauchenden – Topos zu tun, daß der Angegriffene in seiner Person nicht nur sein konkretes Gut verteidige, sondern die ganze Rechtsordnung. Die deutsche Wissenschaft und Rechtsprechung sprechen insofern von »überindividualistischer« Rechtfertigung und leiten, sofern sie diesem Gedanken folgen, daraus ab, daß es auf eine Abwägung zwischen dem Wert der angegriffenen Rechtsgüter und dem des verteidigten Rechtsguts nicht ankomme. Andere stützen diese Ablehnung eines »Verhältnismäßigkeitsprinzips« (auch) darauf, daß der Angegriffene nicht nur das jeweilige Rechtsgut verteidige, sondern sein Recht auf Selbstbestimmung, das etwa nicht berührt ist, wenn man, ohne daß ein Angriff vorliegt, zugunsten

6 Eindrucksvolle Beispiele für die Unbekümmertheit, mit der das Verfahren praktisch den kriminologischen Längsschnitt zuläßt, finden sich – bezogen auf den Beschuldigten – im 6. Kapitel, S. 159ff. und – für die Zeugenbefragung – im 7. Kapitel, S. 184ff. Mit einem Tatstrafrecht ist das eigentlich schwer zu vereinbaren. Seine Existenz ist aber eng mit dem Legalitätsprinzip verknüpft und sozusagen typisch kontinental. Das amerikanische Strafrecht arbeitet zwar auch mit Tatbeständen – gleichsam photographischen Momentaufnahmen der schädigenden Handlung –, hat diesen Grundsatz wohl aber nicht so stark verinnerlicht. Dem entsprechend undoktrinär sind auch jene von Fletcher mitgeteilten Retrospektiven und Konstruktionen von Zusammenhängen. Den Einfluß einer professionellen Kriminologie spürt man nur wenig (das ist kein vereinzelter Eindruck in der amerikanischen Strafrechtspflege und Wissenschaft, s. darüber auch weiter unten). Statt dessen gibt es eine an das »Literarische« grenzende, »leichte«, vielleicht topische, das heißt nur durch wenige Prinzipien gesteuerte Behandlung dieser Fragen, mit Phantasie und Einfühlung (wobei freilich nicht ganz leicht zu sagen ist, was davon auf das Konto des Schriftstellers Fletcher geht; s. freilich auch seine Kritik an diesen ganzheitlichen Methoden in Kapitel 2, S. 29), während kontinentale Gerichte sich in vergleichbaren Fällen durchaus mit doktrinären Skrupeln quälen.

des eines Rechtsguts in ein anderes eingreift (zum Beispiel bei Naturkatastrophen, durch die einerseits Sachwerte, andererseits Menschen bedroht werden). Die punitive Funktion der Notwehr – und daran kann man erkennen, daß sie mit der Aufgabe, die jeweilige Rechtsordnung zu verteidigen, nicht auf einer Linie liegt – hingegen fordert unbedingt eine Verhältnismäßigkeit der Abwehr, so wie ja auch der Staat nicht maßlos strafen darf, führt sich freilich gerade damit ad absurdum; denn dem Notwehrübenden ist ja jeder Zugang zu – auch – persönlichen Strafzumessungsgründen verwehrt.

So leicht sich das in den Köpfen der Fachleute zu ordnen scheint, so schwer haben es die Lay-men, hier nicht immer wieder nur das Ganze auf sich wirken und ein Gefühl sprechen zu lassen. Fletchers großes Verdienst ist, daß er diese Gefühlswelt ihrerseits doch wieder auseinanderlegt und ihre Bedeutung für die Begründungen, welche die Fachleute geben, würdigt. Sieht man genauer zu, so unterscheidet freilich auch das Gefühl. Es bleibt aber nicht bei *einer* Linie, sondern wechselt, je nachdem, welche Ängste, individuelle oder kollektive bzw. Verantwortungsgefühle – darf man nur an sich denken oder haftet man auch für andere, selbst für den Angreifer (so eine soziale Theorie der Notwehr, die es in dieser Ausprägung im deutschen Recht nicht gibt) – gerade vorwiegen. Fletcher schildert, wie die Verteidigung daraus Gewinn zieht und eben auch nicht bei *einer* Theorie bleibt. Man zögert, das Opportunismus zu nennen. Ob es sich um »topische«, das strenge deduktive System abstreifende Argumentation handelt, wage ich allerdings auch nicht zu entscheiden. Eine – aus der Sicht des deutschen Strafrechts – äußerst bedenkliche Konfundierung objektiver und subjektiver Kriterien schließlich, die das Recht von New York vornimmt, hat ebenfalls ihre Stütze in dem, worauf der Laie zunächst kommt. Entscheidend ist, ob derjenige, der Notwehr für sich beansprucht, vernünftigerweise angenommen hat, er werde – unmittelbar – durch einen Angriff bedroht, gleichviel, ob das nun objektiv der Fall ist oder nicht.

Das deutsche Recht nimmt eine Differenzierung vor: die irrige Annahme eines Angriffs wird ihrerseits nur noch unter dem Gesichtspunkt geprüft, ob sie vermeidbar, also fahrlässig war, so daß der »unvernünftige« nur bestraft werden kann, wenn das, was er angerichtet hat mit seiner »Verteidigung«, auch für den Fall der fahrlässigen Verursachung unter Strafe gestellt ist. Die Anklage im

Fall Goetz lautete auf Mord*versuch* (alle vier Jugendlichen, auch der schwer Getroffene, sind ja am Leben geblieben). Einen fahrlässigen Versuch (folgenlose Fahrlässigkeit) kennt kaum eine Rechtsordnung als Straftat. Nach deutschem Recht hätte, bei Zubilligung des Irrtums, also eigentlich auch keine Verurteilung wegen Mordversuchs erfolgen können. Nach der Lehre vom »Verbotsirrtum« aber, die den Tötungsvorsatz unberührt läßt, wäre das möglich gewesen, vorausgesetzt, daß man sie auch auf die Fälle beim Irrtum über die tatsächlichen Voraussetzungen eines Rechtfertigungsgrundes (nicht nur bei Irrtum über dessen rechtliche Grenzen) anwendet. Diese Lehre ist sehr umstritten und in unsere Rechtsprechung gekommen durch den doktrinären Einfluß einer universitären Strafrechtsschule; ihr strafbarkeitserweiternder Effekt ist unverkennbar und so dauerhaft, daß auch der Gesetzgeber sie – als er später dazu Gelegenheit hatte – nicht zu stoppen, allerdings auch nicht ausdrücklich zu bestätigen wagte. Ich möchte vermuten, daß auch ein deutscher Richter, wenn er eine Jury über diese Regel hätte informieren müssen, gescheitert wäre. Da die Diskussion seinerzeit nur unter Gelehrten – gelehrten Richtern und Universitätswissenschaftlern – geführt wurde, kam es nicht zu dieser Probe.

Gleichwohl fällt es dem deutschen Strafrechtler schwer, die völlige Einebnung des Unterschiedes zwischen objektiv schädigenden oder gefährlichen Sachverhalten und objektiv harmlosen Sachverhalten zu akzeptieren und nur auf die »vernünftige« Entscheidung des Notwehrübenden zu setzen. In der Mitte, zwischen gelehrter Regelbildung und dem Gefühl der Laien, scheint hier buchstäblich das Richtige zu liegen: keine künstlichen Abtrennungen beim Vorsatz, wohl aber spezielle Respektierung des *eingetretenen* Schadens oder der *eingetretenen* Gefährdung.

Etwas verwirrend ist, daß an anderer Stelle der Laienstandpunkt dann wieder sehr stark auf das, was wirklich passiert, abstellt: einer der Jugendlichen, an der Wirbelsäule verletzt, wird im Krankenhaus falsch behandelt (vermeidbarer Atemstillstand); danach kommt es zu einem Gehirnschaden. Hier kann man sehr wohl die Rechnung aufmachen, daß die Verschlimmerung des Zustandes dem Beschuldigten nicht als vorsätzlich herbeigeführte Folge zur Last gelegt wird, wiewohl er eine erste Ursache gesetzt hat. Davon aber will die Jury nichts wissen. Wer nun gleich davon sprechen möchte, daß Laien eben nur pauschal denken können, sollte zunächst an den raffinierten Satz des kanonischen Rechts denken, wonach ein »versari in re illicita« für alle Folgen haftbar macht. Frühe Gelehrsamkeit und moderner Common sense an einem Strang ziehend – was wertet jetzt was auf? Oder sind sie einander wert?

Wie man auch entscheidet, es bleiben Zweifel, und das Bild einer zäsurlosen Reihung von einfachen, gefühlsmäßigen bis hin zu scharf zugespitzten Überlegungen richtet sich noch einmal deutlich vor uns auf; es bleibt wohl dabei, daß »Verbrechen« und »Strafe« nie ganz in die Beurteilung nur durch fortgeschrittene Wissenschaft einrücken werden. Vielleicht ist dies auch der Grund für die intensive künstlerisch-literarische Beschäftigung mit diesen Phänomenen des gesellschaftlichen Lebens. Auch dafür hat, wie Fletcher zeigt, das Verfahren einige Belege geliefert: »Die Demonstration hatte eine ungeheure dramatische Wirkung. Nicht so sehr für die Lösung des logischen Puzzles, ob es eine oder zwei Kugeln waren, stand im Vordergrund, sondern Waples' Darstellung – daß er die Jacke anzog, daß er wenn auch nur für einen Augenblick in den Augen der Jury zu Darrell Cabey wurde. Die Jacke war zerlumpt und dreckig; auf ihr waren die Blutspuren eines Mannes, der für den Rest seines Lebens gelähmt war. Daß Waples die Jacke anzog, ließ Cabey, den man in der Verhandlung nie gesehen hatte, um vieles wirklicher werden. Daß Waples sich so in den Stuhl setzte, verärgerte Slotnick nicht wegen der logischen Taschenspielerei, sondern weil die Jury vielleicht zum ersten Mal sehen konnte: Das war einer von uns, der die Jacke anhatte und von einer Kugel getroffen wurde, als er saß.«[7] Oder: »Zweifellos wurde die dramatische Aussagekraft dieser Rekonstruktion der Tat dadurch erhöht, daß vier im Stil der Straße gekleidete schwarze Kids die Stelle der vier mutmaßlichen Angreifer einnahmen. Wenn man den Vorfall auf einer Bühne rekonstruieren würde, dann würde man sich ohne Zweifel junge Schwarze als die Darsteller der Rollen von Canty, Allen, Ramseur und Cabey wünschen. Die Authentizität verlangt das. Aber der Zweck der Demonstration bestand allein darin, Quirks Behauptungen zu den möglichen Folgerungen aus dem festgestellten Verlauf der Kugeln zu verdeutlichen. Daher gab es keine rechtliche Rechtfertigung dafür, daß Slotnick schwarze Jugendliche herangezogen hatte – und er hatte die Guardian An-

7 S. Kapitel 10, S. 265.

gels eindeutig um vier Schwarze gebeten – um bestimmte Gesichtspunkte zu illustrieren, wie die Kugeln in die Körper der Menschen eingedrungen waren. Der Zeuge war nicht befugt, darüber auszusagen, ob es eine rationale Schlußfolgerung darstellt, vom Vorliegen einer Gefahr auszugehen, wenn man von vier jungen schwarzen Schlägertypen eingerahmt ist. Aber Slotnick entwarf die dramatische Szene auf eine Weise, die die implizierte Botschaft von Bedrohung und Angst zu stark werden ließ, daß ein Zeugnis dazu gar nicht mehr gebraucht wurde.«[8] In der Tat: »Die Kunst ist manchmal viel aussagekräftiger als das rationale Argument, und bei einer tiefgehenden emotionalen Frage wie der nach der Angst, die eine normale Person in Goetz' Situation empfinden würde, gibt es wahrscheinlich kein besseres Mittel zur Kommunikation, als wenn man die Jury die Gefahr tatsächlich sehen und spüren läßt.«[9]

Aber damit sind wir schon mitten im Ablauf des Verfahrens. Es begann mit der Auswahl der Geschworenen. Fletcher beschreibt diesen Vorgang lebhaft und genau. Beide Seiten waren mit seiner Anwesenheit einverstanden, eine vielleicht nicht ganz alltägliche Sache. Es ging für die übrigen Prozeßbeteiligten darum, die Unvoreingenommenheit der Geschworenen zu testen. Vielleicht ist dieses Kapitel für den deutschen Leser das spannendste des ganzen Buches. Denn im deutschen Strafrecht gibt es diese Prozedur nicht. Der Text liest sich daher fast wie eine Werbung. Die Geschworenen werden von Verteidigung und Anklage, gelegentlich auch vom Beschuldigten selbst nach ihren allgemeinen Kriterien für die Beurteilung von Rechtsfällen gefragt, ein unerhört zeitraubender Aufwand, der – weil ja beide Seiten mit der Zulassung einverstanden sein müssen – ein »Vorurteil« im besten Sinne herbeiführt. Natürlich gibt es viele Kompromisse, die Verteidigung toleriert einen Geschworenen, der mehr der Anklage zuzuneigen scheint, damit diese ein gleiches tue und einen vielleicht mit dem Beschuldigten sympathisierenden Geschworenen zuläßt. Dabei wird mit großem Geschick vorgegangen. Jeder weiß, daß der Gegner seine Absicht durchschaut, und hält daher einen bestimmten Abstand zu einer ganz eindeutigen Zielvorstellung (diese Attitüde kehrte während der ganzen Verhandlung wieder, etwa bei der Rekognoszierung rassischer Vorurteile, indem die Verteidigung vermied, daß es zu einem offenen Gespräch im Gerichtssaal über

8 S. Kapitel 7, S. 195 f.
9 S. Kapitel 7, S. 196.

rassisch bedingte Ängste kam, dessen Folge hätte sein können, daß die Geschworenen sich ihrer eigenen Vorurteile bewußt wurden und sie nunmehr – zuungunsten des Beschuldigten – zu überwinden trachteten).

Das »Adversary-System«, das sich hier von seiner ausgefallensten Seite zeigt, wäre nichts wert ohne den die Einführung des ganzen Materials in einem festen Rahmen haltenden Richter, von dem keiner erwartet, daß er eine Auffassung darüber hat, wie das Verfahren ausgehen sollte. An der tatsächlichen Aufklärung des Falles sowie an der Sentenz – schuldig oder nicht schuldig – hat er keinen direkten Anteil. Anders der europäische Richter – nicht nur der Vergangenheit, sondern auch der Gegenwart. Er ermittelt während der ganzen Hauptverhandlung, beherrscht insbesondere die Vernehmung des Angeklagten, der Zeugen und der Sachverständigen und muß dann später doch – allein oder im Kollegium – die Entscheidung treffen – ohne Zweifel ein anfechtbarer Zustand. Die Richter sind psychologisch in einer Doppelrolle und daher überfordert. Außerdem kommt gegenüber der Verteidigung zu viel staatliche Macht zusammen, selbst wenn das durch das Konzept einer zur strengen Objektivität verpflichteten Staatsanwaltschaft (die auch das den Beschuldigten Entlastende ermitteln muß) etwas abgeschwächt scheint. Hinzu kommt, daß die Staatsanwaltschaft sich faktisch sehr selten um Entlastendes kümmert, sondern das ganz offen der Verteidigung überläßt, und damit die Vorteile eines (gar nicht geltenden) »Adversary-Systems« beansprucht, ohne dessen Lasten tragen zu müssen. Diese bestehen für Anklage, Verteidigung und Jury vor allem darin, daß die Regeln über die Zulassung von Beweismaterial viel strenger sind. Im Streitfalle (oder auch, wenn Anklage und Verteidigung sich einig sind und trotzdem objektive Regeln verletzt werden?) entscheidet der Richter darüber. Es handelt sich um ein äußerst schwieriges, selbständiges (was sich auch in der Zuordnung der Fächer an den Universitäten zeigt) Rechtsgebiet – »The Law of Evidence« – das durch Wissenschaft und Rechtsprechung (nicht zuletzt Verfassungsrechtsprechung) in langer Tradition ein außerordentliches Niveau erreicht hat.

Dieser große Anspruch ist das Pendant für das ebenfalls große Ermessen der Lay-men (sie dürfen verurteilen, wenn sie zu einem »schuldig« kommen, müssen das aber nicht; nur beim »nicht schuldig« ist die Entscheidung vorgeschrieben), ihr Entscheidungsspielraum wird durch viele Nadelöhre gefiltert. Fletcher erklärt dies alles mit der Meisterschaft eines historisch und politisch gebildeten Hochschullehrers, der viele andere Rechtsgebiete kennt (seine Lehraufträge haben ihn nicht nur in viele Länder Europas, einschließlich der Sowjetunion, sondern auch nach Israel und Japan geführt) und unbeirrbar daran festhält, daß die professionelle Vernunft vor dem Forum der Empfindungen des Durchschnittsmenschen bestehen muß. Von seinen Erläuterungen[10] des Verbots der Verwertung einer Zeugenaussage, die sich auf »Hörensagen« stützt, und dessen Durchbrechungen – ein besonders heikles Problem der Zulassung von Beweismaterial – ist allerdings zu hoffen, daß sie vor allem auch die deutsche Fachwelt, insbesondere die deutsche Justiz, die hier nach wie vor in vielen Fällen durch »Umgehung« sündigt, erreichen. Ein Lehrstück – notfalls für den Gesetzgeber – könnte auch der kurze Abriß des *Berg*-Falles sein, den Fletcher gibt.[11] Es handelt sich um den leading-case für die Regel, daß nur die Anklage nicht profitieren darf, wenn ein Zeuge die Aussage verweigert.

Fletcher zieht den Leser in die Probleme hinein und zeigt ihm auch die Labyrinthe, die durchquert werden müssen, um (wieder) ans Licht zu kommen. Aber einen eindeutigen Vorschlag macht er nicht. Die Zweifel am Freispruch Goetz' in den wesentlichen Punkten werden nicht behoben, eine feste Grundlage für seine Verurteilung wird nicht gezimmert. Wie sollte das auch möglich sein? Ein Notwehrrecht, das liberal ist, sagt man, geht möglichst weit, weil es entkriminalisiert. Das Ergebnis ist illiberal, wenn man bedenkt, wie viel – latente – Strafgewalt der Angegriffene bekommt. Oft heißt es, in den USA gebe es eigentlich keinen Staat, nur ein »Government«, im übrigen sei alles eine Sache der »Society«. Das geht so weit, daß man vergeblich nach einer Literatur sucht, die sich mit dem beschäftigt, was bei uns seit langem unter dem Thema »Staat und Gesellschaft« virulent ist. Ganz sicher ist das »Adversary-System« ein Ausdruck davon: der »Staat« verkörpert nur eine Partei und stellt im übrigen den Schiedsrichter. Das Entscheidende ist »gesellschaftlich«: die Jury und der Kampf der Verteidigung, der es sogar allein vorbehalten ist, Rechtfertigungs- und Entschuldigungsgründe geltend zu machen. Aus dieser Gewichtsverteilung müßte eigentlich ein starkes Notwehrrecht her-

10 S. Kapitel 8, S. 208ff.
11 S. Kapitel 8, S. 221ff.

vorgehen. Dem entspricht ja auch das Ergebnis des vorliegenden Verfahrens.

Worauf kann sich die Kritik, bleibt man im System des amerikanischen Rechts, am Ende stützen? Die Antwort ist: die Gesellschaft, nicht erst der Staat, was immer das sei, soll die Grenzen der Durchsetzung von Individualinteressen erkennen und durchsetzen. Aber das Puzzle-Spiel liberal/illiberal wiederholt sich dann auf anderem Terrain. Nur theoretisch scheint die Ambivalenz überwindbar – in einer Gesellschaft, die ihren Mitgliedern eine Art höheres Solidaritätsbewußtsein abverlangt. Eine Konstruktion, die ein solches Bewußtsein zwanglos entstehen lassen würde, ist noch nicht erdacht, von Realisierung ganz zu schweigen. Sie wäre wohl auch nicht wünschenswert, könnte nur um den Preis einer generalisierenden Drosselung der persönlichen Entfaltungsfreiheit erreicht werden. Damit verglichen sind die Verzerrungen und vitiösen Zirkel, in die man bei Bewahrung des Status quo von Freiheit gerät, das geringere Übel. In den USA scheint dieser Standpunkt ganz unangefochten; deshalb spricht man über etwas anderes, sucht die Schadensbegrenzung im Einzelfall. Dafür liefert George P. Fletchers Buch ein glänzendes Dokument.

suhrkamp taschenbücher wissenschaft
Rechtswissenschaft

– Abweichendes Verhalten. Bd. 2: Die gesellschaftliche Reaktion auf Kriminalität I. Strafgesetzgebung und Strafrechtsdogmatik. stw 85

– Abweichendes Verhalten. Bd. 3: Die gesellschaftliche Reaktion auf Kriminalität II. Strafprozeß und Strafvollzug. stw 86

– Abweichendes Verhalten. Bd. 4: Kriminalpolitik und Strafrecht. stw 87

Müller/Staff (Hg.): Staatslehre in der Weimarer Republik. stw 547

Riedel (Hg.): Materialien zu Hegels Rechtsphilosophie. 2 Bde. stw 88/89

Schumann: Der Handel mit Gerechtigkeit. stw 214

Simitis u.a.: Kindeswohl. stw 292

Stolleis: Staat und Staatsräson in der frühen Neuzeit. stw 878

Wesel: Aufklärungen über Recht. stw 368

– Juristische Weltkunde. stw 467

– Der Mythos vom Matriarchat. stw 333

Zenz: Kindesmißhandlung und Kindesrechte. stw 362

Über sämtliche bis Mai 1992 erschienenen suhrkamp taschenbücher wissenschaft (stw) informiert Sie das Verzeichnis der Bände 1 – 1000 (stw 1000) ausführlich. Sie erhalten es in Ihrer Buchhandlung.

208/2/8.92

edition suhrkamp
Eine Auswahl

Abelshauser: Wirtschaftsgeschichte der Bundesrepublik Deutschland 1945-1980. NHB. es 1241
Abendroth: Ein Leben in der Arbeiterbewegung. es 820
Achebe: Okonkwo oder Das Alte stürzt. es 1138
Adam / Moodley: Südafrika ohne Apartheid? es 1369
Adorno: Eingriffe. es 10
– Kritik. es 469
– Ohne Leitbild. es 201
– Stichworte. es 347
Das Afrika der Afrikaner. es 1039
Arbeitslosigkeit in der Arbeitsgesellschaft. es 1212
Aus der Zeit der Verzweiflung. es 840
Bachtin: Die Ästhetik des Wortes. es 967
Barthes: Kritik und Wahrheit. es 218
– Leçon/Lektion. es 1030
– Mythen des Alltags. es 92
– Semiologisches Abenteuer. es 1441
– Die Sprache der Mode. es 1318
Beck, U.: Gegengifte. es 1468
– Risikogesellschaft. es 1365
Becker, Jurek: Warnung vor dem Schriftsteller. es 1601
Beckett: Endspiel. Fin de Partie. es 96
– Flötentöne. es 1098
– Mal vu, mal dit. Schlecht gesehen, schlecht gesagt. es 1119
Benjamin: Aufklärung für Kinder. es 1317
– Briefe. es 930
– Das Kunstwerk im Zeitalter seiner technischen Reproduzierbarkeit. es 28
– Moskauer Tagebuch. es 1020
– Das Passagen-Werk. es 1200
– Versuche über Brecht. es 172
– Zur Kritik der Gewalt und andere Aufsätze. es 103
Bernhard: Der deutsche Mittagstisch. es 1480
– Prosa. es 213
Bertaux: Hölderlin und die Französische Revolution. es 344
Biesheuvel: Schrei aus dem Souterrain. es 1179
Bildlichkeit. es 1475
Bloch: Abschied von der Utopie? es 1046
– Kampf, nicht Krieg. es 1167
Boal: Theater der Unterdrückten. es 1361
Böhme, Helmut: Prolegomena zu einer Sozial- und Wirtschaftsgeschichte Deutschlands im 19. und 20. Jahrhundert. es 253
Bohrer: Die Kritik der Romantik. es 1551
– Der romantische Brief. es 1582
Bond: Gesammelte Stücke. es 1340
Botzenhart: Reform, Restauration, Krise. NHB. es 1252
Bovenschen: Die imaginierte Weiblichkeit. es 921
Brandão: Kein Land wie dieses. es 1236
Brasch: Frauen. Krieg. Lustspiel. es 1469
– Lovely Rita. Rotter. Lieber Georg. es 1562

316/1/6.90

edition suhrkamp
Eine Auswahl

316/2/6.90

edition suhrkamp
Eine Auswahl

316/3/6.90

316/4/6.90

edition suhrkamp
Eine Auswahl

316/5/6.90

edition suhrkamp
Eine Auswahl

Mitscherlich: Krankheit als Konflikt. es 237
– Die Unwirtlichkeit unserer Städte. es 123
Mitterauer: Sozialgeschichte der Jugend. NHB. es 1278
Möller: Vernunft und Kritik. NHB. es 1269
Moser: Eine fast normale Familie. es 1223
– Der Psychoanalytiker als sprechende Attrappe. es 1404
– Romane als Krankengeschichten. es 1304
Muschg: Literatur als Therapie? es 1065
Mythos ohne Illusion. es 1220
Mythos und Moderne. es 1144
Nakane: Die Struktur der japanischen Gesellschaft. es 1204
Die neue Friedensbewegung. es 1143
Ngũgĩwa Thiong'o: Der gekreuzigte Teufel. es 1199
Nizon: Am Schreiben gehen. es 1328
Oehler: Pariser Bilder I (1830-1848). es 725
– Ein Höllensturz der Alten Welt. es 1422
Oppenheim: Husch, husch, der schönste Vokal entleert sich. es 1232
Paetzke: Andersdenkende in Ungarn. es 1379
Paley: Ungeheure Veränderungen in letzter Minute. es 1208
Paz: Der menschenfreundliche Menschenfresser. es 1064
– Suche nach einer Mitte. es 1008
– Zwiesprache. es 1290
Petri: Schöner und unerbittlicher Mummenschanz. es 1528
Politik der Armut und Die Spaltung des Sozialstaats. es 1233
Populismus und Aufklärung. es 1376
Powell: Edisto. es 1332
– Eine Frau mit Namen Drown. es 1516
Psychoanalyse der weiblichen Sexualität. es 697
Pusch: Alle Menschen werden Schwestern. es 1565
– Das Deutsche als Männersprache. es 1217
Raimbault: Kinder sprechen vom Tod. es 993
Ribeiro, D.: Unterentwicklung, Kultur und Zivilisation. es 1018
– Wildes Utopia. es 1354
Ribeiro, J. U.: Sargento Getúlio. es 1183
Rodinson: Die Araber. es 1051
Roth: Die einzige Geschichte. es 1368
– Das Ganze ein Stück. es 1399
– Krötenbrunnen. es 1319
Rubinstein: Nichts zu verlieren und dennoch Angst. es 1022
– Sterben kann man immer noch. es 1433
Rühmkorf: agar agar – zaurzaurim. es 1307
Russell: Probleme der Philosophie. es 207
– Wege zur Freiheit. es 447
Schedlinski: die rationen des ja und des nein. es 1606
Schindel: Geier sind pünktliche Tiere. es 1429
– Im Herzen die Krätze. es 1511

316/6/6.90

316/7/6.90

316/8/6.90